mare

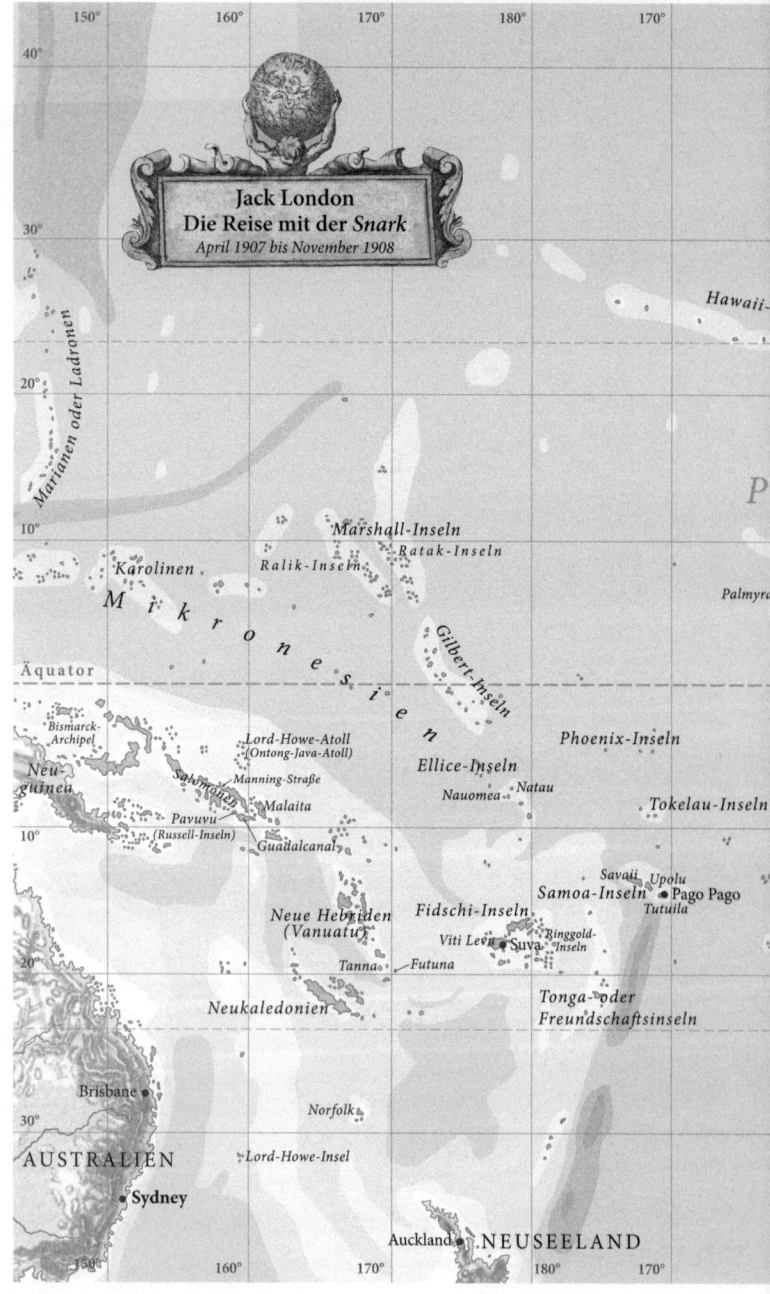

**Jack London
Die Reise mit der *Snark***
April 1907 bis November 1908

150°
140°
130°
120°
110°
Gr. Salzseestadt (Salt Lake City)
40°
VEREINIGTE STAATEN
Denver
Glen Ellen
San Francisco
Kalifornien
Santa Fe
San Diego
30°
MEXIKO
Wendekreis des Krebses
wich-Inseln
ahu
Molokai
Hawaii
20°
ifischer Ozean
10°
ing
ristmas
Äquator
Marquesas-Inseln
Nuku Hiva
Hiva-oa
nrhyn
hiki-Inseln
10°
Tahaa
a Bora
chafts- inseln
Raiatea
Tahiti
Paumotu- oder Niedrige Inseln
20°
inseln
Wendekreis des Steinbocks
Pitcairn
N
W
O
S
30°
150°
140°
130°
120°
110°

JACK LONDON

Die Reise mit der

Snark

Aus dem amerikanischen Englisch
übersetzt und herausgegeben von

Alexander Pechmann

mare

Die Originalausgabe erschien 1911 unter dem Titel
The Cruise of the Snark in New York; die vorliegende Übersetzung
basiert auf der gleichlautenden Neuausgabe der
National Geographic Society, Washington, D. C., 2003.

Neuausgabe 2023
© 2016, 2023 mareverlag, Hamburg
Lektorat Elvira M. Gross, Wien
Karte Peter Palm, Berlin
Typografie Farnschläder & Mahlstedt, Hamburg
Schrift Minion Pro
Druck und Bindung CPI books GmbH, Leck
Printed in Germany
ISBN 978-3-86648-726-0

www.mare.de

Für Charmian*,
Erster Offizier der *Snark*,
die Tag und Nacht, beim Verlassen des Hafens
oder beim Einlaufen oder bei Kanalfahrten,
das Ruder übernahm,
die in jeder Notlage das Steuerrad packte
und nach zwei Jahren Segeln weinte,
als die Reise abgebrochen wurde.

* Charmian Kittredge London
  (1871–1955), Jack Londons
  zweite Frau, die er 1905,
  nach der Trennung von Elizabeth
  (»Bessie«) Maddern, heiratete.

Jack und Charmian

Vorbemerkung

*D*ie Reise mit der Snark ist ein ungewöhnliches Buch, das unter ungewöhnlichen Bedingungen entstand. Jack London schildert darin seine zahllosen Abenteuer nicht rückblickend, sondern überwiegend unter dem unmittelbaren Eindruck der Ereignisse, und er verkaufte die einzelnen Kapitel vorab an verschiedene Zeitschriften, um die Weiterreise zu finanzieren. Er hatte stets freimütig eingeräumt, all seine Erzählungen und Romane im Grunde nur deshalb zu schreiben, um leere Kassen zu füllen und Schulden zu tilgen, um das Leben führen zu können, das er sich wünschte, um all die Träume Wirklichkeit werden zu lassen, die er schon als kleiner Junge geträumt hatte. Dennoch kann man ihm auf keiner Seite seines umfangreichen Œuvres vorwerfen, er sei nicht mit Herz und Seele bei der Sache gewesen. Auch *Die Reise mit der Snark* bezeugt seine unbändige Lust am Geschichtenerzählen und erweist sich zwischen den Zeilen als aufrichtige Liebeserklärung; genauer gesagt als Jack Londons dreifache Liebeserklärung – an das Meer, an die Literatur und an seine Frau Charmian.

Das Meer hatte er schon immer geliebt. Im Alter von fünfzehn Jahren hatte er sich dreihundert Dollar von seiner alten Amme geliehen, um sein erstes Segelboot, die *Razzle Dazzle*, zu kaufen. Er zog nachts los, um die Austernbänke der Bucht von San Francisco zu plündern, und erkämpfte sich einen verwegenen Ruf als »Prinz der Austernpiraten«. Nur wenig später heuerte er als Vollmatrose auf der *Sophie Sutherland* an, die zum Robbenfang vor der Küste Japans aufbrach. Dieser Fahrt verdankte er eine Unmenge wertvoller Erfahrungen, die er in seiner ersten Kurzgeschichte, zahlreichen Erzählungen wie »Die Toten kehren nie zurück« (siehe Anhang) und seinem bekanntesten Werk, *The Sea-Wolf* (dt. *Der Seewolf*), verarbeitete. Auch nachdem dieses Buch ihm zu Weltruhm verholfen hatte, kehrte er immer wieder zurück zum Meer. Seine kleine Jacht *Spray* war ihm eine willkommene Zuflucht in den Jahren, als seine erste Ehe mit Bessie Maddern scheiterte. In dem Essay »Freude am Sportsegeln« (siehe Anhang) erzählt er unter anderem von kleinen Abenteuern auf diesem Boot.

Der Name der zweiten Jacht Jack Londons verbindet die Liebe zum Meer und zum Segeln mit der Liebe zur Literatur: *Snark*, nach der Nonsensballade *The Hunting of the Snark* (dt. *Die Jagd nach dem Snark*) von Lewis Carroll. Die Schiffsbibliothek enthielt unzählige Bände der Lieblingsautoren Londons, von denen mindestens drei – Robert Louis Stevenson, Joseph Conrad, Herman Melville – Erfahrungen mit Seereisen und dem Matrosenleben gesammelt hatten. Die Lektüre von Melvilles Roman *Typee* war zudem, neben Joshua Slocums Weltumseglung, eine wichtige Inspiration für den Aufbruch der *Snark* in die Südsee. Was aber war die wichtigste? Die Antwort liefert ein kurzer Blick auf die Widmung des vorliegenden Buches: Charmian!

Charmian Kittredge, fünf Jahre älter als Jack London, war bei ihrer exzentrischen Tante Ninetta (»Netta«) Eames aufgewachsen, die sich vegetarisch ernährte, freie Liebe predigte und ihre Nichte zu einer selbstbewussten, unkonventionellen und unternehmungslustigen Frau erzog. Charmian arbeitete als Sekretärin für eine Reederei und half gelegentlich ihrem Onkel Roscoe Eames bei der Redaktion der Zeitschrift *Overland Monthly*, in der auch einige Geschichten Londons erschienen. Im Sommer 1903 führte ein spontaner Kuss zu einer leidenschaftlichen Affäre, die Jack und Charmian vergeblich zu verheimlichen suchten. Pikanterweise war Charmian auch mit Jacks Frau Bessie befreundet und hatte ihr oft Trost gespendet, als ihre Ehe zu zerbrechen drohte. Als Jack im Frühjahr 1904 nach Japan aufbrach, um über den Russisch-Japanischen Krieg zu berichten, hatte Bessie ihn jedoch längst durchschaut, und bei seiner Rückkehr am 30. Juni drückte ihm ein Anwalt die Scheidungsklage in die Hand.

Im April des folgenden Jahres verließ Jack London San Francisco, um in Glen Ellen zu leben, wo auch der Plan zum Bau der *Snark* geboren wurde, und als die Scheidung im November vollzogen war, machte er sofort Charmian einen Antrag. Die beiden heirateten unverzüglich, am 19. November 1905.

Jack hatte beim zweiten Versuch in Sachen Ehe das richtige Los gezogen. Charmian teilte seine Lebensphilosophie und verstand, dass er sich nur lebendig fühlte, wenn er immerzu alles riskierte. Sie war eine gebildete Frau, die Klavier spielte, Pferde liebte, ihren Mann überredete, sparsamer mit Alkohol und Zigaretten umzugehen, aber auch gern einmal Boxhandschuhe anzog, um ihm einen gepflegten Kinnhaken zu verpassen. Er war bereit, mit ihr und für sie das Unmögliche zu wagen, und Charmian zögerte keinen Augenblick, es ihm gleichzutun.

A. P.

Die Reise mit der

Snark

1. Kapitel

Der Plan

E s begann im Swimmingpool in Glen Ellen[1]. Beim Schwimmen verließen wir gern zwischendurch das Becken, legten uns in den Sand und ließen unsere Haut die warme Luft atmen und das Sonnenlicht aufsaugen. Roscoe[2] war ein Jachtsegler. Ich hatte einige Erfahrungen als Seemann gesammelt. Es war unvermeidlich, dass wir über Boote sprachen. Wir unterhielten uns über kleine Boote und deren Seetüchtigkeit. Wir erwähnten Kapitän Slocum[3] und seine drei Jahre dauernde Reise um die Welt in der *Spray*. Wir behaupteten, dass wir keine Angst davor hätten, in einem kleinen, ungefähr zwölf Meter langen Boot um die Welt zu segeln.

Wir behaupteten außerdem, dass wir es gern versuchen würden. Letzten Endes behaupteten wir, dass uns auf dieser Welt nichts besser gefiele, als eine Gelegenheit zu bekommen, genau dies zu tun.

»Tun wir's«, sagten wir … im Scherz. Dann fragte ich Charmian unter vier Augen, ob sie wirklich dazu bereit wäre, und sie sagte, es wäre zu schön, um wahr zu sein.

---

1 Jack Londons Wohnort in Kalifornien.
2 Roscoe Eames, Charmians Onkel und Herausgeber der Zeitschrift *Overland Monthly*. Später als »erster Kapitän der *Snark*« bezeichnet.
3 Kapitän Joshua Slocum segelte in seiner Schaluppe *Spray* vom 24. April 1895 bis zum 27. Juni 1898 allein um die Welt und schrieb darüber in seinem Buch *Sailing Alone Around the World* (1899).

Das nächste Mal, als wir unsere Haut am Sand beim Swimmingpool atmen ließen, sagte ich zu Roscoe: »Tun wir's.«

Ich meinte es ernst, er ebenfalls, denn er antwortete: »Wann geht es los?«

Ich musste ein Haus auf der Ranch[4] bauen, dann einen Obstgarten und einen Weinberg anlegen und einige Hecken pflanzen und verschiedene Dinge erledigen. Wir meinten, wir könnten in vier bis fünf Jahren aufbrechen. Dann begann uns der Lockruf des Abenteuers zu packen. Warum nicht gleich loslegen? Keiner von uns würde jünger werden. Der Obstgarten, der Weinberg und die Hecken könnten ebenso gut wachsen, während wir fort waren. Bei unserer Rückkehr wären sie für uns bereit, und wir könnten in der Scheune schlafen, während wir das Haus bauten.

So wurde die Reise beschlossene Sache und die Konstruktion der *Snark* in Angriff genommen. Wir tauften das Schiff *Snark*, weil uns kein anderer Name dafür einfiel – diese Information möge denjenigen dienlich sein, die ansonsten irgendetwas Okkultes hinter dem Namen vermuten würden.

Unsere Freunde können nicht nachvollziehen, warum wir diese Reise unternehmen. Ihnen schaudert, sie stöhnen und heben abwehrend die Hände. Keine noch so ausführliche Erklärung kann ihnen begreiflich machen, dass wir uns entlang der Linie des geringsten Widerstandes bewegen; dass es einfacher für uns ist, in einem kleinen Boot in See zu stechen, als auf dem Festland zu bleiben, ebenso wie es für sie einfacher ist, auf dem Festland zu bleiben, als sich in einem Schiffchen aufs Meer hinauszuwagen. Diese Geisteshaltung rührt von einer maßlosen Überhöhung des Egos. Sie können nicht vor sich selbst davonlaufen. Sie können nicht weit genug aus ihrem Schneckenhaus hervorkriechen, um einzu-

4 Wolf House auf Jack Londons Ranch in Glen Ellen.

sehen, dass ihre Linie des geringsten Widerstandes nicht notwendigerweise dieselbe ist wie die all ihrer Mitmenschen. Sie machen aus ihrem eigenen Bündel aus Wünschen, Vorlieben und Abneigungen einen Zollstock, mit dem sie die Wünsche, Vorlieben und Abneigungen aller Wesen messen. Das ist ungerecht. Ich sage ihnen das. Sie aber können ihren eigenen elenden Egos nicht lang genug entfliehen, um mir zuzuhören. Sie halten mich für verrückt. Ich meinerseits gebe ihnen recht. Mir ist dieser Geisteszustand vertraut. Wir neigen alle zu der Ansicht, dass mit den Hirnen derjenigen, die anderer Meinung sind als wir, etwas nicht stimmt.

Der Schlüssel zu allem heißt: »Es gefällt mir.« Die Worte dringen tiefer als die Philosophie und umranken das Herz des Lebens. Wenn die Philosophie einen Monat lang grüblerisch darüber gefaselt hat, was eines jeden Menschen Pflicht sei, sagt der Mensch sogleich, »Es gefällt mir«, und widmet sich wieder etwas anderem, während der Philosophie das Licht ausgeht. »Es gefällt mir« lässt den Trunkenbold trinken und den Märtyrer in Sack und Asche gehen, es macht den einen zum Nachtschwärmer, den anderen zum Einsiedler, es lässt den einen nach Ruhm gieren, den anderen nach Gold, der Liebe oder Gott. Manch eine Philosophie ist nur die ausführliche Erklärung für jemandes »Es gefällt mir«.

Doch um auf die *Snark* zurückzukommen und auf die Frage, warum ich unbedingt auf ihr um die Welt segeln möchte. Die Dinge, die mir gefallen, bilden meine Werte. Woran mir am meisten liegt, ist, eine persönliche Großtat zu vollbringen – nicht, um damit den Beifall der Öffentlichkeit zu erringen, sondern weil es mir selbst zur Freude gereicht. Es ist das alte »Ich hab's geschafft! Ich hab's geschafft! Ich habe es ganz allein geschafft!«. Doch für mich muss eine persönliche Großtat etwas Konkretes sein. Ich würde lieber eine Wasserschlacht im Swimmingpool gewinnen oder im Sattel bleiben, wenn das Pferd unter mir dies verhindern will, als den

Großen Amerikanischen Roman schreiben. Jeder nach seiner Fasson. Ein anderer würde vielleicht lieber den Großen Amerikanischen Roman schreiben, als eine Wasserschlacht zu gewinnen oder ein Pferd zu bezwingen.

Die vielleicht stolzeste Großtat meines Lebens, meinen Augenblick intensivster Lebendigkeit, hatte ich mit siebzehn. Ich befand mich an Bord eines Dreimastschoners[5] vor der Küste Japans. Wir waren in einen Taifun geraten. Alle Mann waren fast die ganze Nacht lang an Deck. Ich wurde um sieben Uhr früh aus der Koje gerufen, um das Ruder zu übernehmen. Nicht ein Fetzen Leinwand war gesetzt. Wir liefen mit leeren Rahen vor dem Sturm, doch der Schoner kämpfte sich tapfer voran. Die Wellen kamen stets in einem Abstand von einer Achtelmeile, und der Wind riss ihnen die weißen Kronen ab, weswegen die Luft so sehr von verwehter Gischt erfüllt war, dass man nie mehr als zwei Wellen auf einmal sehen konnte. Der Schoner war kaum zu bändigen, er tauchte an Steuerbord und Backbord sein Schanzkleid unter, drehte und gierte irgendwo zwischen Südost und Südwest und drohte ungewollt beizudrehen, als die gewaltigen Wogen ihn achtern unterspülten. Hätte er beigedreht, wäre er mitsamt seiner Mannschaft gewiss als verloren gemeldet worden, und niemand hätte je wieder etwas von ihm gehört.

Ich übernahm das Ruder. Der Navigationsoffizier beobachtete mich eine Zeit lang. Er hatte Bedenken wegen meiner Jugend, befürchtete, dass es mir an Kraft und Nervenstärke fehlte. Doch als er sah, wie ich den Schoner erfolgreich durch mehrere Attacken kämpfte, ging er zum Frühstücken unter Deck. Alle Matrosen von Vorschiff und Achterdeck saßen unten beim Frühstück. Hätten wir

---

5 Die *Sophie Sutherland*. Jack London erzählte immer wieder von seinen Abenteuern als Matrose an Bord des Robbenfängers. So auch in der autobiografischen Kurzgeschichte »Die Toten kehren nie zurück« (siehe Anhang).

beigedreht, wäre keiner von ihnen rechtzeitig an Deck gekommen. Vierzig Minuten lang stand ich dort allein am Steuerrad, hatte den wild sich aufbäumenden Schoner fest im Griff und die Leben von zweiundzwanzig Männern in meiner Hand. Einmal traf uns eine Sturzsee von hinten. Ich sah sie kommen, und obwohl ich in den Unmengen Wasser, das mich niederwalzte, fast ertrank, hielt ich den Schoner davon ab, beizudrehen. Nach einer Stunde, schwitzend und mit den Kräften am Ende, wurde ich abgelöst. Doch ich hatte es geschafft! Ich hatte mit eigenen Händen meine Pflicht am Ruder erfüllt und hundert Tonnen Holz und Eisen durch einige Millionen Tonnen Wind und Wellen geführt.

Meine größte Freude war, es getan zu haben – nicht, dass zweiundzwanzig Männer wussten, was ich getan hatte. Binnen eines Jahres war die Hälfte von ihnen tot oder verschollen, doch der Stolz auf meine Leistung halbierte sich nicht. Ich gebe gerne zu, dass ich ein kleines Publikum schätze. Es darf aber nur ein sehr kleines Publikum sein, bestehend aus jenen, die mich lieben und die ich liebe. Wenn ich dann eine persönliche Großtat vollbringe, habe ich das Gefühl, mir ihre Liebe zu verdienen. Doch dies ist ganz unabhängig von der Freude an der eigentlichen Leistung. Diese Freude gehört mir ganz allein und braucht keine Zeugen. Wenn ich dergleichen vollbracht habe, bin ich überglücklich. Ich glühe am ganzen Leib. Ich bin mir eines Stolzes bewusst, der mir gehört, mir allein. Es ist etwas Organisches. Jede Faser meines Körpers vibriert davon. Es ist auch völlig natürlich. Bloß eine Frage von Zufriedenheit mit der Anpassung an die Umwelt. Es ist der Erfolg.

Lebendiges Leben ist erfolgreiches Leben, und Erfolg ist die Luft in seinen Lungen. Das Bewältigen einer schwierigen Aufgabe bedeutet eine erfolgreiche Anpassung an eine beharrlich fordernde Umwelt. Je schwieriger die Aufgabe, desto größer die Befriedigung, wenn man sie bewältigt. Dies gilt für den Mann, der vom Sprungbrett über dem Swimmingpool springt und mit einem halben Rückwärtssalto kopfüber ins Wasser eintaucht. Sobald er das Sprungbrett verlässt, wird seine Umwelt unberechenbar, ebenso wie die Strafe, die ihn ereilt, wenn er scheitert und flach auf dem Wasser landet. Freilich hätte der Mann sich auf das Risiko nicht einzulassen brauchen. Er hätte auf seiner Bank sitzen bleiben können, in einer lieblichen und ruhigen Umgebung aus Sommerluft, Sonnenschein und Stabilität. Nur war er dafür nicht geschaffen. In diesem kurzen Augenblick des Schwebens war er so lebendig, wie er es auf der Bank nie hätte sein können.

Ich persönlich wäre lieber dieser Mann als die Leute, die auf der Bank sitzen und ihm zusehen. Deshalb baue ich die *Snark*. So bin ich geschaffen. So will ich es, das ist alles. Die Reise um die Welt wird dem Leben große Momente bescheren. Habt einen Augenblick Geduld mit mir und seht her. Hier stehe ich, ein kleines Tier, Mensch genannt – ein Stückchen belebte Materie, 165 Pfund Fleisch und Blut, Nerven, Sehnen, Knochen und Hirn – alles weich und zart, anfällig für Schmerzen, fehlbar und verletzlich. Ich versetze einem widerspenstigen Pferd mit dem Handrücken einen leichten Schlag auf die Nüstern, schon bricht ein Knochen meiner Hand. Ich halte meinen Kopf fünf Minuten unter Wasser und ertrinke. Ich stürze sieben Meter in die Tiefe und werde zerschmettert. Ich reagiere empfindlich auf Temperaturen. Ein paar Grade nach unten, und meine Finger, Ohren und Zehen werden schwarz und fallen ab. Ein paar Grade nach oben, und meine Haut bekommt Blasen, verschrumpelt und legt rohes, zitterndes Fleisch frei. Noch ein paar Grade nach oben oder unten, und mein Lebenslicht erlischt. Ein Tröpfchen Gift, durch einen Schlangenbiss in meinen Körper gelangt, und ich kann mich nicht mehr bewegen – nie wieder. Ein Schrotkörnchen aus einer Flinte dringt in meinen Schädel, und ewige Finsternis umhüllt mich.

Fehlbar und zerbrechlich, ein Stückchen pulsierenden, gallertartigen Lebens – mehr bin ich nicht. Mich umgeben die großen Naturgewalten – kolossale Bedrohungen, Titanen der Zerstörung, gefühllose Monster, die mir weniger Beachtung schenken als ich einem Sandkorn, das ich unter meinem Fuß zermalme. Sie beachten mich in keiner Weise. Sie wissen nicht einmal, dass es mich gibt. Sie besitzen kein Bewusstsein, keine Gnade, keine Moral. Sie sind die Zyklone und Tornados, Blitz und Donner, Kabbelung und Gezeiten, Widersee und Wasserfontänen, große Strudel und Wirbel, Erdbeben und Vulkane, die Brandung, die an felsige Küsten donnert, und Wellen, die die größten Schiffe auf See überschwemmen und dabei Menschen zermalmen oder sie ins Meer und den sicheren Tod spülen – und jene fühllosen Monster wissen nicht um die winzige, empfindliche Kreatur aus Nerven und Schwächen, die von Menschen Jack London genannt wird und sich selbst für absolut in Ordnung und ein ziemlich überragendes Wesen hält.

Durch das Labyrinth und Chaos der Kämpfe mit jenen gewaltigen und nimmersatten Titanen muss ich mir meinen gefährlichen Weg bahnen. Das bisschen Leben, das ich bin, wird über sie triumphieren. Das bisschen Leben, das ich bin, wird sich göttergleich wähnen, da es jene Riesen zu täuschen und zu zähmen vermag. Es ist gut, den Sturm zu reiten und sich wie ein Gott zu fühlen. Man kann wohl davon ausgehen, dass es für einen Klecks pulsierender Gallerte viel herrlicher ist, sich wie ein Gott zu fühlen, als für Gott selbst.

Hier ist das Meer, der Wind und die Welle. Hier sind die Meere, die Winde und Wellen der ganzen Welt. Hier ist ungezähmte Natur. Und die Schwierigkeit, sich ihr anzupassen, um jenes Ziel zu erreichen, an dem das kleine zitternde Nichts, das ich bin, solche Freude hat. Ich mag das. So bin ich geschaffen. Es ist meine eigene besondere Art von Eitelkeit, das ist alles.

Die Reise der *Snark* hat noch eine andere Seite. Ich lebe, also möchte ich sehen, und die Welt ist eine größere Sehenswürdigkeit als eine Kleinstadt oder ein kleines Tal. Wir haben unsere Reiseroute kaum festgelegt. Nur eines steht fest, und das ist der erste Hafen, den wir anlaufen werden – Honolulu. Bis auf ein paar allgemeine Ideen haben wir keine Ahnung, welchen Hafen wir nach Hawaii ansteuern sollen. Wir werden uns das überlegen, wenn wir dort sind. Ganz allgemein wissen wir, dass wir durch die Südsee stromern, Samoa, Neuseeland, Tasmanien, Australien, Neuguinea, Borneo und Sumatra bereisen und über die Philippinen nach Japan gelangen werden. Dann geht es weiter nach Korea, China, Indien, durch das Rote Meer und das Mittelmeer. Ab da wird die Reiseroute zu vage, um sie zu beschreiben, obwohl uns so einiges vorschwebt, das wir mit Sicherheit tun werden, und wir planen, in jedem Land Europas einen Monat, wenn nicht mehr, zu verweilen.

Die *Snark* wird gesegelt. Wir werden einen Benzinmotor an Bord haben, doch dieser soll nur im Notfall zum Einsatz kommen, zum Beispiel bei schlechten Fahrbedingungen zwischen Riffen und Sandbänken, wo eine plötzliche Kalme oder starke Strömung ein Segelboot wehrlos machen. Die *Snark* soll nach dem Muster einer »Ketsch« getakelt werden. Die Ketschtakelung ist ein Kompromiss zwischen der Yawl und dem Schoner. In den letzten Jahren hat sich die Yawltakelung für Kreuzfahrten als die am besten geeignete bewährt. Die Ketsch behält die Vorzüge der Yawl beim Kreuzen und besitzt dazu noch einige der Eigenschaften des Schoners beim Segeln. Letztgesagtes ist mit Vorsicht zu genießen. Für mich ist das alles graue Theorie. Ich habe nie eine Ketsch gesegelt, noch habe ich je eine gesehen. Die Theorie scheint mir schlüssig zu sein. Wartet, bis ich hinaus aufs Meer fahre, dann kann ich mehr über die Qualitäten der Ketsch beim Kreuzen und Segeln erzählen.

Dem ursprünglichen Plan gemäß sollte die *Snark* zwölf Meter Länge an der Wasserlinie aufweisen. Doch wir merkten, dass es so keinen Platz für einen Waschraum gab, also verlängerten wir sie auf vierzehn Meter. Die größte Rahe misst viereinhalb Meter. Es gibt kein Deckhaus und keinen Laderaum. Die lichte Höhe beträgt zwei Meter, und das Deck ist nicht unterbrochen, bis auf zwei Kajütstreppen und eine Luke im Vorschiff. Die Tatsache, dass es darauf kein Deckhaus gibt, welches das Deck belasten könnte, wird uns ein Gefühl von Sicherheit geben, wenn große Sturzseen tonnenweise Wasser an Bord donnern lassen. Ein großes und geräumiges Cockpit, eine Vertiefung im Deck mit hohem Schanzkleid und Wasserablauf, wird dafür sorgen, dass wir es an Schlechtwettertagen und -nächten bequem haben.

Es wird keine Crew geben. Oder vielmehr sind Charmian, Roscoe und ich die Crew. Wir werden alles eigenhändig bewerkstelligen. Eigenhändig werden wir die Erde umrunden. Ob wir segeln oder sinken, wir werden selbst dafür die Verantwortung tragen. Natürlich werden wir einen Koch und einen Kajütsjungen einstellen. Warum sollten wir über einem Herd schmoren, Geschirr abwaschen oder den Tisch decken? Wenn wir das tun wollten, könnten wir an Land bleiben. Außerdem müssen wir Wache halten und das Schiff steuern. Und dazu muss ich mich noch meinem Beruf, dem Schreiben, widmen, um uns zu ernähren, neue Segel und Tauwerk zu besorgen und die *Snark* seetüchtig zu erhalten. Dann ist da auch noch die Ranch; ich muss dafür sorgen, dass Weinberg, Obstgarten und Hecken gedeihen.

Als wir die *Snark* verlängerten, um Platz für den Waschraum zu schaffen, merkten wir, dass dieser nicht so viel Platz brauchte. Deswegen vergrößerten wir den Benzinmotor. Unser Motor hat siebzig PS, und da wir von ihm erwarten, dass er uns mit neun Knoten voranbringt, fällt uns kein einziger Fluss ein, dessen Strömung stark genug wäre, um uns aufzuhalten.

Wir rechnen damit, dass wir oft landeinwärts fahren. Durch die geringe Größe der *Snark* wird es leicht möglich sein. Treffen wir auf Land, werden die Rahen eingezogen und der Motor angeworfen. Die Kanäle von China und der Fluss Yangtse liegen vor uns. Wir werden Monate darauf verbringen, wenn wir die behördlichen Genehmigungen bekommen. Dies wird das einzige Hindernis unserer Binnenschifffahrt sein – behördliche Genehmigungen. Aber wenn es uns gelingt, sie zu bekommen, sind unseren Binnenfahrten keine Grenzen gesetzt.

Wenn wir den Nil erreichen, können wir freilich auch den Nil hinauffahren. Wir können auf der Donau nach Wien, auf der Themse nach London und auf der Seine nach Paris fahren, wo wir vor dem Quartier Latin festmachen, mit der Bugleine an Notre-Dame und der Heckleine an der Morgue. Wir können das Mittelmeer verlassen und die Rhône hinauf nach Lyon fahren, von dort in die Saône einlaufen, über den Bourgogne-Kanal von der Saône in die Marne und von der Marne in die Seine schippern und in Le Havre von der Seine hinaus aufs Meer. Nachdem wir dann den Atlantik überquert und die Vereinigten Staaten erreicht haben, können wir den Hudson hinauffahren, durch den Erie-Kanal, über die Großen Seen, den Lake Michigan bei Chicago verlassen, über den Illinois River und den Verbindungskanal zum Mississippi und auf dem Mississippi flussabwärts zum Golf von Mexiko gelangen. Und dann gibt es auch noch die großen Flüsse von Südamerika. Wir werden einiges Wissen über Geografie gesammelt haben, wenn wir wieder in Kalifornien ankommen.

Leute, die sich mit Hausbau beschäftigen, sind oft völlig überfordert; aber wenn Sie diesen Strapazen auch etwas abgewinnen, empfehle ich Ihnen, ein Boot wie die *Snark* zu konstruieren. Man denke nur einen Moment lang an den Aufwand im Einzelnen. Zum

Beispiel der Motor. Welcher Motor ist der beste – der Zweitakter? Dreitakter? Viertakter? Meine Lippen sind schon ganz wund von Fachbegriffen aller Art, mein Verstand ist wund von noch merkwürdigeren Vorstellungen und erschöpft und müde vom Wandern durch neue, felsige Gedankengebiete. – Zündungsmethoden; soll es eine Abreißzündung oder eine Überschlagsfunkenzündung sein? Soll man Trockenzellen oder Akkumulatoren verwenden? Akkumulatoren sind empfehlenswert, benötigen aber einen Dynamo. Wie stark muss der Dynamo sein? Und wenn wir schon einen Dynamo und einen Akkumulator eingebaut haben, wäre es einfach lächerlich, das Boot nicht mit elektrischem Licht zu beleuchten. Nun stellt sich die Frage nach den Glühbirnen und deren Wattzahl. Eine glänzende Idee. Aber die elektrische Beleuchtung benötigt einen stärkeren Akkumulator, der seinerseits einen stärkeren Dynamo braucht.

Und wenn wir uns schon einmal dazu entschlossen haben, warum nicht auch einen Suchscheinwerfer einbauen? Der wäre ungeheuer nützlich. Doch der Scheinwerfer verbraucht so viel Strom, dass alle anderen Lampen ausgehen, sobald man ihn einschaltet. Erneut wandern wir auf steinigen Pfaden auf der Suche nach einem stärkeren Akkumulator und Dynamo. Und dann, nachdem endlich alles geklärt ist, fragt irgendjemand: »Was, wenn der Motor ausfällt?« Und wir brechen zusammen. Da sind die Seitenlaternen, die Nachthauslampe und das Ankerlicht. Unser Leib und Leben hängt davon ab. Wir müssen also das ganze Boot zusätzlich mit Öllampen ausrüsten.

Doch wir sind noch nicht fertig mit dem Motor. Der Motor hat Kraft. Wir sind zwei kleine Männer und eine kleine Frau. Wir würden beim Versuch, den Anker von Hand zu lichten, den Mut verlieren und uns das Rückgrat verrenken. Soll doch der Motor es für uns erledigen. Und nun stellt sich das Problem, wie man den Strom vom Motor zur Winde im Vorschiff leiten soll. Bis all das geregelt ist, haben wir den Platz für Maschinenraum, Kombüse, Waschraum, Kabinen und Kajüte neu verteilt und müssen nochmals von vorne beginnen. Und nachdem wir den Motor verlagert haben, schicke ich ein unverständliches Telegramm an dessen Hersteller in New York, das ungefähr so lautet: *Knebelgelenk verworfen ändere Drucklager entsprechend Entfernung von Vorderseite des Schwungrads zur Front des Achterstevens auf vier Meter fünfundneunzig.*

Falls Sie sich gern mit Details herumschlagen, suchen Sie einmal ganz unbedarft nach der besten Ruderausrüstung oder versuchen Sie zu entscheiden, ob Sie Ihre Takelage mit altmodischen Taljereepen oder mit Drahtspannschlossgewinden ausstatten. Soll das Kompasshaus vor dem Ruder in der Mitte des Deckbalkens platziert oder nach links oder rechts verschoben werden? – hier gibt es jede Menge Spielraum für endlose Fachsimpeleien unter Seebären. Dann muss man sich mit dem Problem befassen, wie man Benzin lagert, 1500 Gallonen Benzin – wie kann man es am sichersten einfüllen und weiterleiten? Und welches ist der beste Feuerlöscher für brennendes Benzin? Dann kommt die heikle Frage nach dem Rettungsboot und wo man es unterbringt. Und kaum hat man das geklärt, erscheinen Koch und Kajütenjunge, um einen mit albtraumhaften Eventualitäten zu konfrontieren. Es ist ein kleines Boot, auf dem wir eng zusammengepfercht sein werden. Das Dienstmädchenproblem der Landratten verblasst im Vergleich dazu bis zur Bedeutungslosigkeit. Wir erwählten einen Kajütenjungen, wodurch sich unsere Sorgen zerstreuten. Doch dann verliebte sich der Kajütenjunge und kündigte.

Und wie soll man währenddessen die Zeit finden, Navigation zu studieren – wenn der Tag aufgeteilt ist zwischen den oben erwähnten Problemen und dem Geldverdienen, das nötig ist, um eben diese Probleme lösen zu können? Weder Roscoe noch ich haben die leiseste Ahnung von Navigation, der Sommer ist vorbei, wir sind kurz davor aufzubrechen, die Probleme häufen sich höher denn je, und in den Schatztruhen herrscht gähnende Leere. Gleichwie, man benötigt sowieso Jahre, um das Seemannshandwerk zu erlernen, und wir sind beide Seemänner. Falls wir keine Zeit finden, packen wir unsere Bücher und Instrumente ein und bringen uns die Navigation zwischen San Francisco und Hawaii selbst bei.

Es gibt einen unglückseligen und verwirrenden Aspekt der Reise der *Snark*. Roscoe, der mein Hilfsnavigator sein soll, ist ein Jünger eines gewissen Cyrus R. Teed[6]. Nun vertritt Cyrus R. Teed eine ganz andere Kosmologie als die gemeinhin akzeptierte, und Roscoe teilt seine Ansichten. So glaubt Roscoe, dass die Erdoberfläche konkav ist und wir im Inneren einer hohlen Kugel leben. Deshalb segeln wir zwar auf ein und demselben Boot, der *Snark*, doch Roscoe wird die Erde auf der Innenseite umrunden, während ich auf der Außenseite unterwegs sein werde. Doch hiervon später mehr. Am Ende der Reise sind wir womöglich derselben Meinung. Ich vertraue darauf, dass ich ihn dazu bekehren kann, auf der Außenseite zu reisen, während er ebenso überzeugt ist, dass er mich auf der Innenseite wiederfinde, ehe wir nach San Francisco zurückgekehrt sind. Wie er mich durch die Erdkruste befördern will, weiß ich nicht, aber Roscoe ist ein echtes Genie.[7]

---

6 Cyrus Reed »Koresh« Teed (1839–1908): amerikanischer Sektenführer, der behauptete, Gott sei ihm in Gestalt einer schönen Frau erschienen und habe ihm offenbart, dass die Welt die Innenseite einer hohlen Kugel sei. Die Hohlwelttheorie fand auch im 20. Jahrhundert noch zahlreiche Anhänger.

7 Roscoe Eames blieb nur bis Hawaii Teil der Crew, wo er von Jack London wegen Inkompetenz und Vernachlässigung seiner Pflichten gefeuert wurde.

PS   Dieser Motor! Wo wir schon einen haben, zusammen mit Dynamo und Akkumulator, warum nicht auch eine Eismaschine einbauen? Eis in den Tropen! Das ist notwendiger als Brot. Ich bin für die Eismaschine! Nun stecke ich bis zum Hals in Chemie, und meine Lippen schmerzen, und mein Hirn tut weh, und wie soll ich je die Zeit finden, um Navigation zu studieren?

2. Kapitel

Das Unvorstellbare
und Monströse

Spare nicht am Geld«, sagte ich zu Roscoe. »Alles an der *Snark* soll vom Besten sein. Und mach dir keine Gedanken um irgendwelche Verzierungen. Schlichte Kiefernplanken sind mir gut genug. Aber steck das Geld in die Konstruktion. Die *Snark* soll so zuverlässig und stark sein, wie ein Boot auf dem Wasser nur sein kann. Ganz gleich, was es kosten mag, sie zuverlässig und stark zu bauen; sieh zu, dass sie zuverlässig und stark wird, und ich schreibe weiter und verdiene das Geld, um alles zu bezahlen.«

Und das tat ich auch … so gut es ging; denn die *Snark* verschlang das Geld schneller, als ich es verdienen konnte. Tatsächlich musste ich mir immer wieder mal Geld leihen, um meine Honorare zu ergänzen. Mal borgte ich mir tausend Dollar, mal zweitausend Dollar, mal fünftausend Dollar. Und die ganze Zeit über arbeitete ich Tag für Tag weiter und steckte meinen Lohn in das Unternehmen. Ich arbeitete auch sonntags und nahm mir nie frei. Doch das war es wert. Immer, wenn ich an die *Snark* dachte, wusste ich, dass sie es wert war.

Und nun, lieber Leser, ein paar Worte zur Seetüchtigkeit der *Snark*. Sie ist an der Wasserlinie dreizehneinhalb Meter lang. Ihre Kielplanke ist drei Zoll dick, ihre Planken zweieinhalb Zoll, ihre Deckplanken zwei Zoll, und die ganze Beplankung ist fugenlos. Das weiß ich, weil ich jene Beplankung gesondert aus dem

Puget-Sund bestellt habe. Zudem hat die *Snark* vier wasserdichte Abschottungen, das heißt, sie ist der Länge nach mit drei wasserdichten Schotten unterteilt. Demnach kann nur eine Abschottung vollaufen, ganz gleich, wie groß das Leck in der *Snark* auch sein mag. Die anderen drei Abschottungen werden sie trotzdem über Wasser halten und uns außerdem ermöglichen, das Leck zu stopfen. Diese Schotten haben noch einen weiteren Vorteil. Die letzte Abschottung von allen, ganz hinten im Heck, enthält sechs Tanks, die mehr als tausend Gallonen Benzin fassen. Nun ist Benzin eine sehr gefährliche Fracht, wenn es in großen Mengen auf einem kleinen Schiff weit draußen auf dem weiten Ozean gelagert wird. Lagert man die sechs abgedichteten Tanks ihrerseits in einer Abschottung, die hermetisch vom übrigen Boot abgetrennt ist, dann wird man die Gefahr wahrlich als ziemlich gering einstufen.

Die *Snark* ist ein Segelboot. Sie wurde in erster Linie zum Segeln konstruiert. Doch zusätzlich, als Hilfsmittel, wurde ein 70-PS-Motor eingebaut. Eine gute, starke Maschine. Ich sollte es wissen. Ich habe dafür bezahlt, dass man sie den ganzen Weg von New York hierhertransportiert. An Deck, über dem Motor, befindet sich auch noch eine Winde. Ein großartiger Apparat. Sie wiegt mehrere Hundert Pfund und benötigt unendlich viel Platz auf dem Deck. Wäre es nicht lächerlich, den Anker von Hand zu hieven, wenn man einen 70-PS-Motor an Bord hat? Wir bauten also die Winde ein und übertrugen die Energie von der Maschine mit einem Getriebe, das eigens von einer Gießerei in San Francisco gefertigt worden war.

Die *Snark* sollte bequem sein, und in dieser Hinsicht wurden keine Kosten gescheut. Da ist zum Beispiel das Bad, zwar klein und kompakt, aber mit all den Annehmlichkeiten eines Badezimmers an Land. Das Bad ist ein einziger Traum aus sanitären Anlagen und Vorrichtungen, Pumpen und Hebeln und Bodenventilen.

Noch während es gebaut wurde, lag ich nachts regelmäßig wach und dachte an dieses Badezimmer. Gleich neben dem Bad stehen Rettungsboot und Barkasse. Sie werden an Deck gehievt und nehmen den übrigen Platz ein, den wir ansonsten für Leibesübungen hätten nutzen können. Sie sind aber trotz allem die beste Lebensversicherung; und der umsichtige Mann, der ein so zuverlässiges und starkes Schiff wie die *Snark* gebaut hat, wird dafür sorgen, dass er auch ein gutes Rettungsboot besitzt. Und unseres ist ein gutes. Es ist eine Schaluppe. Der Kostenvoranschlag belief sich auf hundertfünfzig Dollar, und als ich schließlich die Rechnung beglich, waren daraus dreihundertfünfundneunzig Dollar geworden. Dies zeugt von der Qualität eines Rettungsboots.

Ich könnte unentwegt die vielfältigen Vorzüge und Herrlichkeiten der *Snark* aufzählen, doch scheue ich mich davor. Ich habe bislang genug geprahlt, und mein Prahlen hatte einen Grund, wie man erfahren wird, ehe meine Geschichte erzählt ist. Und vergessen Sie bitte den Titel nicht: »Das Unvorstellbare und Monströse«. Der Plan war, dass die *Snark* am 1. Oktober 1906 auslaufen sollte. Dass sie nicht absegelte, war unvorstellbar und monströs. Es gab keinen triftigen Grund, nicht auszulaufen, außer, dass sie noch nicht bereit dafür war, und man konnte sich einfach nicht vorstellen, weswegen sie nicht bereit hätte sein sollen. Die Fertigstellung wurde für den 1. November versprochen, für den 15., für den 1. Dezember, und noch immer war das Schiff nicht fertig. Am 1. Dezember verließen Charmian und ich das liebliche, saubere Sonoma-Land[8] und zogen hinunter in die stickige Stadt, um dort zu wohnen – aber nicht für lange, oh nein, nur für zwei Wochen, denn wir konnten am 15. Dezember lossegeln. Und ich schätze, wir hätten es wissen müssen,

---

8 Sonoma County, achtzig Kilometer nordöstlich von San Francisco.

denn Roscoe hatte es gesagt und uns den Rat gegeben, zwei Wochen in der Stadt zu verbringen. Ach, die zwei Wochen verstrichen, vier Wochen verstrichen, sechs Wochen verstrichen, acht Wochen verstrichen, und wir waren weiter denn je davon entfernt, auszulaufen. Es erklären? Wer? – Ich? Ich kann es nicht. Das ist das Einzige in meinem ganzen Leben, vor dem ich mich gedrückt habe. Es gibt keine Erklärung; gäbe es eine, ich würde sie liefern. Ich, der Sprachkünstler, gebe zu, dass ich nicht erklären kann, warum die *Snark* nicht bereit war. Wie ich schon sagte und wie ich immer wieder sagen muss, es war unvorstellbar und monströs.

Aus acht Wochen wurden sechzehn, und dann, eines Tages, heiterte Roscoe uns auf, indem er meinte: »Wenn wir nicht vor dem 1. April auslaufen, könnt ihr meinen Kopf als Fußball benutzen.«

Zwei Wochen später sagte er: »Ich trainiere meinen Kopf schon mal für das Spiel.«

»Was soll's«, sagten Charmian und ich zueinander. »Stell dir vor, wie prachtvoll das Boot erst sein wird, wenn es fertig ist.«

Woraufhin wir zu unserer gegenseitigen Ermutigung die Liste der mannigfaltigen Vorzüge und Herrlichkeiten der *Snark* herunterbeteten. Zudem borgte ich mehr Geld aus, rückte noch näher an den Schreibtisch heran und schrieb schneller, und ich weigerte mich heldenhaft, mir einen Sonntag freizunehmen, um mit meinen Freunden in die Berge zu fahren. Ich baute ein Boot, und ein Boot sollte es verdammt noch mal auch werden, eines in Großbuchstaben, ein B-O-O-T; koste es, was es wolle. Es war mir egal, solange es am Ende ein BOOT war.

Übrigens, da ist noch die eine Herrlichkeit der *Snark*, mit der ich prahlen muss, nämlich ihr Bug. Keine Woge könnte je darüber hinwegfegen. Er lacht über die Wellen, dieser Bug; er fordert das Meer heraus; er rümpft angesichts der See trotzig die Nase. Und dabei ist er ein wunderschöner Bug; er hat traumhafte Konturen;

ich bezweifle, dass je ein Boot mit einem schöneren und gleichzeitig nützlicheren Bug gesegnet war. Er war dazu geschaffen, Stürme niederzuschlagen. Diesen Bug zu berühren heißt, die Hand an die kosmische Spitze des Alls zu legen. Ihn anzusehen heißt erkennen, dass Kosten in seinem Fall bedeutungslos sind. Und jedes Mal, wenn unser Auslauftermin verschoben wurde oder eine neue Rechnung hereinschneite, dachten wir an diesen wundervollen Bug und waren zufrieden.

Die *Snark* ist ein kleines Boot. Als ich ihre Kosten großzügig mit siebentausend Dollar ansetzte, war ich sowohl freigebig als auch korrekt. Ich habe Scheunen und Häuser gebaut und weiß, welchen eigenartigen Hang solche Projekte haben, ihre geschätzten Kosten zu übersteigen. Ich wusste Bescheid, hatte bereits eine klare Vorstellung davon, als ich die Kosten für den Bau der *Snark* auf siebentausend Dollar schätzte. Sie kostete dreißigtausend. Keine Fragen, bitte. Es ist wahr. Ich unterschrieb die Schecks und trieb das Geld auf. Natürlich gibt es keine Erklärung dafür. Unvorstellbar und monströs ist es, wie Sie sicher zugeben werden, ehe meine Geschichte ihr Ende findet.

Dann war da die Sache mit der Verspätung. Ich verhandelte mit siebenundvierzig verschiedenen Gewerkschaftsvertretern und hundertfünfzehn verschiedenen Firmen. Und kein einziger Gewerkschafter und keine einzige Firma von all diesen Gewerkschaftern und Firmen lieferte je irgendetwas zu dem vereinbarten Termin, noch waren sie je in anderen Angelegenheiten als Zahltagen und Rechnungsfälligkeiten pünktlich. Männer schworen bei ihren unsterblichen Seelen, sie würden dieses oder jenes Teil zu einem bestimmten Datum liefern; nach derlei Schwüren brauchten sie im Durchschnitt selten mehr als drei Monate länger für die Lieferung. Und so lief das, und Charmian und ich trösteten einander, indem

wir uns sagten, welch ein herrliches Boot die *Snark* sei, so zuverlässig und stark; dann stiegen wir in das kleine Beiboot, ruderten um
die *Snark* herum und bestaunten ihren unglaublich wundervollen Bug.

»Stell dir mal einen Sturm vor der chinesischen Küste vor«,
sagte ich immer wieder zu Charmian, »wie die *Snark* beidreht und
ihr prachtvoller Bug durch den Sturm pflügt. Kein Tropfen wird
über diesen Bug kommen. Sie bleibt trocken wie eine Vogelfeder,
und wir sitzen alle in der Kabine und spielen Whist, während der
Sturmwind heult.«

Und Charmian drückte daraufhin jedes Mal begeistert meine
Hand und rief: »Das ist es alles wert – die Verspätung und Kosten
und Sorgen und alles Übrige. Ach, welch ein wahrhaftig pracht-
volles Boot!«

Wann immer ich den Bug der *Snark* betrachtete oder an ihre
wasserdichten Schotten dachte, fühlte ich neuen Mut. Allerdings
war ich der Einzige, der so empfand. Meine Freunde begannen Wetten gegen die verschiedenen Auslauftermine der *Snark* abzuschließen. Mr. Wiget, der zurückgelassen worden war, damit er sich um
unsere Sonoma-Ranch kümmerte, war der Erste, der seinen Ge-
winn einstrich. Er gewann am Neujahrstag 1907. Danach gerieten
die Wetten außer Rand und Band. Meine Freunde scharten sich
wie Harpyien um mich und wetteten gegen jeden Auslauftermin,
den ich festlegte. Ich war vorschnell, und ich war dickköpfig. Ich
wettete und wettete und wettete immer weiter; und ich zahlte sie
allesamt aus. Die Frauen meiner Freunde wurden so kühn, dass sogar jene, die nie zuvor gewettet hatten, Wetten mit mir abschlossen.
Und auch sie bekamen ihr Geld.

»Mach dir nichts draus«, sagte mir Charmian. »Denk einfach
nur an den Bug und wie es sein wird, im Chinesischen Meer beizudrehen.«

»Seht ihr«, erzählte ich meinen Freunden, als ich die jüngste Schar Wettbrüder ausbezahlte, »es wird weder an Ärger noch an Geld gespart, um die *Snark* zum seetüchtigsten Schiff zu machen, das je durch das Golden Gate segelte. Deshalb die Verzögerung.«

Inzwischen peinigten mich Redakteure und Verleger, mit denen ich Verträge abgeschlossen hatte, und verlangten nach einer Erklärung. Doch wie könnte ich ihnen etwas erklären, das ich mir selbst nicht erklären konnte, oder wenn es niemanden gab, nicht einmal Roscoe, der es mir hätte erklären können? Die Zeitungen begannen mich zu verhöhnen und Verse über die Abfahrt der *Snark* zu drucken, die Refrains wie den folgenden enthielten: »Nicht sofort, aber bald.« Und Charmian heiterte mich auf, indem sie mich an den Bug erinnerte, und ich ging zu einem Bankier und lieh mir weitere fünftausend Dollar. Eine Entschädigung gab es jedoch für die Verzögerung. Ein Freund, zufällig ein Kritiker, schrieb einen Verriss auf mich, auf alles, was ich geleistet hätte und noch leisten würde, und er plante, ihn zu veröffentlichen, sobald ich draußen auf dem Ozean wäre. Ich war immer noch an Land, als er erschien, und er bemüht sich seither um Ausreden.

Und die Uhr tickte weiter. Eines wurde allmählich klar, nämlich dass die *Snark* unmöglich in San Francisco fertiggestellt werden konnte. Man bastelte schon so lang an ihr herum, dass sie anfing zusammenzubrechen und sich abzunutzen. Tatsächlich hatte sie bereits das Stadium erreicht, da sie schneller zusammenbrach, als man sie reparieren konnte. Sie war zu einem Witz geworden. Niemand nahm sie noch ernst; die Männer, die an ihr arbeiteten, am allerwenigsten. Ich sagte, wir würden einfach in diesem Zustand lossegeln und sie in Honolulu fertig bauen. Sogleich öffnete sich ein Leck, um das man sich vor dem Auslaufen kümmern musste. Ich wollte sie auf die Hellingen bringen. Bevor sie dort ankam, geriet sie zwischen zwei große Barkassen und wurde kräftig

33

gequetscht. Wir bugsierten sie auf die Helling, und als sie fast drauf war, bog sich das Gerüst auseinander und ließ sie mit dem Heck voran in den Schlamm plumpsen.

Es war ein ziemliches Durcheinander, eine Arbeit für Abwracker, nicht für Bootsbauer. Alle vierundzwanzig Stunden gibt es zwei Fluten, und bei jeder Flut, Tag und Nacht, eine Woche lang, zogen und zerrten zwei Dampfschlepper an der *Snark*. Da war sie also, steckte fest zwischen den Hellingen und stand auf dem Heck. Als Nächstes, und während wir immer noch in dieser misslichen Lage waren, begannen wir, unser in der hiesigen Gießerei gefertigtes Getriebe einzusetzen, indem wir damit Maschinenkraft auf die Seilwinde übertrugen. Es war unser erster Versuch, die Winde zu verwenden. Die Gussstücke waren mangelhaft; sie flogen in alle Richtungen, die Zahnräder fraßen sich fest, und die Winde war lahmgelegt. Daraufhin ging der 70-PS-Motor außer Betrieb. Dieser Motor kam aus New York; ebenso seine Bodenplatte; diese hatte einen Riss; eigentlich hatte sie viele Risse; der 70-PS-Motor löste sich aus seiner zerbrochenen Platte, bäumte sich auf, zerstörte alle Verbindungen und Befestigungen und fiel auf die Seite. Und die *Snark* steckte immer noch zwischen den verbogenen Hellingen fest, und die zwei Schlepper zerrten weiterhin vergeblich an ihr.

»Mach dir nichts draus«, sagte Charmian. »Denk daran, welch ein zuverlässiges, starkes Boot sie ist.«

»Ja«, antwortete ich, »und denk an den wunderschönen Bug.«

Also fassten wir Mut und machten uns erneut ans Werk. Der zerstörte Motor wurde an seinem kaputten Rahmen festgebunden; die zerbrochenen Gussstücke und Zahnräder des Getriebes wurden abmontiert und eingelagert – all dies, um sie nach Honolulu mitzunehmen, wo man für Reparaturen und neue Gussstücke sorgen würde. Irgendwann in ferner Vergangenheit war die *Snark* außen weiß gestrichen worden. Den Farbton konnte man noch andeutungsweise erkennen, wenn das Licht günstig war. An der Innenseite hatte die *Snark* noch keine Farbe gesehen. Im Gegenteil, dort war mittlerweile eine dicke Schicht aus Schmierfett und ausgespucktem Kautabak, welche von den unzähligen Mechanikern stammte, die an ihr herumgewerkelt hatten. Was soll's, sagten wir; Fett und Schmutz könne man abhobeln, und später, nachdem wir Honolulu erreicht haben würden, könne man die *Snark* reparieren und gleichzeitig neu streichen.

Mit äußerster Kraft und Gewalt zogen wir die *Snark* aus der zerstörten Helling heraus und legten sie längsseits der Oakland-City-Werft. Rollwagen brachten uns die ganze Ausrüstung von zu Hause, die Bücher und Decken sowie persönliches Gepäck. Mit diesen Sachen wurde alles andere in einer chaotischen Flut an Bord gespült: Holz und Kohle, Wasser und Wassertanks, Gemüse, Proviant, Öl, das Rettungsboot und die Barkasse, alle unsere Freunde, alle Freunde unserer Freunde und jene, die behaupteten, deren Freunde zu sein, ganz zu schweigen von einigen der Freunde von den Freunden der Freunde der Crew. Dazu kamen noch Reporter und Fotografen und Fremde und Spinner und zu guter Letzt und über alledem noch Wolken aus Kohlenstaub vom Kai.

Wir planten, am Sonntag um elf auszulaufen, und inzwischen war es Samstagnachmittag. Die Menschenmenge am Kai und der Kohlenstaub waren dichter denn je. In einer Tasche hatte ich ein Scheckbuch, einen Füllfederhalter, einen Taschenkalender und einen Tintenlöscher, in einer anderen zwischen ein- und zweitausend Dollar in Scheinen und Goldmünzen eingesteckt. Ich war bereit für die Gläubiger, Bargeld für die kleinen und Schecks für die großen, und wartete nur noch darauf, dass Roscoe die übrigen Rechnungen der hundertfünfzehn Firmen brachte, die mich so viele Monate hatten warten lassen, und dann …

Und dann geschah wieder einmal das Unvorstellbare und

Monströse. Bevor Roscoe eintraf, erschien ein anderer Mann. Ein United States Marshal. Er klebte einen Zettel an den Mast der tapferen *Snark*, damit jeder auf dem Kai lesen konnte, dass das Schiff wegen Schulden beschlagnahmt wurde. Der Vollzugsbeamte übergab die *Snark* der Obhut eines kleinen alten Kerls und machte sich davon. Nun hatte ich keine Befugnis mehr über die *Snark*, einschließlich ihres wunderschönen Bugs. Der kleine Alte war nun ihr Herr und Meister, und ich erfuhr, dass ich ihm für diesen Dienst drei Dollar täglich zu zahlen hätte. Zudem erfuhr ich, wer die *Snark* hatte beschlagnahmen lassen: Sellers. Ich schuldete ihm zweihundertzweiunddreißig Dollar; und mit dieser Aktion hätte man natürlich bei jemandem, der so hieß, rechnen sollen. Sellers – »Verkäufer«! Herrgott! Sellers!

Doch wer war dieser verflixte Sellers? Ich warf einen Blick in mein Scheckbuch und sah, dass ich ihm vor zwei Wochen einen Scheck über fünfhundert Dollar ausgestellt hatte. Andere Scheckbücher bewiesen mir, dass ich ihm in den vielen Monaten, während deren die *Snark* gebaut wurde, mehrere Tausend Dollar gezahlt hatte. Warum hatte er also nicht wie jeder andere anständige Kerl versucht, seine erbärmliche kleine Summe einzutreiben, anstatt die *Snark* beschlagnahmen zu lassen? Ich schob meine Hände in die Taschen und stieß in der einen auf das Scheckbuch, den Kalender und den Füller und in der anderen auf Goldmünzen und Geldscheine. Da war alles Nötige, um die kümmerliche Rechnung mehr als hundert Mal zu begleichen – warum hatte er mir nicht die Möglichkeit dazu gegeben? Es war unerklärlich; mit einem Wort unvorstellbar und monströs.

Um alles noch schlimmer zu machen, hatte man die *Snark* am späten Samstagnachmittag beschlagnahmt; und obwohl ich Anwälte und Agenten durch ganz Oakland und San Francisco scheuchte, konnten sie weder einen Richter noch einen Vollzugsbeamten noch

Mr. Sellers, dessen Anwalt oder sonst jemanden auftreiben. Sie alle hatten über das Wochenende die Stadt verlassen. Und so lief die *Snark* doch nicht am Sonntag um elf Uhr aus. Der kleine Alte hatte immer noch die Verantwortung und sagte Nein. Und Charmian ging mit mir zum Kai gegenüber, und wir trösteten uns mit dem Anblick des wunderschönen Bugs der *Snark* und dachten an all die Stürme und Taifune, gegen die er stolz ankämpfen würde.

»Die Finte eines Spießers«, sagte Charmian und meinte damit Mr. Sellers und seine Verleumdung, »die Panik eines kleinlichen Händlers. Aber mach dir nichts draus; unsere Sorgen sind vorbei, sobald wir von hier fort sind und draußen auf dem weiten Ozean segeln.«

Und endlich segelten wir am Dienstagmorgen, den 23. April 1907, los. Zugegeben, unser Aufbruch verlief recht zäh. Den Anker mussten wir von Hand lichten, weil das Getriebe für die Winde völlig ungeeignet war. Außerdem hatten wir das, was von unserem 70-PS-Motor übrig geblieben war, als Ballast am Schiffsboden der *Snark* festgebunden. Aber wen kümmern schon derlei Kleinigkeiten? Man konnte sie in Honolulu in Ordnung bringen und sich in der Zwischenzeit am herrlichen Rest des Schiffs erfreuen! Zugegeben, der Motor in der Barkasse funktionierte nicht, und das Rettungsboot war löchrig wie ein Sieb, aber die machten ja nicht die *Snark* aus; sie waren bloß Zubehör. Was zählte, waren die wasserdichten Schotten, die fugenlose Beplankung, die Badezimmereinrichtungen – sie waren die *Snark*. Und dann war da noch, als das Größte von allem, jener edle, sturmwindtrotzende Bug.

Wir segelten hinaus aus dem Golden Gate und setzten unseren Kurs südwärts, zu jenem Teil des Pazifiks, wo wir auf die nordöstlichen Passatwinde hoffen konnten. Und schon nahm das Unheil seinen Lauf. Ich hatte darauf gesetzt, dass Jugend ein Vorteil für eine Reise wie jene mit der *Snark* sein würde, und hatte drei junge

Männer eingestellt – den Maschinisten, den Koch und den Kajütenknaben. Meine Rechnung ging nur zu einem Drittel auf; ich hatte nicht bedacht, seekranke Jünglinge abzuziehen, und ich hatte zwei davon, den Koch und den Kajütenknaben. Sie verschwanden sofort in ihre Kojen und waren bis Ende der Woche zu nichts mehr zu gebrauchen. Daraus geht hervor, dass wir nicht die heißen Mahlzeiten bekamen, die wir hätten bekommen sollen, und dass es unter Deck keineswegs sauber und ordentlich zuging. Aber das machte sowieso keinen Unterschied, da wir bald entdeckten, dass unsere Kiste Orangen irgendwann Frost erwischt hatte und unser Apfelvorrat matschig und faulig war; der Kohl in seinem Korb war bereits verdorben, als man ihn geliefert hatte, und man musste ihn unverzüglich über Bord werfen; das Kerosin war auf die Karotten verschüttet worden, die Rüben waren holzig und die Rote Beete vergammelt, während die Zündhölzer sich nicht anzünden ließen und die Kohlen, die man in einem verrotteten Kartoffelsack hergebracht hatte, über das gesamte Deck kullerten und durch das Speigatt fortgeschwemmt wurden.

Aber was machte das schon? Dergleichen war bloß nebensächlich. Da war das Boot – es war in Ordnung, nicht wahr? Ich schlenderte über das Deck und zählte in einer Minute vierzehn Fugen in der schönen Beplankung, die wir extra aus dem Puget-Sund bestellt hatten, damit sie eben keine Fugen aufwiese. Außerdem drang Wasser durch das Deck ein, und zwar heftig. Es schwemmte Roscoe aus seiner Koje und ruinierte das Werkzeug im Maschinenraum, ganz zu schweigen vom Proviant in der Kombüse, den es ungenießbar machte. Auch die Bordwände und der Boden der *Snark* leckten, und wir mussten sie täglich auspumpen, damit sie nicht unterging. Der Boden der Kombüse liegt ein, zwei Meter über der Bilge der *Snark*; und doch stand ich, als ich mir in der Kombüse einen kalten Happen zum Essen besorgen wollte, nass bis zu den

Knien im Wasser, das vier Stunden nach dem letzten Auspumpen um mich herum schäumte.

Dann erwiesen sich diese großartigen wasserdichten Schotten, die so viel Zeit und Geld verschlungen hatten, letztlich als undicht. Das Wasser drang so ungehindert wie Luft von einer Abschottung in die andere, außerdem verleitete mich ein starker Benzingeruch aus der Abschottung im Heck zu der Annahme, dass einer oder mehrere der dort gelagerten sechs Tanks Lecks hatten. Die Tanks lecken also und sind nicht hermetisch in ihrem Frachtraum abgeschottet. Dann gab es noch das Bad mit seinen Pumpen und Hebeln und Bodenventilen: Es war innerhalb der ersten vierundzwanzig Stunden nicht mehr benutzbar. Solide Eisenhebel brachen einem in der Hand ab, wenn man versuchte, mit ihnen zu pumpen. Von allen Bestandteilen der *Snark* ging das Bad am schnellsten kaputt.

Und die Eisenbeschläge auf der *Snark* waren allesamt Schrott, ganz gleich, woher sie stammten. Die Unterlagsplatte des Motors beispielsweise kam aus New York, und sie war Schrott; ebenso Gestell und Getriebe der Winde, die aus San Francisco kam. Und dann gab es noch das in der Takelage verwendete Schmiedeeisen, das in alle Richtungen flog, sobald es belastet wurde. Schmiedeeisen, stellen Sie sich das mal vor, und es knickte wie Teig.

Ein Schwanenhals an der Gaffel des Großsegels brach einfach ab. Wir ersetzten ihn durch einen Schwanenhals von der Gaffel des Sturmgaffelsegels, und der zweite Schwanenhals brach nach weniger als fünfzehn Minuten im Einsatz, und das, obwohl er von der Gaffel des Sturmgaffelsegels abmontiert wurde, auf das wir uns bei Sturm hätten verlassen müssen. Momentan schleift die *Snark* das Großsegel wie einen gebrochenen Flügel hinter sich her, nachdem wir den Schwanenhals durch grob festgeknotetes Tauwerk ersetzt haben. Mal sehn, ob wir in Honolulu ehrliches Eisen auftreiben können.

Menschen hatten uns betrogen und in einem Sieb aufs Meer hinausgeschickt, doch Gott muss uns geliebt haben, denn wir hatten ruhiges Wetter, und wir lernten, jeden Tag zu pumpen, um über Wasser zu bleiben, auch dass man einem Holzzahnstocher mehr vertrauen konnte als jedem massiven Eisenstück, das sich an Bord befand. Da Zuverlässigkeit und Stärke der *Snark* sich als Blendwerk erwiesen, setzten Charmian und ich immer mehr Vertrauen in ihren wundervollen Bug. Es gab sonst nichts mehr, auf das wir hätten setzen können. Wir wussten, alles war unvorstellbar und monströs, doch jener Bug wenigstens war zweckmäßig. Und dann, eines Abends, begannen wir beizudrehen.

Wie soll ich es beschreiben? Zunächst muss ich zugunsten des Gaffelsegels erklären, dass Beidrehen jenes Segelmanöver ist, das ein Schiff mit gekürzter und auf Balance gereffter Leinwand zwingt, sich mit dem Bug voran gegen Wind und Wellen zu stemmen. Ist der Wind zu stark oder der Seegang zu hoch, kann ein Schiff von der Größe der *Snark* leicht beidrehen, wonach es auf Deck nichts mehr zu tun gibt. Niemand muss steuern. Man braucht keinen Ausguck. Alle Mann können nach unten gehen, schlafen oder Whist spielen.

Es wehte ein mittelstarker Sommersturm, als ich Roscoe sagte, wir sollten beidrehen. Die Nacht brach an. Ich hatte fast den ganzen Tag am Steuerruder verbracht, und alle an Deck (Roscoe, Bert[9] und Charmian) waren müde, während alle unter Deck seekrank waren. Zufällig hatten wir das Großsegel schon zweifach gerefft. Klüver und Außenklüver hatten wir eingeholt, das Vorstagsegel einfach gerefft. Das Besansegel war ebenfalls eingeholt. Ungefähr zu diesem Zeitpunkt tauchte der Außenklüverbaum ins Meer und brach ab.

---

9 Herbert (»Bert«) Stolz, ein junger Student der Ingenieurwissenschaften von der Universität Stanford.

Ich zog das Ruder in Lee, um beizudrehen. Die *Snark* rollte in diesem Moment im Wellental. Das tat sie auch weiterhin. Ich drehte das Ruder immer härter in Lee. Sie reagierte nicht und blieb im Wellental. (Das Wellental, lieber Leser, ist die gefährlichste Lage von allen, in die man ein Schiff manövrieren kann.) Ich zog das Ruder hart in Lee, und die *Snark* rollte immer noch im Wellental. Ich konnte sie lediglich acht Strich weit in Windrichtung bringen. Ich befahl Roscoe und Bert, sich am Großsegel nützlich zu machen. Die *Snark* rollte weiter im Wellental und tauchte mal die Reling auf der einen, mal die auf der anderen Seite ins Meer.

Erneut hob das Unvorstellbare und Monströse sein graues Haupt. Es war grotesk, unmöglich. Ich wollte es einfach nicht wahrhaben. Unter doppelt gerefftem Großsegel und einfach gerefftem Stagsegel weigerte sich die *Snark* beizudrehen. Wir stellten das Hauptsegel in Längsrichtung des Schiffs. Das änderte den Kurs der *Snark* nicht einmal um ein zehntel Grad. Wir fierten das Großsegel weg, ohne ein besseres Ergebnis zu erzielen. Wir setzten ein Sturmgaffelsegel am Besan und holten das Großsegel ein. Nichts änderte sich. Die *Snark* rollte weiterhin im Wellental. Ihr schöner Bug weigerte sich, sich aufzubäumen und sich dem Wind zu stellen.

Als Nächstes holten wir das gereffte Stagsegel ein. Damit war das Sturmgaffelsegel am Besan das letzte Stückchen Leinwand, das ihr geblieben war. Wenn irgendetwas ihren Bug gegen den Wind drehen konnte, dann war es dies. Vielleicht glauben Sie mir nicht, wenn ich Ihnen sage, dass der Versuch scheiterte, aber er scheiterte wirklich. Und dass er scheiterte, sage ich, weil ich gesehen habe, wie er scheiterte, nicht, weil ich es glaubte. Ich glaube nicht, dass er scheiterte. Es ist unglaublich, und ich erzähle Ihnen hier nicht, was ich glaube, sondern was ich gesehen habe.

Was würden Sie tun, lieber Leser, in einem kleinen Boot, das auf hoher See im Wellental rollt, im Heck ein Gaffelsegel, das den

Bug nicht gegen den Wind drehen kann? Den Treibanker auswerfen? Genau das taten wir. Wir hatten einen Patentanker, auf Bestellung gefertigt, garantiert unsinkbar. Stellen Sie sich einen Stahlring vor, der die Öffnung eines großen, kegelförmigen Leinwandsacks spreizt, und Sie haben einen Treibanker. Wir befestigten also ein Tau am Treibanker und am Bug der *Snark* und warfen dann den Anker über Bord. Er versank sofort. Wir hatten einen Aufholer daran festgemacht, so holten wir ihn also auf und hievten ihn an Bord. Wir befestigten ein großes Stück Holz als Schwimmer daran und warfen den Treibanker wieder ins Meer. Diesmal trieb er. Das Tau am Bug spannte sich. Das Gaffelsegel am Besan hätte beinahe den Bug gegen den Wind gedreht, doch trotz dieser leichten Drehung nahm die *Snark* den Treibanker gelassen zwischen die Zähne, blieb auf ihrem Kurs, zog ihn in ihrem Wellental hinter sich her. Und das war's dann. Wir holten sogar das Gaffelsegel ein, setzten das ganze Besansegel an seiner Stelle, brassten es back, und die *Snark* wälzte sich im Wellental und schleppte den Treibanker hinterher. Glauben Sie mir kein Wort. Ich kann es selbst nicht glauben. Ich erzähle nur, was ich gesehen habe.

Ich überlasse es jetzt Ihnen. Wer hat je von einem Segelboot gehört, das nicht beidrehen wollte? – Das nicht einmal mithilfe eines Treibankers beidrehen wollte? Ich, mit meiner begrenzten Erfahrung mit Booten, hatte jedenfalls noch nie von dergleichen gehört. Und ich stand an Deck und starrte ins Gesicht des Unvorstellbaren und Monströsen – die *Snark*, die nicht beidrehen wollte. Eine stürmische Nacht, in der der Mond sich gelegentlich zeigte, war angebrochen. In der Luft lag eine gewisse Feuchtigkeit, und luvwärts bahnten sich Regenstürme an; und dann war da das Wellental, kalt und grausam im Mondlicht, in dem die *Snark* selbstzufrieden dahinrollte. Und dann holten wir den Treibanker und das Besansegel ein, setzten das gereffte Stagsegel, ließen die *Snark* darunter weitersegeln und gingen unter Deck; nicht dass dort eine warme Mahlzeit auf uns gewartet hätte, sondern um über den Matsch und Schlick auf dem Kajütenboden zu schlittern, wo Koch und Kajütenjunge totenblass in ihren Kojen lagen, und uns in unsere eigenen Kojen zu legen, angekleidet, um im Falle eines Notrufs bereit zu sein, und dem Bilgenwasser zu lauschen, das kniehoch auf dem Kombüsenboden spritzte.

Im Bohemian Club in San Francisco gibt es ein paar alte Seebären. Ich weiß das, da ich mit angehört hatte, wie sie während des Baus der *Snark* über das Schiff fachsimpelten. Sie stellten nur eine wichtige Sache fest, und in dieser waren sich alle einig, nämlich dass es nicht segeln könne. Es sei in jeder Hinsicht in Ordnung, sagten sie, außer dass es unmöglich sei, es vor einer steifen Brise auf hoher See zu segeln. »Seine Linien«, erklärten sie kryptisch, »seine Linien sind falsch. Es kann einfach nicht fahren, das ist alles.« Ich wünschte nur, diese alten Seebären vom Bohemian Club wären in der Vornacht an Bord der *Snark* gewesen, um mit eigenen Augen zu sehen, wie ihr einziges, wichtigstes, einstimmiges Urteil in jeder Hinsicht widerlegt wurde. Fahren? Das ist das Einzige, was die *Snark* perfekt beherrscht. Fahren? Sie fuhr mit einem Treibanker am Bug und einem backgebrassten Besansegel im Heck. Fahren? Während ich diese Worte schreibe, gondeln wir mit sechs Knoten in den Nordostpassaten voran. Der Seegang ist recht ordentlich. Niemand steht am Ruder, das Ruder ist nicht einmal festgemacht und ist eine halbe Steuerradspake luvwärts ausgerichtet. Um genau zu sein, der Wind weht aus Nordost; das Besansegel der *Snark* ist aufgerollt, ihr Großsegel steht nach Steuerbord, ihre Vorschoten sind dicht angeholt; und der Kurs der *Snark* ist Südsüdwest. Und doch sind Männer, die seit vierzig Jahren zur See fahren, überzeugt, dass kein Boot vor dem Wind segeln kann, ohne gesteuert zu werden. Sie werden mich einen Lügner nennen, wenn sie dies lesen; so nannten sie auch Kapitän Slocum, als er dasselbe von seiner *Spray* behauptete.

Was die Zukunft der *Snark* angeht, tappe ich völlig im Dunkeln. Ich habe keine Ahnung. Hätte ich das Geld oder bekäme ich den Kredit, würde ich eine neue *Snark* bauen, die beidrehen *könnte*. Aber ich habe meine Ressourcen verbraucht. Ich muss mich mit der gegenwärtigen *Snark* abfinden oder aufgeben – und aufgeben kommt für mich nicht infrage. So muss ich wohl versuchen, mich damit abzufinden, die *Snark* mit dem Heck voran beizudrehen. Ich warte auf den nächsten Sturm, um zu sehen, wie es funktionieren wird. Ich schätze, es könnte klappen. Es hängt ganz davon ab, wie das Heck den Seegang verträgt. Und wer weiß, aber vielleicht starrt irgendein grauhaariger Skipper an einem unwirtlichen Morgen hinaus aufs Chinesische Meer, traut seinen Augen nicht, starrt nochmals hinaus und sieht ein merkwürdiges kleines Schiff, der *Snark* sehr ähnlich, das mit dem Heck voran beidreht und den Sturm abwettert?

PS   Nach meiner Rückkehr nach Kalifornien fand ich heraus, dass die *Snark* an der Wasserlinie 12,9 statt 13,5 Meter lang war. Dies war der Tatsache geschuldet, dass der Schiffsbauer auf Kriegsfuß mit Maßband und Metermaß stand.

3. Kapitel

Abenteuer

N ein, das Abenteuer ist nicht tot, trotz Dampfmaschine und Pauschaltourismus. Als der Plan von der Reise mit der *Snark* öffentlich wurde, stellte sich heraus, dass es zahllose junge Männer und auch junge Frauen mit einem »Hang zum Vagabundieren« gab, ganz zu schweigen von den älteren Männern und Frauen, die sich unaufgefordert für die Fahrt meldeten. Sogar unter meinen persönlichen Freunden fand sich mindestens ein halbes Dutzend, das seine kürzlichen oder unmittelbar bevorstehenden Eheschließungen bedauerte; und ich weiß von mindestens einer Hochzeit, die wegen der *Snark* beinah abgeblasen worden wäre.

Jede Postzustellung an mich war mit Briefen von Bewerbern überladen, die im »Gedränge der Großstädte« zu ersticken drohten, und alsbald dämmerte mir, dass ein Odysseus des 20. Jahrhunderts eine Truppe von Stenografen benötigt, die seine Korrespondenz erledigen, bevor er Segel setzt. Nein, das Abenteuer ist gewiss nicht tot; nicht, solange man Briefe erhält, die folgendermaßen beginnen: »Zweifellos werden Sie, wenn Sie diese von Herzen kommende Bitte einer fremden Frau aus New York City lesen …«, usw.; und in denen man ein paar Zeilen weiter erfährt, dass jene Fremde nur neunzig Pfund wiegt, ein Kajütenjunge sein möchte und »sich sehnt, die Länder dieser Welt zu sehen«.

Ein Bewerber brachte seine Wanderlust zum Ausdruck, indem er seine »leidenschaftliche Begeisterung für Geografie« anführte; während ein anderer schrieb: »Ich bin zu ewigem Fernweh verdammt, muss ständig unterwegs sein, weswegen ich Ihnen diesen Brief schreibe.« Doch der beste von allen war jener Kerl, der sagte, er wolle mitkommen, weil ihm die Füße juckten.

Einige schrieben anonym, sprachen Empfehlungen für ihre Freunde aus und zählten deren Qualifikationen auf; für mich jedoch hatte ein solches Vorgehen etwas Unheimliches an sich, und ich ging der Sache nicht weiter nach.

Mit zwei, drei Ausnahmen meinten es all die Hunderte, die sich meiner Crew anschließen wollten, sehr ernst. Viele von ihnen schickten ihr Foto mit. Neunzig Prozent boten an, jegliche Arbeit zu tun, und neunundneunzig Prozent wollten umsonst arbeiten. »Wenn ich über Ihre Reise auf der *Snark* nachdenke«, schrieb einer, »ungeachtet der damit verbundenen Gefahren, so wäre es der Gipfel meiner Bestrebungen, Sie zu begleiten (in welcher Funktion auch immer).« Was mich an den jungen Kerl erinnert, »siebzehn Jahre alt und strebsam«, der am Ende seines Briefes ernsthaft bat, »aber bitte lassen Sie das nicht in den Zeitungen oder Magazinen drucken«. Ganz anders jener, der sagte: »Ich wäre bereit, wie der Teufel zu arbeiten, und würde keinen Lohn fordern.« Fast alle von ihnen baten mich, auf ihre Kosten zu telegrafieren, dass ich ihre Dienste annähme; und ziemlich viele boten an, sich vertraglich zu verpflichten, zum Auslauftermin zu erscheinen.

Einige von ihnen hatten eine recht vage Vorstellung davon, welche Arbeiten auf der *Snark* anfallen würden; wie zum Beispiel jener, der schrieb: »Ich bin so frei, Ihnen diese Nachricht zu schicken, um herauszufinden, ob eine Möglichkeit besteht, Sie als Crewmitglied auf Ihrem Boot zu begleiten, um Skizzen und Illustrationen zu fertigen.« Mehrere, die sich über die notwendige Arbeit auf einem kleinen Schiff wie der *Snark* nicht im Klaren waren, boten mir ihre Dienste an, um, wie es einer ausdrückte, »als Assistent die für die Bücher und Romane gesammelten Materialien zu ordnen«. Das hat man davon, wenn man produktiv ist.

»Ich möchte meine Qualifikationen für die Stelle anführen«, schrieb einer. »Ich bin ein Waisenjunge, der bei seinem Onkel wohnt, einem überzeugten revolutionären Sozialisten, der sagt, ein Mann, dem das rote Blut des Abenteuers fehle, sei ein zum Leben erweckter Wischlappen.« Ein anderer schrieb: »Ich kann ein bisschen schwimmen, obwohl ich keine der neuen Schwimmzüge beherrsche. Doch das ist nicht so wichtig, denn das Wasser ist mein Freund.« – »Wäre ich allein in einem Segelboot, könnte ich es steuern, wohin ich will«, lautete die Qualifikation eines Dritten; sie klang etwas besser als die folgende: »Ich hab auch schon den Fischerbooten beim Entladen zugeschaut.« Doch vielleicht sollte der Preis jenem überreicht werden, der auf sehr subtile Weise sein großes Wissen über die Welt und das Leben vermittelt: »Mein Alter, gezählt in Jahren, ist zweiundzwanzig.«

Dann gab es die schlichten, direkten, freundlichen und schmucklosen Briefe von jungen Burschen, denen es zwar an treffender Ausdrucksweise mangelte, die sich aber wirklich danach sehnten, die Reise mitzumachen. Diese zurückzuweisen, war am schwersten, und jedes Mal, wenn ich einen ablehnte, kam es mir so vor, als hätte ich der Jugend eine Ohrfeige verpasst. Sie waren so ernst, diese Jungs, sie wollten so gern mitkommen. »Ich bin sechzehn, aber groß für mein Alter«, sagte einer, und ein anderer, »siebzehn, aber groß und gesund«. »Ich bin mindestens so stark wie ein durchschnittlicher Junge meiner Größe«, sagte ein offensichtlicher Schwächling. »Scheue keinerlei Arbeit«, schrieben die meisten, während insbesondere einer mich zweifellos mit einem günstigen Angebot ködern wollte, indem er schrieb: »Ich kann meine

Fahrt zur Pazifikküste selbst bezahlen, somit wäre dieser Teil wohl für Sie akzeptabel.«»Um die Welt zu reisen, ist das *Einzige,* was ich unbedingt tun will«, sagte einer, und es schien dasjenige zu sein, was ein paar Hundert tun wollten. »Ich habe niemanden, der sich darum schert, ob ich fahre oder nicht«, lautete die traurige Nachricht, mit der es ein anderer versuchte. Einer hatte sein Foto geschickt und schrieb darüber die Worte: »Ich bin ein gut aussehender Bursche, aber das Äußere zählt nicht immer.« Und ich bin mir sicher, dass der Knabe, der das Folgende schrieb, sich als brauchbar erwiesen hätte: »Ich bin neunzehn, aber eher klein und werde deshalb nur wenig Platz brauchen, bin aber zäh wie der Teufel.« Und dann war da noch ein dreizehnjähriger Bewerber, in den Charmian und ich uns verliebten, und es brach uns schier das Herz, ihn abzuweisen.

Doch darf man nicht annehmen, dass die meisten Freiwilligen Jungs waren; im Gegenteil, Jungs machten nur einen kleinen Anteil aus. Da waren Männer und Frauen aus allen Lebensbereichen. Jede Menge Ärzte, Chirurgen und Dentisten boten sich an, und wie alle anderen Berufstätigen wollten sie uns ohne Lohn begleiten, jeden Dienst tun, ja sogar dafür bezahlen, diesen Dienst tun zu dürfen.

Unzählige Schriftsetzer und Reporter wollten mitkommen, ganz zu schweigen von erfahrenen Dienstboten, Küchenchefs und Stewards. Bauingenieure waren scharf auf die Reise; »Damenbegleiter« in rauen Mengen bemühten sich um Charmian, während ich mit Bewerbungen von Möchtegern-Privatsekretärinnen überhäuft wurde. Viele Schüler und Studenten lechzten nach der Reise, und jede Sparte der Arbeiterklasse brachte ein paar Bewerber hervor, unter denen Maschinisten, Elektriker und Mechaniker besonders großes Interesse an der Reise zeigten. Mich erstaunte die Zahl derer, die in muffigen Anwaltsbüros den Ruf des Abenteuers vernahmen; und ich war mehr als nur verblüfft, wie viele ältere und pensionierte Kapitäne immer noch im Banne des Meeres standen. Einige junge Kerle, die später Millionen erben würden, waren wild auf das Abenteuer, ebenso manche Bezirksschulvorsteher.

Väter und Söhne wollten dabei sein und viele Männer mit ihren Frauen, nicht zu vergessen die junge Stenografin, die schrieb: »Schreiben Sie sofort, falls Sie mich brauchen. Ich komme samt Schreibmaschine mit dem ersten Zug.« Doch der allerbeste Kandidat ist der folgende – achten Sie auf die feinfühlige Art, wie er seine Frau ins Spiel bringt: »Ich dachte, ich schreibe Ihnen mal eine Zeile, um nachzufragen, ob es möglich wäre, bei Ihnen mitzureisen, bin vierundzwanzig, verheiratet und pleite, und so eine Reise ist genau das, worauf wir gewartet haben.«

Wenn man es sich überlegt, muss es für den Durchschnittsbürger ziemlich schwer sein, eine ehrliche Empfehlung seiner selbst zu verfassen. Einer meiner Korrespondenten war so verlegen, dass er seinen Brief mit den Worten begann: »Das ist eine schwierige Aufgabe«; und nachdem er vergeblich versucht hatte, seine Vorzüge zu beschreiben, endete er mit: »Es ist sehr mühsam, über sich selbst zu schreiben.« Dennoch gab es einen, der sich in leuchtenden Farben und in aller Ausführlichkeit porträtierte und am Schluss feststellte, er habe viel Spaß am Schreiben gehabt.

»Aber stellen Sie sich vor, Ihr Kajütenjunge könnte auch den Motor bedienen, ihn reparieren, wenn er nicht funktioniert. Angenommen, er könnte seinen Dienst am Steuer versehen, jede Tischler- oder Mechanikerarbeit erledigen. Angenommen, er ist stark, gesund und arbeitswillig. Würden Sie nicht lieber ihn einstellen als einen Knaben, der seekrank wird und nichts tun kann außer Teller waschen?« Es waren solche Briefe, die ich äußerst ungern abwies. Der Verfasser, der sich Englisch selbst beigebracht hatte, lebte erst seit zwei Jahren in den Vereinigten Staaten und drückte es so aus: »Ich möchte Sie nicht begleiten, um meinen Lebensunterhalt zu verdienen, sondern um zu lernen und zu sehen.« Als er mir schrieb, arbeitete er als Maschinenbauingenieur für einen der großen Motorenhersteller; er war bereits öfters zur See gefahren und sein Leben lang an den Umgang mit kleinen Booten gewöhnt.

»Ich habe einen guten Posten, aber der bedeutet mir nicht so viel wie das Reisen«, schrieb ein anderer. »Was den Lohn angeht, sehen Sie mich an, und sollte ich ein, zwei Dollar wert sein, ist es in Ordnung, falls nicht, kein Problem. Was meine Ehrlichkeit und meinen Charakter angeht, will ich Sie gern an meine Arbeitgeber verweisen. Ich trinke nie, rauche nicht, muss aber gestehen, dass ich mich ein wenig der Schriftstellerei widmen möchte, sobald ich ein paar Erfahrungen gesammelt habe.«

»Ich kann Ihnen versichern, dass ich ungeheuer ehrbar bin, aber andere ehrbare Leute langweilig finde.« Der Mann, der das schrieb, brachte mich schon zum Grübeln, und ich frage mich immer noch, ob er mich nun für langweilig hält oder nicht oder was zum Henker er damit gemeint hat.

»Ich habe schon bessere Tage gesehen als die, die ich gerade durchmache«, schrieb eine alte Teerjacke, »hab aber auch schon viel schlimmere erlebt.«

Doch die Opferbereitschaft des Mannes, der das Folgende schrieb, war so rührend, dass ich unmöglich annehmen konnte: »Ich habe einen Vater, eine Mutter, Brüder und Schwestern, liebe Freunde und einen einträglichen Posten, und doch würde ich all dies aufgeben, um Ihrer Crew anzugehören.«

Ein anderer Freiwilliger, den ich nie hätte annehmen können, war jener affektierte junge Kerl, der mir beweisen wollte, wie notwendig es sei, ihm eine Chance zu geben, indem er behauptete: »In einem gewöhnlichen Boot, sei es ein Schoner oder ein Dampfer, in See zu stechen, wäre mir schlechthin unmöglich, da ich mit gewöhnlichen Seeleuten, die in der Regel kein sonderlich sauberes Leben führen, zusammen sein und mich mit ihnen abgeben müsste.«

Dann war da der junge, sechsundzwanzig Jahre alte Bursche, der »die ganze Skala menschlicher Gefühle durchlebt« und »alles ausprobiert hatte, vom Kochen bis zum Studium an der Stanford University«, und der, als er diese Zeilen schrieb, »als ein Vaquero auf einer fünfundfünfzigtausend Morgen großen Ranch« arbeitete. Ganz gegensätzlich hierzu wirkte die Bescheidenheit von einem, der meinte: »Ich besitze wohl keine besonderen Vorzüge, die für Ihre Zwecke empfehlenswert erscheinen würden. Sollten Sie aber dennoch beeindruckt sein, könnten Sie vielleicht ein paar Minuten erübrigen, mir zu antworten. Ansonsten gibt es immer Arbeit im Handel. Nicht erwartungsvoll, aber hoffend, verbleibe ich«, etc.

Allerdings zerbreche ich mir schon die längste Zeit den Kopf darüber, worin die intellektuelle Verwandtschaft zwischen mir und dem Autor folgender Zeilen besteht: »Lange bevor ich von Ihnen gehört habe, hatte ich politische Ökonomie und Geschichte miteinander verknüpft und daraus ganz konkret viele Ihrer Schlüsse gezogen.«

Hier ist, auf seine Art, einer der besten Briefe, denn er war der kürzeste, den ich erhielt: »Sollte jemand von der gegenwärtigen Besatzung, der für die Kreuzfahrt bereits unter Vertrag steht, kalte Füße bekommen und Sie einen Mann zusätzlich benötigen, der etwas vom Segeln, von Motoren etc. versteht, würde ich mich über Ihre Antwort freuen«, usw. Hier noch ein kurzer: »Um es auf den Punkt zu bringen, ich hätte gern den Posten des Kajütenjungen auf Ihrer Reise um die Welt oder jeden anderen Job an Bord. Bin neunzehn, wiege hundertvierzig Pfund und bin Amerikaner.«

Und der hier ist auch nicht übel, von einem Mann, »etwas größer als eineinhalb Meter«: »Als ich von Ihrem mannhaften Plan las, die Welt in einem kleinen Boot mit Mrs. London zu umrunden, war ich darüber so begeistert, dass ich glaubte, ich selbst hätte es geplant, und so wollte ich Ihnen gleich schreiben, um mich entweder für den Posten des Kochs oder des Kajütenjungen zu bewerben, aber aus irgendeinem Grund habe ich es versäumt, bin letzten Monat aus Oakland nach Denver übergesiedelt, um in der Firma eines Freundes zu arbeiten, doch ist seitdem alles schlimmer und ungünstig geworden. Glücklicherweise haben Sie Ihre Abreise des großen Erdbebens wegen verschoben, also habe ich mich schließlich doch entschlossen, mich bei Ihnen für die beiden Posten zu bewerben. Ich bin nicht besonders kräftig, etwas größer als eineinhalb Meter, aber bei guter Gesundheit und tüchtig.«

»Ich glaube, ich kann Ihre Ausrüstung durch eine zusätzliche Methode, die Windkraft zu nutzen, verbessern«, schrieb ein Wohlmeinender. »Diese Methode behindert nicht die Segel bei leichtem Wind, hilft Ihnen aber, die ganze Kraft des Windes bei den heftigsten Böen zu nutzen, sodass Sie sogar dann, wenn es so sehr stürmt, dass Sie jeden Zoll der gebräuchlichen Leinwand einholen müssen, die von mir entworfenen ganzen Segel setzen können. Mit meinem Zubehör kann Ihr Schiff nicht KENTERN.«

Der obige Brief wurde am 16. April 1906 in San Francisco verfasst. Zwei Tage später, am 18. April, kam das Großbeben. Deswegen bin ich sauer auf dieses Erdbeben, denn es machte den Verfasser des Briefes zum Flüchtling und verhinderte für immer unser Zusammentreffen.

Viele meiner sozialistischen Brüder hatten Einwände gegen meine Reise, von denen der folgende typisch ist: »Die Sache der Sozialisten und die Millionen geknechteter Opfer des Kapitalismus haben ein Recht auf Ihr Leben und Ihren Dienst. Sollten Sie jedoch auf Ihrem Plan beharren, dann denken Sie beim letzten Schluck Salzwasser vor dem Ertrinken daran, dass wir zumindest protestiert haben.«

Ein weltmännischer Wanderer, der »bei Gelegenheit viele ungewöhnliche Szenen und Ereignisse aufzählen könnte«, füllte mehrere Seiten mit dem eifrigen Versuch, seinen Brief auf den Punkt zu bringen, und kam zu folgendem Schluss: »Ich habe es immer noch nicht geschafft, zu erklären, warum ich Ihnen schreibe. Um zum Punkt zu kommen, in den Zeitungen wurde behauptet, Sie und ein, zwei andere Personen planten eine Reise um die Welt in einem kleinen, zwölf bis fünfzehn Meter langen Boot. Ich kann mir einfach nicht vorstellen, dass ein Mann mit Ihren Errungenschaften und Erfahrungen ein solches Unternehmen wagen würde, das nichts anderes bedeutet, als dem Sensenmann Tür und Tor zu öffnen. Und selbst wenn Sie eine Zeit lang davonkommen, werden Sie und Ihre Mitreisenden von der unablässigen Bewegung eines Schiffes obiger Größe, auch eines ausgepolsterten, grün und blau geschlagen, was auf hoher See nicht ungewöhnlich ist.« Danke, lieber Freund, danke für diese Einschätzung darüber, »was auf hoher See nicht ungewöhnlich ist«. Jener Freund hat durchaus Ahnung vom Meer. Wie er selbst von sich sagt, »ich bin keine Landratte und bin auf jedem Meer und Ozean gesegelt«. Und er schließt seinen Brief mit den Worten: »Ich möchte Sie keineswegs verärgern, aber es wäre heller Wahnsinn, eine Frau auch nur über die Bucht hinaus in solch einem Schiff mitzunehmen.«

Doch während ich dies schreibe, sitzt Charmian in der Kabine an der Schreibmaschine, Martin[10] kocht das Abendessen, Tochigi[11] deckt den Tisch, Roscoe und Bert kalfatern das Deck, und die *Snark* steuert sich selbst bei rund fünf Knoten die Stunde und lebhaftem Seegang; und dabei ist die *Snark* nicht einmal ausgepolstert.

10 Martin Elmer Johnson (1884–1937), ein damals achtzehn Jahre alter Amateurfotograf aus Independence, Kansas, wurde als Koch angeheuert. Kochen konnte er allerdings nicht. Erlangte später Ruhm als Reisejournalist und Abenteurer.
11 Paul Murasaki, der Kajütenjunge.

»Haben in der Zeitung über Ihre geplante Reise gelesen, würden gern wissen, ob Sie eine gute Crew brauchen, denn wir sind sechs Jungs, allesamt gute Seemänner mit guten Zeugnissen von der Marine und Handelsschifffahrt, alle echte Amerikaner, alle zwischen zwanzig und zweiundzwanzig und derzeit als Monteure in den Union Iron Works tätig, und wir würden sehr gern mit Ihnen segeln.« – Solche Briefe ließen mich bedauern, dass das Schiff nicht größer war.

Und hier bewirbt sich die eine Frau auf Erden – abgesehen von Charmian – für die Fahrt: »Sollten Sie bislang noch keinen Koch gefunden haben, würde ich Sie sehr gern in dieser Funktion begleiten. Ich bin eine fünfzig Jahre alte Frau, gesund und tüchtig, und kann diese Arbeit für die kleine Gruppe erledigen, aus welcher die Crew der *Snark* besteht. Ich bin eine sehr gute Köchin und eine vorzügliche Seglerin und durchaus reiselustig, und wird die Fahrt eher zehn Jahre als ein Jahr dauern, würde mir das umso besser gefallen. Referenzen«, etc.

Irgendwann, wenn ich richtig viel Geld verdient habe, baue ich ein Schiff mit Platz für tausend Freiwillige. Sie werden all die Arbeit erledigen müssen, um das Schiff um die Welt zu segeln, oder aber zu Hause bleiben. Ich glaube, dass sie das Schiff um die Welt segeln werden, weil ich weiß, dass das Abenteuer nicht tot ist. Ich weiß, das Abenteuer ist nicht tot, denn ich hatte eine lange und innige Korrespondenz mit dem Abenteuer.

4. Kapitel

Wie man seinen
Kurs findet

A ber wie könnt ihr es wagen, ohne Navigator in See zu stechen?«, protestierten unsere Freunde. »Du bist ja kein Navigator, oder doch?«
Ich musste zugeben, dass ich kein Navigator war, noch nie im Leben durch einen Sextanten geblickt hatte und daran zweifelte, ob
ich einen Sextanten von einem Nautischen Jahrbuch unterscheiden
könnte. Und als sie fragten, ob Roscoe ein Navigator sei, schüttelte
ich den Kopf. Roscoe nahm mir das übel. Er hatte einen Blick in das
Nautik-Lehrbuch geworfen, das wir für unsere Reise gekauft hatten,
wusste, wie man Logarithmentafeln benutzt, hatte schon einmal einen Sextanten gesehen und folgerte hieraus sowie aus seinen zur
See gefahrenen Vorfahren, dass er navigieren konnte. Doch Roscoe
irrte sich, wie ich immer noch behaupte. Als junger Bursche kam
er aus Maine über den Isthmus von Panama nach Kalifornien, und
das war die einzige Zeit in seinem Leben, in der er außer Sichtweite
des Landes war. Er hatte weder eine Seefahrtsschule besucht noch
eine Prüfung in Nautik abgelegt; er war nie auf hoher See gesegelt
und hatte die Seemannskunst auch nicht von einem anderen Seefahrer gelernt. Er war ein Jachtsegler der Bucht von San Francisco,
wo Land immer nur wenige Meilen entfernt ist und die Kunst des
Navigierens nie zur Anwendung kommt.

So brach die *Snark* ohne Navigator zu ihrer langen Reise auf.

Wir lavierten am 23. April durch das Golden Gate und nahmen Kurs auf die Inseln von Hawaii, eine Strecke von zweitausendeinhundert Meilen Möwenfluglinie. Und das Ergebnis gab uns recht. Wir erreichten das Ziel. Und wir erreichten es zudem problemlos, wie Sie noch sehen werden; das heißt ohne folgenschwere Probleme. Es fing damit an, dass Roscoe sich mit der Navigation herumschlug. Die Theorie hatte er gemeistert, doch nun wandte er sie zum ersten Mal an, wie man am irrwitzigen Verhalten der *Snark* sehen konnte. Die *Snark* lag zwar völlig ruhig auf dem Wasser, doch auf der Seekarte machte sie Faxen. An einem Tag mit leichter Brise machte sie einen Sprung auf der Seekarte, der von »nassen Segeln und achterlichem Wind« kündete, und an einem Tag, an dem sie nur so über den Ozean sauste, änderte sich ihre Position auf der Karte kaum. Wenn also jemandes Boot in vierundzwanzig aufeinanderfolgenden Stunden mit sechs Knoten die Stunde geloggt ist, muss es unweigerlich 144 Seemeilen zurückgelegt haben. Der Ozean war in Ordnung, ebenso das Patentlog; was die Geschwindigkeit angeht, konnten wir sie mit eigenen Augen sehen. Was demnach nicht in Ordnung sein konnte, war die Berechnung, die sich weigerte, die *Snark* auf der Karte voranzubringen. Freilich war es nicht jeden Tag so, aber es kam vor. Und alles war völlig korrekt und mehr oder weniger das, was man von einem ersten Versuch, eine Theorie in die Praxis umzuwandeln, hätte erwarten können.

Das Erlernen der Navigation hat einen seltsamen Einfluss auf den menschlichen Geist. Der Durchschnittsseefahrer spricht von der Navigation mit großem Respekt. Dem Laien ist die Navigation ein unergründliches und ungeheures Mysterium, ein Gefühl, das auf dem unergründlichen und ungeheuren Respekt gründet, den der Laie beim Seefahrer beobachtet hat. Ich habe herzliche, bescheidene junge Männer gekannt, freimütig wie der Sonnenschein, die Nautik studierten und sich alsbald geheimniskrämerisch, zurückhaltend und überheblich gaben, als hätten sie irgendeine gewaltige intellektuelle Leistung vollbracht. Der durchschnittliche Navigator beeindruckt den Laien wie der Priester eines heiligen Ordens. Mit angehaltenem Atem führt der Amateur-Jachtsegler sein Chronometer vor. Und so kam es, dass unsere Freunde krank waren vor Sorge angesichts der Tatsache, dass wir ohne Navigator segelten.

Während die *Snark* gebaut wurde, trafen Roscoe und ich in etwa folgende Vereinbarung: »Ich beschaffe die Bücher und Instrumente«, sagte ich, »und du machst dich ab jetzt mit der Navigation vertraut. Ich bin im Moment zu beschäftigt, um irgendetwas zu studieren. Wenn wir dann auf hoher See sind, bringst du mir all das bei, was du gelernt hast.« Roscoe war begeistert. Außerdem war Roscoe ebenso freimütig, herzlich und bescheiden wie die oben beschriebenen jungen Männer. Doch kaum dass wir uns draußen auf dem Meer befanden und er begonnen hatte, die heiligen Riten auszuüben, während ich ehrfürchtig zuschaute, zeigte seine Haltung eine schleichende und markante Veränderung an. Als er zur Mittagsstunde die Sonne schoss, hüllte die Glut des Erfolgs ihn in züngelnde Flammen. Als er nach unten ging, seine Messungen durchrechnete und dann zurückkehrte an Deck, um unseren Längen- und Breitengrad zu verkünden, hatte seine Stimme einen herrischen Unterton, der uns allen neu vorkam. Doch das war noch nicht einmal das Schlimmste. Er steckte nun voller unvermittelbarer Informationen. Und je mehr er über die Gründe für die unregelmäßigen Sprünge der *Snark* auf der Seekarte herausfand und je seltener die *Snark* solche Sprünge machte, desto unvermittelbarer und heiliger und ungeheurer wurden seine Informationen. Auf meine sanften Andeutungen, es sei nun an der Zeit für mich, von ihm zu lernen, reagierte er keineswegs herzlich, und er bot mir keinerlei Hilfe an. Er zeigte nicht die geringste Absicht, auf unsere Vereinbarung zurückzukommen.

Allerdings war es nicht Roscoes Schuld; er konnte nicht anders. Er hatte lediglich denselben Weg eingeschlagen wie all die Männer, die vor ihm Navigation lernten. Aufgrund einer verständlichen und verzeihlichen Überschätzung seiner Wichtigkeit, zusätzlich zu einem Verlust an Orientierung, spürte er die Last der Verantwortung und wähnte sich im Besitz einer fast göttergleichen Macht. Roscoe hatte sein ganzes Leben an Land verbracht und demnach auch in Sichtweite von Land. Da er unentwegt Land sah, mit Wegmarken, die ihn leiteten, war es ihm trotz gelegentlicher Schwierigkeiten gelungen, seinen Körper auf Erden hierhin und dorthin zu steuern. Nun befand er sich auf dem Ozean, der sich weithin erstreckte und nur vom ewigen Himmelskreis begrenzt war. Dieser Kreis sah immer gleich aus. Es gab keine Wegmarken. Die Sonne ging im Osten auf, sank im Westen, und die Sterne wirbelten durch die Nacht. Doch wer würde zur Sonne oder zu den Sternen aufblicken und sagen, »Mein Platz auf dem Antlitz der Erde ist gegenwärtig vierdreiviertel Meilen westlich von Jones' Kaufladen in Smithersville«? oder »Ich weiß, wo ich jetzt bin, denn der Kleine Bär sagt mir, dass Boston drei Meilen weiter an der zweiten Abfahrt rechts liegt«? Und nun tat Roscoe genau dies. Zu sagen, er sei über seine Leistung verblüfft gewesen, wäre noch milde ausgedrückt. Er erstarrte in Ehrfurcht vor sich selbst; er hatte ein Wunder vollbracht. Sich selbst auf dem Meeresspiegel wiederzufinden, wurde zu einem Ritual, und er fühlte sich uns Übrigen überlegen, die wir diesen Ritus nicht kannten und abhängig waren von ihm, der uns über die wogende und unermessliche Wasserwüste führte, jene salzige Straße, die Kontinente verbindet und auf der es keine Meilensteine gibt. So huldigte er mit dem Sextanten dem Sonnengott, er konsultierte uralte Folianten und Tabellen mit magischen Zeichen, murmelte Gebete in einer fremden Sprache, die sich anhörten wie *Indexfehlerparallaxen-refraktion*, zeichnete kabbalistische Symbole auf Papier, addierte und übertrug, und dann legte er seinen Finger auf einen bestimmten, auffallend leeren Punkt auf einem Blatt der Heiligen Schrift, die man den Gral, ich meine, die Seekarte, nannte, und sprach: »Wir sind hier.« Als wir die leere Stelle betrachteten und fragten, »Wo ist das?«, antwortete er im Zifferncode der höheren Priesterkaste, »31 – 15 – 47 Nord, 133 – 5 – 30 West«. Und wir sagten »Oh« und fühlten uns schrecklich klein.

Ich beteuere noch einmal, es war nicht Roscoes Schuld. Wie ein Gott trug er uns in seiner hohlen Hand über die leeren Räume der Seekarte. Ich empfand großen Respekt vor Roscoe; dieser Respekt verwurzelte sich so tief in mir, dass ich mich bestimmt der Länge nach auf das Deck geworfen und eine Lobpreisung angestimmt haben würde, hätte er mir befohlen, »Knie nieder und bete mich an«. Doch eines Tages beschlich mich ein leiser Gedanke, der flüsterte: »Dies ist kein Gott; dies ist Roscoe, nur ein Mensch wie ich. Was er kann, kann ich auch. Wer hat ihn unterrichtet? Er sich selbst. Gehet hin und folget mir nach – seid eure eigenen Lehrer.« Und genau an diesem Punkt wurde Roscoe von seinem Podest gestürzt und war nicht länger Hohepriester der *Snark*. Ich drang vor in das Heiligtum, verlangte nach den uralten Folianten und magischen Tabellen und auch nach der Gebetsmühle, sprich dem Sextanten.

Und nun werde ich mit einfachen Worten beschreiben, wie ich mir Navigation beibrachte. Einen ganzen Nachmittag lang saß ich im Cockpit, steuerte mit einer Hand, und mit der anderen studierte ich Logarithmen. Zwei Nachmittage, jeweils zwei Stunden, eignete ich mir die allgemeine Theorie der Navigation an, und besonders die Bestimmung des mittäglichen Sonnenstands. Dann nahm ich den Sextanten, bestimmte den Indexfehler und prüfte die Sonnenhöhe. Die Berechnung der Daten aus dieser Messung war ein Kinderspiel. Im Nautik-Lehrbuch und im Nautischen Jahrbuch gab es unzählige schlaue Tabellen, allesamt von Mathematikern und Astronomen erstellt. Es war, als würde man die Zinstabellen und Rechenschiebertabellen nutzen, die jedermann kennt. Es war kein Geheimnis mehr. Ich legte meinen Finger auf die Karte und verkündete, wir befänden uns an dieser Stelle. Ich hatte auch recht damit, zumindest ebenso sehr wie Roscoe, der einen Punkt wählte, der eine dreiviertel Meile von meinem entfernt lag. Er war sogar bereit, mir auf halber Strecke entgegenzukommen. Ich hatte das Mysterium ergründet; und doch hatte es etwas derart Wundersames an sich, dass ich mir einer neuen Macht bewusst wurde und den Reiz und Kitzel des Stolzes fühlte. Und als Martin mich ebenso bescheiden und respektvoll fragte, wie ich zuvor Roscoe gefragt hatte, wo wir seien, antwortete ich freudig erregt und innerlich mit stolzgeschwellter Brust mit dem Zifferncode der höheren Priesterkaste und hörte Martins demütiges und verehrendes »Oh«. Charmian gegenüber spürte ich, dass ich meinen Anspruch auf ihre Liebe auf neue Art bewiesen hatte; und mir wurde noch eine weitere Empfindung bewusst, nämlich die, dass sie sich äußerst glücklich schätzen konnte, einen Mann wie mich zu haben.

Ich konnte nicht anders. Ich erzähle es, um Roscoe und all die anderen Navigatoren zu rechtfertigen. Das Gift der Macht wirkte in meinen Adern. Ich war nicht wie andere Menschen, wie die meisten anderen Menschen; ich wusste, was sie nicht wussten: die Geheimnisse des Himmels, die den Weg über die Tiefe wiesen. Und der Geschmack, den ich an der erlangten Macht gefunden hatte, trieb mich weiter. Stundenlang stand ich da, eine Hand am Steuerrad, in der anderen das Lehrbuch der Mysterien. Bis Ende der Woche hatte ich mir schon diverse Dinge beigebracht. Zum Beispiel schoss ich den Polarstern, natürlich nachts, ermittelte seine Höhe, korrigierte sie mit Indexfehler, Neigungswinkel etc. und berechnete unseren Breitengrad. Und dieser Breitengrad stimmte mit der Breitengradmessung vom Mittag des Vortags überein, korrigierte man ihn auf die derzeitige Position mithilfe der Koppelnavigation. Stolz? Auf mein nächstes Wunder war ich noch stolzer. Ich wollte um neun Uhr zu Bett gehen. Ich löste das Problem autodidaktisch und lernte, welcher Stern erster Größe den Meridian um halb neun passieren würde. Es stellte sich heraus, dieser Stern war Alpha Crucis. Nie zuvor hatte ich von diesem Stern gehört. Ich suchte ihn im Sternenatlas. Er war einer der Sterne vom Kreuz des Südens. Wie?, dachte ich; ich bin unter dem Kreuz des Südens am Nachthimmel gesegelt, ohne es zu ahnen? Was sind wir doch für Tölpel! Gimpel und Mondkälber! Ich konnte es nicht fassen. Ich ging alles noch einmal durch und kam zum selben Ergebnis. Charmian hatte an jenem Abend von acht bis zehn Uhr Ruderwache. Ich sagte ihr, sie solle die Augen offen halten und genau nach Süden, zum Kreuz des Südens schauen. Und als die Sterne zu leuchten begannen, erschien das Kreuz des Südens niedrig am Horizont. Stolz? Kein Medizinmann oder Hohepriester hätte stolzer sein können. Dann schoss ich mit der Gebetsmühle Alpha Crucis und berechnete aus seiner Höhe unseren Breitengrad. Und dann schoss ich auch noch den Polarstern, und das Ergebnis stimmte mit dem überein, was ich über das Kreuz des Südens herausgefunden hatte. Stolz? Ich verstand die Sprache der Sterne, lauschte ihnen und erfuhr so den richtigen Weg über die Tiefe.

Stolz? Ich vollbrachte Wunder. Ich vergaß, wie leicht es mir gefallen war, alles aus Büchern zu lernen. Ich vergaß, welch unvorstellbare Mühen (es müssen wahrlich gewaltige Anstrengungen vonnöten gewesen sein) jene Meisterdenker, die Astronomen und Mathematiker vor mir, auf sich genommen haben, die die ganze Wissenschaft der Navigation entdeckt und ausgearbeitet und die

Tabellen im Nautik-Lehrbuch erstellt hatten. Ich war mir nur des immerwährenden Wunders des Ganzen bewusst – dass ich den Stimmen der Sterne gelauscht und so meine Position auf der Straße des Ozeans erfahren hatte. Charmian wusste es nicht, Martin wusste es nicht, Tochigi, der Kajütenjunge, wusste es nicht. Ich aber sagte es ihnen. Ich war der Götterbote. Ich stand zwischen ihnen und der Unendlichkeit. Ich übersetzte die Hochsprache des Himmels in ihren gewohnten Wortschatz. Wir wurden vom Himmel geleitet, und ich war es, der die Wegweiser des Himmels lesen konnte! – Ich! Ich!

Und nun, da ich mich etwas abgekühlt habe, beeile ich mich den Schleier zu lüften, was die Einfachheit der Sache betrifft, nehme den Schleier von Roscoe und den anderen Navigatoren sowie vom Rest der Priesterschaft, vor lauter Angst, ich könnte werden wie sie: geheimniskrämerisch, prahlerisch, aufgebläht vor Selbstherrlichkeit. Und ich betone: Jeder junge Bursche mit normaler Gehirnfunktion, durchschnittlicher Bildung und einem Hauch von Wissbegier kann sich die Bücher, Karten und Instrumente beschaffen und sich Navigation beibringen. Versteht mich bitte nicht falsch. Die Seemannskunst ist eine ganz andere Angelegenheit. Man kann sie nicht an einem, auch nicht in einigen Tagen lernen; man braucht dazu Jahre. Auch die Navigation mit gegisstem Besteck erfordert ein langes Studium und viel Übung. Doch das Navigieren durch die Beobachtung von Sonne, Mond und Sternen ist dank der Astronomen und Mathematiker ein Kinderspiel. Jeder durchschnittliche junge Kerl kann es in einer Woche lernen. Und trotzdem möchte ich auch hier nicht missverstanden werden. Ich will damit nicht sagen, dass so ein junger Kerl am Ende einer Woche Verantwortung für einen 15 000-Tonnen-Dampfer übernehmen kann, mit zwanzig Knoten die Stunde durch das Salzwasser pflügen, von Land zu Land brausen, bei gutem oder schlechtem Wetter, klarem oder bewölktem Himmel, gesteuert nach den Strichen auf der Windrose, um mit höchst erstaunlicher Genauigkeit die Küste zu erreichen. Was ich meine, ist lediglich das Folgende: Der oben beschriebene Durchschnittsbursche kann in ein zuverlässiges Segelboot steigen und, ohne sich mit Navigation auszukennen, aufs Meer hinausfahren, und am Ende einer Woche wird er genug wissen, um seine Position auf der Seekarte zu bestimmen. Er wird in der Lage sein, mittags ziemlich genau den Sonnenstand zu messen und aus dieser Messung seinen Längen- und Breitengrad innerhalb von zehn Minuten zu berechnen. Und da er weder Fracht noch Passagiere an Bord hat und nicht unter Zeitdruck steht, um sein Ziel zu erreichen, kann er gemütlich umherzuckeln, und wenn er irgendwann an seinen nautischen Berechnungen zweifelt und befürchtet, unerwartet auf Land zu treffen, kann er die Nacht über beidrehen und die Fahrt am nächsten Morgen fortsetzen.

Joshua Slocum segelte vor ein paar Jahren ganz allein in einem vierzehn Meter langen Boot um die Welt. Ich werde die Zeilen in seinem Reisebericht nie vergessen, in denen er junge Männer warmherzig in dem Vorhaben bestärkte, eine ähnliche Reise in einem ähnlichen Boot zu unternehmen. Sofort war ich von dieser Idee begeistert, so sehr, dass ich meine Frau mitnahm. Nicht nur lässt so ein Vorhaben jegliche Pauschalreise bestenfalls billig aussehen, es macht obendrein Spaß und Vergnügen, vor allem aber stellt es eine großartige Lektion für einen jungen Mann dar – oh, nicht bloß eine Lektion darüber, wie es draußen in der Welt zugeht, über Länder und Völker und Klimazonen, sondern eine Lektion über die Welt im Inneren, eine Lektion über das eigene Ich, eine Gelegenheit, sich selbst kennenzulernen, mit der eigenen Seele Zwiesprache zu halten. Hinzu kommen die Erfahrungen, die man sammelt, und die Disziplin, die man lernt. Anfangs wird der junge Bursche freilich seine Grenzen kennenlernen; und als Nächstes wird er unweigerlich versuchen, diese Grenzen zu überwinden. Und er kann unmöglich von einer solchen Reise zurückkehren, ohne ein größerer und besserer Mann geworden zu sein. Und als Sport betrachtet ist es ein königlicher, der einen rund um die Welt führt, den man ohne fremde Hilfe ausübt, bei dem man sich nur auf sich selbst verlässt, und am Ende, wenn man zum Ausgangspunkt zurückkehrt, sieht man gedankenvoll vor seinem inneren Auge den Planeten durch den Weltraum sausen und sagt sich: »Ich hab's geschafft; ich hab's eigenhändig geschafft. Ich bin geradewegs rund um diese wirbelnde Erdkugel gereist, und ich kann allein reisen, ohne Kapitän, der wie ein Kindermädchen meine Schritte über die Ozeane leitet. Zwar kann ich nicht zu anderen Sternen fliegen, doch diesen Stern beherrsche ich vollkommen.«

Während ich dies schreibe, blicke ich auf und sehe hinaus aufs Meer. Ich liege am Strand von Waikiki, auf der Insel Oahu. Fernab, auf dem azurblauen Firmament, treibt der Passatwind Wolken tief über dem blaugrünen Türkis des Ozeans. Näher bei mir ist das Wasser smaragdgrün und hell olivfarben. Dann kommt das Riff, wo das Wasser ganz schiefrig purpurn und rot gesprenkelt ist. Noch näher sieht man hellere Grün- und Brauntöne, die sich in wechselnden Streifen erstrecken und anzeigen, wo Sandflächen zwischen den lebendigen Korallenbänken liegen. Durch und über und aus diesen wunderschönen Farben braust und donnert eine herrliche Brandung. So hebe ich, wie gesagt, meinen Blick zu diesem Bild, und durch die weiße Krone eines Brechers erscheint plötzlich eine dunkle Gestalt, aufrecht, ein Fischmensch oder ein Meeresgott, ganz vorne an der Vorderseite der Krone, wo die Woge vornüberkippt, saust, bis zu den Lenden in schäumende Gischt getaucht, auf die Küste zu, sein Leib wird vom Meer erfasst und eine Viertelmeile landwärts geschleudert. Es ist ein Kanaka[12] auf einem Surfbrett. Und ich weiß, sobald ich diese Zeilen geschrieben habe, werde ich draußen sein, in diesem Aufruhr aus Farben und donnernder Brandung, um zu versuchen, die Brecher nach seinem Vorbild zu zähmen, um daran zu scheitern, wie er niemals scheiterte, doch um das Leben so zu leben, wie es nur die Besten unter uns vermögen. Und das Bild jenes gefärbten Meeres und jenes fliegenden Meeresgottes in Gestalt eines Eingeborenen wird zu einem neuen Grund für einen jungen Mann, nach Westen aufzubrechen, immer weiter nach Westen, jenseits der im Meer versinkenden Sonne, und weiter noch nach Westen, bis er schließlich heimkehrt.

Aber zurück zum Thema. Bitte glauben Sie bloß nicht, ich wüsste schon alles. Ich kenne bloß die Grundzüge der Navigation. Es gibt noch jede Menge zu lernen. Auf der *Snark* wartet ein Stapel faszinierender Bücher über Navigation auf mich. Da gibt es den Gefahrenwinkel von Lecky[13], da gibt es die Sumner-Linie[14], die, wenn man überhaupt nicht mehr weiß, wo man sich befindet, einem schlüssig zeigt, wo man gerade ist und wo nicht. Es gibt Dutzende und Aberdutzende Methoden, um die eigene Position auf dem Meer zu ermitteln, und man kann Jahre damit zubringen, bis man alles bis ins Detail zu meistern versteht.

Sogar in dem wenigen, das wir begriffen hatten, entglitt uns so manches, das für das offensichtlich eigenwillige Verhalten der *Snark* verantwortlich war. Zum Beispiel konnte uns am Donnerstag, dem 16. Mai, der Passatwind nicht weiterbringen. In den vierundzwanzig Stunden bis Freitagmittag waren wir nach unseren Gissungen nicht einmal zwanzig Meilen vorangekommen. Doch

12 »Kanaka« bedeutet »Mensch« in der Sprache der Eingeborenen.

13 Kapitän S. T. S. Lecky verfasste mehrere Werke über Navigation, u. a. *»Wrinkles« in Practical Navigation* (1881). London bezieht sich wahrscheinlich auf *The Danger Angle and Off-Shore Distance Tables* (1899).

14 Mathematische Ableitung der Position aus einer einzigen Messung, nach Kapitän Thomas Sumner, der 1843 einen entsprechenden Bericht veröffentlichte.

hier sind unsere Positionen zur Mittagsstunde an den beiden Tagen unseren Beobachtungen gemäß:

Donnerstag
20° 57′ 30″ N – 152° 40′ 30″ W
Freitag
21° 15′ 33″ N – 154° 12″ W

Der Abstand zwischen den beiden Positionen beträgt ungefähr achtzig Meilen. Dennoch wussten wir, dass wir keine zwanzig Meilen zurückgelegt hatten. Unsere Berechnungen waren richtig. Wir gingen sie mehrmals durch. Der Fehler lag in unseren Beobachtungen. Um korrekte Beobachtungen zu machen, braucht es Übung und Geschicklichkeit, insbesondere auf einem so kleinen Schiff wie der *Snark*. Die heftigen Bewegungen des Boots und die Nähe des Auges des Beobachters zur Wasseroberfläche sind schuld an den falschen Messergebnissen. Eine große Welle, die sich eine Meile entfernt hebt, verdeckt die Horizontlinie.

Doch in unserem besonderen Fall kam noch ein weiterer Störfaktor hinzu. Die Sonne, auf ihrer jährlichen Wanderung über das Firmament nach Norden, vergrößerte ihre Deklination. Am 19. Breitenkreis nördlicher Breite stand die Sonne Mitte Mai fast direkt über uns. Der Bogenwinkel lag zwischen 88 und 99°. Ein paar Grade mehr, und die Sonne hätte senkrecht über uns gestanden. Erst später durchschauten wir ein paar Dinge, das Messen des Höhenstands einer fast lotrecht stehenden Sonne betreffend. Roscoe begann die Sonne zum östlichen Horizont herabzuziehen, und er hielt an dieser Kompassrichtung fest, obwohl die Sonne den Meridian eigentlich südwärts passieren würde. Ich meinerseits machte mich daran, die Sonne nach Südosten herabzuziehen, und irrte ab nach Südwest. Wir waren eben unsere eigenen Lehrer. Das Er-

66

gebnis war, dass ich um fünfundzwanzig Minuten nach zwölf Uhr Schiffszeit den Sonnenstand von zwölf Uhr gelesen hatte. Dies wies nun darauf hin, dass sich unsere Position auf der Erdoberfläche um fünfundzwanzig Minuten verschoben hatte, was in etwa sechs Längengraden oder dreihundertfünfzig Meilen entsprach. Die *Snark* musste demnach vierundzwanzig aufeinanderfolgende Stunden lang mit fünfzehn Knoten pro Stunde gesegelt sein – und wir hatten nichts davon bemerkt! Es war absurd und grotesk. Doch Roscoe, der immer noch nach Osten spähte, behauptete, es sei noch nicht zwölf Uhr. Er beharrte darauf, dass wir mit zwanzig Knoten dahinrasten. Dann begannen wir, mit unseren Sextanten den Horizont blindlings in allen möglichen Richtungen anzupeilen, und wo immer wir auch hinschauten, da stand die Sonne, verblüffend nah an der Horizontlinie, mal darüber, mal darunter. In einer Richtung besagte der Sonnenstand Morgen, in einer anderen Nachmittag. Mit der Sonne stimmte alles – so viel wussten wir; von daher mussten wir grundfalsch liegen. So verbrachten wir den Rest des Nachmittags im Cockpit, lasen in den Büchern über dieses Problem und fanden heraus, wo der Fehler lag. An jenem Tag kamen wir nicht mehr zu unseren Beobachtungen, dafür aber am darauffolgenden. Wir hatten dazugelernt.

Und wir lernten gut, besser, als wir es eine Zeit lang für möglich gehalten hatten. Eines Abends zu Beginn der zweiten Hundswache setzten Charmian und ich uns aufs Vordeck, um eine Runde Cribbage zu spielen. Als ich zufällig nach vorne schaute, sah ich einen Berg mit Wolkenhut aus dem Meer aufsteigen. Wir waren glücklich, Land zu sichten, aber ich war verzagt über unsere Navigation. Ich dachte, wir hätten dazugelernt, doch unsere Position zu Mittag plus die seither zurückgelegte Strecke brachte uns nicht einmal in den Bereich von hundert Meilen vor der Küste. Doch vor uns war Land, und es verblasste vor unseren Augen in den Feuern des Sonnenuntergangs. Dass da Land war, stand außer Zweifel. Daran gab es nichts zu rütteln. Deswegen musste unsere Navigation grundfalsch sein. Sie war es aber nicht. Das Land, das wir sichteten, war der Gipfel des Haleakala, das »Haus der Sonne«, der größte erloschene Vulkan auf Erden. Er ragte dreitausend Meter über dem Meeresspiegel empor und war mehr als hundert Meilen entfernt. Wir segelten die ganze Nacht mit sieben Knoten, und am nächsten Morgen lag das Haus der Sonne immer noch vor uns, und wir mussten noch einige Stunden segeln, ehe wir uns längsseits davon befanden. »Diese Insel ist Maui«, sagten wir, von der Seekarte ablesend. »Die nächste aufragende Insel ist Molokai, wo die Leprakranken hausen. Und die Insel daneben heißt Oahu. Hier liegt Makapuu Head. Morgen sind wir in Honolulu. Unsere Navigation stimmt.«

5. Kapitel

Der erste Landfall

A uf hoher See wird es nicht so eintönig sein«, versprach ich meinen Mitreisenden auf der *Snark*. »Das Meer ist voller Leben. Es ist so artenreich, dass jeder Tag etwas Neues bringt. Sobald wir das Golden Gate passiert haben und auf Südkurs gehen, werden wir Fliegende Fische antreffen. Wir braten sie uns zum Frühstück. Wir fangen Bonitos und Delfine und harpunieren vom Bugspriet aus Tümmler. Und dann sind da noch die Haie – unzählige Haifische.«

Wir passierten das Golden Gate und gingen auf Südkurs. Die Berge Kaliforniens waren bereits hinter dem Horizont verschwunden, und die Sonne wärmte uns täglich mehr. Doch keine Spur von Fliegenden Fischen, Bonitos oder Delfinen. Der Ozean war des Lebens beraubt. Nie zuvor war ich auf einem so gottverlassenen Meer gesegelt. Früher hatte ich in diesen Breiten immer Fliegende Fische gesehen.

»Was soll's«, sagte ich. »Wartet, bis wir vor die Küste von Südkalifornien kommen. Dort werden wir auf Fliegende Fische treffen.«

Wir erreichten die Küste von Südkalifornien, die Küste der Halbinsel von Niederkalifornien, die Küste von Mexiko, ohne Fliegende Fische zu sichten. Auch sonst gab es nichts zu sehen. Nichts Lebendiges regte sich. Wie die Tage so vergingen, wurde uns die Abwesenheit von Leben fast schon unheimlich.

»Macht euch nichts draus«, sagte ich. »Treffen wir erst auf den Fliegenden Fisch, so ist auch der Rest nicht mehr fern. Der Fliegende Fisch ist die Nahrungsgrundlage von all den anderen Arten. Die kommen in Scharen, sobald wir auf den Fliegenden Fisch stoßen.«

Als ich die *Snark* eigentlich südwestlich nach Hawaii hätte steuern sollen, blieb ich dennoch auf Südkurs. Ich wollte diese Fliegenden Fische unbedingt finden. Schließlich war es an der Zeit, die *Snark* geradewegs nach Westen zu steuern, um Honolulu zu erreichen. Ich hingegen steuerte weiter nach Süden. Erst um den 19. Breitengrad erspähten wir den ersten Fliegenden Fisch. Er war sehr einsam. Ich war es, der ihn gesehen hatte. Fünf andere Augenpaare suchten den ganzen Tag eifrig das Meer ab, ohne je einen zweiten zu sehen. Die Fliegenden Fische waren so rar, dass fast eine ganze weitere Woche verstrich, bis auch der Letzte an Bord sein erstes Exemplar gesehen hatte. Was Delfine, Bonitos, Tümmler und all die anderen scharenweise auftretenden Lebewesen betrifft – es gab keine.

Nicht einmal ein Hai durchbrach mit bedrohlicher Rückenflosse die Wasseroberfläche. Bert badete täglich unter dem Bugspriet, hielt sich am Stütztau fest und ließ sich durchs Wasser ziehen. Und täglich fasste er aufs Neue den Plan, loszulassen und richtig zu schwimmen. Ich gab mein Bestes, ihn davon abzubringen. Doch in seinen Augen hatte mein Wissen über die Meeresfauna jede Glaubwürdigkeit verloren.

»Wenn es hier Haie gibt«, fragte er, »warum zeigen sie sich nicht?«

Ich versicherte ihm, dass die Haie sofort erscheinen würden, sobald er loslasse und schwimme. Das war natürlich ein Bluff. Ich glaubte es selbst nicht. Die Abschreckung wirkte zwei Tage lang. Am dritten Tag flaute der Wind ab, und es wurde ziemlich heiß. Die *Snark* legte einen Knoten pro Stunde zurück. Bert ließ sich unter dem Bugspriet hängen und ließ los. Und nun machen Sie sich auf die Launen des Schicksals gefasst: Über zweitausend Meilen waren wir übers Meer gesegelt und hatten keinen einzigen Hai angetroffen. Weniger als fünf Minuten nachdem Bert vom Schwimmen zurückgekehrt war, durchschnitt die Flosse eines Hais die Wasseroberfläche und umkreiste die *Snark*.

Irgendetwas stimmte mit diesem Hai nicht. Er störte mich. Er hatte kein Recht, hier zu sein, in diesem gottverlassenen Ozean. Je länger ich darüber nachdachte, desto unbegreiflicher wurde es. Doch zwei Stunden später sichteten wir Land, und das Geheimnis war gelüftet. Der Hai war vom Land her zu uns gekommen, nicht aus den unbehausten Tiefen. Er hatte angekündigt, dass wir bald Land sichten würden. Er war der Vorbote des Landes.

Siebenundzwanzig Tage nachdem wir San Francisco verlassen hatten, erreichten wir die Insel Oahu, die zu Hawaii gehört. Frühmorgens trieben wir um Diamond Head herum und bekamen freie Sicht auf Honolulu; und dann war urplötzlich der Ozean von Leben erfüllt. Fliegende Fische stoben durch die Luft in glitzernden Schwadronen. Innerhalb von fünf Minuten hatten wir mehr gesehen als während der ganzen Überfahrt. Andere Fische, große Exemplare verschiedener Arten, machten Luftsprünge. Überall war Leben, im Meer und an der Küste. Wir konnten die Masten und Schornsteine der Schiffe im Hafen sehen, die Hotels und Baden-de am Strand von Waikiki, den Rauch von den Wohnhäusern hoch oben an den vulkanischen Hängen von Punchbowl und Tantalus. Der Zollschlepper raste auf uns zu, und eine große Schule Tümmler kam unter unseren Bug und begann die komischsten Kapriolen zu schlagen. Die Barkasse des Hafenarztes steuerte auf uns zu, und eine große Meeresschildkröte durchbrach mit ihrem Panzer die Wasseroberfläche und nahm uns in Augenschein. Nie zuvor hat es ein derartiges Aufblühen von Leben gegeben. Fremde Gesichter zeigten sich auf unseren Decks, fremde Stimmen erklangen und morgendliche Zeitungsexemplare mit den telegrafischen Neuigkeiten aus aller Welt wurden uns vor die Nase gehalten. Zufällig lasen wir, dass die *Snark* und ihre gesamte Mannschaft auf hoher See verloren gegangen und das Schiff sowieso nicht besonders seetüchtig gewesen sei. Und während uns diese Information erreichte, empfing die Kongresspartei auf dem Gipfel des Haleakala die Funknachricht, welche von der sicheren Ankunft der *Snark* kündete.

Es war der erste Landfall der *Snark* – und was für ein Landfall! Siebenundzwanzig Tage hatten wir auf dem leeren Ozean verbracht, und wir konnten uns kaum mehr vorstellen, wie viel Leben es auf Erden gab. Es wurde uns ganz schwindlig davon. Wir konnten nicht alles auf einmal verkraften. Wir glichen dem eben erwachten Rip Van Winkle[15], und wir glaubten zu träumen. Auf der einen Seite schwappte die azurblaue See über den Horizont in den azurblauen Himmel hinein; auf der anderen Seite erhob sich die See in großen smaragdgrünen Brechern, die in schneeweißer Gischt auf den weißen Korallenstrand stürzten. Jenseits des Strandes wogten grüne Zuckerrohrfelder sanft bergauf zu steileren Hängen, die ihrerseits von gezackten vulkanischen Bergkämmen überragt wurden, auf die tropische Schauer niedergingen und die Mützen aus gewaltigen Massen von Passatwindwolken trugen. Auf jeden Fall war es ein wunderschöner Traum. Die *Snark* wendete und nahm direkten Kurs auf die smaragdgrüne Brandung, bis diese links und rechts aufstieg und niederdonnerte; und auf beiden Seiten, weniger als einen Zwiebackwurf entfernt, zeigte das hellgrüne, drohende Riff seine langen Zähne.

Urplötzlich, in einem Wirbel aus Tausenden olivgrünen Farb-

---

15 Vgl. Washington Irvings gleichnamige Erzählung von 1820 über einen Mann, der zwanzig Jahre verschläft.

tönen, streckte das Land seine Arme aus und umfing die *Snark*. Der Weg durch das Riff war ungefährlich, es gab keine smaragdgrüne Brandung, keine azurblaue See; nichts als warmes, sanftes Land, eine reglose Lagune und winzige Strände, an denen die dunkelhäutigen Kinder der Tropen schwammen. Das Meer war verschwunden. Die Ankerkette der *Snark* rumpelte durch die Klüse, und wir lagen bewegungslos auf »ungepflügtem, flachem Grund«[16]. So schön und fremdartig war alles, dass wir es nicht für wahr halten konnten. Auf der Karte hieß dieser Ort Pearl Harbor, aber wir nannten ihn Dream Harbor.

Eine Barkasse näherte sich uns; darin saßen Mitglieder des Jachtclubs von Hawaii, die gekommen waren, um uns mit echter hawaiianischer Gastlichkeit und mit allem, was sie hatten, zu begrüßen. Sie waren ganz normale Männer, aus Fleisch und Blut wie wir; sie versuchten nicht, uns aus unserem Traum zu reißen. Unsere letzten Erinnerungen an Menschen waren Vollzugsbeamte der Vereinigten Staaten und verängstigte kleine Händler, mit rostigen Dollars auf Seelenfang, die in einer von Ruß und Kohlenstaub stickigen Atmosphäre ihre schmierigen Hände nach der *Snark* ausstreckten, um sie von ihrem weltumspannenden Abenteuer abzuhalten. Diese Menschen jedoch, die zu unserer Begrüßung erschienen, waren aufrichtig. Ihre Wangen hatten eine gesunde Bräune, und sie waren nicht geblendet und kurzsichtig vor lauter Starren auf glitzernde Dollarhaufen. Nein, sie waren vielmehr die Bestätigung für unseren Traum. Sie umschlossen ihn mit ihren unbefleckten Seelen.

So begleiteten wir sie über eine glatte, schimmernde See zum wundervoll grünen Land. Wir landeten an einem sehr kleinen Kai, und der Traum drang noch tiefer in unser Bewusstsein, als wir ge-

---

16 »lineless, level floor«: ein Zitat aus Rudyard Kiplings Gedicht »The Coastwise Lights« (1893).

wahr wurden, dass wir siebenundzwanzig Tage lang in der winzigen *Snark* über den Ozean geschaukelt waren. Kein einziges Mal in diesen siebenundzwanzig Tagen hatten wir einen Moment der Ruhe gefunden, einen Moment, in dem sich nichts bewegte. Diese unablässige Bewegung hatte sich uns eingeprägt. Körper und Geist waren über so lange Zeit hin und her geschaukelt worden, dass wir, als wir auf den winzigen Kai kletterten, immer noch hin und her schaukelten. Dies schrieben wir natürlich dem Kai zu. Eine psychologische Projektion. Ich taumelte den Kai entlang, und fast wäre ich ins Wasser gefallen. Ich warf Charmian einen flüchtigen Blick zu, ihre Art zu gehen machte mich traurig. Der Kai glich ganz und gar einem Schiffsdeck. Er hob sich, kippte, stieg empor und sank; und da es kein Geländer aufwies, mussten Charmian und ich ständig darauf achten, nicht hinunterzufallen. Ich habe noch nie einen so lächerlich kleinen Kai gesehen. Immer, wenn ich genau hinsah, hörte er auf zu schaukeln; doch sobald ich meine Aufmerksamkeit abschweifen ließ, ging es wieder los, genau wie die *Snark*. Einmal erwischte ich ihn auf frischer Tat, als er sich gerade aufbäumte, und ich musterte ihn mit seiner Länge von sechzig Metern, und für alle Welt glich er exakt einem Schiffsdeck, das in schwere Gegensee taucht.

Zu guter Letzt, dank der Hilfe unserer Gastgeber, hatten wir den Kai überwunden und kamen an Land. Doch das Land machte uns die Sache auch nicht leichter. Sein erster Streich bestand darin, auf einer Seite hochzukippen, und so weit das Auge reichte, sah ich es krängen, geradewegs bis zu seinem gezackten vulkanischen Rückgrat, und auch die Wolken am Firmament sah ich kippen. Dies war kein stabiles Land mit festem Boden, sonst würde es nicht solche Faxen machen. Wie alles an unserem ersten Landgang war es unwirklich. Es war ein Traum. Jeden Augenblick konnte es sich auflösen wie aufsteigender Dunst. Mir ging der Gedanke durch den Kopf, dass es womöglich an mir lag, dass mich Schwindel erfasst oder ich etwas Unverträgliches gegessen hatte. Doch ich sah zu Charmian hinüber, sah ihren traurigen Gang, und während mein Blick auf ihr ruhte, bemerkte ich, wie sie taumelte und einen Jachtsegler anrempelte, der neben ihr ging. Ich sprach sie an, und sie beklagte sich darüber, wie eigenartig sich das Land benahm.

Wir gingen über eine große, herrliche Wiese und entlang einer Königspalmenallee und über weitere schöne Wiesen im gnädigen Schatten stattlicher Bäume. Die Luft war erfüllt von Vogelgezwitscher und üppigen warmen Düften – dem schweren Parfum großer Lilien und hell leuchtender Hibiskusblüten und anderer seltsamer, prächtiger Tropenblumen. Der Traum kam uns beinah unnatürlich schön vor, nachdem wir so lang nichts als rastloses, salziges Meer gesehen hatten. Charmian streckte die Hand aus und klammerte sich an mich – als Stütze angesichts dieser unbeschreiblichen Schönheit, dachte ich. Aber nein. Wie ich sie so stützte, ging ich steifbeinig weiter, während die Blumen und Wiesen um mich herum wirbelten und schwankten. Es fühlte sich an wie ein Erdbeben, nur ging es rasch vorüber, ohne Schaden anzurichten. Es war ziemlich schwierig, die Tricks des Landes zu durchschauen. Solange ich mich darauf konzentrierte, geschah gar nichts. Doch sobald meine Aufmerksamkeit abgelenkt wurde, kam das ganze Panorama ins Rollen, schaukelte, schwankte und kippte in allen möglichen Winkeln. Einmal jedoch drehte ich mich rasch um und ertappte jene Reihe stattlicher Königspalmen dabei, wie sie in hohem Bogen über den Himmel tanzte. Doch sie hörte sofort auf damit, als ich sie im Blick hatte, und wurde wieder zu einem friedlichen Traum.

Als Nächstes erreichten wir ein kühles Haus mit einer großen, ausladenden Veranda, auf der die Lotophagen sich heimisch gefühlt hätten. Weit geöffnete Fenster und Türen ließen eine sanfte Brise herein, und mit ihr schwebten das Gezwitscher und die Düfte

gemächlich durch die Räume. Die Wände waren behängt mit Tapa-
tüchern. Sofas mit Strohdecken luden zum Verweilen ein, und ein
Flügel stand bereit, der, dessen war ich mir sicher, nichts Aufregen-
deres als Schlaflieder spielte. Diener – japanische Hausmädchen in
Eingeborenentracht – glitten geräuschlos wie Schmetterlinge hierhin und dorthin. Es war außergewöhnlich kühl überall. Hier gab
es keine Tropensonne, die auf ein endloses Meer herabbrannte. Es
war zu schön, um wahr zu sein. Doch es war nicht real. Es war ein
Traumhaus. Ich wusste es, denn ich drehte mich unvermittelt um
und ertappte den Flügel dabei, wie er in einem geräumigen Winkel
des Zimmers umherwalzte. Ich erwähnte es nicht, denn im selben
Moment wurden wir von einer anmutigen Frau empfangen, einer
schönen Madonna, in fließendes Weiß gewandet und mit Sandalen
beschuht, die uns begrüßte, als wären wir alte Bekannte.

Wir saßen an einem Tisch auf der Lotophagenveranda, wurden von Schmetterlingsmädchen bedient, aßen seltsame Speisen
und kosteten von einem Nektar, den sie *poi*[17] nannten. Doch der
Traum drohte sich aufzulösen. Er schimmerte und zitterte wie eine
schillernde Seifenblase kurz vor dem Platzen. Ich blickte gerade hinaus auf das grüne Gras und die stattlichen Bäume und Hibiskusblüten, als ich plötzlich spürte, dass der Tisch sich bewegte. Der
Tisch und die mir gegenübersitzende Madonna, die Lotophagenveranda, der scharlachrote Hibiskus, der Rasen und die Bäume – all
dies hob sich und kippte vor meinen Augen, stieg auf und sank hinab in das Wellental einer ungeheuren See. Ich fasste krampfhaft
meinen Stuhl und hielt mich daran fest. Es war mir, als hielte ich
mich ebenso an dem Traum fest wie an dem Stuhl. Es hätte mich
nicht gewundert, wenn das Meer hereingeströmt wäre, um das ganze Märchenland zu überfluten, und ich mich hinter dem Steuerrad

17 Dicker Brei aus Tarowurzeln.

der *Snark* wiedergefunden hätte, gerade nebenbei von meinem Studium der Logarithmen aufblickend. Doch der Traum hielt weiter an. Verstohlen warf ich der Madonna und ihrem Mann einen Blick zu. Sie zeigten sich nicht beunruhigt. Die Teller auf dem Tisch hatten sich nicht bewegt. Der Hibiskus, die Bäume und das Gras waren immer noch da. Nichts hatte sich verändert. Ich gönnte mir noch etwas von dem Nektar, und der Traum wurde wirklicher als je zuvor.

»Hätten Sie gern etwas Eistee?«, fragte die Madonna, und dann senkte sich ihre Seite des Tisches sanft ab, und ich sagte Ja in einer Neigung von 45°.

»Wegen der Haie«, sagte ihr Mann, »drüben in Niihau lebte ein Mann …« Und in diesem Moment hob sich der Tisch und stieg empor, und ich starrte zu ihm hinauf im Winkel von 45°.

So zog sich das Mittagessen hin, und ich war erleichtert, nicht das Leid ertragen zu müssen, das ich beim Anblick von Charmians Gang empfand. Plötzlich kam den Lotusessern jedoch eine rätselhafte angstvolle Bemerkung über die Lippen. »Aha«, dachte ich, »gleich ist es aus mit dem Traum.« Ich klammerte mich verzweifelt an dem Stuhl fest, entschlossen, einen greifbaren Rest dieses Lotuslandes zurück in die Realität der *Snark* zu zerren. Ich spürte, wie der ganze Traum schlingerte und auf sein Ende zusteuerte. Im selben Augenblick wurde die angstvolle Bemerkung wiederholt. Sie klang wie »Reporter«. Ich blickte auf und sah drei von ihnen über den Rasen näher kommen. Oh, gesegnete Reporter! So war der Traum also doch unbestreitbar real. Mein Blick schweifte hinaus auf das glitzernde Wasser, und ich sah die *Snark* vor Anker und erinnerte mich, dass ich auf ihr von San Francisco nach Hawaii gesegelt war, dass ich mich in Pearl Harbor befand und dass ich nach alldem sogar noch Höflichkeitsfloskeln austauschte und auf die erste Frage antwortete: »Ja, wir hatten auf der ganzen Fahrt herrliches Wetter.«

6. Kapitel

Ein königlicher Sport

G enau das ist es: ein königlicher Sport für die natürlichen
Könige der Erde. Das Gras wächst geradewegs bis ans
Wasser von Waikiki Beach, und das weniger als fünfzehn
Meter vom unvergänglichen Meer entfernt. Auch die Bäume wachsen bis an den salzigen Rand der Welt, und man sitzt in ihrem
Schatten und blickt seewärts auf eine majestätische Brandung, die
einem direkt bis vor die Füße entgegendonnert. Eine halbe Meile
weit draußen, wo das Riff liegt, stoßen die weiß gekrönten Sturzwellen aus dem ruhigen Türkisblau plötzlich himmelwärts und
rollen auf die Küste zu. Eine nach der anderen braust heran, eine
Meile lang, mit schäumenden Kämmen, die weißen Bataillone der
unendlichen Armee des Ozeans. Und man sitzt und lauscht dem
unablässigen Grollen und beobachtet den nie endenden Triumph-
zug und fühlt sich winzig und zerbrechlich angesichts dieser gewaltigen Kraft, die sich in Wildheit, Gischt und Tosen ausdrückt.
In der Tat fühlt man sich mikroskopisch klein, und der Gedanke,
man sei in der Lage, mit diesem Meer zu ringen, löst in der Fantasie einen Nervenkitzel aus, ja beinah Angst. Denn sie sind eine
Meile lang, diese stiermäuligen Monster, und sie wiegen tausend
Tonnen, und sie brausen schneller auf die Küste zu, als ein Mensch
rennen kann. Wie stehen die Chancen? Es gibt keine, lautet das Urteil des schrumpfenden Egos; und man sitzt da, schaut und lauscht

und denkt, das Gras und der Schatten sind eigentlich bestens zum Verweilen geeignet.

Und plötzlich, weit draußen, wo eine große Sturzwelle sich himmelwärts hebt, taucht wie ein Meeresgott aus der tobenden Gischt und dem schäumenden Weiß auf dem schwindelerregenden, niederstürzenden, überschwappenden und hinabbrausenden gefährlichen Wellenkamm der dunkle Kopf eines Mannes auf. Rasch steigt er aus dem anbrandenden Weiß empor. Seine schwarzen Schultern, Brust, Lenden, Glieder – sein ganzer Körper kommt urplötzlich in Sicht. Wo vor einem Augenblick nur die weite Leere und das unbesiegbare Grollen herrschten, steht nun ein Mann, aufrecht, in voller Größe, nicht panisch zappelnd in jenem wilden Getümmel, nicht begraben und zermalmt und umhergeschleudert von diesen mächtigen Monstern, sondern über allem stehend, ruhig und überlegen, im Gleichgewicht auf diesem schwindelerregenden Gipfel, die Füße von schäumender Gischt bedeckt, der salzige Dunst steigt bis zu den Knien, der Rest von ihm frei schwebend im blitzenden Sonnenlicht, und er fliegt durch die Luft, fliegt vorwärts, fliegt so schnell wie die Woge, auf der er steht. Er ist Merkur, ein brauner Merkur. Seine Fersen haben Flügel, und in ihnen steckt die Wendigkeit des Meeres. In Wirklichkeit ist er aus dem Meer auf den Rücken des Meeres gesprungen, und er reitet das Meer, das brüllt und grollt und ihn nicht abschütteln kann. Doch er streckt keineswegs verzweifelt die Arme aus, um sein Gleichgewicht zu halten. Er bleibt ungerührt, reglos wie eine Statue, die plötzlich auf wundersame Weise aus den Meerestiefen, aus denen er emporstieg, gemeißelt wurde. Und auf seinen geflügelten Fersen und dem weißen Kamm eines Brechers fliegt er direkt auf die Küste zu. Man sieht ein wildes Spritzen von Gischt, hört ein langes, ungestümes Tosen, als der Brecher nutzlos stürzt und am Strand zu deinen Füßen verebbt; und da, direkt vor dir, tritt ein Kanaka, von der Tropensonne goldbraun gebrannt, seelenruhig an Land. Einige Minuten zuvor war er ein Fleck in einer Viertelmeile Entfernung. Er hat dem »stiermäuligen Brecher das Zaumzeug angelegt«, ihn eingeritten, und wie stolz er über seine Tat ist, zeigt sich in der Haltung seines herrlichen Körpers, als er dich, der am Ufer im Schatten sitzt, kurz achtlos mustert. Er ist ein Kanaka und mehr als das, er ist ein Mann, Mitglied der königlichen Spezies, die die Materie und die Tierwelt unterworfen hat, um über die Schöpfung zu herrschen.

Und man sitzt da und denkt an Tristrams letztes Ringen mit dem Meer[18] an jenem schicksalhaften Morgen; und man denkt weiter an die Tatsache, dass der Kanaka etwas erreicht hat, das Tristram nie gelang, und dass er eine Freude am Meer kennt, die Tristram nie kennenlernte. Und man denkt noch weiter. Es ist ja schön und gut, hier im kühlen Schatten des Strandes zu sitzen, doch du bist ein Mann, gehörst zur königlichen Spezies, und was dieser Kanaka schafft, das kannst du auch. Tu es. Zieh die Kleider aus, die in diesem milden Klima nur lästig sind. Geh hin und ringe mit dem Meer; verleihe deinen Fersen Flügel mit dem Geschick und der Kraft, die du in dir trägst; lege den Brechern des Meeres Zaum und Zügel an, zähme sie und reite auf ihren Rücken, wie es Königen zusteht.

Und so kam es dazu, dass ich mit dem Surfen anfing. Und nun, da ich es gelernt habe, halte ich es mehr denn je für einen königlichen Sport. Doch will ich zunächst die zugehörige Physik erläutern. Eine Welle ist weitergeleitete Bewegung. Das Wasser, das den Körper der Welle bildet, bewegt sich nicht. Würde es sich bewegen, so müsste, wenn man einen Stein in einen Teich wirft und die Wellen sich kreisförmig immer weiter ausbreiten, in der Mitte

---

18 Anspielung auf das achte Kapitel, »The Last Pilgrimage«, in Algernon Swinburnes epischem Gedicht *Tristram of Lyonesse* (1882), das auf einer Artussage basiert.

ein Loch entstehen, das zunehmend größer wird. Nein, das Wasser, aus dem die Welle besteht, ist unbewegt. So kann man also einen gewissen Abschnitt der Meeresoberfläche betrachten und stets dasselbe Wasser durch die weitergeleitete Bewegung von tausend aufeinanderfolgenden Wellen tausendmal aufsteigen und absinken sehen. Nun stellen Sie sich vor, wie diese weitergeleitete Bewegung auf die Küste zukommt. Da es dort flacher wird, trifft der untere Teil der Welle zuerst auf Land und wird gestoppt. Doch Wasser ist flüssig, und der obere Teil hat noch kein Hindernis getroffen, weswegen sich seine Bewegung fortsetzt und dieser weiterrollt. Und wenn die Krone der Welle weiterrollt, während ihr Fuß zurückbleibt, hat das bestimmte Folgen. Der Fuß der Welle rutscht nach hinten weg, und ihre obere Hälfte kippt vornüber, nach vorne und nach unten, dabei kräuselt sie sich, schäumt und tost. Jede Brandung wird somit durch einen Wellenfuß verursacht, der gegen eine Landspitze schlägt.

Doch die Transformation von einer glatten Welle zu einem Brecher vollzieht sich nicht schlagartig, es sei denn, der Grund fällt abrupt ab. Steigt also die Tiefe über eine Strecke von einer Viertelmeile bis zu einer Meile gleichmäßig an, nimmt die Transformation dieselbe Strecke in Anspruch. Vor dem Strand von Waikiki befindet sich solch ein seicht abfallender Meeresgrund, und er bietet eine herrliche Brandung zum Surfen. Man springt auf den Rücken eines Brechers, wenn er gerade zu kippen beginnt, und bleibt darauf, während er weiter die ganze Strecke bis zur Küste abrollt.

Und nun zur speziellen Physik des Surfens. Schwimmen Sie auf einem flachen, einigermaßen oval geformten Brett von zwei Meter Länge und sechzig Zentimeter Breite hinaus aufs Meer. Legen Sie sich wie ein kleiner Junge auf einem Schlitten bäuchlings darauf und paddeln sie mit den Händen hinaus ins tiefe Wasser, wo die Wellen beginnen, Kämme zu bilden. Bleiben Sie dort ruhig auf dem Brett liegen. Eine Welle nach der anderen bricht vor, hinter, unter und über Ihnen, eilt auf die Küste zu und lässt Sie zurück. Bildet eine Welle einen Kamm, wird sie steiler. Stellen Sie sich vor, wie Sie an der Vorderseite des steilen Gefälles auf Ihrem Brett liegen. Stünde die Welle still, würden Sie hinunterrutschen, genauso wie ein Junge auf seinem Schlitten. »Aber«, werden Sie einwenden, »die Welle steht ja nicht still.« Richtig, aber das Wasser, aus dem die Welle besteht, steht still, und darin liegt das Geheimnis. Sobald Sie beginnen, den Hang der Welle hinunterzurutschen, rutschen Sie, ohne je den Fuß der Welle zu erreichen. Bitte nicht lachen. Die Welle mag nur zwei Meter hoch sein, doch Sie können trotzdem eine Viertelmeile oder eine halbe Meile hinunterrutschen, ohne das Wellental zu erreichen. Denn da die Welle nur aus weitergeleiteter Bewegung oder Stoßkraft besteht und das Wasser der Welle sich ständig erneuert, steigt zusätzliches Wasser in der Welle ebenso schnell auf, wie diese sich fortbewegt. Sie gleiten an diesem neuen Wasser hinunter und bleiben dennoch auf Ihrer alten Position auf der Welle, gleiten das wiederum neue Wasser hinunter, das aufsteigt und die Welle bildet. Sie gleiten ebenso schnell, wie die Welle sich fortbewegt. Bewegt sie sich mit fünfzehn Meilen die Stunde, gleiten Sie mit fünfzehn Meilen die Stunde. Zwischen Ihnen und der Küste erstreckt sich eine Viertelmeile Wasser. Während die Welle weiterrollt, hebt sich dieses Wasser gehorsam in die Welle, die Schwerkraft erledigt den Rest, und schon geht's die ganzen Strecke bergab. Sollten Sie beim Hinabgleiten immer noch an der Idee festhalten, das Wasser bewegte sich mit Ihnen, stecken Sie einmal die Arme hinein und versuchen Sie zu paddeln. Sie werden feststellen, dass Sie außergewöhnlich schnell sein müssten, um dies zu tun, denn das Wasser fällt hinter Ihnen genauso schnell ab, wie Sie vorwärtspreschen.

Und nun zur nächsten Stufe in der Physik des Surfens. Jede Regel hat ihre Ausnahmen. Es ist richtig, dass das Wasser einer Welle sich nicht vorwärtsbewegt. Doch gibt es etwas, das man das Schleudern der See nennen könnte. Das Wasser in dem überschlagenden Wellenkamm bewegt sich tatsächlich vorwärts, wie Sie rasch erkennen werden, sobald Sie davon im Gesicht getroffen werden oder darunter gefangen sind und mit einem gewaltigen Schlag unter Wasser gedrückt werden und eine halbe Minute keuchend nach Luft schnappen. Das Wasser an der Wellenkrone ruht auf dem Wasser am Wellenfuß. Doch wenn der Wellenfuß auf Land trifft, bleibt er stehen, während die Krone weiterrollt. Diese hat nun keinen Fuß mehr, auf dem sie stehen könnte. Wo zuvor noch festes Wasser darunter war, befindet sich nun Luft, und die Welle spürt zum ersten Mal den Zug der Schwerkraft und fällt nach unten, wobei sie gleichzeitig vom zurückbleibenden Boden entzweigerissen und nach vorne geworfen wird. Und deswegen ist das Reiten auf einem Surfbrett mehr als nur ein ruhiges Hinabgleiten an einem Hügel. Eigentlich wird man von der Hand eines Titanen gepackt und in Richtung Küste geschleudert.

Ich verließ den kühlen Schatten, zog einen Schwimmanzug an und besorgte mir ein Surfbrett. Das Brett war zu klein. Das war mir aber nicht bewusst, und niemand klärte mich auf. Ich schloss mich ein paar kleinen Kanaka-Jungs im seichten Wasser an, wo die Brecher glatt ausliefen und klein waren – ein regelrechter Kindergarten. Ich beobachtete die kleinen Kanaka-Jungs. Rollte ein sichtlich geeigneter Brecher heran, sprangen sie bäuchlings auf ihre Bretter, strampelten wie verrückt mit den Füßen und ritten auf der Welle bis zum Strand. Ich versuchte ihnen nachzueifern. Ich sah ihnen zu, versuchte alles genau so zu machen wie sie und scheiterte kläglich. Der Brecher fegte vorbei, und ich war nicht obenauf. Ich versuchte es immer wieder. Ich strampelte doppelt so verrückt wie sie und scheiterte. Ich war von einem halben Dutzend Jungs umgeben. Vor einem guten Brecher warfen wir uns allesamt auf unsere Bretter. Unsere Füße paddelten wie Heckräder von Flussdampfern, und die kleinen Schurken sausten los, während ich schändlich zurückfiel.

Eine ganze Stunde lang versuchte ich es und konnte doch keine einzige Welle dazu überreden, mich zur Küste zu tragen. Da erschien ein Freund, Alexander Hume Ford[19], Weltreisender von Beruf, stets auf der Jagd nach Sensationen. Und in Waikiki hatte er eine gefunden. Auf dem Weg nach Australien war er eine Woche hier geblieben, um herauszufinden, ob das Surfen irgendeinen Reiz hatte, und er war dem Sport gänzlich verfallen. Einen Monat lang hatte er sich täglich damit beschäftigt, ohne dass seine Faszination auch nur im Geringsten nachgelassen hätte. Seine Worte hatten Gewicht.

»Runter von dem Brett«, sagte er. »Sofort weg mit dem Ding. Sieh mal, wie du es zu reiten versuchst. Wenn die Spitze dieses Bretts je den Grund berührt, reißt es dir die Eingeweide raus. Hier, nimm mein Brett. Das ist die richtige Größe für einen Mann.«

Ich bin stets demütig, wenn ich mit Wissen konfrontiert werde. Ford hatte das Wissen. Er zeigte mir, wie man ordentlich auf das Brett steigt. Dann wartete er auf einen guten Brecher, gab mir im richtigen Moment einen Schubs und brachte mich so ins Spiel. Ach, der herrliche Moment, als ich spürte, wie der Brecher mich packte und fortriss. Ich sauste dahin über rund fünfzig Meter und strandete mit dem Brecher auf dem Sand. Von diesem Moment an war es um mich geschehen. Ich watete zu Ford zurück, sein Brett unter dem Arm. Es war ein großes Board, mehrere Zoll dick und ganze fünfundsiebzig Pfund schwer. Er gab mir nützliche Tipps, erzählte mir, was er wusste. Er selbst hatte keinen Lehrer gehabt, und das, was er sich innerhalb einiger Wochen selbst beigebracht hatte,

19 Alexander Hume Ford (1868–1945), Journalist und Abenteurer, der Surfen als Sport populär machte.

gab er in einer halben Stunde an mich weiter. Tatsächlich lernte ich aus zweiter Hand. Und nach weniger als dreißig Minuten konnte ich loslegen und an die Welle herangleiten. Ich machte es immer wieder, und Ford applaudierte und kritisierte. Zum Beispiel riet er mir, mich nur bis zu einem gewissen Punkt, aber nicht weiter, auf dem Brett zu positionieren. Ich muss allerdings ein wenig zu weit gekommen sein, denn als ich auf das Land zusteuerte, tauchte die Nase des unbarmherzigen Bretts in das Wellental ein, sodass dieses abrupt zum Stillstand kam und einen Salto schlug, womit gleichzeitig unsere Verbindung gewaltsam beendet war. Ich wurde wie ein Holzspan durch die Luft geschleudert und schmachvoll unter dem herabstürzenden Brecher begraben. Und mir wurde bewusst, dass ich nur dank Ford nicht ausgeweidet worden war. Dieses besondere Risiko ist Teil des Sports, meint Ford. Vielleicht bekommt er es am eigenen Leib zu spüren, bevor er Waikiki verlässt, und dann, dessen bin ich mir sicher, wird sein Sensationshunger eine Zeit lang befriedigt sein.

Schließlich und endlich bin ich der felsenfesten Überzeugung, dass Mord schlimmer ist als Selbstmord, insbesondere, wenn im erstgenannten Fall das Opfer weiblich ist. Ford bewahrte mich davor, zum Mörder zu werden. »Stell dir vor, deine Beine wären Ruder«, sagte er. »Halte sie eng beisammen und steuere mit ihnen.« Ein paar Minuten später kam ich auf einer Sturzwelle angestürmt. Wie ich mich dem Strand näherte, tauchte plötzlich, bis zu den Hüften im Wasser stehend, direkt vor mir eine Frau auf, die ich schon tot vor mir sah. Wie sollte ich die Sturzwelle aufhalten, auf deren Rücken ich ritt? Die Frau war so gut wie tot. Das Brett wog fünfundsiebzig Pfund, ich wog hundertfünfundsechzig. Zusammengerechnet bedeutete das eine Geschwindigkeit von fünfzehn Meilen pro Stunde. Das Brett und ich bildeten ein Geschoss. Ich überlasse es den Physikern, die Einschlagskraft auf diese arme, zarte

Frau auszurechnen. Und dann erinnerte ich mich an Ford, meinen Schutzengel. »Steure mit den Beinen!«, hallte es durch mein Hirn. Ich steuerte mit den Beinen, ich steuerte hart, abrupt, mit beiden Beinen und mit ganzer Kraft. Das Brett scherte auf dem Wellenkamm längsseits ab. Mehrere Vorgänge liefen gleichzeitig ab. Die Welle versetzte mir einen beiläufigen Stoß, einen kleinen Klaps, wie es Wellen eben so tun, doch der Klaps reichte aus, mich vom Brett zu schleudern und mich durch das strömende Wasser bis auf den Grund zu schmettern, auf den ich hart aufprallte und wo ich mich mehrmals überschlug. Endlich brachte ich meinen Kopf aus dem Wasser, um nach Luft zu schnappen, dann spürte ich Boden unter den Füßen. Da stand nun jene Frau vor mir. Ich fühlte mich wie ein Held. Ich hatte ihr das Leben gerettet. Und sie lachte mir ins Gesicht. Es war kein hysterisches Lachen. Ihr wäre nicht im Traum eingefallen, dass sie in Gefahr gewesen war. Wie auch immer, ich tröstete mich mit dem Gedanken, dass ja nicht ich, sondern Ford sie gerettet hatte und ich mich also nicht als Held zu fühlen brauchte. Und außerdem war das Steuern mit den Beinen eine tolle Sache. Ein paar weitere Minuten der Übung, und ich konnte mir meinen Weg zwischen verschiedenen Badenden hindurch und um sie herum bahnen und auf der Spitze meines Brechers bleiben, anstatt unter ihm begraben zu werden.

»Morgen«, sagte Ford, »bringe ich dich hinaus ins Blauwasser.«

Ich blickte hinaus aufs Meer, in die von ihm gewiesene Richtung, und sah die großen, dampfenden Sturzbrecher, neben denen die Wellen, auf denen ich geritten war, klitzeklein wirkten. Ich weiß nicht, was ich erwidert hätte, hätte ich mich nicht gleichzeitig daran erinnert, dass ich der königlichen Spezies angehörte. So sagte ich nur: »In Ordnung, ich kümmere mich morgen um sie.«

Das Wasser, das an den Strand von Waikiki Beach rollt, ist dasselbe wie jenes, das an die Küsten aller Inseln von Hawaii strömt;

und in gewisser Hinsicht ist es herrliches Wasser, insbesondere aus der Sicht eines Schwimmers; es ist kühl genug, um einen zu erfrischen, aber auch warm genug, damit man den ganzen Tag baden kann, ohne auszukühlen. Ob es sonnig ist oder sternenklar, zu Mittag oder um Mitternacht, im tiefsten Winter oder im Hochsommer, ganz egal wann, das Wasser hat immer dieselbe Temperatur – nicht zu warm, nicht zu kalt, genau richtig. Es ist wundervolles Wasser, salzig wie der alte Ozean, rein und kristallklar. In Anbetracht der Beschaffenheit des Wassers ist es letztlich nicht so erstaunlich, dass die Kanakas zu den besten Schwimmern unter den Völkern zählen.

So kam es dann, dass ich mich am nächsten Morgen, als Ford vorbeischaute, in das herrliche Wasser stürzte, um auf unbestimmte Zeit zu schwimmen. Ausgestreckt auf unseren Surfbrettern, oder eher bäuchlings flach darauf liegend, paddelten wir durch den Kindergarten, in dem die kleinen Kanaka-Jungs spielten. Bald erreichten wir das tiefe Wasser, wo die großen Sturzwogen herandonnerten. Allein schon mit ihnen zu ringen, ihnen die Stirn zu bieten und seewärts über sie hinwegzupaddeln, war ein Sport für sich. Man musste all seine Sinne beisammenhaben, denn es war eine Schlacht, in der man auf der einen Seite mit mächtigen Schlägen rechnen und auf der anderen Seite seine List einsetzen musste – ein Kampf zwischen sinnloser Gewalt und Intelligenz. Das begriff ich bald. Kräuselte sich ein Brecher über mir, konnte ich für einen flüchtigen Moment das Tageslicht durch seine smaragdfarbene Gestalt wahrnehmen; doch gleich würde sich mein Kopf wieder senken und ich mich mit ganzer Kraft am Brett festhalten. Danach kam der Schlag, und für die Zuschauer am Strand war ich plattgemacht. In Wirklichkeit waren das Brett und ich durch den Wellenkamm gedrungen und tauchten am Ruhepunkt der anderen Seite wieder auf. Diese zerschmetternden Schläge auszuhalten, würde ich keiner kränklichen oder zart gebauten Person zumuten. Sie besitzen eine enorme

Wucht, und der Aufprall des vorangetriebenen Wassers ist wie ein Sandstrahl. Manchmal durchquert man kurz hintereinander ein halbes Dutzend Sturzwellen, und in solchen Momenten entdeckt man zwangsläufig, welche Vorzüge fester Boden unter den Füßen bietet, und findet neue Gründe, um am Strand zu bleiben.

Draußen, inmitten einer solchen raschen Folge von großen Dampfhämmern, gesellte sich ein Dritter zu uns, ein gewisser Freeth[20]. Als ich mir, von einer Welle auftauchend, das Wasser aus dem Gesicht abschüttelte und nach vorne blickte, um die nächste Woge in Augenschein zu nehmen, sah ich ihn auf deren Rücken hereinbrechen, aufrecht auf seinem Board stehend, gelassen sein Gleichgewicht haltend, ein junger Gott, mit sonnenverbrannter Bräune. Wir glitten durch die Welle, auf der er ritt. Ford rief ihm zu. Er schnitt eine Kurve auf seiner Welle, rettete sein Brett vor ihrem Schlund, paddelte zu uns herüber und unterstützte Ford dabei, mir allerlei Tricks beizubringen. Eine spezielle Sache lernte ich von Freeth, und zwar, wie man gelegentlich heranrollende Brecher von außergewöhnlicher Größe angleitet. Solche Brecher waren wirklich gefährlich, und es war riskant, ihnen auf dem Board zu begegnen. Doch Freeth machte es mir vor, sodass ich, wann immer ich einen von solchem Kaliber auf mich zurollen sah, vom hinteren Ende des Bretts rutschte, unter Wasser tauchte und mich von unten am Brett festhielt. Würde die Welle mir das Brett aus der Hand reißen und versuchen, mich damit zu treffen (ein verbreiteter Trick solcher Wellen), hätte ich ein mindestens dreißig Zentimeter dickes Wasserpolster zwischen meinem Kopf und dem Hieb. Sobald die Welle vorbeigerauscht war, kletterte ich zurück auf das Brett und paddelte weiter. Ich habe gehört, dass mancher, der von seinem Surfbrett getroffen wurde, schreckliche Verletzungen erlitten hat.

20 George Freeth (1883–1919), ein berühmter Pionier des Surfsports.

Ich lernte, dass die ganze Methode des Wellenreitens und Kampfes gegen die Brandung darin besteht, keinen Widerstand zu leisten. Weiche dem Schlag aus, der auf dich zukommt. Tauche durch die Welle, die versucht, dir ins Gesicht zu schlagen. Lass dich mit den Füßen voran tief unter Wasser sinken und lass die große Sturzwelle, die dich zu zermalmen versucht, weit über dir vorbeiziehen. Sei niemals verkrampft. Entspanne dich. Gib dich den Strömen hin, die an dir reißen und zerren. Erwischt dich der Sog und zieht dich seewärts über den Grund, kämpfe nicht dagegen an. Tust du es, wirst du wahrscheinlich ertrinken, denn er ist stärker als du. Ergib dich dem Sog. Schwimm mit ihm, nicht gegen ihn, und du wirst feststellen, dass der Druck nachlässt. Und wenn du so mit ihm schwimmst, ihn derart täuschst, dass er dich nicht festhält, schwimme gleichzeitig nach oben. Es ist gar nicht schwierig, die Oberfläche zu erreichen.

Jemand, der Surfen lernen will, muss ein guter Schwimmer und daran gewöhnt sein, unter Wasser zu tauchen. Ansonsten braucht man lediglich ein wenig Kraft und gesunden Menschenverstand. Die Wucht der großen Sturzwelle kommt eher unerwartet. Im Durcheinander können Surfbrett und Wellenreiter auseinandergerissen und Dutzende Meter voneinander getrennt werden. Der Surfer muss auf sich selbst achtgeben. Auch wenn noch so viele andere Surfer in seiner Umgebung schwimmen, kann er nicht darauf zählen, dass sie ihm helfen. Da ich mich in der Nähe von Ford und Freeth in Sicherheit wiegte, vergaß ich, dass es mein erster Ausflug ins tiefe Wasser zu den Riesen war. Mir wurde es jedoch ziemlich plötzlich wieder bewusst, denn eine Riesenwelle rollte heran, und fort waren die beiden Männer, ritten auf ihrem Rücken zurück ans Ufer. Ich hätte ein Dutzend Mal auf verschiedene Art ertrinken können, ehe sie zu mir zurückkehrten.

Man gleitet die Wellenwand auf dem Surfbrett hinab, doch

muss man zunächst einmal in die richtige Position kommen. Brett und Surfer müssen sich mit einer bestimmten Geschwindigkeit auf die Küste zubewegen, bevor die Welle sie einholt. Sieht man die Welle, auf der man reiten will, näher kommen, wendet man ihr die Kehrseite zu und paddelt mit aller Kraft Richtung Ufer, wobei man den sogenannten Windmühlenschlag anwendet. Es ist eine Art Spurt direkt vor der Welle. Ist das Board schnell genug, wird es von der Welle beschleunigt und nimmt seine Viertelmeilengleitfahrt auf.

Nie werde ich die erste große Welle vergessen, die ich draußen im tiefen Wasser erwischte. Ich sah sie kommen, kehrte ihr den Rücken zu und paddelte um mein Leben. Mein Board wurde immer schneller, bis mir schier die Arme abfallen wollten. Was hinter mir vorging, kann ich nicht sagen. Man kann nicht gleichzeitig nach hinten schauen und die Windmühlentechnik paddeln. Ich hörte den Wellenkamm zischen und schäumen, und dann wurde mein Board hochgehoben und nach vorn geschleudert. In der ersten halben Minute wusste ich kaum, wie mir geschah. Obwohl ich die Augen offen hielt, konnte ich nichts sehen, denn ich war im brausenden Weiß des Wellenkamms begraben. Doch das war mir gleich. Ich war vor allem erfüllt von der ekstatischen Glückseligkeit, die Welle erwischt zu haben. Als eine halbe Minute verstrichen war, konnte ich wieder etwas wahrnehmen und durchatmen. Ich sah, dass ein guter Meter meiner Surfbrettnase aus dem Wasser ragte und auf Luft ritt. Ich verlagerte mein Gewicht nach vorne und ließ die Spitze absinken. Dann lag ich fast still inmitten der wilden Bewegung und konnte beobachten, wie das Ufer und die Badenden immer deutlicher wurden. Ich legte kaum eine Viertelmeile auf dieser Welle zurück, da ich, damit das Board nicht untertauchte, mein Gewicht nach hinten verlagerte, doch ich kam zu weit und fiel an der Rückseite der Welle hinunter.

Es war mein zweiter Surftag, und ich war ziemlich stolz auf mich. Ich blieb vier Stunden draußen, und als sie verstrichen waren, beschloss ich, am nächsten Tag im Stehen zu surfen. Doch die Verwirklichung meines Vorhabens rückte in weite Ferne. Am nächsten Tag musste ich nämlich das Bett hüten. Ich war nicht ernsthaft krank, aber sehr niedergeschlagen und lag im Bett. Als ich das wundervolle Wasser von Hawaii beschrieb, habe ich vergessen, die wundervolle Sonne von Hawaii zu erwähnen. Es ist eine Tropensonne, und in der ersten Junihälfte erreicht sie zudem ihren Höchststand. Außerdem ist es eine trügerische, heimtückische Sonne. Zum ersten Mal in meinem Leben hatte ich, ohne etwas davon zu merken, einen Sonnenbrand bekommen. Meine Arme, Schultern und mein Rücken hatten in der Vergangenheit viele Sonnenbrände überstanden und waren abgehärtet; nicht aber meine Beine. Und ich hatte die zarte Rückseite meiner Beine vier Stunden lang den lotrechten Strahlen der hawaiianischen Sonne ausgesetzt. Erst an Land entdeckte ich, dass ich zu viel Sonne abbekommen hatte. Ein Sonnenbrand fühlt sich anfangs nur warm an; danach wird er schmerzhafter, und es bilden sich Bläschen. Außerdem konnte ich die Gelenke, wo die Haut sich faltet, nicht beugen. Deswegen musste ich am nächsten Tag im Bett bleiben. Ich konnte nicht gehen. Und das ist auch der Grund, warum ich dies heute vom Bett aus schreibe. Es ist einfacher so als anders. Aber morgen dann, ah, morgen bin ich schon wieder in diesem herrlichen Wasser draußen und surfe im Stehen, genau wie Ford und Freeth. Und wenn ich es morgen noch nicht schaffe, dann eben übermorgen oder überübermorgen. An diesem einen Entschluss halte ich fest: Die *Snark* soll Honolulu nicht verlassen, bevor ich meine Fersen mit der Schnelligkeit der See beflügelt habe und ein sonnenverbrannter Merkur mit abpellender Haut geworden bin.

7. Kapitel

Die Leprakolonie
von Molokai

Als die *Snark* auf ihrem Weg nach Honolulu luvwärts entlang der Küste von Molokai segelte, warf ich einen Blick auf die Karte und zeigte dann auf eine flache Halbinsel, mit einer gewaltigen, zwischen sechshundert und zwölf hundert Meter hohen Felswand im Hintergrund, und sagte: »Das Höllenloch, der verfluchteste Ort auf Erden.«[21] Wie wäre ich in dem Moment erschrocken, hätte ich vorhersehen können, dass ich einen Monat später am verfluchtesten Ort auf Erden an Land gehen und eine schimpflich schöne Zeit verbringen würde, zusammen mit achthundert Leprakranken, die ebenfalls ihren Spaß hatten. Ihr Spaß war nicht schimpflich; meiner war es, denn es stand mir nicht zu, inmitten von so viel Elend Spaß zu haben. Also bekenne ich mich schuldig, und meine einzige Entschuldigung besteht darin, dass ich es nicht vermeiden konnte, Spaß zu haben.

Zum Beispiel versammelten die Leprakranken sich am vierten Juli an der Rennbahn, um sich die Sportveranstaltungen anzusehen. Ich hatte den Oberaufseher und die Ärzte verlassen, um mir rasch ein Bild vom Ende eines der Rennen machen zu können. Es war ein interessanter Wettkampf, und die Sportler wurden von ihren Freunden angefeuert. Drei Pferde wurden hereingeführt,

---

21 Die Leprakolonie wurde 1866 gegründet, um Erkrankte zu isolieren.

eines mit einem chinesischen Jockey, eines mit einem hawaiiani-schen und eines mit einem portugiesischen Jungen im Sattel. Alle drei Reiter hatten Lepra, ebenso die Schiedsrichter und die Zu-schauer. Der Chinese und der Hawaiianer starteten gleichauf und ritten nebeneinander, der portugiesische Junge kämpfte sich sech-zig Meter hinter ihnen voran. Sie galoppierten die ganze Runde auf gleicher Höhe. In der zweiten und letzten Runde ging auf halber Strecke der Chinese in Führung und überrundete den Hawaiianer um eine Länge. Gleichzeitig kämpfte sich der portugiesische Junge nach vorne. Doch es sah hoffnungslos aus. Die Menge johlte. All die Leprakranken waren leidenschaftliche Pferdeliebhaber. Der portu-giesische Junge kam immer näher. Ich begann ebenfalls zu johlen. Sie befanden sich in der Zielgeraden. Der portugiesische Junge zog an dem Hawaiianer vorbei. Man hörte das Donnern der Hufe, das Sprengen der drei dicht an dicht galoppierenden Pferde, den Peit-schenknall der Jockeys und wie jeder einzelne der Zuschauer sich die Kehle aus dem Leibe schrie, grölte und jauchzte. Immer näher rückte der portugiesische Junge, Zoll um Zoll, und zog vorbei, zog wahrhaftig vorbei und gewann mit einer Kopflänge Vorsprung vor dem Chinesen. Inmitten einer Gruppe von Aussätzigen kam ich wieder zu mir. Sie johlten, warfen ihre Hüte in die Luft und tanzten im Kreis wie Besessene. So wie ich selbst. Als ich wieder bei Sinnen war, winkte ich mit dem Hut und murmelte verzückt: »Donnerwet-ter, der Junge gewinnt! Der Junge gewinnt!«

Ich versuchte mich wieder zu fassen. Ich versuchte mir einzu-reden, dass ich bloß einem der Schrecken von Molokai beigewohnt hatte und es mir somit zur Schande gereichte, unter solchen Um-ständen derart unbekümmert und gedankenlos zu sein. Doch es war umsonst. Das nächste Ereignis war ein Eselrennen, und es hatte eben erst begonnen, ebenso wie der Spaß. Der letzte Esel am Ziel sollte das Rennen gewinnen, und was die Sache erschwerte, war, dass kein Reiter auf seinem eigenen Esel ritt. Sie tauschten die Esel untereinander, was dazu führte, dass jeder danach strebte, das Tier, das er ritt, dazu zu bringen, seinen eigenen Esel zu überholen, der von jemand anderem geritten wurde. Natürlich hatten nur Männer, die besonders langsame oder störrische Esel besaßen, diese für das Rennen angemeldet. Einem Esel hatte man beigebracht, die Beine einzuknicken und sich hinzulegen, sobald sein Reiter die Fersen in seine Flanken drückte. Einige Esel versuchten umzukehren und zurückzulaufen; andere wiederum zeigten eine Neigung hin zum Rand der Rennbahn, wo sie ihre Köpfe über das Geländer streckten und stehen blieben, indessen alle zusammen trödelten. Nach der halben Runde gerieten ein Esel und sein Reiter sich in die Haare. Alle anderen Esel hatten ihn bereits überholt, doch besagter Esel beharrte immer noch auf seiner Meinung. So gewann er das Rennen, obwohl sein Reiter es verlor und zu Fuß über die Ziellinie kam. Und die ganze Zeit über lachten die fast tausend Leprakranken sich schief über den Spaß. Jeder an meiner Stelle hätte sich mit ihnen amüsiert und die schöne Zeit genossen.

Das Obige dient nur als Einleitung zu der Feststellung, dass die Schrecken von Molokai, so wie sie früher beschrieben wurden, nicht existieren. Die Kolonie ist immer wieder von Sensationsreportern beschrieben worden, und für gewöhnlich von solchen, die den Ort nie besucht haben. Lepra bleibt natürlich Lepra und ist eine furchtbare Krankheit; doch wurde so viel Reißerisches über Molokai geschrieben, dass man weder mit den Kranken noch mit jenen, die ihnen ihr Leben widmen, fair umgegangen ist. Hier ein Beispiel: Ein Zeitungsreporter, der natürlich nie auch nur in der Nähe der Kolonie gewesen ist, schilderte lebhaft, wie der in einer Strohhütte kauernde Aufseher McVeigh[22] nachts von verhungernden Aussätzigen, die auf Knien um Nahrung flehten, belagert wurde. Dieser haarsträubende Bericht wurde in der ganzen Presse der Vereinigten Staaten abgedruckt und zog viele angewiderte und protestierende Kommentare nach sich. Ich wohnte und schlief fünf Tage in Mr. McVeighs Strohhütte (eigentlich ein komfortables Holzhaus, es gibt in der ganzen Kolonie keine Strohhütten) und hörte die Aussätzigen um Nahrung flehen – allerdings klang dieses Flehen seltsam harmonisch und rhythmisch und wurde vom Spiel von Saiteninstrumenten – Violinen, Gitarren, Ukulelen und Banjos – begleitet. Auch war das Flehen von unterschiedlichster Art. Die Lepra-Blaskapelle flehte, und zwei Gesangsvereine flehten, und schließlich flehte ein Quintett von exzellenten Stimmen. So viel zu den Lügen, die man nie hätte drucken dürfen. Das Flehen war das Ständchen, das die Musikvereine Mr. McVeigh immer darbringen, wenn er von einer Reise nach Honolulu zurückkehrt.

Lepra ist nicht so ansteckend, wie man glaubt. Ich besuchte die Kolonie eine Woche lang und nahm auch meine Frau mit – was ich nicht getan hätte, wenn wir uns irgendwelche Sorgen wegen einer möglichen Ansteckung gemacht hätten. Wir trugen auch keine langen Schutzhandschuhe und hielten uns nicht von den Kranken fern. Im Gegenteil, wir begaben uns unbeschwert in ihre Gesellschaft, und bis wir wieder abreisten, kannten wir unzählige von ihnen dem Namen nach oder vom Sehen. Einfache Hygienevorkehrungen scheinen notwendig zu sein, das ist alles. Die Gesunden, wie die Ärzte und der Aufseher, waschen lediglich Gesicht und Hände mit leicht antiseptischer Seife, wenn sie nach Hause kommen, und wechseln ihr Jackett.

Dass ein Leprakranker unrein ist, ist jedoch nachdrücklich zu betonen; die Isolation von Kranken sollte streng beibehalten werden, denn man weiß nur sehr wenig über diese Seuche. Andererseits

22 Der Kanadier John Devine »Jack« McVeigh hatte fünf Jahre zuvor die Aufsicht über die Kolonie übernommen.

waren die ungeheure Abscheu, die man früher Aussätzigen entge-
genbrachte, und die entsetzlichen Behandlungsmethoden unan-
gebracht und grausam. Um einige der verbreiteten Irrtümer über
Lepra zu zerstreuen, möchte ich von den Beziehungen zwischen
Kranken und Gesunden, die ich auf Molokai beobachten konnte,
erzählen. Am Morgen nach unserer Ankunft besuchten Charmian
und ich einen Schießwettbewerb des Kalaupapa Rifle Club und bekamen einen ersten Eindruck der dort herrschenden Demokratie
von Leiden und Linderung. Im Verein war man gerade beim Wett-
schießen um einen Pokal, den Mr. McVeigh gestiftet hatte, der auch
Clubmitglied ist, so wie die ansässigen Ärzte Dr. Goodhue[23] und
Dr. Hollmann (die übrigens mit ihren Frauen in der Kolonie leben).
Um uns herum, im Schießstand, waren die Leprakranken. Kranke
und Gesunde benutzten dieselben Gewehre, und alle standen
Schulter an Schulter auf beengtem Raum. Die meisten Aussätzigen
waren Hawaiianer. Neben mir auf einer Bank saß ein Norweger.
Direkt vor mir im Schießstand befand sich ein Amerikaner, ein Ve-
teran des Bürgerkriegs, der aufseiten der Konföderierten gekämpft
hatte. Er war fünfundsechzig, doch das hielt ihn nicht davon ab,
einen hohen Punktestand zu erreichen. Stramme hawaiianische
Polizisten, leprös, in Kakiuniformen, schossen ebenfalls, genauso
wie Portugiesen, Chinesen und Kokuas – Letztgenannte sind gesunde eingeborene Helfer in der Kolonie. Und an dem Nachmittag,
als Charmian und ich den sechshundert Meter hohen *pali*[24] hinauf-
kraxelten und einen letzten Blick auf die Kolonie warfen, nahmen
der Aufseher, die Ärzte, Menschen verschiedener Nationalitäten,
Kranke wie Gesunde, alle gemeinsam gerade an einem aufregenden Baseball-Match teil.

23 Der Kanadier William J. Goodhue war der Chirurg der Kolonie,
    Dr. Harry Hollmann sein Assistent.
24 Klippe.

Ganz anders behandelt wurden der Aussätzige und seine völlig verkannte und gefürchtete Krankheit im Europa des Mittelalters. Zu jener Zeit betrachtete man den Leprakranken als juristisch und politisch tote Person. Man hielt einen Leichenzug für ihn ab und führte ihn in die Kirche, wo der amtierende Geistliche die Totenmesse für ihn las. Dann warf man eine Schaufel voll Erde auf seine Brust, und er war tot – ein lebender Toter. Diese drakonische Behandlung war zwar überwiegend entbehrlich, doch nichtsdestotrotz hatte man eine Sache daraus gelernt: Lepra war in Europa unbekannt, bevor sie von den heimkehrenden Kreuzrittern eingeschleppt wurde, wonach sie sich langsam ausbreitete und die Zahl der Infizierten immer größer wurde. Offensichtlich handelte es sich um eine Krankheit, die man sich durch Körperkontakt zuziehen konnte. Sie war ansteckend, und damit war es ebenso offenkundig, dass sie durch Isolation eingedämmt werden konnte. So erschreckend und ungeheuerlich die Behandlung der Aussätzigen in jenen Tagen auch war, man hatte daraus die Lehre gezogen, die Kranken zu isolieren. Hierdurch wurde Lepra ausgerottet.

Und auch heute führt diese Maßnahme zum Rückgang der Lepra auf den Inseln von Hawaii. Doch die Quarantänestation für Leprakranke auf Molokai ist nicht jener furchtbare Albtraum, als welchen ihn die Boulevardpresse so gerne ausgeschlachtet hatte. Zunächst einmal wird der Kranke nicht rücksichtslos seiner Familie entrissen. Hat man einen Verdachtsfall entdeckt, so wird er von der Gesundheitsbehörde eingeladen, die Kalihi-Empfangsstation in Honolulu aufzusuchen. Seine Reisekosten und alle übrigen Ausgaben werden ihm erstattet. Zunächst wird sein Blut von den Bakteriologen der Gesundheitsbehörde mikroskopisch untersucht. Findet man den *Bacillus leprae*, wird der Patient von den fünf Ärzten der Prüfkommission untersucht. Hält man ihn für leprös, wird dies dokumentiert und später von der Gesundheitsbehörde amtlich bestätigt, und der Kranke muss nach Molokai übersiedeln. Zudem hat der Kranke während dieser gründlichen Untersuchung das Recht, einen Arzt, den er selbst wählen kann, hinzuzuziehen. Der Patient wird auch nicht sofort, nachdem man ihn zum Leprakranken erklärt hat, nach Molokai verfrachtet. Er hat reichlich Zeit, Wochen, manchmal sogar Monate, um in Kalihi all seine geschäftlichen Angelegenheiten zu regeln. Auf Molokai kann er wiederum von seinen Verwandten, Vermögensverwaltern und anderen besucht werden, auch wenn es ihnen nicht erlaubt ist, in seinem Haus zu essen und zu schlafen. Zu diesem Zweck stehen Besucherhäuser zur Verfügung, die entsprechend »sauber« gehalten werden.

Einer solchen gründlichen Untersuchung in einem Verdachtsfall konnte ich beispielhaft beiwohnen, als ich mit dem Präsidenten der Gesundheitsbehörde, Mr. Pinkham[25], Kalihi besuchte. Die betroffene Person war ein siebzig Jahre alter Hawaiianer, der vierunddreißig Jahre in Honolulu in einer Druckerei gearbeitet hatte. Der Bakteriologe hatte ihn leprös befunden, die Untersuchungskommission konnte sich nicht einigen, und so waren sie an jenem Tag alle nach Kalihi gekommen, um eine neuerliche Untersuchung durchzuführen.

Von Molokai aus kann jemand, der als leprös befunden wurde, sich nochmals untersuchen lassen, und Patienten kehren zu diesem Zweck ständig zurück nach Honolulu. An Bord des Dampfers, der mich nach Molokai brachte, waren zwei zurückkehrende Leprakranke, beide junge Frauen, von denen eine nach Honolulu gereist war, um sich um ihre Besitzstände zu kümmern, während die andere ihre kranke Mutter besuchte. Beide hatten einen Monat in Kalihi verbracht.

---

25 Lucius Pinkham legte besonderen Wert darauf, dass London die Leprakolonie besuchte und darüber berichtete.

Die Kolonie auf Molokai befindet sich in einem viel angenehmeren Klima als sogar Honolulu, denn sie liegt an der Windseite der Insel, in der Strömung der frischen nordöstlichen Passatwinde. Die Landschaft dort ist herrlich, auf der einen Seite das blaue Meer, auf der anderen Seite der erstaunliche Wall des *pali*, der hier und da von schönen Gebirgstälern durchbrochen wird. Überall findet man saftige Weiden, auf denen die Hunderte Pferde, die den Leprakranken gehören, weiden. Etliche von ihnen besitzen außerdem eigene Kutschen, Wagen und Einspänner. In dem kleinen Hafen Kalaupapa liegen Fischerboote und Dampfbarkassen vor Anker, allesamt in Privatbesitz der Aussätzigen und von ihnen gesteuert. Natürlich ist festgelegt, wie weit sie hinausfahren dürfen; ansonsten gibt es keine Einschränkungen für ihre Seefahrt. Sie verkaufen ihre Fische an die Gesundheitsbehörde und dürfen das so verdiente Geld behalten. Während ich dort war, machte der Fang einer Nacht viertausend Pfund aus.

Und so, wie diese Männer fischen, betreiben andere Landwirtschaft. Es gibt jede Art von Beruf. Ein Leprakranker, ein echter Hawaiianer, ist hier der Malermeister. Er hat acht Angestellte, und die Gesundheitsbehörde vermittelt ihm Aufträge über das Anstreichen von Gebäuden. Er ist Mitglied im Kalaupapa Rifle Club, wo ich ihn getroffen habe, und ich muss zugeben, er war viel besser gekleidet als ich. Ein anderer Mann von ähnlichem Rang ist der Zimmermannsmeister. Dann gibt es neben dem Kaufladen der Gesundheitsbehörde noch einige kleine Läden in Privatbesitz, wo die Leute mit Krämerseelen ihren speziellen Instinkten folgen können. Der Hilfsaufseher, Mr. Waiamau, ein vorzüglich gebildeter und talentierter Mann, ist echter Hawaiianer und hat Lepra. Mr. Bartlett, der derzeit den Kaufladen führt, ist ein Amerikaner, der in Honolulu Geschäfte tätigte, bevor die Krankheit ihn niederschmetterte. Alles, was diese Männer verdienen, dürfen sie behalten. Arbeiten sie nicht, kümmert die Kolonie sich trotzdem um sie, sie erhalten Nahrung, Unterkunft, Kleidung und medizinische Versorgung. Die Gesundheitsbehörde betreibt Landwirtschaft, Viehzucht und eine Molkerei für die lokalen Bedürfnisse, und jeder, der arbeiten möchte, erhält eine Stelle mit fairem Lohn. Sie werden jedoch nicht gezwungen zu arbeiten, denn sie sind alle Schützlinge des Staates. Für die Jungen, sehr Alten und Hilflosen wurden Heime und Hospitäler eingerichtet.

Den Amerikaner Major Lee, lange Zeit Marineingenieur für die Inter Island Steamship Company, traf ich eifrig bei der Arbeit in der neuen Dampfreinigung, wo er gerade mit der Installation der Maschinenanlage beschäftigt war. Ich begegnete ihm später noch öfter, und eines Tages sagte er zu mir: »Sorgen Sie für eine gute Brise, wenn Sie über unser Leben schreiben. Um Himmels willen, schreiben Sie einfach die Wahrheit. Räumen Sie auf mit diesem Gruselkabinett der Verwesung und all dem Quatsch. Wir wollen nicht falsch dargestellt werden. Auch wir haben Gefühle. Erzählen Sie der Welt einfach, wie es hier tatsächlich zugeht.«

Einer nach dem anderen, ob Frau, ob Mann, alle brachten mir gegenüber auf die eine oder andere Weise dasselbe Gefühl zum Ausdruck. Es war augenfällig, wie verbittert sie die sensationslüsterne und verlogene Art beklagten, mit der ihr Schicksal bislang ausgeschlachtet worden war.

Trotz der Tatsache, dass sie von dieser schweren Krankheit heimgesucht wurden, bilden die Aussätzigen eine glückliche Kolonie, unterteilt in zwei Dörfer mit unzähligen Land- und Strandhäusern für beinahe tausend Seelen. Sie haben sechs Kirchen, ein Gebäude der Young Men's Christian Association, mehrere Bürgersäle, einen Musikpavillon, eine Rennbahn, Baseballfelder und Schießstände, einen Turnverein, mehrere Gesangsvereine und zwei Blaskapellen.

»Sie sind hier so zufrieden«, sagte mir Mr. Pinkham, »dass man sie nicht einmal mit einer Schrotflinte vertreiben könnte.«

Ich fand dies bald aus eigener Sicht bestätigt. Im Januar dieses Jahres wurden elf Leprakranke, bei denen die Krankheit, nachdem sie gewisse gesundheitliche Schäden angerichtet hatte, keine weiteren Symptome zeigte, zu Nachuntersuchungen zurück nach Honolulu gebracht. Sie reisten äußerst ungern ab; und als man sie fragte, ob sie denn nicht gern frei sein wollten, so sie für gesund befunden würden, antworteten sie einstimmig: »Nur zurück nach Molokai.«

In alten Zeiten, bevor man den Leprabazillus entdeckte, wurden einige wenige Männer und Frauen, die unter völlig verschiedenartigen Krankheiten litten, als leprös diagnostiziert und nach Molokai geschickt. Wie bestürzt reagierten sie Jahre später, als die Bakteriologen ihnen erklärten, sie seien nicht von der Lepra befallen und es auch vorher nie gewesen. Sie wehrten sich dagegen, von Molokai fortgebracht zu werden, und auf dem einen oder anderen Weg bekamen sie von der Gesundheitsbehörde Stellen als Helfer oder Krankenpfleger und blieben. Der derzeitige Schließer ist einer von ihnen. Nachdem man ihm bescheinigte, dass er keine Lepra habe, nahm er lieber das Angebot an, sich gegen Bezahlung um das Gefängnis zu kümmern, als fortgeschickt zu werden.

In Honolulu lebt zurzeit ein Schuhputzer. Er ist ein amerikanischer Neger. Mr. McVeigh hat mir von ihm erzählt. Vor langer Zeit, noch vor den bakteriologischen Tests, hatte man ihn als Leprakranken nach Molokai geschickt. Als Schützling des Staates entwickelte er einen außergewöhnlichen Freiheitsdrang und beging zahlreiche kleine Übeltaten. Und dann, eines Tages, nachdem er jahrelang eine echte Landplage gewesen war, machte man den bakteriologischen Test und erklärte ihn für gesund.

»Aha!«, gluckste Mr. McVeigh. »Jetzt hab ich dich! Du kommst auf den nächsten Dampfer, und wir sind dich los!«

Doch der Neger wollte nicht gehen. Er heiratete sofort eine alte Frau, im letzten Stadium der Lepra, und beantragte bei der Gesundheitsbehörde die Erlaubnis, bleiben zu dürfen, damit er sich um seine kranke Frau kümmern könne. Es gebe niemanden, sagte er Mitleid heischend, der so gut wie er für seine arme Frau sorgen könne. Seine Tricks wurden jedoch durchschaut, er wurde auf dem nächsten Dampfer fortgeschickt und in die freie Welt entlassen. Er aber zog Molokai vor. Nachdem er auf der Leeseite der Insel gelandet war, schlich er eines Nachts den *pali* hinab und kehrte zurück in seine Behausung in der Kolonie. Er wurde verhaftet, vor Gericht gestellt, wegen unerlaubten Eindringens zu einer kleinen Geldstrafe verurteilt und erneut auf dem Dampfer abgeschoben, mit der Warnung, er müsse hundert Dollar zahlen und im Gefängnis von Honolulu einsitzen, sollte er noch einmal unbefugt hier eindringen. Und dann, als Mr. McVeigh eines Tages Honolulu besuchte, putzte der Schuhputzer ihm die Schuhe und sagte: »Ja, Boss, ich hab dort ein gutes Zuhause verloren. Ja, Sir, ein wirklich gutes Zuhause.« Dann senkte er seine Stimme in vertraulichem Ton: »Sagen Sie, Boss, kann ich nicht zurück? Können Sie es nicht für mich deichseln, dass ich zurückkann?«

Er hatte neun Jahre auf Molokai verbracht und dort bessere Zeiten erlebt als je zuvor oder danach außerhalb der Kolonie.

Was die Furcht vor Lepra angeht, so habe ich in der Kolonie weder unter Kranken noch unter Gesunden das geringste Anzeichen dafür gesehen. Das größte Grauen vor Lepra besteht in den Köpfen derjenigen, die nie einen Leprakranken gesehen haben und nichts über diese Krankheit wissen. Im Hotel von Waikiki erklärte eine Dame, sie sei entsetzt und erstaunt, dass ich die Nerven besäße, die Kolonie zu besuchen. Im Gespräch mit ihr erfuhr ich, dass sie in Honolulu geboren war und dort ihr ganzes Leben verbracht und noch nie einen Leprakranken gesehen hatte. Das war mehr, als ich von mir selbst in den Vereinigten Staaten behaupten konnte, wo die Isolation von Leprakranken nicht sonderlich konsequent betrieben wird und wo ich auf den Straßen großer Städte immer wieder Aussätzige gesehen habe.

Lepra ist schrecklich, da ist nichts zu beschönigen; doch ausgehend von dem wenigen, das ich über die Krankheit und ihre Ansteckungsgefahr weiß, würde ich viel lieber meine letzten Tage auf Molokai verbringen als in irgendeinem Sanatorium für Lungenkranke. In jeder Stadt und jedem Bezirkskrankenhaus für Arme in den Vereinigten Staaten kann man ebenso entsetzliche Dinge sehen wie auf Molokai, und zusammengenommen sind diese Dinge bei Weitem entsetzlicher. Hätte ich also die Wahl, den Rest meines Lebens auf Molokai oder im East End von London, in der East Side von New York oder den Viehhöfen von Chicago zu verbringen, ich würde mich zweifellos für Molokai entscheiden. Lieber würde ich ein Jahr auf Molokai leben als fünf in den oben erwähnten Senkgruben menschlicher Erniedrigung und Not.

Die Menschen auf Molokai sind glücklich. Ich werde nie die Feier zum vierten Juli vergessen, die ich dort miterlebte. Um sechs Uhr früh waren die »Grauenerregenden« auf den Straßen, in fantastischen Kostümen, auf Pferden, Maultieren und Eseln reitend (ihren eigenen Tieren), und machten überall in der Kolonie ihre Faxen. Zwei Blaskapellen waren ebenfalls unterwegs. Dann kamen die *pa-u*[26] herangaloppiert, dreißig bis vierzig von ihnen, allesamt hawaiianische Frauen, vorzügliche Reiterinnen in den prächtigen alten Reitkostümen der Eingeborenen, und preschten zu zweit, zu dritt oder in größeren Gruppen umher. Nachmittags standen Charmian und ich auf der Schiedsrichtertribüne und verliehen den *pa-u-*

---

26 Reiterinnen, benannt nach ihren langen, farbenprächtigen Röcken (*pa-u* oder *pa'u*).

Reiterinnen die Preise für Reitkunst und Kostümierung. Rundum
standen Hunderte Leprakranke mit Blumenkränzen auf dem Kopf,
den Schultern und um den Hals, schauten zu und feierten ausgelas-
sen. Und immer wieder erschienen und verschwanden auf den Hü-
gelkuppen und den grasbewachsenen Ebenen Gruppen von Männern und Frauen, farbenfroh gekleidet, auf galoppierenden Pferden, Reiter und Reittier mit Blumen behängt und bekränzt, singend
und lachend und schnell wie der Wind. Und während ich so auf der
Schiedsrichtertribüne stand und all dies beobachtete, erinnerte ich
mich an das Lazarett in Havanna, wo ich einmal ungefähr zweihundert Aussätzige sah, die bis zu ihrem Tod hinter Kerkermau-
ern eingesperrt waren. Nein, es gibt ein paar Tausend mir bekannte Orte auf dieser Welt, denen gegenüber ich Molokai als ständigen
Wohnsitz bevorzugen würde. Am Abend besuchten wir einen der
Festsäle der Leprapatienten, in dem ein Wettsingen der einzelnen
Gesangsvereine vor großem Publikum stattfand und wo man die
Nacht durchtanzte. Ich habe die Hawaiianer in den Slums von Honolulu gesehen, und nachdem ich sie gesehen habe, verstehe ich nur
zu gut, warum die Kranken, die man zur Nachuntersuchung fort-
brachte, allesamt riefen, »Zurück nach Molokai!«.

Eines ist sicher. Der Aussätzige in der Kolonie ist besser dran
als derjenige, der sich draußen versteckt. Draußen ist er ein einsa-
mer Ausgestoßener, der ständig fürchten muss, entdeckt zu werden,
und der langsam und unausweichlich vor die Hunde geht. Eine
Leprose verläuft nicht gleichmäßig. Sie befällt ihr Opfer, wütet in
dessen Leib und bleibt dann für unbestimmte Zeit latent. Es kann
fünf oder zehn oder vierzig Jahre dauern, bis ein erneuter akuter
Ausbruch stattfindet, und der Patient kann bis dahin völlig gesund
wirken. Diese ersten akuten Ausbrüche enden jedoch selten von allein. Man braucht einen fähigen Chirurgen, und ein Aussätziger,
der sich versteckt, kann keinen fähigen Chirurgen herbeirufen. Der

erste Ausbruch kann sich beispielsweise als offenes Geschwür auf der Fußsohle manifestieren. Dringt es vor bis zum Knochen, setzt die Nekrose ein. Versteckt sich der Kranke, kann er nicht operiert werden, die Nekrose wird sich bis zum Fußknochen ausbreiten, und nach einer kurzen, grauenvollen Zeitspanne stirbt der Aussätzige an Wundbrand oder einer anderen schrecklichen Komplikation. Befindet sich der Leprakranke jedoch auf Molokai, operiert der Chirurg den Fuß, entfernt das Geschwür, reinigt den Knochen und beendet diesen speziellen Ausbruch der Krankheit vollständig. Einen Monat nach der Operation wird der Patient ausreiten, Wettrennen bestreiten, in der Brandung schwimmen oder die rutschigen Hänge der Gebirgstäler hinaufklettern, um Bergäpfel zu pflücken. Und wie gesagt, der nächste Ausbruch der latenten Leprose könnte erst in fünf, zehn oder vierzig Jahren auftreten.

Die alten Schrecken der Lepra gehen zurück auf die Bedingungen, die vor der Begründung der antiseptischen Chirurgie herrschten und vor jener Zeit, als sich Ärzte wie Dr. Goodhue und Dr. Hollmann in der Kolonie niederließen. Dr. Goodhue hat für die Chirurgie dort Pionierarbeit geleistet, und man kann ihn für seine edlen Taten nicht genug loben. Ich verbrachte mit ihm einen Vormittag im Operationssaal, und von den drei Operationen, die er durchführte, wurden zwei an Männern vorgenommen, Neuankömmlingen, die auf demselben Dampfer wie ich eingetroffen waren. In beiden Fällen hatte die Krankheit nur eine Stelle angegriffen. Einer hatte ein offenes Geschwür im fortgeschrittenen Stadium am Knöchel, und der andere hatte einen vergleichbaren, ebenfalls fortgeschrittenen Befall in der Achselhöhle. Beide Fälle befanden sich im fortgeschrittenen Stadium, weil die Männer weder isoliert noch behandelt worden waren. In beiden Fällen konnte Dr. Goodhue den Ausbruch sofort und vollständig aufhalten, und in vier Wochen würden die beiden Männer wieder so gesund und kräftig sein wie vor ihrer Erkrankung. Der einzige Unterschied zwischen ihnen und mir und meinen Lesern ist, dass die Leprose latent in ihren Körpern bleibt und jederzeit erneut ausbrechen kann.

Lepra ist so alt wie die Geschichte. Man findet Hinweise darauf in den frühesten schriftlichen Aufzeichnungen. Und dennoch weiß man heutzutage praktisch nicht mehr darüber als damals. Eines wusste man damals sehr wohl, nämlich dass die Krankheit ansteckend ist und man die davon Befallenen isolieren muss. Der Unterschied zwischen damals und heute liegt darin, dass der Kranke heute strenger isoliert und menschlicher behandelt wird. Doch die Lepra selbst bleibt weiterhin ein schreckliches und unergründliches Rätsel. Liest man die Berichte der Ärzte und Spezialisten aus aller Herren Länder, wird einem die verblüffende Natur der Krankheit bewusst. Diese Lepraspezialisten sind sich in keinem einzigen Punkt ihres Forschungsgebiets einig. Sie wissen nichts. Früher verallgemeinerten sie auf grobe und dogmatische Weise. Heute verallgemeinern sie nicht mehr. Die einzige mögliche Verallgemeinerung, die man aus allen bisherigen Untersuchungen ziehen kann, ist, dass Lepra *leicht* ansteckend ist. Doch worin diese geringe Ansteckungsgefahr besteht, weiß man nicht. Man hat den Leprabazillus isoliert. Man kann mittels eines bakteriologischen Tests feststellen, ob jemand leprös ist oder nicht; doch man ist immer noch weit davon entfernt, sagen zu können, wie der Bazillus in einen gesunden Körper gelangt. Man kennt die Inkubationszeit nicht. Man hat versucht, Lepra auf alle möglichen Tiere zu übertragen, und ist gescheitert.

Man tüftelt an der Entwicklung eines Serums, mit dem man die Krankheit bekämpfen könnte. Und trotz aller Bemühungen hat man bislang keinen Hinweis, kein Heilmittel gefunden. Gelegentlich zeigte sich ein Hoffnungsschimmer, Theorien über die Ursprünge wurden aufgestellt und Behandlungsmethoden angekündigt, doch jedes Mal wurde die Flamme der Erkenntnis von der

Dunkelheit des Scheiterns erstickt. Ein Arzt beharrt darauf, dass Leprose durch lang andauernden Fischverzehr verursacht werde, und er beweist seine Theorie mit umfangreichen Dokumentationen, bis ein Arzt aus dem indischen Hochland fragt, warum dann die Eingeborenen dieser Region Lepra bekommen, obwohl sie noch nie Fisch gegessen haben, ebenso wenig wie all die Generationen ihrer Vorfahren. Ein anderer behandelt Lepra mit einem bestimmten Öl oder einer Arznei, verkündet, er habe das Heilmittel, und fünf, zehn oder vierzig Jahre später bricht die Krankheit von Neuem aus. Diese Tücke der Leprose, für eine unbestimmte Zeit latent zu bleiben, ist für viele angebliche Heilmethoden verantwortlich. Doch so viel steht fest: *Bis jetzt wurde keine wirksame Behandlung gegen den Erreger gefunden.*

Lepra ist *leicht ansteckend*, aber wie steckt man sich an? Ein österreichischer Arzt hat sich selbst und seine Assistenten mit dem Bazillus geimpft, und niemand wurde angesteckt. Doch das besagt nicht viel, denn da gibt es den berühmten Fall des hawaiianischen Mörders, dessen Todesurteil in lebenslange Haft umgewandelt werden sollte, falls er einwilligte, sich mit dem *Bacillus leprae* impfen zu lassen. Einige Zeit nach der Impfung brach die Leprose aus, und der Mann starb als Aussätziger auf Molokai. Dies hatte jedoch ebenso wenig Aussagekraft, denn man fand heraus, dass zur Zeit seiner Impfung mehrere Mitglieder seiner Familie bereits auf Molokai unter der Krankheit gelitten hatten. Vielleicht hatte er sich bei ihnen angesteckt, und die geheimnisvolle Inkubationszeit hatte bereits begonnen, als er offiziell geimpft wurde. Dann gibt es noch den Fall jenes geistlichen Helden, Pater Damien[27], der gesund nach Molokai kam und an Lepra starb. Es gibt viele Theorien, wie er

---

27 Pater Damien, Joseph de Veuster (1840–1889), belgischer Missionar, kam 1873 nach Molokai, um die Leprakranken zu betreuen.

sich infiziert haben könnte, doch niemand weiß Genaues. Er wusste es selbst nicht. Doch er hatte ebenso viele Gelegenheiten dazu wie jene Frau, die gegenwärtig in der Kolonie wohnt; sie lebt dort seit vielen Jahren, hatte fünf lepröse Ehemänner, die ihr Kinder schenkten, und ist heute wie seit jeher völlig gesund.

Bis heute ist das Rätsel der Lepra ungelöst. Hat man erst mehr über die Krankheit herausgefunden, wird man vielleicht ein Heilmittel entdecken. Sobald ein wirksames Serum gefunden wurde, wird die Lepra, die ja nur leicht ansteckend ist, rasch von der Erde verschwinden. Der Kampf wird kurz und heftig sein. Wie aber sollte in der Zwischenzeit jenes Serum oder ein anderes ungeahntes Wundermittel entdeckt werden? Dies ist gegenwärtig die große Frage. Man schätzt, dass allein in Indien eine halbe Million nicht isolierter Leprakranker leben. Carnegie-Bibliotheken, Rockefeller-Universitäten und viele ähnliche mit Spenden finanzierte Institutionen sind schön und gut; aber man kann nicht umhin, sich zu überlegen, wie viel man mit ein paar Tausend Dollar Unterstützung in einer Leprakolonie wie zum Beispiel Molokai erreichen könnte. Die dortigen Einwohner sind zufällig vom Schicksal auserkoren worden, Sündenböcke eines rätselhaften Naturgesetzes, über das man nichts weiß, isoliert zum Wohl ihrer Mitmenschen, die sich sonst mit dieser furchtbaren Krankheit anstecken könnten, ebenso wie sie selbst sich damit auf ganz und gar unbekannte Weise infizierten. Nicht nur ihnen zuliebe, sondern zum Nutzen künftiger Generationen würden ein paar Tausend Dollar viel zu einer fundierten wissenschaftlichen Suche nach einem Mittel gegen Lepra beitragen, nach einem Serum oder irgendeiner unglaublichen Entdeckung, wodurch die Medizin dann in der Lage ist, den *Bacillus leprae* auszurotten. Hier kann man euer Geld gebrauchen, ihr Philanthropen.

8. Kapitel

Das Haus der Sonne

E s gibt Menschen, die in Scharen wie ruhelose Geister auf diesem Globus umherreisen, immer auf der Suche nach Meeres- und Landschaftspanoramen und den Schönheiten der Natur. Armeen von ihnen überrennen Europa; man trifft sie haufenweise in Florida und der Karibik, bei den Pyramiden und auf den Hängen und Gipfeln der kanadischen und amerikanischen Rocky Mountains, doch im Haus der Sonne sind sie so selten wie lebendige Dinosaurier. Haleakala ist der hawaiianische Begriff für »das Haus der Sonne«. Es ist ein nobles Gebäude auf der Insel Maui; doch haben bislang so wenige Touristen hereingeschaut, geschweige denn es betreten, dass man ihre Anzahl praktisch gleich null setzen kann. Allerdings wage ich zu behaupten, dass ein Naturliebhaber zwar andere natürliche Schönheiten und Wunder besichtigen kann, die ebenso groß, nicht aber größer sind als Haleakala, nirgendwo jedoch wird er etwas Schöneres oder Wundervolleres erblicken. Mit dem Dampfer aus San Francisco kommt man innerhalb von sechs Tagen nach Honolulu; Maui ist von Honolulu über Nacht mit dem Dampfer zu erreichen; und hat der Reisende es eilig, so kann er nach weiteren sechs Stunden nach Kolikoli gelangen, das 3009 Meter über dem Meeresspiegel und dicht am Eingangstor zum Haus der Sonne liegt. Doch der Tourist bleibt fern, und Haleakala schläft weiter in seiner einsamen und unbekannten Pracht.

Da wir von der *Snark* keine Touristen sind, besuchten wir Haleakala. Auf den Hängen dieses Monsterberges liegt eine rund 50 000 Morgen große Viehranch, wo wir auf einer Höhe von 600 Metern die Nacht verbrachten. Am nächsten Morgen zogen wir gestiefelt und gespornt mit Cowboys und Packpferden los und stiegen hinauf nach Ukulele, einem Ranchhaus in den Bergen, das auf einer Höhe von 1650 Metern liegt, wodurch extrem niedrige Temperaturen herrschen, die nachts zu Wolldecken und einem lodernden Kaminfeuer im Wohnzimmer zwingen. Ukulele ist übrigens das hawaiianische Wort für Springfloh, aber auch für ein gewisses Musikinstrument, das man mit einer kleinen Gitarre vergleichen kann. Meiner Meinung nach wurde das Ranchhaus nach der kleinen Gitarre benannt. Wir hatten es nicht eilig und verbrachten den Tag in Ukulele, fachsimpelten über Höhengrade und Barometer und klopften an unser eigenes Barometer, wann immer ein Argument durch eine Demonstration bestätigt werden musste. Unser Barometer war das duldsamste und fügsamste Instrument, das ich je gesehen habe. Wir pflückten auch Berghimbeeren, groß wie Hühnereier und größer, blickten die grasbewachsenen Hänge hinauf zum Gipfel des Haleakala, 1350 Meter über uns, und sahen hinab zu einer mächtigen Wolkenschlacht, die unter uns tobte, während wir selbst im strahlenden Sonnenschein standen.

Diese endlose Schlacht wird Tag für Tag geschlagen. Ukiukiu nennt man den Passatwind, der aus dem Nordosten herabstürmt und sich auf Haleakala stürzt. Doch Haleakala ist so mächtig und groß, dass er den Nordostpassat zu beiden Seiten abdrängt, weswegen leewärts von Haleakala keinerlei Passatwind weht. Im Gegenteil, der Wind weht in die Gegenrichtung, ins Maul des Nordostpassats. Dieser Wind heißt Naulu. Und Tag und Nacht und immerzu kämpfen Ukiukiu und Naulu miteinander, stoßen vor, ziehen sich zurück, weichen aus, drehen sich, kräuseln, wenden und wirbeln, wobei Wolkenmassen den Kampf sichtbar machen, indem sie in Schwadronen, Bataillonen, Armeen und großen Bergketten vom Himmel gerissen und umhergeschleudert werden. Ab und an schleudert Ukiukiu in mächtigen Böen riesige Wolkenmassen geradewegs über den Gipfel von Haleakala; woraufhin Naulu sie geschickt einfängt, sie in neuen Gefechtsformationen antreten lässt und mit ihnen gegen seinen uralten und ewigen Feind anstürmt. Dann schickt Ukiukiu eine große Wolkenarmee um die östliche Seite des Berges. Es ist ein vorzüglich durchgeführter Flankenangriff. Doch Naulu in seinem leewärts gelegenen Hort sammelt die flankierende Armee ein, stößt, verdreht und zerrt sie, hämmert sie zurecht und schickt sie um die westliche Seite des Bergs zurück zum Angriff gegen Ukiukiu. Und währenddessen, über und unter dem Hauptschlachtfeld, hoch über den dem Meer zugewandten Hängen, senden Ukiukiu und Naulu unablässig kleine Wolkenfetzen in gezackten Schützenlinien aus, die über den Boden, zwischen den Bäumen und durch die Schluchten kriechen und krabbeln und einander aus einem plötzlichen Hinterhalt oder Kampfeinsatz heraus attackieren und gefangen nehmen. Und manchmal gelingt es Ukiukiu oder Naulu, die unvermittelt eine schwer beladene Einheit aussenden, die zerlumpten kleinen Schützen aufzugreifen oder sie in endlosen Drehungen und vertikalen Wirbeln Hunderte Meter weit himmelwärts zu katapultieren.

Doch an den Westhängen des Haleakala wütet die eigentliche Schlacht. Hier schart Naulu seine schwersten Formationen um sich und erringt seine größten Siege. Ukiukiu beginnt am späten Nachmittag zu schwächeln, wie dies alle Passatwinde tun, und wird von Naulu zurückgetrieben. Naulu ist ein vortrefflicher General. Er hat den ganzen Tag über ungeheure Reserven gesammelt und geballt. Im Laufe des Nachmittags schmiedet er sie zu einer festen Kolonne, scharfzackig, viele Meilen lang, eine Meile breit und Dutzende Meter dick. Diese Kolonne drängt er langsam vorwärts in die breite Schlachtenfront von Ukiukiu, und Ukiukiu, der rasch ermüdet, bricht langsam und unweigerlich auseinander. Doch noch ist er nicht ganz besiegt. Zuweilen kämpft Ukiukiu wild und mit frischer Verstärkung aus dem unerschöpflichen Nordosten, reißt eine halbe Meile auf einen Schlag aus Naulus Kolonne und fegt sie fort in Richtung West-Maui. Manchmal, wenn die beiden angreifenden Armeen aufeinandertreffen, entsteht ein gewaltiger lotrechter Wirbel, die zusammengeballten Wolkenmassen türmen sich Hunderte Meter hoch in die Luft und wälzen sich mehrmals herum. Ein beliebter Kunstgriff von Ukiukiu ist es, eine flache, gedrungene Formation dicht gepackt loszuschicken und sie am Boden entlang unter Naulu zu schieben. Sobald Ukiukiu unter Naulu liegt, beginnt er sich aufzubäumen. Naulus mächtige Mitte gibt dem Schlag nach und biegt sich hoch, doch für gewöhnlich drängt er die angreifende Kolonne zurück und zwingt sie zu ungeordneter Flucht. Und die ganze Zeit über schleichen die kleinen zerlumpten Schützen verstreut und vereinzelt zwischen Bäumen und durch Schluchten, kriechen über und durch das Gras und überraschen einander mit unerwarteten Aktionen und Anstürmen; während oben, weit oben, gelassen und einsam in den Strahlen der untergehenden Sonne, Haleakala den Kampf von oben betrachtet. Und es wird Nacht. Doch am nächsten Morgen sammelt Ukiukiu nach Art der Passatwinde neue Kräfte und drängt die Heerscharen von Naulu zurück, die verwirrt und ungeordnet abziehen. Und ein Tag gleicht dem anderen in dieser Wolkenschlacht, die sich Ukiukiu und Naulu seit ewigen Zeiten an den Hängen von Haleakala liefern.

Am nächsten Morgen ging es erneut gestiefelt und gespornt, Cowboys und Packpferde, los zum Aufstieg auf den Gipfel. Ein Packpferd trug zwanzig Gallonen Wasser, die in Fünfgallonenschläuchen an beiden Seiten festgemacht waren; denn Wasser ist kostbar und selten dort im Krater, trotz der Tatsache, dass einige Meilen nordöstlich vom Kraterrand mehr Regen fällt als sonst wo auf dieser Welt. Der Weg bergauf führte über unzählige Lavaflüsse, die keine Rücksicht auf Wanderrouten nahmen, und ich habe noch nie Pferde gesehen, die so sicher auftraten wie die dreizehn, die zu unserer Expedition gehörten. Sie stiegen so sicher wie Bergziegen an senkrechten Stellen hinauf und hinab, und kein Pferd stolperte oder scheute.

Jeder, der einen abgeschiedenen Berg erklimmt, erlebt eine vertraute und eigenartige Illusion. Je höher man klettert, desto mehr von der Erdoberfläche wird sichtbar, und daraus entsteht der Eindruck, der Horizont befände sich über dem Betrachter. Diese Illusion ist auf Haleakala besonders bemerkenswert, denn der alte Vulkan erhebt sich direkt aus dem Meer, ohne sichtbare Festigung oder anschließende Bergketten. Was zur Folge hatte, dass wir, so schnell wir den unwirtlichen Hang des Haleakala auch erklommen, noch schneller gemeinsam mit Haleakala und allem anderen in dem Zentrum versanken, das sich uns wie ein tiefer Abgrund darbot. Überall, weit über uns, türmte sich der Horizont empor. Der Ozean rutschte schräg vom Horizont aus auf uns zu. Je höher wir kletterten, desto tiefer schienen wir zu sinken, desto höher leuchtete über uns der Horizont und desto steiler neigte sich der Grat hinauf zu jener horizontalen Linie, wo Himmel und Meer aufeinandertrafen. Es war unheimlich und unwirklich, und vage Gedanken über Simm's Hole[28] und jenen Vulkan, durch den Jules Verne zum Mittelpunkt der Erde reiste[29], schwirrten mir durch den Kopf.

---

28 London meint wahrscheinlich Symmes' Hole, nach Kapitän John Cleve Symmes (1780–1828), der glaubte, man könne über Löcher an den Polen in eine andere Welt im Erdinneren gelangen.

29 Jules Vernes Roman *Voyage au centre de la terre* (1863, erweitert 1867).

Und dann, als wir schließlich den Gipfel jenes Monsterbergs erreichten, der dem Boden eines umgedrehten Kegels inmitten einer riesigen kosmischen Grube glich, stellten wir fest, dass wir weder den höchsten noch den niedrigsten Punkt erreicht hatten. Weit über uns türmte sich der wolkenschwere Horizont, und weit unter uns, wo die Spitze des Berges hätte sein sollen, befand sich eine noch tiefere Tiefe, der große Krater, das Haus der Sonne. Der schwindelerregende Kraterrand erstreckte sich kreisförmig über 23 Meilen. Wir standen am Rand des fast lotrechten westlichen Abhangs, und der Boden des Kraters lag fast eine halbe Meile tiefer. Dieser Boden, übersät mit Lavaflüssen und Schlackekegeln, war rot und frisch und wenig erodiert, als wäre das Feuer erst gestern erloschen. Die Schlackekegel, deren kleinster 120 und deren größter mehr als 72 Meter hoch war, sahen eher wie winzig kleine Sandhügel aus, so riesenhaft wirkten die Dimensionen ringsum. Zwei Spalten, Hunderte Meter tief, durchbrachen den Kraterrand, und durch diese versuchte Ukiukiu vergeblich seine wolligen Passatwindwolkenherden zu treiben. So schnell sie durch die Spalten eindrangen, so schnell löste die Hitze des Kraters sie wieder auf, und obwohl sie unablässig vorstießen, erreichten sie nie ihr Ziel.

Es war eine Landschaft von ungeheurer Düsternis und Verlassenheit, unnachgiebig, abweisend, faszinierend. Wir blickten hinab in die Quelle von Feuer und Erdbeben. Alles, was die Erde zusammenhielt, lag da offen vor uns. Es war die Werkstatt der Natur, in der immer noch die Rohentwürfe der Welterschaffung herumlagen. Hier und da hatten sich große Wälle aus urzeitlichem Gestein aus den Eingeweiden der Erde hochgewölbt, direkt durch das geschmolzene Oberflächenferment hindurch, das offensichtlich erst vor Kurzem ausgekühlt war. Alles war so unwirklich und unglaublich. Blickten wir hoch, schwebte weit über uns (eigentlich unter uns) die Wolkenschlacht von Ukiukiu und Naulu. Und weiter oben, auf dem Hang des scheinbaren Abgrunds, über der Wolkenschlacht, in der Luft und am Firmament, hingen die Inseln Lanai und Molokai. Jenseits des Kraters, in Richtung Südost, sahen wir, noch in der Illusion, nach oben zu blicken, zunächst das türkisfarbene Meer aufsteigen und dann die weiße Brandungslinie der Küste von Hawaii; darüber den Gürtel aus Passatwolken, und dahinter, in achtzig Meilen Entfernung, hingen die Gipfel von Mauna Kea und Mauna Loa an der Himmelswand und hoben ihre gewaltigen Massen empor in das Azurblau, schneebedeckt, in Wolken gehüllt und flimmernd wie eine Schimäre.

Der Sage nach lebte vor langer Zeit ein gewisser Maui, Sohn von Hina, in der Gegend, die heute als West-Maui bekannt ist. Seine Mutter Hina beschäftigte sich mit der Herstellung von *kapas*[30]. Sie musste sie in jener Nacht gefertigt haben, denn ihre Tage verbrachte sie mit dem Versuch, die *kapas* zu trocknen. Jeden Morgen und den ganzen Vormittag plagte sie sich damit, diese in der Sonne auszubreiten. Doch kaum war sie damit fertig, da musste sie sie wieder einsammeln, um sie über Nacht sicher einzulagern. Denn damals waren die Tage kürzer als heute. Maui beobachtete die vergeblichen Mühen seiner Mutter, und sie tat ihm leid. Er beschloss, etwas zu unternehmen – keineswegs dachte er daran, ihr dabei zu helfen, die *kapas* draußen aufzuhängen und wieder hereinzuholen. Dafür war er zu schlau. Sein Plan bestand darin, den Lauf der Sonne zu verlangsamen. Vielleicht war er der erste hawaiianische Astronom. In jedem Fall stellte er von verschiedenen Teilen der Insel aus eine Reihe von Beobachtungen der Sonne an. Aus diesen schloss er, dass der Weg der Sonne direkt über Haleakala verlief. Anders als Joshua brauchte er dafür keinen göttlichen Beistand. Er sammelte eine große Menge Kokosnüsse, aus deren Fasern er ein festes Seil flocht,

---

30 Bemalte oder bedruckte Matten aus Rindenbaststoff.

an dessen Ende er eine Schlinge knüpfte, so wie es die Cowboys von Haleakala heute noch tun. Dann kletterte er in das Haus der Sonne und wartete. Als die Sonne ihren üblichen Weg entlangsauste, um ihre Tagestour in möglichst kurzer Zeit abzuschließen, warf der tapfere Jüngling das Lasso, um einen der größten und stärksten Sonnenstrahlen. Er brachte die Sonne ein wenig zum Bremsen, außerdem brach er ein Stück vom Sonnenstrahl ab. Und weiter warf er sein Lasso und weiter brach er Strahlen ab, bis die Sonne bereit war, Vernunft walten zu lassen. Maui legte seinen Friedensvertrag vor, den die Sonne akzeptierte, indem sie versprach, fortan langsamer über das Firmament zu ziehen. Damit hatte nun Hina reichlich Zeit, ihre *kapas* zu trocknen, und die Tage sind seitdem länger als dazumal. Letzteres stimmt ganz und gar mit den Erkenntnissen der modernen Astronomie überein.

Zu Mittag aßen wir Dörrfleisch und harten *poi* in einem Steinpferch, der einst genutzt wurde, um das Vieh, das man über die Insel trieb, nachts einzusperren. Dann gingen wir eine halbe Meile am Kraterrand entlang und begannen mit dem Abstieg in den Krater. 750 Meter unter uns lag der Boden, und wir kletterten einen steilen Abhang aus loser vulkanischer Schlacke hinab, wobei die trittsicheren Pferde rutschten und schlitterten, aber nie den Halt verloren. Die schwarze Oberfläche der Schlacke verwandelte sich, wenn sie von den Hufen aufgebrochen wurde, in gelbbraunen Staub, der giftig aussah, sauer schmeckte und Wolken aufwirbelte. Wir galoppierten über eine ebene Strecke zur Mündung eines günstig gelegenen Luftlochs, setzten dann den Abstieg in Wolken aus vulkanischem Staub fort und umrundeten ziegelrote, altrosafarbene und purpurschwarze Schlackekegel. Über uns türmten sich die Kraterwände höher und immer höher, während wir über unzählige Lavaflüsse ritten und uns auf einem gewundenen Pfad durch die eisernen Wellen eines versteinerten Meeres hindurchschlängelten.

Säbelzahnwellen aus Lava wühlten die Oberfläche dieses unheimlichen Ozeans auf, während beiderseits zerklüftete Felskämme und fantastisch geformte Tracheen aufragten. Unser Weg verlief an einem bodenlosen Schacht vorbei sowie sieben Meilen entlang und über den Hauptstrom des jüngsten Lavaflusses. Unser Lager befand sich an der tiefer gelegenen Seite des Kraters in einem kleinen Hain aus *olapa-* und *kolea*-Bäumen, versteckt in einem Winkel des Kraters, am Fuß von Wänden, die 450 Meter hoch lotrecht aufragten. Hier gab es einen Weideplatz für die Pferde, aber kein Wasser, und wir zogen zunächst los und bahnten uns einen Weg über eine Meile Lava zu einem bekannten Wasserloch in einem Spalt in der Kraterwand. Das Wasserloch war leer. Doch als wir in der Felsspalte fünfzehn Meter hinaufkletterten, entdeckten wir einen Teich, der ein halbes Dutzend Tonnen Wasser enthielt. Wir zogen einen Eimer hoch, und bald lief ein gleichmäßiger Strom der kostbaren Flüssigkeit den Fels hinab und füllte das untere Becken, wo die Cowboys sich damit abmühten, die Pferde zurückzuhalten, da der Platz zum Trinken nur für jeweils ein Tier ausreichte. Dann hieß es zurück zum Lager am Fuß der Kraterwand, auf der Herden wilder Ziegen kletterten und blökten, und auf den Gewehrschuss hin waren auch im Zelt alle wach geworden. Dörrfleisch, harter *poi* und gegrilltes Zicklein standen auf der Speisekarte. Über dem Kraterrand direkt über unseren Köpfen trieb Ukiukiu sein Wolkenmeer. Obwohl dieses Meer unaufhörlich über den Felskamm rollte, bedeckte oder verfinsterte es den Mond nie zur Gänze, da die Kraterhitze die Wolken ebenso schnell auflöste, wie sie heranrollten. Im Mondlicht, angezogen vom Lagerfeuer, kam das im Krater lebende Vieh heran, um nachzuschauen, was los war. Die Tiere waren kugelrund, obwohl sie kaum Wasser tranken und stattdessen den Morgentau vom Gras leckten. Wegen des Taus war das Zelt eine willkommene Schlafkammer, und wir nickten ein zum *Hula*-Gesang der unermüdlichen hawaiianischen Cowboys, in deren Adern zweifellos das Blut ihres tapferen Ahnen Maui floss.

Mit einem Fotoapparat kann man dem Haus der Sonne nicht gerecht werden. Die hoch entwickelte Fotochemie kann vielleicht nicht lügen, aber gewiss sagt sie auch nicht die ganze Wahrheit. Die Koolau-Spalte wird getreu wiedergegeben, genau so, wie sie auf der Netzhaut der Kamera, dem Film, auftrifft, doch fehlen in dem daraus entwickelten Bild die gigantischen Größenverhältnisse. Jene Wände, die aussehen, als wären sie Dutzende Meter hoch, erheben sich in Wirklichkeit mehrere Hundert Meter; jener hereingewehte Wolkenkeil in der Spalte ist eineinhalb Meilen breit, hinter der Spalte aber ein regelrechter Ozean, und jener Vordergrund aus Schlackekegeln und Vulkanasche, der breiig und farblos aussieht, weist in Wirklichkeit prächtige Farbtöne wie Ziegelrot, Terrakotta, Rosa, Gelbbraun und Purpurschwarz auf. Worte sind ebenfalls nutzlos und lassen einen verzweifeln. Sagt man, die Kraterwand sei 600 Meter hoch, vermittelt dies lediglich die Tatsache, dass sie 600 Meter hoch ist; doch eine Kraterwand hat unendlich mehr an sich, als eine bloße Statistik auszudrücken vermag. Die Sonne ist 93 000 000 Meilen entfernt, doch für die Vorstellungskraft eines Sterblichen ist das Nachbarland weiter weg. Diese Schwäche lässt den menschlichen Geist an der Sonne scheitern. Ebenso lässt sie ihn am Haus der Sonne scheitern. Haleakala hat eine Botschaft von wundersamer Schönheit an die menschliche Seele, die man nicht vermitteln kann. Kolikoli ist sechs Stunden entfernt von Kahului; Kahului kann man über Nacht von Honolulu erreichen; Honolulu liegt sechs Tage entfernt von San Francisco, und da haben Sie's.

Wir erklommen die Kraterwände, führten die Pferde über unwegsame Stellen, traten Steine los und schossen wilde Ziegen. Ich erwischte keine Ziege. Ich war zu sehr damit beschäftigt, Steine loszutreten. Ich erinnere mich besonders an eine Stelle, wo wir einen

Stein von der Größe eines Pferdes ins Rollen brachten. Seine Abfahrt begann ganz gemächlich, dann kam er ins Rollen, taumelte und drohte stehen zu bleiben; doch wenige Minuten später schnellte er in Sprüngen von jeweils sechzig Metern durch die Luft. Er wurde rasch kleiner, bis er auf eine kleine Böschung aus Vulkansand stieß, über die er wie ein verschrecktes Karnickel hüpfte, hinter sich eine schmale Spur aus gelbem Staub ziehend. Stein und Staubspur wurden immer kleiner, bis einige von uns meinten, der Stein sei zum Stehen gekommen. Deshalb, weil sie ihn nicht mehr sehen konnten. Er war außerhalb ihrer Sichtweite in der Ferne verschwunden. Andere sahen ihn weiterrollen – ich war einer davon; und ich bin fest davon überzeugt, dass dieser Stein immer noch rollt.

An unserem letzten Tag im Krater gab Ukiukiu uns eine Probe seiner Stärke. Er schmetterte Naulu auf ganzer Linie zurück, füllte das Haus der Sonne bis zum Rand mit Wolken und schwemmte uns hinaus. Unser Regenmaß bestand aus einem Kännchen, das einen guten halben Liter zu fassen vermochte und unter einem winzigen Loch im Zelt stand. In jener letzten Nacht des Sturms und Regens wurde das Kännchen gefüllt, und man konnte nicht abschätzen, wie viel Wasser übergelaufen und in die Decken geronnen war. Nachdem das Regenmaß nicht mehr funktionierte, gab es keinen Grund mehr zum Verweilen; so brachen wir im feuchten Grau der Morgendämmerung das Lager ab und stapften ostwärts über die Lava zur Kaupo-Spalte. Ost-Maui ist nicht viel mehr als ein riesiger Lavastrom, der vor langer Zeit durch die Kaupo-Spalte floss; und auf diesem Strom machten wir uns auf rund 2000 Meter Seehöhe auf den Weg. Für die Pferde bedeutete dies einen Tag Arbeit; doch Tiere wie diese hat es noch nie gegeben. Trittfest an argen Stellen, ohne Hast und Scheu, und sobald sie einen Weg fanden, der breit und glatt genug war, um zu galoppieren, preschten sie los. Sie ließen sich nicht zügeln, bis der Pfad wieder schlechter wurde, und dann verlangsamten sie von selbst ihren Schritt. In einem fort hatten sie tagelang die schwerste Arbeit geleistet und sich dabei hauptsächlich von dem Gras ernährt, das sie sich nachts, während wir schliefen, selbst gesucht hatten, und trotzdem schafften sie an jenem Tag 28 knochenbrecherische Meilen und galoppierten wie eine Herde Fohlen nach Hana. Einige von ihnen, die in den trockenen Gebieten auf der Leeseite von Haleakala aufgezogen wurden, waren in ihrem ganzen Leben noch nie beschlagen worden. Tag für Tag und den ganzen Tag lang waren sie ohne Hufeisen über das scharfe Lavagestein getrabt, hatten dabei noch das Gewicht eines Reiters zu tragen, und ihre Hufe zeigten sich in einem besseren Zustand als jene der beschlagenen Pferde.

Die Landschaft zwischen Vieiras's (wo die Kaupo-Spalte sich zum Meer hin öffnet) und Hana, durch die wir einen halben Tag lang ritten, verdient es, dass man eine Woche oder einen Monat dort verweilt; doch bei all ihrer wilden Schönheit wirkt sie doch blass und klein im Vergleich mit dem Wunderland, das jenseits der Kautschukplantagen, zwischen Hana und der Honomanu-Schlucht, liegt. Wir benötigten zwei Tage, um diese herrliche Strecke zurückzulegen, die sich auf der Windseite des Haleakala befindet. Die Einheimischen nennen es das »Grabenland«, kein vielversprechender Name, aber einen anderen hat es nicht. Niemand sonst kommt hierher. Niemand weiß irgendetwas darüber. Außer der Handvoll Menschen, die aus geschäftlichen Gründen herkamen, hat niemand je vom Grabenland auf Maui gehört. Nun ist ein Graben ein Graben, zumeist schlammig und uninteressante und eintönige Landschaften durchquerend. Doch der Nahiku-Graben ist kein gewöhnlicher Graben. Die windwärtige Seite des Haleakala ist von tausend steilen Schluchten durchfurcht, über deren Felsen ebenso viele Bäche stürzen, von denen jeder Dutzende Kaskaden und Wasserfälle bildet, bevor er das Meer erreicht. Hier fällt mehr Regen als in irgendeiner anderen Gegend auf Erden. 1904 lag der Jahrespegel bei 120 Zoll. Wasser bedeutet Zucker, und Zucker bildet das Rückgrat des Territoriums von Hawaii[31], weswegen man den Nahiku-Graben anlegte, der eigentlich kein Graben, sondern eine Reihe von Tunneln ist. Das Wasser fließt unterirdisch, kommt nur in unregelmäßigen Abständen an die Oberfläche, um durch eine Schlucht zu wirbeln, wandert oben in der Luft durch einen schwindelerregenden Hochkanal und bahnt sich den Weg hinein in den und durch den gegenüberliegenden Berg. Diesen erstaunlichen Wasserweg nennt man »Graben«, und Kleopatras Flussboot könnte man demnach ebenso gut als Güterwagen bezeichnen.

Durch das Grabenland führen keine Kutschenwege, und bevor der Bewässerungsgraben gebaut oder eher gebohrt wurde, gab es auch keine Reitwege. Hunderte Zoll Regen, die jährlich unter einer Tropensonne auf fruchtbaren Boden fallen, bringen einen dampfenden Dschungel hervor. Ein Wanderer, der sich seinen Weg mit der Machete bahnt, kommt vielleicht eine Meile am Tag voran, doch am Ende einer Woche wäre er erledigt und müsste hastig zurückrobben, wenn er wieder herauskommen wollte, ehe die Vegetation den von ihm freigehackten Weg wieder überwuchert hätte. O'Shaughnessy[32] war der verwegene Ingenieur, der den Dschungel und die Schluchten besiegte, den Bewässerungsgraben und den Reitweg anlegte. Sein Bau war auf Beständigkeit ausgelegt, mit Zement und Stein befestigt und wurde zu einer der bemerkenswertesten Bewässerungsanlagen der Welt. Jedes kleine Bächlein und Getröpfel wird erfasst und durch unterirdische Kanäle in den Haupt-

---

31 Nach dem Ende des Königreichs Hawaii 1893 und dem kurzlebigen Status einer Republik wurde Hawaii am 14. Juni zum »Territorium« erklärt und 1959 als fünfzigster Bundesstaat in die Union der Vereinigten Staaten aufgenommen.

32 Michael O'Shaughnessy (1864–1934), irischstämmiger Bauingenieur, der berühmte Staudämme in den USA errichtete.

graben geleitet. Doch manchmal regnet es so heftig, dass zahllose Überlaufrinnen das übermäßige Wasser ins Meer ableiten.

Der Reitweg ist nicht besonders breit. Wie der Ingenieur, der ihn baute, lässt er sich auf jedes Wagnis ein. Wo der Bewässerungsgraben durch den Berg sticht, klettert der Reitweg darüber; und wo der Graben eine Schlucht durch einen Hochkanal überwindet, wird dieser genutzt, indem auch der Pfad die Schlucht über den Kanal quert. Sorglos führt der Weg die Felshänge hinauf und hinab. Er meißelt sich seinen schmalen Weg durch die Felswand, windet sich um Wasserfälle oder führt untendurch, wo sie weiß schäumend wild herabdonnern, während darüber die Wand Dutzende Meter in die Höhe ragt und direkt darunter Hunderte Meter in die Tiefe fällt. Und diese wunderbaren Bergpferde sind davon so unbeeindruckt wie der Pfad selbst. Sie traben ihn entlang, als wäre nichts dabei, obwohl der Boden glitschig ist vom Regen, und ließe man sie gewähren, würden sie davongaloppieren und mit den Hinterbeinen über die Kante rutschen. Ich rate nur jenen dazu, es mit dem Nahiku-Graben-Pfad aufzunehmen, die gute Nerven haben und einen kühlen Kopf bewahren. Einer unserer Cowboys galt als der Stärkste und Mutigste auf der großen Ranch. Er war sein ganzes Leben auf Bergpferden über die zerklüfteten Westhänge des Haleakala geritten. Er war der Erste im Zureiten; und brauchten die anderen mehr Zeit dafür, so ging er in aller Selbstverständlichkeit in die Rinderkoppel und nahm es mit einem wilden Stier auf. Er hatte einen gewissen Ruf. Doch er war nie über den Nahiku-Graben geritten. Genau dort verlor er seine Reputation. Als er vor dem ersten Hochkanal stand, der eine haarsträubend tiefe Schlucht überspannte, schmal und ohne Geländer, mit einem donnernden Wasserfall darüber, einem zweiten darunter, direkt unter einer wilden Kaskade, während die Luft, erfüllt von Sprühwasser, vom tosenden Lärm in Schwingung geraten, unruhig schwirrte ... nun, jener Cowboy stieg aus dem Sattel, erklärte kurz, er habe Frau und Kinder, und ging zu Fuß hinüber, sein Pferd im Schlepptau.

Die einzige Abwechslung von den Hochkanälen waren die Felswände, und die einzige Abwechslung von den Felswänden waren die Hochkanäle, außer dort, wo der Graben tief unter der Erde verlief, und in diesem Fall überquerten wir die Schluchten, immer nur ein Pferd und ein Reiter nach dem anderen, auf primitiven Holzbrücken, die schwankten und schaukelten und zusammenzubrechen drohten. Ich gestehe, dass ich an solchen Stellen die Füße anfangs lose in den Steigbügeln hielt und an den steilen Felswänden gezielt, mit bewusster Willenskraft darauf achtete, dass der Fuß, der über einem Hunderte Meter tiefen Abgrund hing, ganz besonders locker im äußeren Steigbügel saß. Ich sagte »anfangs«; denn ebenso, wie uns im Inneren des Kraters bald unsere räumliche Wahrnehmung von Größe abhandenkam, verloren wir auf dem Nahiku-Graben rasch unser Gefühl für Tiefe. Der permanente Wechsel von Höhe und Tiefe erzeugte einen Bewusstseinszustand, in dem Höhe und Tiefe als gewöhnliche existenzielle Gegebenheiten akzeptiert wurden; vom Sattel aus in einen jähen Abgrund von 120 bis 150 Metern hinabzuschauen, war etwas ganz Banales und löste keinerlei Nervenkitzel mehr aus. Und so schunkelten wir ebenso sorglos wie Pfad und Pferde über schwindelerregende Höhen und schlängelten uns durch die Wasserfälle oder um sie herum.

Und welch ein Ritt! Überall fiel Wasser herab. Wir ritten über den Wolken, unter den Wolken und durch die Wolken! Und immer wieder drang ein Sonnenstrahl wie ein Scheinwerfer bis in die Tiefen, die sich unter uns auftaten, oder beleuchtete eine Felsspitze des Kraterrands Hunderte Meter über uns. An jeder Wegbiegung hatten wir plötzlich einen Wasserfall oder ein Dutzend Wasserfälle im Blickfeld, welche etliche Meter weit durch die Luft stürzten. In unserem ersten Nachtlager in der Keanae-Schlucht zählten wir zweiunddreißig Wasserfälle von einem einzigen Aussichtspunkt aus. Die Vegetation tobte sich wirklich aus in diesem wilden Land. Es gab Wälder aus *koa-* und *kolea-* und *kukui*-Bäumen[33]; und dann gab es noch die *ohia-ai* genannten Bäume, die rote Bergäpfel trugen, mild und saftig und äußerst schmackhaft. Überall wuchsen wilde Bananen, klammerten sich schwer beladen mit ihren Büscheln reifer Früchte an die Wände der Schluchten, fielen quer über den Pfad und versperrten uns den Weg. Und über dem Wald wogte ein Meer grünen Lebens, tausenderlei Arten von Kletterpflanzen; einige schwebten schwerelos wie aus Staubfäden gewebte Spitze von den höchsten Zweigen, andere wanden sich wie riesige Schlangen um Baumstämme, und eine, *ei-ei* genannt, die alle Welt für eine Kletterpalme hielte, schwang sich an einem dicken Stängel von Zweig zu Zweig und Baum zu Baum und erstickte dabei die Pflanzen, auf die sie sich stützte. Durch das grüne Meer stießen hochgewachsene Baumfarne ihre großen zarten Wedel, und die *lehua* prahlte mit ihren scharlachroten Blüten. Unter den Kletterpflanzen wucherten nicht weniger üppig jene Gewächse mit warmen Farben und eigenartigen Mustern, die man in den Vereinigten Staaten für gewöhnlich wohlbehütet in Treibhäusern besichtigen kann. Eigentlich ist das Grabenland von Maui mehr oder weniger nichts anderes als ein riesiges Treibhaus. Jede bekannte Farnart gedeiht, dazu noch mehr unbekannte Arten, vom winzigsten Frauenhaarfarn zum groben und unersättlichen Geweihfarn, dem Schrecken aller Förster, da er sich zu einem Knäuel verwebt, das eineinhalb bis zwei Meter dick ist und große Flächen bedeckt.

Ein noch nie da gewesenes Reiterlebnis war das. Zwei Tage waren wir so unterwegs, dann erreichten wir ein hügeliges Land und

---

33 Im Original »Candlenut«, Kerzennuss, weil aus den Nüssen des *kukui* Kerzen hergestellt werden.

galoppierten auf einer echten Handelsstraße zurück zur Ranch. Ich weiß, es war grausam, die Pferde nach einer so langen und anstrengenden Reise galoppieren zu lassen; doch wir bekamen Blasen an den Händen, als wir vergeblich versuchten, sie zu zügeln. Solche Pferde züchten sie am Haleakala. Auf der Ranch herrschte ein großer Trubel, das Vieh wurde zusammengetrieben, Brandzeichen wurden gesetzt und Pferde zugeritten. Über uns kämpften Ukiukiu und Naulu heldenhaft, und weit oben ragte der mächtige Gipfel des Haleakala ins Sonnenlicht empor.

9. Kapitel

Eine Pazifik-Kreuzfahrt

Von den Sandwich Islands nach Tahiti – wegen der
Passatwinde ist die Überfahrt sehr schwierig. Die Wal-
fänger und alle anderen Seeleute hegen starke Zweifel,
ob man Tahiti von den Sandwich Islands ansteuern
kann. Kapitän Bruce meint, ein Schiff solle auf Nord-
kurs bleiben, bis es günstigen Wind bekommt und sein
Ziel ansteuert. Als er im November 1837 diese Reise
unternahm, hatte er auf dem Weg nach Süden in der
Nähe des Äquators keine veränderlichen Winde und
konnte auf beiden Gängen nicht nach Osten vordringen,
obwohl er es mit allen Mitteln versuchte.

S o steht es in den Segelanweisungen für den Südpazifischen
Ozean[34]; und das ist alles, was man daraus erfährt. Kein
Wort mehr, um den müden Reisenden dabei zu unterstützen,
seine lange Überfahrt zu meistern. Auch findet man darin nichts
über die Passage von Hawaii zu den Marquesas, die ungefähr
800 Meilen nordöstlich von Tahiti liegen und die mit so wenigen
Informationen umso schwieriger zu erreichen sind. Vermutlich

---

34 London benutzte den anonym publizierten Band *Pacific Islands, Vol I.: Sailing*
Directions for the South East, North East and North Coast of New Guinea.

fehlen diese Informationen deshalb, weil man davon ausgeht, dass sich kein Reisender die Mühe macht, eine derart unmögliche Überfahrt zu wagen. Doch das Unmögliche konnte die *Snark* nicht aufhalten – hauptsächlich deswegen, weil wir den kleinen Absatz in den Segelanweisungen erst lasen, nachdem wir bereits aufgebrochen waren. Wir liefen am 7. Oktober in Hilo, Hawaii, aus und erreichten Nuka Hiva auf den Marquesas am 6. Dezember. Die Strecke entsprach 2000 Meilen Luftlinie, obwohl wir tatsächlich mindestens 4000 Meilen zurücklegten, um sie zu bewältigen, und so ein für alle Mal bewiesen, dass die kürzeste Entfernung zwischen zwei Punkten nicht unbedingt eine gerade Linie sein muss. Hätten wir die Marquesas direkt angesteuert, wären wir wohl 5000 bis 6000 Meilen gesegelt.

In einer Sache waren wir fest entschlossen: Wir würden den Äquator nicht westlich von 130° Westlänge überqueren. Denn darin lag das Problem. Das Überqueren des Äquators westlich dieser Position würde uns – bei direkt aus Südost wehenden Südostpassatwinden – so weit leewärts von den Marquesas bringen, dass ein Lavieren gegen den Wind reine Zeitverschwendung wäre. Dazu mussten wir auch noch den Äquatorialstrom berücksichtigen, der mit einer Geschwindigkeit von zwölf bis sogar 75 Meilen am Tag Richtung Westen fließt. Welch ein Schlamassel, wenn man sich leewärts von seinem Ziel befindet und dazu noch gegen eine starke Strömung und heftigen Wind ankämpft. Nein, keine Minute, keine Sekunde westlich von 130° westlicher Länge würden wir den Äquator überqueren. Doch da man 5 bis 6° nördlich des Äquators mit den Südostpassatwinden rechnen musste (die, falls sie von Südost oder Südsüdost kämen, uns gezwungenermaßen nach Südsüdwest abdriften ließen), mussten wir uns in östlicher Richtung nördlich des Äquators und der Südostpassate halten, bis wir zumindest 128° Westlänge erreicht hatten.

Ich habe vergessen zu erwähnen, dass der 70-PS-Benzinmotor wie üblich nicht funktionierte und wir uns nur auf die Windkraft verlassen konnten. Der Motor der Barkasse funktionierte ebenfalls nicht. Und wo ich gerade dabei bin, kann ich auch gleich zugeben, dass der 5-PS-Motor, der den Strom für Licht, Ventilation und Pumpen liefern sollte, ebenfalls ausgefallen war. Ein kurioser Buchtitel verfolgt mich Tag und Nacht. Ich würde gern das Buch eines Tages schreiben und es folgendermaßen betiteln: *Um die Welt mit drei Benzinmotoren und einer Frau.* Doch werde ich es wohl nie zu Papier bringen, aus Angst, die Gefühle einiger der jungen Herren aus San Francisco, Honolulu und Hilo zu verletzen, die ihr Handwerk auf Kosten der Motoren der *Snark* erlernten.

Auf der Karte sah es einfach aus. Hier lag Hilo und dort unser Ziel, der 128. westliche Längengrad. Bei wehendem Nordostpassat könnten wir geradewegs von einem Punkt zum anderen segeln und dabei sogar die Segelleinen ziemlich locker lassen. Doch das Ärgerlichste an den Passatwinden ist, dass man nie genau weiß, wann man auf sie stößt und in welche Richtung sie wehen werden. Wir erwischten den Nordostpassat direkt vor dem Hafen von Hilo, doch die elende Brise drehte auf Ost. Dann gab es noch den nördlichen Äquatorialstrom, der wie ein mächtiger Fluss nach Westen abdrehte. Zudem lässt sich ein kleines Schiff, das sich hart am Wind gegen die See stemmt, nicht sonderlich gut steuern. Es hüpft auf und ab und kommt nirgendwo hin. Seine Segel sind gebläht und gespannt, es drückt immer wieder seine Lee-Reling unter Wasser, es zappelt und knallt und spritzt umher, sonst nichts. Wann immer es Fahrt aufnimmt, rumst es gegen einen großen Wellenberg, der es zum Stillstand bringt. Die geringe Größe der *Snark*, der auf Ost drehende Passat und die starke Äquatorialströmung führten also dazu, dass wir weit nach Süden abdrifteten. Zwar gelangten wir nicht direkt nach Süden, doch so wenig voran nach Osten, dass es zum Verzweifeln war. Am 11. Oktober kamen wir vierzig Meilen ostwärts, am 12. Oktober fünfzehn Meilen, am 13. Oktober null Meilen, am 14. Oktober dreißig Meilen, am 15. Oktober dreiundzwanzig Meilen, am 16. Oktober elf Meilen, und am 17. Oktober segelten wir doch sage und schreibe vier Meilen nach Westen. In einer Woche hatte die *Snark* also 115 Meilen nach Osten zurückgelegt, was sechzehn Meilen täglich entsprach. Doch zwischen dem Längengrad von Hilo und 128° Westlänge liegen 27° oder rund 1600 Meilen. Bei sechzehn Meilen täglich brauchte man hundert Tage, um die Strecke zu bewältigen. Und sogar dann wäre unser Ziel, 128° westlicher Länge, 5° nördlich des Äquators, während Nuka Hiva auf den Marquesas 9° südlich und 12° westlich des Äquators liegt!

Uns blieb nur eines übrig: nach Süden aus den Passatwinden heraus- und in die veränderlichen Winde hineinzukommen. Es ist richtig, dass Kapitän Bruce[35] auf seiner Überfahrt keine veränderlichen Winde vorfand und »weder auf Steuerbord- noch auf Backbord-Halsen nach Osten vordringen« konnte. Für uns hieß es veränderliche Winde oder nichts, und wir beteten darum, mehr Glück zu haben als er. Die veränderlichen Winde bilden einen Meeresgürtel, der zwischen den Passatwinden und dem Kalmengürtel liegt, und sie entstehen angeblich aus der heißen Luft, die im Kalmengürtel aufsteigt, hoch oben gegen die Passatwinde stößt und langsam absinkt, bis sie die Meeresoberfläche umfächeln, wo man sie dann vorfindet. Und wo man sie findet … dort hat man sie auch; denn sie sind zwischen den Passatwinden und den Kalmen eingekeilt, die ihr Gebiet von Tag zu Tag und Monat zu Monat verschieben.

Wir fanden die veränderlichen Winde an 11° nördlicher Breite, und wir klammerten uns eifersüchtig an diesen Breitengrad. Im Süden lag der Kalmengürtel. Im Norden lag der Nordostpassat, der

---

35 Vermutlich Kapitän James H. Bruce (1827–1907) aus San Francisco.

einfach nicht aus Nordost wehen wollte. Die Tage kamen und gingen, und die *Snark* befand sich stets irgendwo in der Nähe des elften Breitengrads. Die veränderlichen Winde waren wahrhaftig veränderlich. Ein schwacher Gegenwind flaute ab und ließ uns achtundvierzig Stunden in einer Kalme schaukeln. Dann kam ein leichter Gegenwind auf, wehte drei Stunden und ließ uns weitere achtundvierzig Stunden in der nächsten Kalme schaukeln. Dann – hurra! – kam frischer Wind, herrlich frischer, aus dem Westen, und die *Snark* brauste mit vollen Segeln dahin, ihr Kielwasser schäumte, und die Logleine am Heck zog sie schnurgerade hinterher. Nach einer halben Stunde, als wir gerade den Spinnaker setzen wollten, flaute der Wind mit ein paar jämmerlichen Zügen ab. Und so ging es weiter. Wir setzten optimistisch auf jedes günstige Lüftchen, das länger als fünf Minuten anhielt, doch es brachte uns nichts. Die Lüftchen flauten ebenso schnell wieder ab.

Doch es gab Ausnahmen. Wartet man in den veränderlichen Winden lange genug, geschieht zwangsläufig irgendetwas, und wir hatten so reichlich Nahrung und Wasser an Bord, dass wir es uns leisten konnten zu warten. Am 26. Oktober legten wir tatsächlich 103 Meilen in östliche Richtung zurück, und wir sprachen noch tagelang darüber. Einmal erwischten wir einen mäßigen Sturmwind aus dem Süden, dem nach acht Stunden die Puste ausging, doch innerhalb dieser besonderen vierundzwanzig Stunden brachte er uns 71 Meilen vorwärts nach Osten. Und gerade dann, als er abflaute, kam der Wind direkt aus dem Norden (genau aus der Gegenrichtung) und fächerte uns einen weiteren Längengrad ostwärts.

Jahrelang hatte kein Schiff diese Überfahrt gewagt, und wir befanden uns mitten in einem der einsamsten Gebiete der pazifischen Öde. In den sechzig Tagen, die wir für die Passage benötigten, sichteten wir am Horizont kein einziges Segel und auch keine Rauchschwaden aus dem Schornstein eines Dampfers. Ein steuerloses Schiff könnte in dieser menschenleeren Weite ein Dutzend Generationen lang umhertreiben, ohne je geborgen zu werden. Die einzige Chance auf Rettung wäre ein Schiff wie die *Snark*, und die *Snark* war hauptsächlich deswegen hier, weil die Fahrt begonnen wurde, bevor wir einen gewissen Absatz in den Segelanweisungen gelesen hatten. Steht man aufrecht an Deck und zöge eine gerade Linie vom Auge bis zum Horizont, würde diese dreieinhalb Meilen lang sein. Folglich betrug der Durchmesser des Kreises, in dessen Mittelpunkt wir uns befanden, sieben Meilen. Da wir stets im Mittelpunkt blieben und uns unablässig in irgendeine Richtung bewegten, sahen wir viele Umkreise. Doch alle Umkreise sahen gleich aus. Keine buschigen Inselchen, grauen Küstenlinien oder schimmernden Flecken aus weißer Leinwand störten je die Symmetrie dieses ungebrochenen Kreises. Wolken zogen vorüber, stiegen am Rand des Kreises auf, trieben über seine Fläche und verschwanden oder verloren sich am gegenüberliegenden Rand.

Die Welt verblasste in dem endlosen Zug der Wochen, der an uns vorüberstrich. Die Welt verblasste, bis es keine Welt mehr gab, abgesehen von der kleinen Welt der *Snark*, die mit ihren sieben Seelen an Bord über den weiten Ozean trieb. Unsere Erinnerungen an die Welt, die große Welt, ähnelten bald Träumen von einem früheren Leben, das wir irgendwann geführt hatten, bevor wir auf der *Snark* geboren wurden. Nachdem unser frisches Gemüse bereits seit geraumer Zeit aufgebraucht war, erwähnten wir dergleichen in fast demselben Ton, in dem mir mein Vater von den verlorenen Äpfeln seiner Kindheit erzählt hatte. Der Mensch ist ein Gewohnheitstier, und wir auf der *Snark* hatten uns an die *Snark* gewöhnt. Alles um sie herum und auf ihr galt uns als selbstverständlich, und alles, was davon verschieden war, würde eine Irritation oder Kränkung ausgelöst haben.

Für die große Welt gab es keinerlei Weg, um einzudringen.

Unsere Glocke schlug die Stunden, doch sie erklang nie eines Besuchers wegen. Es gab keine Gäste zum Abendessen, keine Telegramme, kein beharrliches Telefongeklingel störten unsere Privatsphäre. Wir mussten keine Verabredungen einhalten, keine Züge erwischen, und wir hatten keine Morgenzeitungen, die unsere Zeit verschwendeten, indem sie uns über das Schicksal unserer eineinhalb Milliarden Mitmenschen aufklärten.

Doch es herrschte keine Langeweile. Wir mussten die Angelegenheiten unserer kleinen Welt regeln, und im Unterschied zur großen Welt musste unsere kleine auf ihrem Weg durch den Raum gesteuert werden. Auch mussten wir mit kosmischen Störungen fertigwerden, wie sie der großen Erde auf ihrem reibungslosen Orbit durch die windlose Leere nie begegnen. Und wir wussten von einem Moment auf den anderen nicht, was als Nächstes geschehen würde. Sinnesreize und Vielfalt waren im Überfluss vorhanden. So löste ich um vier Uhr früh Hermann[36] am Steuerrad ab.

»Ostnordost«, benennt er den Kurs. »Sie weicht acht Strich weit ab, ohne zu steuern.«

Kaum verwunderlich. Es gibt kein Schiff, das in einer so vollkommenen Windstille gesteuert werden kann.

»Vor Kurzem hatte ich eine Brise – vielleicht kommt sie wieder«, sagt Hermann hoffnungsfroh, bevor er nach vorn in die Kajüte und seine Koje geht.

Das Besansegel ist eingeholt und festgemacht. Nachts hatte es uns das Leben trotz der Windstille und trotz des Schlingerns zu sehr zur Hölle gemacht, um zuzulassen, dass es weiterhin am Mast

36 Vollmatrose Hermann de Visser heuerte auf Hawaii an. Bert Stolz kehrte nach Stanford zurück, Tochigi musste wegen anhaltender Seekrankheit aufgeben. Von der ursprünglichen Crew blieb nur Martin Johnson an Bord. Tsunekichi Wada wurde als Schiffskoch und Yoshimatsu Nakata als Kajütenjunge angeheuert. Die *Snark* verließ Hawaii am 7. Oktober 1907.

schabte, am Tauwerk riss und die unbewegte Luft in dumpfe Knall-geräusche zerschlug. Doch das Großsegel ist noch gesetzt, und Stag-segel, Klüver und Außenklüver zerren und fetzen mit jeder Roll-bewegung an ihren Schoten. Jeder einzelne Stern ist zu sehen. Auf gut Glück drehe ich das Steuerrad hart in die Gegenrichtung auf Hermanns Kurs, lehne mich zurück und blicke auf zu den Sternen. Sonst bleibt mir nichts zu tun. Mit einem Segelboot, das in voll-kommener Windstille rollt, kann man nichts anfangen.

Da spüre ich einen Lufthauch an der Wange, schwach, so schwach, dass ich ihn gerade noch wahrnehme, ehe er verschwin-det. Doch ein anderer kommt, und noch einer, bis eine richtige, ge-rade noch fühlbare Brise weht. Wie es den Segeln der *Snark* gelingt, sie aufzunehmen, ist mir schleierhaft, doch sie spüren sie, genauso, wie umgekehrt die *Snark* die Segel spürt, denn die Kompassrose beginnt sich im Kompasshaus langsam zu drehen. In Wirklichkeit dreht sie sich überhaupt nicht. Sie wird vom Erdmagnetfeld fest-gehalten, und es ist die *Snark*, die sich dreht, drehbar gelagert auf jener feinen Vorrichtung aus Pappe, die in einem geschlossenen Gefäß auf Alkohol schwimmt.

Die *Snark* kehrt also zurück auf ihren Kurs. Der Lufthauch wächst an zu einem leichten Windstoß. Die *Snark* spürt den Druck und neigt sich ein klein wenig auf die Seite. Über mir treibt ein Wolkenfetzen, der, wie ich merke, die Sterne verdeckt. Mauern aus Finsternis umschließen mich, und als der letzte Stern erlischt, ist die Dunkelheit so zum Greifen nah, als könnte ich die Hand aus-strecken und sie von allen Seiten berühren. Ich lehne mich ihr ent-gegen und spüre, wie sie gegen mein Gesicht anbrandet. Ein Wind-stoß folgt dem nächsten, und ich bin froh, dass das Besansegel auf-gerollt ist. Hui! Das war eine steife Brise! Die *Snark* krängt, bis ihre Leereling untertaucht und der gesamte Pazifische Ozean herein-strömt. Vier oder fünf dieser Böen lassen mich wünschen, Klüver und Außenklüver wären eingeholt. Wellen bilden sich, die Böen werden immer stärker und häufiger, und Feuchtigkeit liegt in der Luft. Windwärts zu starren, bringt nichts. Die Mauer aus Finsternis ist nur eine Armlänge weit entfernt. Trotzdem muss ich versuchen, die Wucht der Schläge vorherzusehen und abzuschätzen, mit der die *Snark* zu rechnen hat. Irgendetwas Unheilvolles und Bedrohliches liegt da luvwärts, und ich habe das Gefühl, wenn ich nur lang und fest genug hinsehe, kann ich ausmachen, was es ist. Vergebliches Gefühl. Zwischen zwei Böen verlasse ich das Steuerrad und laufe nach vorne zur Kajüttreppe, wo ich Streichhölzer anzünde und das Barometer ablese. Er zeigt »29–90« an. Das sensible Instrument weigert sich, jene Unruhe zur Kenntnis zu nehmen, die in bedrohlich tiefer Tonart in der Takelage anschlägt. Ich kehre gerade rechtzeitig zurück zum Steuerrad, um mich einer weiteren, der bislang stärksten Böe zu stellen. Nun, wie dem auch sei, der Wind weht querab, und die *Snark* liegt auf Kurs und dringt weiter nach Osten vor. Zumindest das ist im Lot.

Klüver und Außenklüver stören mich, und ich wünschte, sie wären eingeholt. Das Schiff würde den Sturm leichter abwettern und nicht so viel riskieren. Der Wind schnaubt, und die verstreuten Regentropfen prasseln nieder wie Schrot aus einer Jagdflinte. Ich sollte wohl besser alle Mann an Deck rufen, doch im nächsten Moment beschließe ich, noch etwas länger auszuharren. Vielleicht war es das schon, und dann hätte ich sie umsonst gerufen. Besser, ich lasse sie schlafen. Die *Snark* nehme ich in ihre Pflicht, während aus der Dunkelheit rechtwinklig eine Regenflut auf uns zukommt, von heulendem Wind begleitet. Dann lässt alles nach bis auf die Dunkelheit, und ich bin froh, die Männer nicht gerufen zu haben.

Kaum flaut der Wind ab, wird der Seegang heftiger. Die Sturzwellen werden zu Brechern, und das Boot beginnt, wie ein Korken zu springen. Dann folgen aus der Dunkelheit immer stärkere

Böen, stärker und schneller als zuvor. Wenn ich nur wüsste, was sich dort windwärts in der Schwärze befindet! Die *Snark* nimmt es nicht auf die leichte Schulter, und ihre Leereling ist häufiger unter als über Wasser. Der Wind wütet und schnaubt noch durchdringender. Wenn überhaupt, dann ist es jetzt an der Zeit, die Männer zu rufen. Also *werde* ich sie auch rufen. Doch dann folgt ein Platzregen, der Wind lässt nach, und ich rufe sie nicht. Hier am Steuerrad ist es recht einsam, wenn man eine kleine Welt durch die heulende Dunkelheit lenkt. Es ist eine ziemlich große Verantwortung, in dieser heiklen Lage ganz allein auf der Oberfläche einer kleinen Welt zu stehen und für ihre schlafenden Bewohner das Denken zu übernehmen. Ich scheue mich vor der Verantwortung, als uns noch mehr Böen heimsuchen und die See an die Luvreling schwappt und in das Cockpit hineinspritzt. Das Salzwasser fühlt sich auf meiner Haut merkwürdig warm an und ist durchsetzt von gespenstischen Knötchen aus phosphoreszierendem Licht. Nun werde ich aber wirklich alle Mann zum Segelreffen holen. Warum sollten sie schlafen? Was bin ich für ein Narr, in dieser Hinsicht Bedenken zu haben. Mein Hirn tritt gegen mein Herz an. Mein Herz sagt, »Lass sie schlafen«. Ja, aber es ist mein Hirn, das mein Herz in seinem Urteil bestärkt. Soll doch mein Hirn die Entscheidung umstoßen; und während ich noch grüble, welcher Teil meiner selbst sich wohl als Befehlshaber meines Hirns herausstellt, flauen die Böen ab. Im Handwerk des Seemanns gibt es keinen Platz für Sorgen um das eigene leibliche Wohlbefinden, schlussfolgere ich weise; stattdessen gilt es, die Wucht der nächsten Reihe von Windstößen einzuschätzen, nicht einfach die Männer zu holen. Letztlich *ist* es mein Hirn, das hinter allem steckt, das zaudert, das sein Wissen darüber, was die *Snark* aushalten kann, gegen die auf sie eindreschenden Böen abwägt und erst dann alle Mann an Deck rufen will, wenn die Stöße noch heftiger werden.

Tageslicht, grau und grell, dringt durch die Wolkendecke und enthüllt ein schäumendes Meer, das von der Wucht wiederkehrender und stärker werdender Windböen flach gedrückt wird. Dann kommt der Regen, füllt die Sturmtäler der See mit milchigem Dunst und glättet außerdem die Wellen, die nur darauf warten, dass Wind und Regen schwächer werden, um wilder denn je zu wogen. Nun, da ihre Schlafenszeit vorüber ist, erscheinen die Männer an Deck, unter ihnen Hermann, der die Brise, die ich eingefangen habe, mit einem breiten Grinsen begrüßt. Ich überlasse Warren[37] das Steuerrad, um nach unten zu gehen, und bleibe unterwegs stehen, um das Ofenrohr der Kombüse zu bergen, das sich gelöst hat. Ich bin barfüßig, und meine Zehen haben vortrefflich gelernt, sich festzuklammern; doch als die Reling in den grünen Ozean eintaucht, setze ich mich unwillkürlich auf das überschwemmte Deck. Hermann stellt wohlwollend meine Sitzplatzwahl infrage, als plötzlich das nächste Rollen kommt und er selbst unfreiwillig und plötzlich auf den Hinterbacken landet. Die Snark krängt, die Reling taucht ins Grün, und Hermann und ich umklammern das kostbare Ofenrohr und werden leewärts ins Speigatt gespült. Letztendlich schaffe ich es, nach unten zu gelangen, und während ich die Kleidung wechsle, grinse ich zufrieden: Die Snark segelt nach Osten.

Nein, es ist nicht nur eintönig. Nachdem wir uns unter Angst und Bangen ostwärts bis zu 126° westlicher Länge vorangekämpft hatten, verließen wir die veränderlichen Winde und segelten auf Südkurs durch den Kalmengürtel, wo wir auf jede Menge Kalmen stießen und oft froh waren, zwanzig Meilen in ebenso vielen Stunden zu bewältigen, indem wir jeden noch so leichten Windhauch nutzten. Und doch war es genauso gut möglich, dass wir an solchen

37 Zunächst sollte Andrew A. Rosehill den Posten des Kapitäns übernehmen, doch er wurde nach einigen Missgeschicken gefeuert. An seiner Stelle kam James Langhorne Warren an Bord, ein verurteilter und begnadigter Mörder.

Tagen durch ein Dutzend Sturmböen segelten, umgeben von Dutzenden weiteren. Und jede Böe musste man als Knüppel betrachten, der in der Lage war, die *Snark* zu zerschmettern. Wir wurden mal vom Zentrum, mal von der Flanke dieser Böen erfasst und wussten nie vorher, wann und wie sie uns treffen würden. Die Sturmböe, die aufkam, den halben Himmel verdeckte und auf uns niederging, konnte sich ebenso gut in zwei Böen aufteilen, die harmlos links und rechts an uns vorbeifegten; während die winzige, unschuldig aussehende Böe, die allem Anschein nach nicht mehr als ein Fass Wasser und ein Pfund Wind mit sich führte, urplötzlich zyklopische Ausmaße annahm, uns mit Regen überflutete und mit Wind überrollte. Dann gab es noch heimtückische Sturmböen, die wacker nach achtern wehten und dann heimlich aus einer Meile Entfernung in Lee zurückschlichen. Dann wieder brausten zwei Böen an uns vorbei, eine auf jeder Seite, und brachten uns in Schwung. Nun wird ein Sturm nach einiger Zeit langweilig, Sturmböen aber nie. Die tausendste erlebte Sturmböe ist ebenso interessant wie die erste, vielleicht sogar noch interessanter. Nur ein Anfänger fürchtet sie nicht. Jemand, der tausend Sturmböen miterlebt hat, respektiert sie. Er kennt ihre Natur.

Im Kalmengürtel ereignete sich der aufregendste Zwischenfall. Am 20. November entdeckten wir, dass wir durch ein Missgeschick mehr als die Hälfte unserer Trinkwasservorräte verloren hatten. Da wir Hilo vor dreiundvierzig Tagen verlassen hatten, waren unsere Frischwasservorräte nicht mehr besonders groß. Davon die Hälfte zu verlieren, war katastrophal. Streng rationiert würde das restliche Wasser für zwanzig Tage reichen. Doch wir befanden uns im Kalmengürtel; niemand konnte sagen, wo die Südostpassatwinde wehten oder wo wir sie würden nutzen können.

Die Pumpe wurde sofort gesperrt, und einmal am Tag wurde Wasser ausgegeben. Jeder von uns erhielt ein Quart[38] zum persönlichen Gebrauch, der Koch bekam acht Quart. Nun kam Psychologie ins Spiel. Kaum hatten wir die Wasserknappheit entdeckt, da wurde zumindest ich auch schon von brennendem Durst heimgesucht. Mir schien, als wäre ich noch nie zuvor in meinem Leben so durstig gewesen. Ich hätte mein kleines Quart Wasser mühelos in einem Zug austrinken können, und dies nicht zu tun, erforderte eine enorme Selbstbeherrschung. Auch war ich nicht der Einzige, dem es so ging. Jeder von uns sprach über Wasser, dachte an Wasser und träumte von Wasser, wenn er schlief. Wir suchten auf den Seekarten nach Inseln, die wir im Notfall ansteuern konnten, doch es gab keine. Die nächstgelegenen waren die Marquesas, und die lagen auf der anderen Seite des Äquators und außerdem jenseits des Kalmengürtels, was die Situation noch schlimmer machte. Wir befanden uns auf 3° nördlicher Breite, die Marquesas jedoch auf 9° südlicher Breite, was einer Entfernung von mehr als 1000 Meilen entsprach. Zudem lagen die Marquesas 14° westlich unseres Längengrads. Da saßen wir nun, eine Handvoll armseliger Geschöpfe, in der Zwickmühle und schmorten in der Hitze der tropischen Kalmen auf dem Ozean. Wir spannten auf beiden Seiten Taue zwischen der Takelage des Groß- und Besanmastes. Wir befestigten daran ein großes Sonnensegel, das achtern mit einer Flaggenleine hochgezogen wurde, sodass der möglicherweise darauf gesammelte Regen nach vorne abfließen würde, wo man ihn dann abfüllen könnte. Hier und da zogen Sturmböen über den Meereskreis. Wir beobachteten sie den ganzen Tag lang, mal an Backbord, mal an Steuerbord, dann wieder voraus oder achteraus. Doch nie kam eine so dicht an uns heran, dass sie anregnete. Am Nachmittag jedoch trieb eine große auf uns zu. Im Herannahen breitete sie sich über den Ozean aus, und wir konnten sehen, wie sie Tausende Gallonen

---

38 Entspricht 0,95 Litern.

ins salzige Meer goss. Wir prüften noch einmal das Sonnensegel und warteten. Warren, Martin und Hermann gaben ein lebhaftes Bild ab. Sie standen beisammen, klammerten sich an die Takelage, schaukelten mit der Schiffsbewegung und starrten unverwandt auf die Sturmböe. Jede ihrer Posen sprach von Anspannung, Sorge und Sehnsucht. Neben ihnen spannte sich das staubtrockene Sonnensegel. Sie aber schienen in sich zusammenzufallen, als die Böe sich teilte und teils vor uns, teils achtern an uns vorüberzog und leewärts verschwand.

Doch der Regen kam noch in derselben Nacht. Martin, dessen psychologisch motivierter Durst ihn gezwungen hatte, sein Quart Wasser frühzeitig auszutrinken, legte seinen Mund an den Abfluss des Sonnensegels und nahm den größten Schluck, den ich je irgendwen habe trinken gesehen. Das kostbare Nass kam eimerweise und bottichweise, und innerhalb von zwei Stunden sammelten und lagerten wir hundertzwanzig Gallonen in den Tanks. Seltsamerweise fiel während unserer weiteren Reise zu den Marquesas kein einziger Regentropfen mehr. Hätte die Sturmböe uns verfehlt, wären die Sperren an der Pumpe geblieben, und wir hätten uns darangemacht, mit unserem überschüssigen Benzin Meerwasser zu destillieren.

Dann war da noch das Angeln. Man musste nicht in die Ferne schweifen, denn es fand direkt an der Reling statt. Ein Drei-Zoll-Stahlhaken am Ende einer strammen Leine mit einem weißen Stofffetzen als Köder, mehr brauchte es nicht, um Bonitos zu fangen, die zwischen zehn und 25 Pfund wogen. Bonitos fressen Fliegende Fische, weswegen sie nicht daran gewöhnt sind, am Haken herumzuknabbern. Sie zappeln so wild wie der wildeste aller Meeresfische, und ihren ersten Fluchtversuch vergisst niemand so leicht, der je einen von ihnen geangelt hat. Bonitos sind überdies ausgesprochene Kannibalen. Sobald einer am Haken hängt, wird er von seinen

Gefährten angegriffen. Immer wieder hievten wir sie mit frischen, säuberlich abgebissenen, teetassengroßen Wunden an Bord.

Ein Bonitoschwarm, der mehrere Tausend Tiere zählte, blieb mehr als drei Wochen lang Tag und Nacht bei uns. Mithilfe der *Snark* fand er ideale Jagdbedingungen vor, und so zog er eine Schneise der Verwüstung durch den Ozean, etwa eine halbe Meile breit und 1500 Meilen lang. Die Bonitos formierten sich nämlich nebeneinander zu beiden Seiten der *Snark* und stürzten sich auf die Fliegenden Fische, die ihr Vordersteven für sie aufgescheucht hatte. Da sie ständig achteraus die Fliegenden Fische verfolgten, die bereits mehrere Flüge überlebt hatten, überholten sie die *Snark* stets aufs Neue, und wann immer man einen Blick nach achtern warf, konnte man sehen, wie an der Vorderseite einer brechenden Welle zahllose ihrer silbernen Leiber knapp unter der Oberfläche flitzten. Sobald sie sich vollgefressen hatten, genossen sie es, im Schatten des Boots oder seiner Segel zu bleiben, und man konnte ständig wohl hundert dabei beobachten, wie sie im Kühlen gemächlich dahinglitten.

Doch die armen Fliegenden Fische! Gejagt und lebendig gefressen von den Bonitos und Delfinen, versuchten sie durch die Luft zu entkommen, wo herabstürzende Seevögel sie wieder zurück ins Wasser trieben. Es gab für sie keine Zuflucht unter der Sonne. Fliegende Fische spielen nicht, wenn sie sich in die Lüfte erheben. Für sie geht es um Leben und Tod. Täglich konnten wir tausendmal mit ansehen, wie diese Tragödie ihren Lauf nahm. Das rasche, unterbrochene Kreisen einer Seemöwe fesselt möglicherweise zuerst die Aufmerksamkeit. Der Blick nach unten zeigt den Rücken eines Delfins, wie er in wilder Jagd die Oberfläche durchbricht. Direkt vor seiner Nase schießt ein pulsender Silberstreifen aus dem Wasser in die Luft – ein zarter organischer Flugapparat, der über Empfindungsfähigkeit, Orientierungssinn und eine Liebe zum Leben verfügt. Die

Möwe schnappt nach ihm und verfehlt ihn, und der Fliegende Fisch, der wie ein Papierdrachen gegen den Wind aufsteigt und Höhe gewinnt, fliegt einen Halbkreis und saust leewärts davon, indem er am Busen des Windes dahingleitet. Unter ihm zieht der Delfin seine schäumende Spur. So jagt er hinterher, während er mit großen Augen zu seinem glitzernden Frühstück hinaufblickt, das durch ein anderes Element als das seine steuert. So hoch kann er nicht springen, doch ist er ein gründlicher Empiriker, der weiß, dass der Fliegende Fisch, falls er nicht von der Möwe verschluckt wird, früher oder später ins Wasser zurückkehren muss. Und dann – Frühstück. Uns tat der arme geflügelte Fisch leid. Es war traurig, ein so schäbiges und blutiges Gemetzel mit anzusehen. Und dann, während der Nachtwachen, wenn ein verirrter kleiner Fliegender Fisch gegen das Großsegel prallte und nach Luft schnappend und zappelnd auf das Deck fiel, eilten wir ebenso eifrig, ebenso gierig, ebenso gefräßig wie die Delfine und Bonitos hin. Denn bekanntlich sind Fliegende Fische ein äußerst leckeres Frühstück. Mir kommt es immer wieder erstaunlich vor, dass ein so schmackhaftes Fleisch das seiner Verschlinger nicht ebenso schmackhaft macht. Vielleicht sind Delfine und Bonitos grobfasriger, weil sie so schnell schwimmen müssen, um ihr Opfer zu erlegen. Doch andererseits bewegen sich auch die Fliegenden Fische sehr schnell.

Gelegentlich fingen wir auch Haie, an großen Haken mit Kettenwirbeln, die an einem kurzen Seil festgemacht waren. Und wo es Haie gab, gab es auch Lotsenfische und Saugfische[39] sowie verschiedene Parasiten. Einige der Haie erwiesen sich als regelrechte Menschenfresser, mit ihren Tigeraugen und den zwölf Reihen rasiermesserscharfer Zähne. Übrigens stimmten wir von der *Snark*, die

---

39 Ein Meeresfisch der Familie Echeneidae, dafür bekannt, sich an Haie, andere Meeresbewohner und Schiffsrümpfe zu heften.

wir so manchen Fisch verspeist haben, darin überein, dass gebackener Hai in Tomatensauce unübertrefflich schmeckt. In den Kalmen fingen wir dann und wann einen Fisch, den der japanische Koch »haké«[40] nannte. Und einmal fingen wir an einem Blinker, den wir hundert Meter achteraus hinter uns herzogen, einen schlangenartigen Fisch, einen Meter lang und mit weniger als drei Zoll Durchmesser und vier Fangzähnen im Maul. Er war, wie sich herausstellte, der köstlichste Fisch, den wir je an Bord gegessen hatten; sein Fleisch war zart und sein Geschmack hervorragend.

Die willkommenste Bereicherung unserer Speisekammer war eine grüne Meeresschildkröte, die ganze hundert Pfund wog und höchst appetitlich als Steak, Suppe, Eintopf und schließlich als wunderbares Currygericht serviert wurde, welches alle an Bord dazu verführte, mehr Reis zu essen, als ihnen guttat. Die Schildkröte wurde windwärts gesichtet, friedlich schlummernd auf der Oberfläche, inmitten eines großen Schwarms neugieriger Delfine. Es handelte sich gewiss um eine Tiefsee-Meeresschildkröte, denn das nächste Land lag tausend Meilen entfernt. Wir wendeten die *Snark*, um sie zu fangen, und Hermann stieß die Fischharpune in ihren Kopf und Hals. Als wir sie an Bord holten, hafteten zahlreiche Saugfische an ihrem Panzer, und aus den Flossenhöhlen krabbelten mehrere große Krebse hervor. Die Crew der *Snark* brauchte nicht länger als die nächste Mahlzeit, um sich einstimmig bereit zu erklären, jederzeit wieder das Schiff wegen einer Schildkröte zu wenden.

Doch ist der Delfin der wahre König der Hochseefische. Sein Farbton wechselt unablässig. Schwimmt er im Ozean, ein ätherisches Wesen im hellsten Azurblau, zeigt er in dieser einen Erscheinung eine wundersame Farbenpracht. Doch dies ist nichts im Vergleich zu dem Farbenspiel, zu dem er imstande ist. Einmal er

40 Ein Meeresfisch der Familie Merluccius, dem Kabeljau ähnlich.

scheint er grün – hellgrün, dunkelgrün, grün phosphoreszierend; dann wieder blau – dunkelblau, stahlblau, jede Art von Blau. Fängt man ihn an einem Haken, wird er golden, goldgelb, ganz aus Gold. Zerrt man ihn an Deck, führt er die ganze Farbpalette vor, von unvorstellbaren Blautönen bis zu grünen und gelben Schattierungen, um dann urplötzlich gespenstisch weiß zu werden und mittendrin blaue Punkte aufzuweisen, und man stellt mit einem Mal fest, dass er wie eine Forelle gefleckt ist. Dann kehrt er vom Weiß zurück zum großen Farbenspiel, das schließlich in Perlmutt übergeht.

Dem leidenschaftlichen Angler kann ich keinen besseren Sport empfehlen, als einen Delfin zu fangen. Er sollte dies selbstverständlich mit einer dünnen Leine und einer Rolle tun. Ein Tarpon-Haken Größe 7 von O'Shaughnessy mit einem ganzen Fliegenden Fisch als Köder ist genau richtig. Wie der Bonito ernährt sich der Delfin von Fliegenden Fischen und schnappt sich den Köder blitzschnell. Die erste Warnung erkennt man daran, dass die Rolle quietscht und man die Leine im rechten Winkel zum Boot davonsausen sieht. Bevor man Zeit hat, sich Sorgen um die Länge der Leine zu machen, springt der Fisch mehrmals in die Luft. Da er mit einiger Gewissheit ein bis eineinhalb Meter lang ist, kann man sich vorstellen, wie viel Geschicklichkeit es erfordert, einen so stürmischen Meeresbewohner einzuholen. Hängt er am Haken, wird er unweigerlich golden. Seine Luftsprünge sind Versuche, den Haken loszuwerden, und derjenige, der den Fang gemacht hat, muss ein Herz aus Stein haben oder ein Waschlappen sein, wenn sein Puls beim Anblick eines so herrlichen Tiers nicht beschleunigt, dessen goldenes Kettenhemd glitzert und das sich wie ein Hengst jedes Mal mitten im Sprung schüttelt. Jetzt bloß die Leine locker lassen! Sonst wird der Haken bei einem der Sprünge rausgerissen und sechs Meter weit fortgeschleudert. Lässt man nicht locker, startet er einen neuerlichen Fluchtversuch mit weiteren Luftsprüngen.

Spätestens jetzt beginnt man, sich um die Leine Sorgen zu machen und zu wünschen, 270 anstatt 180 Meter auf der Rolle zu haben. Durch vorsichtiges Auszappeln kann man Schnurlänge einsparen, und nach einer Stunde fieberhafter Aufregung kann man den Fisch dann mit dem Landungshaken einholen. Einer dieser Delfine, die ich auf die *Snark* zog, maß über eineinhalb Meter.

Hermann ging das Delfinefangen prosaischer an. Er benötigte nichts als eine Handleine und ein Stück Haifleisch. Seine Handleine war sehr dick, doch bei mehr als einem Versuch riss sie, und der Fisch ging verloren. Eines Tages entkam ein Delfin mit einem von Hermann gefertigten Köder, an dem vier O'Shaughnessy-Haken befestigt waren. Binnen einer Stunde wurde derselbe Delfin mit einer Angel gefangen, und als wir ihn zerlegten, fanden wir die vier Haken. Die Delfine, die uns länger als einen Monat begleitet hatten, verließen uns nördlich des Äquators, und wir sichteten auf der restlichen Überfahrt keinen einzigen mehr.

So verstrichen die Tage. Es gab so viel zu tun, dass nie Langeweile aufkam. Hätten wir weniger zu tun gehabt, hätten wir uns die Langeweile durch die wundervollen Meeres- und Wolkenlandschaften versüßt: Morgendämmerungen, die brennenden Kaiserstädten glichen, unter Regenbogen, die sich fast bis zum Zenit wölbten; Sonnenuntergänge, die das purpurne Meer in Flüsse aus rosafarbenem Licht tauchten, von einer Sonne, deren gefächerte, himmelhoch aufblitzende Strahlen das reinste Blau zeigten. In Schiffsnähe war das Meer tagsüber wie aus azurblauem, seidigem Stoff gewebt, in dessen Tiefen das Sonnenlicht leuchtende Trichter bildete. Achtern, tief unten, blubberte bei leichtem Wind eine Prozession aus milchig türkisfarbenen Gespenstern – die Gischt, die vom Rumpf der *Snark* unter die Oberfläche gedrückt wurde, wann immer diese eine Welle rammte. Nachts bestand das Kielwasser aus phosphoreszierendem Feuer, in dem der Schleim der Medusen an unserer vorbeiziehenden Masse Anstoß nahm, während man weiter unten den unablässigen Flug der Kometen mit ihren langen, wallenden, nebelhaften Schweifen beobachten konnte, verursacht durch Bonitos, die den aufgebrachten Medusenschleim durchschwammen. Und hin und wieder, aus der Dunkelheit auf beiden Seiten, blitzten knapp unter der Oberfläche größere phosphoreszierende Organismen wie Lichtquellen auf, nachdem sie mit den unachtsamen Bonitos zusammengestoßen waren, welche nach vorne zu den guten Jagdgründen direkt unter unserem Bugspriet stoben.

Wir schafften es, ostwärts voranzukommen, quälten uns durch den Kalmengürtel und erwischten eine frische Brise aus Südwest. So vom Wind abgetrieben und mit einer solchen Ausrichtung, wären wir allerdings weit westlich an den Marquesas vorbeigefahren. Doch am nächsten Tag, es war ein Dienstag, 26. November, mitten in einer heftigen Sturmböe, drehte der Wind plötzlich auf Südost. Wir hatten endlich den Passat erreicht. Es gab keine Böen mehr, nur gutes Wetter, günstigen Wind, ein wirbelndes Log, bei losem Tauwerk und mit Spinnaker und Großsegel, die beidseitig schwellten und flatterten. Der Passat drehte immer weiter, bis er aus Nordost blies, während wir unseren Kurs gleichmäßig auf Südwest hielten. Zehn Tage später, am Morgen des 6. Dezember um fünf Uhr, sichteten wir Land, »und zwar dort, wo es sein sollte«, direkt vor uns. Wir liefen leewärts an Ua Huka vorbei, segelten entlang der Südküste von Nuku Hiva, und in jener Nacht, bei heftigen Sturmböen und pechschwarzer Finsternis, kämpften wir uns durch bis zu einem Ankerplatz in der schmalen Bucht von Taiohae. Der Anker rumpelte zum Geblöke der Wildziegen auf den Klippen hinab, und die Luft dort war schwer vom süßen Parfum der Blüten. Die Überfahrt war gelungen. Sechzig Tage von Land zu Land, über ein einsames Meer, an dessen Horizonten niemals auch nur ein windgefülltes Segel eines Schiffes auftaucht.

10. Kapitel

Typee

I m Osten wurde Ua Huka von einem abendlichen Regensturm
verdeckt, der die *Snark* rasch einzuholen drohte. Doch das
kleine Schiff, dessen großen Spinnaker ein Südostpassat füllte,
hatte die Nase vorn. Kap Martin, der südöstlichste Punkt Nuku
Hivas, lag querab, und die Comptroller-Bucht öffnete sich, als wir
an ihrer breiten Einfahrt vorbeifegten, wo Sail Rock, ein Felsen,
der für jedermann aussieht wie das Sprietsegel eines Lachsfang-
boots auf dem Columbia River, tapfer der donnernden südöstlichen
Brandung trotzte.

»Was mag das wohl sein?«, fragte ich Hermann, der am Steuerrad Dienst tat.

»Ein Fischerboot, Sir«, antwortete er nach sorgfältiger Prüfung.

Auf der Karte verzeichnet war allerdings »Sail Rock«.

Doch uns interessierten viel mehr die Refugien der Comptroller-Bucht, wo unsere Augen eifrig nach den drei Einbuchtungen
suchten und sich auf die mittlere konzentrierten, wo die aufkom-
mende Dämmerung die schattigen Hänge eines Tals enthüllte, das
sich ins Landesinnere erstreckte. Wie oft hatten wir über der Karte
gebrütet und immer die mittlere Einbuchtung und das Tal, das sich
dort öffnete, betrachtet, das Typee-Tal. »Taipi« steht auf der Karte,
und dies ist die richtige Schreibweise, aber mir ist »Typee« lieber,

146

und so werde ich den Namen auch in Zukunft schreiben. Als kleiner Junge las ich ein Buch, das diesen Namen im Titel trug – Herman Melvilles *Typee*[41] –, und ich verträumte manche Stunde über seinen Seiten. Doch es war keine bloße Träumerei. Ich beschloss damals kurzerhand und mit großem Ernst, dass ich, komme, was wolle, sobald ich stärker und älter wäre, ebenfalls nach Typee reisen würde. Denn das Staunen über die Welt war in mein winziges Bewusstsein gedrungen – das Staunen, das mich in viele Länder führen sollte, das mich immer noch führt und nicht abnimmt. Die Jahre vergingen, doch Typee wurde nicht vergessen. Als ich von einer sieben Monate dauernden Kreuzfahrt im Nordpazifik nach San Francisco zurückkehrte, entschied ich, dass die Zeit reif war. Die Brigg *Galilee* segelte zu den Marquesas, doch ihre Crew war komplett, und ich, ein Vollmatrose vor dem Mast und jung genug, darauf mehr als nur stolz zu sein, war bereit, mich dazu herabzulassen, als Schiffsjunge anzuheuern, um die Pilgerfahrt nach Typee zu machen. Die *Galilee* wäre natürlich ohne mich von den Marquesas abgesegelt, denn ich wollte unbedingt eine neue Fayaway und einen neuen Kory-Kory finden.[42] Ich bezweifle, dass der Kapitän in mir einen Deserteur sah. Vielleicht war sogar der Platz des Schiffsjungen schon besetzt. Wie auch immer, ich bekam ihn nicht.

Dann verflogen die Jahre, bis zum Rand gefüllt mit Plänen, Erfolgen und Niederlagen; doch Typee wurde nicht vergessen, und nun stand ich hier, blickte auf seine nebelverhangene Silhouette,

---

41 Melville schilderte in seinem ersten, erfolgreichsten Buch von 1846 seinen Aufenthalt auf Nuku Hiva und seine Gefangenschaft im Taipi-Tal. Die Erstausgabe erschien unter dem Titel *Narrative of a Four Months' Residence Among the Natives of a Valley of the Marquesas Islands; or a Peep at Polynesian Life*. Später geändert in *Typee: A Peep at Polynesian Life*.

42 Fayaway ist der »Inbegriff weiblicher Schönheit« und Kory-Kory der eifrige Leibdiener des Erzählers in Melvilles romanhaftem Bericht.

bis der Regensturm auf uns niederging und die *Snark* in die heran-
ziehenden Dunstwolken hineinsauste. Wir erhaschten einen kurzen Blick und peilten den Sentinel Rock an, der sich in donnernde
Brandung hüllte. Dann wurde auch er von Regen und Dunkelheit
verschlungen. Wir steuerten direkt auf ihn zu, im Vertrauen darauf, die tosende Brandung rechtzeitig zu hören, um ihr auszuweichen. Wir mussten ihn ansteuern. Wir hatten nichts als eine Kompasspeilung, um uns zu orientieren, und wenn wir den Sentinel
Rock verpassten, verpassten wir auch die Taiohae-Bucht, und dann
müssten wir die *Snark* in den Wind bringen und die ganze Nacht
vor der Küste kreuzen: keine erfreuliche Aussicht für Reisende,
müde von einer sechzigtägigen Überfahrt über die unermessliche
Leere des Pazifiks, nach Land lechzend, nach Früchten hungernd
und sich seit Jahren nach dem lieblichen Tal von Typee verzehrend.

Plötzlich ragte Sentinel Rock mit lautem Grollen direkt vor
uns aus dem Regen auf. Wir änderten unseren Kurs und segelten
unter vom Sturmwind gewölbten Großsegel und Spinnaker daran
vorbei. Leewärts des Felsens ließ uns der Wind im Stich, und wir
rollten in einer vollkommenen Kalme. Dann knallte ein Windstoß
aus der Taiohae-Bucht uns direkt ins Gesicht. Nun hieß es Spinnaker einholen, Besansegel setzen, alle Segel am Wind, und langsam
kamen wir voran, warfen das Lot und suchten angestrengt nach
dem roten Signallicht auf der Festungsruine, das uns die Lage des
Ankerplatzes anzeigen würde. Der Wind war leicht und veränderlich, wehte abwechselnd aus dem Osten, Westen, Norden und Süden; gleichzeitig hörte man an beiden Seiten das Grollen unsicht-
barer Brecher. Von den emporragenden Klippen ertönte das Blöken
wilder Ziegen, und am Firmament lugten die ersten Sterne trübe
durch die Wolkenfetzen des abziehenden Sturms. Zwei Stunden
später, nachdem wir eine Meile weit in die Bucht hineingesegelt waren, ankerten wir bei elf Faden Tiefe. Und so erreichten wir Taiohae.

Am Morgen erwachten wir im Märchenland. Die *Snark* ruhte in einem friedlichen Hafen, der sich in ein überwältigendes Amphitheater schmiegte, dessen emporragende, rankenbewachsene Felswände direkt aus dem Wasser aufzusteigen schienen. Weit oben im Osten erkannten wir die schmale Linie eines Pfades, der dort sichtbar wurde, wo er über die kahle Felswand führte.

»Der Pfad, über den Toby[43] aus Typee entkam!«, riefen wir.

Kurz darauf waren wir an Land und zu Pferde, doch die Vollendung unserer Pilgerfahrt verzögerte sich noch um einen Tag. Zwei Monate auf hoher See, ständig barfüßig, ohne Platz, die Glieder zu strecken, sind nicht die besten Voraussetzungen für Lederschuhe und Wanderungen. Zudem musste erst das Land aufhören, so übel zu schaukeln, bevor wir dazu bereit wären, den Bergziegen folgend auf schwindelerregenden Pfaden zu reiten. Wir unternahmen zur Übung also einen kurzen Ausritt und drangen durch dichten Dschungel, um Bekanntschaft mit einem altehrwürdigen, bemoosten Götzenbild zu machen, an jener Stelle, wo sich ein deutscher Kaufmann und ein norwegischer Kapitän getroffen hatten, um das Gewicht des besagten Götzen zu schätzen und über die Wertminderung zu spekulieren, wenn man ihn in zwei Teile zersägte. Sie gingen frevelhaft mit dem alten Burschen um, stießen ihre Messer hinein, um seine Härte und die Dicke seines Moosmantels zu prüfen, und befahlen ihm, aufzustehen und selbst zum Schiff hinunterzugehen, um ihnen Mühe zu ersparen. An seiner statt banden neunzehn Kanakas ihn auf ein Holzgestell und schleppten ihn auf das Schiff, in dessen Frachtraum er sogar jetzt noch den Südpazifik Richtung Kap Hoorn durchpflügt und weiterreist nach Europa, der ultimativen Bleibe aller guten heidnischen Götzen, außer

43 Melvilles Schiffskamerad Richard Tobias (»Toby«) Greene, der den oft angezweifelten Bericht seines Freundes bestätigte.

149

den wenigen amerikanischen und einem besonderen, der neben mir grinst, während ich dies schreibe, und der, wenn wir nicht untergehen, immer in meiner Nähe grinsen wird, bis ich sterbe. Und er hat den längeren Atem. Er wird immer noch grinsen, wenn ich zu Staub zerfallen bin.

Auch besuchten wir zur weiteren Vorbereitung ein Fest, bei dem ein gewisser Taiara Tamarii, Sohn eines hawaiianischen Seemanns, der von einem Walfänger desertierte, den Tod seiner marquesanischen Mutter betrauerte, indem er vierzehn ganze Schweine briet und das ganze Dorf dazu einlud. Wir gesellten uns zu ihnen und wurden von einem einheimischen Herold begrüßt, einem jungen Mädchen, das sich auf einen großen Felsen stellte und verkündete, dass das Bankett durch unseren Besuch vervollkommnet werde, was sie unparteiisch jedem Neuankömmling mitzuteilen pflegte. Doch kaum hatten wir uns gesetzt, da änderte sich ihr Ton, und die Gesellschaft zeigte heftige Aufregung. Ihre Schreie wurden dringlicher und gellend. Aus der Ferne waren Männerstimmen zu hören, sie gaben schreiend Antwort und verschmolzen zu einem wilden, barbarischen Gesang, der ungemein archaisch wirkte und an Blut und Krieg erinnerte. Sodann erschien aus dem tropischen Dickicht eine Prozession von Wilden, nackt, bis auf farbenprächtige Lendentücher. Sie kamen langsam näher, stießen tiefe triumphierende und freudige Kehllaute aus. Von ihren Schultern baumelten an jungen Trieben befestigte geheimnisvolle Objekte, die ziemlich schwer und von grünen Blättern verhüllt waren.

In diesen Blätterhüllen befanden sich lediglich unschuldige fette und gut durchgebratene Schweine, doch die Männer trugen sie ins Lager, als handelte es sich um das »Langschwein« aus alten Zeiten. Langschwein ist kein Schwein. Langschwein ist die polynesische Umschreibung für Menschenfleisch; und diese Nachfahren der Menschenfresser, angeführt von einem Königssohn, brachten die Schweine an den Tisch wie einst ihre Großväter deren hingemetzelte Feinde. Die Prozession blieb immer wieder stehen, um den Trägern die Gelegenheit zu geben, besonders wilde Schreie über ihren Sieg, ihre Verachtung für den Feind und über ihren Appetit auszustoßen. So wurde, zwei Generationen zuvor, Melville Zeuge davon, wie die Leiber erschlagener Happar-Krieger in Palmblätter gehüllt zum Bankett im Ti[44] transportiert wurden. Ein andermal betrachtete er im Ti »einen Holzkessel mit seltsamen Schnitzereien«, und als er hineinschaute, fiel sein Blick »auf die Stücke eines zerschlagenen menschlichen Skeletts, dessen Knochen noch feucht waren und hier und da Fleischreste aufwiesen«.

Kannibalismus wurde oft als Märchen äußerst zivilisierter Menschen betrachtet, die womöglich ein Unbehagen bei dem Gedanken empfanden, dass ihre eigenen wilden Ahnen ganz ähnlichen Bräuchen anhingen. Kapitän Cook[45] zeigte sich zu diesem Thema ziemlich skeptisch, bis er eines Tages im Hafen von Neuseeland die Angelegenheit bewusst unter die Lupe nahm. Ein Eingeborener hatte zufällig einen schönen, sonnengetrockneten Kopf zum Verkauf an Bord gebracht. Cook befahl, Fleischstücke vom Kopf zu schneiden und dem Eingeborenen zu geben, der sie gierig verschlang. Man kann Cook, ohne zu übertreiben, einen überaus gründlichen Empiriker nennen. Jedenfalls lieferte er durch seine Tat der Wissenschaft eine Tatsache, die sie dringend benötigt hatte. Dabei konnte er sich kaum vorstellen, dass Tausende Meilen entfernt eine gewisse Inselgruppe existierte, wo später einmal eine denkwürdige Gerichtsverhandlung stattfinden würde, bei der ein alter Häuptling aus Maui der Verleumdung bezichtigt wurde, weil

---

44 Ti oder *tei* ist ein großes Gebäude, das rituellen Zwecken dient und für Frauen tabu ist. Vgl. Melvilles *Typee*, Kapitel 12.

45 Kapitän James Cook (1728–1779) besuchte die Marquesas 1774 während seiner zweiten Weltumsegelung. 1769 bis 1770 umsegelte er Neuseeland.

er beharrlich behauptete, dass sein Magen die letzte Ruhestätte von Kapitän Cooks großem Zeh sei. Angeblich konnten die Kläger nicht beweisen, dass der alte Häuptling den großen Zeh des Seefahrers *nicht* in seinem Bauch bestattet hatte, und so wurde die Klage fallen gelassen.

In diesen verkümmerten Zeiten werde ich wohl nicht die Gelegenheit bekommen, zu beobachten, wie Langschwein gegessen wird, doch besitze ich zumindest bereits eine ordnungsgemäß zertifizierte marquesische Kalebasse, länglich, mit eigentümlichen Schnitzereien, über hundert Jahre alt, aus der einst das Blut zweier Kapitäne getrunken wurde. Einer der beiden war ein übler Kerl. Er verkaufte ein baufälliges Walfangboot, das er mit weißer Farbe frisch gestrichen hatte, als neuwertig an einen Marquesas-Häuptling. Doch kaum war der Kapitän abgesegelt, brach das Walfangboot in Stücke. Einige Zeit später ließ das Schicksal ihn ausgerechnet an dieser Insel Schiffbruch erleiden. Der marquesanische Häuptling hatte keine Ahnung von Rückzahlungen und Rabatten, doch er besaß ein primitives Gespür für Gerechtigkeit und eine ebenso primitive Vorstellung von natürlicher Ökonomie und beglich die offene Rechnung, indem er den Mann, der ihn betrogen hatte, einfach verspeiste.

In der kühlen Morgendämmerung machten wir uns auf den Weg nach Typee, auf wilden kleinen Hengsten, die stampften und wieherten und bissen und gegeneinander kämpften, völlig unbeeindruckt von der Tatsache, dass sie verletzliche Menschen auf ihren Rücken trugen, ebenso wie von den glatten Felsen, losen Steinbrocken und gähnenden Abgründen. Wir ritten bergauf, auf einer sehr alten Straße, die durch einen Dschungel aus *hau*-Bäumen führte. Überall sah man Spuren einer einst großen Bevölkerung. Wo immer der Blick das dichte Unterholz durchdringen konnte, erhaschte man flüchtige Bilder von Steinmauern und Steinfundamenten, zwei bis drei Meter hoch, durchgehend solide gebaut und viele Meter lang und ebenso breit. Sie bildeten große Steinplattformen, auf denen früher einmal Häuser standen. Doch die Häuser und Menschen waren verschwunden, und riesige Bäume bohrten ihre Wurzeln durch die Plattformen hindurch und ragten über dem Dschungel auf. Man nennt diese Fundamente *pae-paes*; Melville, der die phonetische Schreibweise wählte, nannte sie *pi-pis*[46].

Die Marquesaner der heutigen Generation haben nicht die Kraft, um so große Steine zu heben und aufzustellen. Es mangelt ihnen auch an Ansporn. Es sind genug *pae-paes* für alle da und noch ein paar Tausend unbewohnte dazu. Ein- oder zweimal, als wir das Tal hinaufstiegen, sahen wir prächtige *pae-paes*, auf denen armselige kleine Strohhütten standen, wobei die Proportionen denen einer Wahlkabine auf dem Fundament der Cheopspyramide entsprachen. Denn die Marquesaner sterben aus, und ihr Untergang wird, wenn man von den Zuständen in Taiohae ausgehen kann, nur durch den Zustrom frischen Blutes aufgehalten. Ein reiner Marquesaner ist selten. Es scheinen allesamt Mischlinge und eigenartige Abkömmlinge Dutzender verschiedener Völker zu sein. Ein Kaufmann in Taiohae kann nicht mehr als neunzehn fähige Arbeiter anheuern, um ein Schiff mit Kopra[47] zu beladen, und in deren Adern fließt das Blut von Engländern, Amerikanern, Dänen, Deutschen, Franzosen, Korsen, Spaniern, Portugiesen, Chinesen, Hawaiianern, Paumotanern, Tahitianern und Osterinselbewohnern. Es gibt hier mehr Völker als Einwohner, doch handelt es sich bestenfalls um den Bodensatz jener Volksgruppen. Das Leben schwindet und stolpert dahin und liegt in den letzten Zügen. In diesem warmen, ausgeglichenen Klima – ein echtes Paradies auf Erden –, wo nie extre-

46 *Pei-peis* in deutschsprachiger phonetischer Schreibweise.
47 Zerkleinertes und getrocknetes Mark der Kokosnuss.

me Temperaturen herrschen und die Luft balsamisch ist und stets von den ozonbeladenen Südostpassatwinden sauber gehalten wird, gedeihen Asthma, Schwindsucht und Tuberkulose so üppig wie die Vegetation. Aus jeder der wenigen Strohhütten hört man den Keuchhusten oder das erschöpfte Stöhnen geschwächter Lungen. Auch andere schreckliche Krankheiten verbreiten sich rasch, doch die tödlichsten sind jene, die die Lunge befallen. Eine besonders gefürchtete Variante wird »galoppierende Schwindsucht« genannt. Innerhalb von zwei Monaten verwandelt sie den stärksten Mann in ein Skelett unter einem Leichentuch. In einem Tal nach dem anderen hat auch noch der letzte Einwohner sein Leben beschlossen, und der fruchtbare Boden wurde erneut vom Dschungel erobert. In Melvilles Tagen wurde das Tal der Hapaa (er schrieb »Happar«) von einem starken und kriegerischen Stamm bevölkert. Eine Generation später lebten dort nur mehr zweihundert Menschen. Heute ist es eine unbewohnte, unwirtliche, tropische Wildnis.

Wir stiegen immer höher im Tal hinauf, unsere unbeschlagenen Hengste wählten vorsichtig ihre Schritte auf dem verfallenden Pfad, der zwischen verlassenen *pae-paes* und einem unersättlichen Dschungel hindurchführte. Die Aussicht auf rote Bergäpfel, *ohias*, die wir aus Hawaii kannten, ließ uns einen Eingeborenen losschicken, sie zu pflücken. Dann wieder kletterte einer eine Palme hoch, um uns Kokosnüsse zu holen. Ich habe Kokosmilch auf Jamaika und Hawaii gekostet, aber nie geahnt, wie köstlich dieser Trank sein kann, ehe ich ihn hier auf den Marquesas probierte. Gelegentlich ritten wir durch wilde Zitronen- und Orangenhaine – deren große Bäume in der Wildnis länger überdauert haben als die Spuren der Menschen, die sie anpflanzten.

Wir ritten durch endloses Gestrüpp aus gelb blühender Cassia – so man es reiten nennen konnte, denn diese duftenden Sträucher wurden von Wespen bevölkert. Und was für Wespen das waren! Gelbe Riesenbrummer, groß wie Kanarienvögel, schwirrten durch die Luft, mit Beinen von mehreren Zoll Länge. Einer der Hengste stellt sich plötzlich auf die Vorderbeine und schlägt mit den Hinterbeinen himmelwärts aus. Er holt weit genug aus, um einen wilden Sprung nach vorne zu machen, und steht alsbald wieder in Ausgangsstellung. Es ist nichts weiter. Sein dickes Fell wurde bloß durch einen flammenden Lanzenstich voll von Wespenkraft durchbohrt. Schon beginnt ein zweiter, dann ein dritter, und schließlich beginnen alle Hengste auf den Vorderbeinen über die steil abfallende Landschaft zu tanzen. Zoink! Ein glühend heißer Dolch dringt in meine Wange. Noch mal zoink! Ein Stich am Hals. Ich richte mich ruckartig auf und bekomme noch eine Zugabe. Es gibt keine Fluchtmöglichkeit, und die ausschlagenden Pferde auf dem gefährlichen Pfad vor mir geben zu wenig Hoffnung Anlass. Mein Pferd überholt Charmians Tier, und jene dünnhäutige Kreatur, im passendsten Moment frisch gestochen, trifft mit einem seiner Hufe mein Pferd und mit dem anderen mich. Ich danke meinem Glücksstern, dass seine Hufe nicht beschlagen sind, und wieder fahre ich aus dem Sattel hoch, als jener flammende Degen meine Haut durchbohrt. Das war nun wirklich zu viel des Guten, auch für mein armes Pferd, dessen Pein und Panik die meine noch übertraf.

»Aus dem Weg! Ich komme!«, schreie ich und schlage wie verrückt mit meiner Mütze nach diesen fliegenden Vipern, die mich umkreisen.

An einer Seite des Pfades befindet sich eine steile Felswand, an der anderen ein steiler Abhang. Die einzige Möglichkeit, mir auszuweichen, ist weiterzulaufen. Dass dieser Zug Pferde nicht den Halt verlor, grenzt an ein Wunder, doch die Tiere preschten nach vorne, stießen aneinander an, galoppierten, trotteten, stolperten, sprangen und kletterten. In regelmäßigen Abständen, wann immer eine Wespe auf ihnen landete, schlugen sie in die Luft aus. Von Zeit zu Zeit konnten wir wieder Atem schöpfen und zählten unsere Stiche. So ging es uns aber nicht bloß ein- oder zweimal, sondern x-mal. Merkwürdig, dass es uns nicht langweilig wurde. Ich muss es wissen, denn aus jedem Gestrüpp kam ich mit dem Lebenshunger eines Mannes heraus, der dem nahen Tod entflieht. Keine Sorge; der Pilger auf dem Weg von Taiohae nach Typee wird kaum je *ennui*[48] empfinden.

Schließlich entkamen wir der Wespenplage. Doch war dies weniger unserer Tapferkeit als der erreichten Höhe zu verdanken. Ringsum, so weit das Auge reichte, lagen die zerklüfteten Kämme der Bergketten, die ihre Zinnen in die Passatwindwolken trieben. Unter uns, in der Richtung, aus der wir gekommen waren, lag die *Snark* wie ein winziges Spielzeug auf dem ruhigen Wasser der Taiohae-Bucht. Vor uns konnten wir die Krümmung der Comptroller-Bucht sehen. Wir stiegen dreihundert Meter bergab, und Typee lag uns zu Füßen. »Ein flüchtiger Blick auf den Garten Eden hätte mich kaum mehr entzücken können«, sagte Melville, als er zum ersten Mal des Tales ansichtig wurde. Für ihn war es ein Garten. Für uns eine Wildnis. Wo waren die hundert Brotfruchtbaumhaine, die er sah? Wir konnten einen Dschungel erkennen, nichts als einen Dschungel, abgesehen von zwei Strohhütten und ein paar Gruppen Kokospalmen, die das grüne Urwalddickicht durchbrachen. Wo war der Ti des Mehevi, der Junggesellensaal, ein Palast, wo Frauen tabu waren, in dem er mit seinen Unterhäuptlingen Hof hielt, während ein halbes Dutzend verstaubter und steinerner Ahnen sie an die glorreiche Vergangenheit gemahnten? Vom reißenden Fluss waren keine Jungfrauen und Matronen beim *tapa*[49]-Klopfen zu

---

48 Langeweile.
49 Rindenbaststoff.

hören. Und wo war die Hütte, an der Narheyo endlos baute? Vergeblich hielt ich nach ihm Ausschau, wie er auf einer Kokospalme in rund dreißig Meter Höhe kauernd seine Morgenpfeife rauchte.

Wir stiegen im Zickzackkurs unter einem dicht verflochtenen Dschungeldach hinab, während große Schmetterlinge in aller Stille an uns vorbeiflatterten. Kein tätowierter Wilder bewachte mit Keule und Speer den Weg; und als wir den Fluss durchwateten, konnten wir nach Belieben umherschweifen. Das heilige und unbarmherzige Tabu herrschte nicht länger in dem lieblichen Tal. Oder nein, das Tabu herrschte noch, ein neues Tabu, denn es wurde als Warnung ausgesprochen, als wir den wenigen bemitleidenswerten Eingeborenenfrauen zu nahe kamen. Und das war gut so. Sie waren aussätzig. Der Mann, der uns warnte, litt entsetzlich an Elefantiasis. Alle hatten Lungenkrankheiten. Das Typee-Tal war die Heimstatt des Todes, und das Dutzend Überlebender des Stammes lag fiebernd in den letzten schmerzhaften Atemzügen des einstigen Volkes.

Es war gewiss keine Schlacht, die zugunsten der Starken ausgefallen war, denn die Typees waren sehr stark, stärker als die Happars, stärker als die Taiohaeaner, stärker als all die Stämme auf Nuku Hiva. Das Wort »typee« oder eher »taipi« bedeutete ursprünglich Menschenfresser. Da jedoch alle Marquesaner Menschenfleisch verzehrten, deutete der Name darauf hin, dass die Typees *die* Menschenfresser par excellence waren. Der Ruf der Typees, besonders unerschrocken und wild zu sein, verbreitete sich nicht nur auf Nuku Hiva. Auf allen Inseln der Marquesas war ihr Name gefürchtet. Kein Mensch konnte sie bezwingen. Sogar die französische Flotte[50], die die Marquesas besetzte, ließ die Typees in Ruhe.

---

50 Die Flotte des französischen Admirals Abel Aubert Dupetit-Thouars (1793–1864) besetzte 1841 die Marquesas.

Kapitän Porter[51] von der Fregatte *Essex* versuchte einmal das Tal zu erobern. Seine Matrosen und Marinesoldaten erhielten Verstärkung durch zweitausend Krieger aus Happar und Taiohae. Er drang ziemlich weit in das Tal vor, stieß aber auf so wilden Widerstand, dass man sich glücklich schätzte, sich zurückziehen und mit der Flotte aus Booten und Kriegskanus fliehen zu können.

Unter allen Bewohnern der Südsee galten die Marquesaner als die stärksten und schönsten. Melville schrieb über sie:»Ich war besonders beeindruckt von ihrer körperlichen Kraft und Schönheit. … Die Schönheit ihres Körperbaus übertraf alles, was ich je gesehen habe. Nicht das geringste Anzeichen einer körperlichen Missbildung konnte man in dem Gedränge der Besucher erkennen, die zu den Feiern gekommen waren … Jeder Einzelne schien frei von jeglichem Makel, der manchmal das Bild einer ansonsten vollkommenen Erscheinung beeinträchtigt. Doch das Herausragende ihrer Gestalt lag nicht nur darin, von solchen Übeln befreit zu sein; fast jeder von ihnen hätte für einen Bildhauer Modell stehen können.«[52] Mendaña[53], der Entdecker der Marquesas, pries den Anblick der Eingeborenen als erstaunlich schön. Figueroa[54], der Chronist seiner Expedition, sagte von ihnen:»Ihre Gesichtsfarbe war fast weiß; sie waren von guter Statur und von feinem, schlanken Wuchs.« Kapitän Cook nannte die Marquesaner die herrlichsten Inselbewohner der Südsee. Die Männer beschrieb er als »fast immer groß gewachsen, kaum je kleiner als ein Meter achtzig«.

---

51 David Porter (1780–1843) bekämpfte im britisch-amerikanischen Krieg von 1812 die britische Walfangflotte im Pazifik. 1813 ankerte sein Schiff, die *Essex*, vor Nuku Hiva.

52 Melvilles *Typee*, Kapitel 25.

53 Álvaro de Mendaña de Neyra (1541–1595) entdeckte die Marquesas 1595.

54 Mendañas Chronist, der Schriftsteller Cristóbal Suárez de Figueroa (1571–1644).

Und nun ist all diese Kraft und Schönheit verschwunden, und das Typee-Tal Heimat von ein paar Dutzend elender Kreaturen, die unter Lepra, Elefantiasis und Tuberkulose leiden. Melville schätzte die Bevölkerung auf zweitausend, wobei er das kleine anschließende Tal Ho-o-u-mi außer Acht ließ. Das Leben in diesem wunderbaren Garten, wo das Klima angenehmer und gesünder ist als irgendwo sonst auf der Welt, ist allmählich verrottet. Die Typees hatten nicht nur prachtvolle Körper; sie waren rein. Ihre Luft war nicht voll von Bazillen, Mikroben und Krankheitskeimen wie die unsere. Und als die Weißen in ihren Schiffen die verschiedenen Krankheitserreger mitbrachten, welkten die Typees dahin und gingen daran noch vor jenen zugrunde.

Betrachtet man die Situation, könnte man fast zu dem Schluss kommen, dass die weiße Rasse auf Schmutz und Fäulnis gedeiht. Die Erklärung liegt jedoch in der natürlichen Auslese. Wir Weißen sind die überlebenden Nachkommen von Tausenden Generationen Überlebender im Krieg gegen die Mikroorganismen. Wann immer jemandes angeborene Konstitution für diese winzigen Widersacher besonders empfänglich war, wurde er unverzüglich dahingerafft. Nur jene von uns überlebten, die ihnen Widerstand leisten konnten. Wir Überlebende sind die Abgehärteten, die Angepassten – jene, die in einer Welt voll feindlicher Mikroorganismen am besten zurechtkommen. Die armen Marquesaner haben keine solche natürliche Auslese mitgemacht. Sie waren nicht gegen solche Erreger immun. So wurden jene, die es sich zum Brauch machten, ihre Feinde zu essen, nun von Feinden gegessen, die so mikroskopisch klein waren, dass man sie nicht sehen konnte, und gegen die man nicht mit Pfeilen und Speeren kämpfen konnte. Hätte es andererseits zu Beginn ein paar Hunderttausend Marquesaner gegeben, hätte eine ausreichende Anzahl von Überlebenden den Grundstein für ein neues Volk legen können – ein wiedergeborenes Volk, falls man einen Sprung in ein fauliges Bad aus organischem Gift als Wiedergeburt bezeichnen kann.

Zu Mittag sattelten wir unsere Pferde ab, und nachdem wir die Hengste gewaltsam auseinandergebracht hatten – meiner hatte mehrere frische Bisswunden am Rücken – und nachdem wir vergeblich gegen die Kriebelmücken angekämpft hatten, aßen wir Bananen und Dosenfleisch, das wir mit tüchtigen Schlucken Kokosmilch hinunterspülten. Es gab wenig zu besichtigen. Der Dschungel war rasch zurückgekommen und hatte die kümmerlichen Bauten der Menschen überwuchert. Hier und da stolperte man über *pae-paes*, doch es gab keine Inschriften, keine Hieroglyphen, keine Schlüssel zu jener Vergangenheit, von der sie zeugten – nur stumme Steine, aufgestellt und behauen von Händen, die nunmehr vergessener Staub waren. Aus den *pae-paes* wuchsen hohe Bäume, die aus Eifersucht auf die von Menschenhand geschaffenen Werke die Steine spalteten und verstreuten, bis wieder urzeitliches Chaos herrschte.

Wir verließen den Dschungel und suchten den Fluss, mit dem Hintergedanken, die Kriebelmücken abzuschütteln. Vergebliche Hoffnung! Wer schwimmen will, muss sich zunächst ausziehen. Die Mücken wissen das und lauern in zahllosen Myriaden am Flussufer. In der Sprache der Eingeborenen heißen sie *nau-nau*, ausgesprochen wie »now-now«, »jetzt«. Der Name trifft es auf den Punkt, sie sind nichts als unmittelbare Gegenwart. Es gibt weder Vergangenheit noch Zukunft, wenn sie sich auf deiner Epidermis festsetzen, und ich gehe jede Wette ein, dass Omar Khayyam den *Rubaiyat*[55] im Typee-Tal nie und nimmer hätte schreiben können – allein psychologisch wäre dies unmöglich gewesen. Ich beging den tak-

---

55 Gedichtsammlung, die dem persischen Mathematiker, Astronomen und Dichter Omar Khayyam (1048–1131) zugeschrieben wird.

tischen Fehler, mich am Rand eines steilen Ufers auszuziehen, wo ich zwar ins Wasser hineingehen, nicht aber wieder herausklettern konnte. Als ich so weit war, mich wieder anzukleiden, musste ich hundert Meter am Ufer entlanggehen, um zu meinen Klamotten zu gelangen. Bei meinem ersten Schritt landeten ganze zehntausend *nau-naus* auf mir. Beim zweiten Schritt umhüllte mich eine Wolke. Beim dritten Schritt wurde die Sonne am Firmament verdunkelt. Was dann geschah, weiß ich nicht mehr. Als ich endlich bei meinen Kleidern war, war ich am Rande des Wahnsinns. Und hier unterlief mir ein großer taktischer Fehler. Es gibt nur eine einzige Verhaltensregel im Umgang mit *nau-naus*. Man darf nicht nach ihnen schlagen. Was man auch tut, nur nicht versuchen, sie totzuschlagen. Sie sind so bösartig, dass sie im Augenblick ihrer Vernichtung ihr letztes Giftmolekül in deinen Kadaver spritzen. Man muss sie vorsichtig mit Daumen und Zeigefinger abpflücken und ihnen sanft zureden, doch bitte ihre Saugrüssel aus dem zitternden Fleisch zu ziehen. Es ist wie Zähneziehen. Doch das Schwierige dabei war, dass die Zähne schneller nachwuchsen, als ich sie ziehen konnte, so schlug ich nach ihnen und wurde folglich mit ihrem Gift angefüllt. Dies geschah vor einer Woche. Momentan ähnle ich einem übel vernachlässigten Pockenpatienten.

Ho-o-u-mi ist ein kleines Tal, das von Typee durch einen niedrigen Bergkamm getrennt ist, und mit diesem Ziel brachen wir auf, nachdem wir die unbezähmbaren und unersättlichen Reittiere unserem Willen unterworfen hatten. Zufällig wählte Warrens Pferd, nachdem wir eine Meile zurückgelegt hatten, ausgerechnet den gefährlichsten Abschnitt der Route für eine Vorführung, die uns ganze fünf Minuten lang das Blut in den Adern gefrieren ließ. Wir ritten an der Mündung des Typee-Tals vorbei und blickten hinunter auf den Strand, von dem aus Melville die Flucht gelang. An dieser Stelle befand sich das Walfangboot mit den Rudern dicht an der Brandung; und dort stand Karakoee, der ausgestoßene Kanaka, im Wasser und feilschte um das Leben des Seemanns. Dort umarmte Melville gewiss Fayaway zum Abschied, bevor er auf das Boot zurannte. Und dort lag die Landspitze, von der Mehevi und Mow-mow und ihr Gefolge losschwammen, um das Boot zu verfolgen, doch nur um an den Handgelenken von Jagdmessern verletzt zu werden, als sie sich an das Dollbord klammerten, während es Mow-mow vorbehalten war, von Melvilles Hand mit dem Bootshaken an der Kehle aufgespießt zu werden.

Wir ritten weiter nach Ho-o-u-mi. Melville wurde so streng bewacht, dass er von der Existenz dieses Tales nicht einmal träumte, obwohl er ständig seine Bewohner getroffen haben muss, denn sie gehörten zu den Typees. Wir kamen an denselben verlassenen *pae-paes* vorbei, und als wir uns dem Meer näherten, entdeckten wir jede Menge Kokospalmen, Brotfruchtbäume, außerdem Tarofelder und ein ganzes Dutzend Strohhütten. Wir kamen überein, in einer von ihnen zu übernachten, und sofort wurden Vorkehrungen für ein Fest getroffen. Augenblicklich wurde ein Ferkel geschlachtet, und während es zwischen heißen Steinen schmorte und Hühnchen in Kokosmilch gekocht wurden, überredete ich einen der Köche, auf eine ungewöhnlich hohe Kokospalme zu klettern. Das Nussbüschel am Wipfel befand sich ganze sechsunddreißig Meter über der Erde, doch der Eingeborene ging auf den Baum zu, packte ihn beidhändig, klappte an der Taille zusammen, sodass seine Füße flach am Stamm auflagen, und marschierte ohne Unterbrechung geradewegs nach oben. Der Baum hatte keine Kerben. Der Mann hatte kein Seil zur Unterstützung. Er spazierte gleichsam den Baum sechsunddreißig Meter hoch hinauf und warf die Nüsse vom Wipfel hinunter. Nicht jeder der anwesenden Männer besaß die körperliche Kraft für solch eine Meisterleistung oder vielmehr die Lunge, denn die meisten von ihnen husteten um ihr Leben. Einige der

Frauen stöhnten und jammerten ohne Unterlass, so schlimm war es um ihre Lungen bestellt. Beiderlei Geschlechts waren nur sehr wenige reine Marquesaner. Die meisten stammten zur Hälfte oder zu drei Vierteln von Franzosen, Engländern, Dänen und Chinesen ab. Im besten Fall verzögerte dieser Zufluss frischen Blutes ihr Aussterben, doch ließen die Ergebnisse einen daran zweifeln, ob es der Mühe wert war.

Das Festmahl wurde auf einem breiten *pae-pae* serviert, dessen Fläche zum Teil von dem Haus besetzt wurde, in dem wir schlafen sollten. Der erste Gang bestand aus rohem Fisch und *poi-poi*, Letzterer schärfer und säuerlicher als der *poi* auf Hawaii, der aus Tarowurzeln hergestellt wird. Der *poi-poi* der Marquesas wird aus Brotfrucht gemacht. Man entfernt den Kern der reifen Frucht, legt sie in eine Kalebasse und zerstampft sie mit einem Steinstößel zu einem dicken, klebrigen Brei. In diesem Stadium kann man ihn in Blätter wickeln und im Boden vergraben, wo er jahrelang genießbar bleibt. Vor dem Verzehr sind jedoch weitere Arbeitsschritte nötig. Ein mit Blättern umhülltes Paket wird wie das Ferkel zwischen heiße Steine gelegt und durchgebacken. Dann wird der Brei mit kaltem Wasser vermischt und verdünnt; nicht so verdünnt, dass er flüssig wird, sondern so, dass man ihn noch essen kann, indem man Zeige- und Mittelfinger hineinsteckt. Hat man sich erst daran gewöhnt, erweist es sich als schmackhaftes und äußerst gesundes Mahl. Und Brotfrucht, reif und gut gekocht oder gebraten! Einfach köstlich! Brotfrucht und Taro sind beide königliche Gemüsesorten, auch wenn die Erstere einen ganz und gar unpassenden Namen hat und eher an Süßkartoffel als an irgendetwas anderes erinnert, obwohl sie weder so mehlig noch so süß ist.

Das Festmahl endete, und wir beobachteten den Mondaufgang über Typee. Die Luft war mild und leicht mit Blumenduft parfümiert. Es war eine magische Nacht, totenstill, ohne den geringsten Windhauch, der im Laubwerk hätte rascheln können; und man hielt den Atem an und fühlte einen Stich, der fast schmerzhaft war, so intensiv nahm man die Schönheit wahr. Aus der Ferne konnte man das leise Tosen der Brandung am Strand vernehmen. Es gab keine Betten, und so dösten und schliefen wir dort, wo wir den Boden für besonders weich hielten. Unweit keuchte und stöhnte eine Frau im Schlaf, und ringsum husteten die sterbenden Insulaner in die Nacht.

11. Kapitel

Der Nature Man

I ch traf ihn zum ersten Mal in der Market Street, San Francisco. Es war ein feuchter und regnerischer Nachmittag, und er, mit nichts am Leib außer gekürzten Kniehosen und einem gekürzten Hemd, kam mir entgegen, wobei seine bloßen Fußsohlen auf den nassen Asphalt klatschten. Dutzende aufgeregte Gassenjungen waren ihm auf den Fersen. Jeder – und es waren Tausende – wandte sich um und warf ihm einen neugierigen Blick zu, als er vorüberging. Auch ich drehte mich um. Ich hatte noch nie einen so hübschen Sonnenbrand gesehen. Er war ganz und gar von der Sonne verbrannt, auf die Art, die man bei Blonden sieht, wenn ihre Haut nicht abpellt. Sein langes blondes Haar war sonnenverbrannt, ebenso sein Bart, der aus einem Boden spross, der nie von einer Rasierklinge beackert wurde. Er war ein gebräunter Mann, ein goldbrauner Mann, in dem das Sonnenlicht glühte und strahlte. Noch ein Prophet, dachte ich, der in die Stadt kommt, mit einer Botschaft, die die Welt retten wird.

Einige Wochen später besuchte ich ein paar Freunde in ihrem Bungalow in den Hügeln von Piedmont mit Blick auf die Bucht von San Francisco. »Wir haben ihn, wir haben ihn«, brüllten sie. »Wir haben ihn auf einem Baum erwischt; aber jetzt geht's ihm gut, er frisst uns aus der Hand. Komm mit und schau ihn dir an.« Ich begleitete sie also auf einen nebligen Hügel, und in einer baufälligen

Bretterbude inmitten eines Eukalyptushains entdeckte ich meinen sonnenverbrannten Propheten aus den Straßen der Stadt.

Er eilte uns entgegen, kam mit einem wirbelnden, unscharfen Handstandüberschlag auf uns zu. Er gab uns nicht die Hand; er begrüßte uns mit Akrobatik. Er machte noch ein paar Überschläge. Er verdrehte seinen Körper geschmeidig wie eine Schlange, bis er sich genug aufgelockert hatte, machte eine Vorwärtsbeuge aus der Hüfte und trommelte, die Beine gestreckt und die Knie eng beisammen, mit den Handflächen auf den Boden. Er drehte sich und pirouettierte, tanzte und tollte herum wie ein betrunkener Affe. Die ganze Sonnenwärme seines feurigen Lebens erstrahlte in seinem Gesicht. Ich bin überglücklich, lautete der Titel des Lieds, das er wortlos sang.

Er sang es den ganzen Abend und eröffnete jede neue Strophe mit einer unendlichen Vielzahl akrobatischer Kunststücke. »Ein Narr! Ein Narr! Ich habe einen Narren im Wald getroffen!«, dachte ich. Und er erwies sich als würdiger Narr. Zwischen Handstandüberschlägen und Kreiseldrehungen verkündete er seine Botschaft, die die Welt retten würde. Es waren zwei Botschaften. Erstens, lasst die leidende Menschheit ihre Kleidung ausziehen und wild über Berg und Tal rennen; und zweitens, lasst in der äußerst bedauernswerten Welt die phonetische Schrift einführen. Unwillkürlich sehe ich das Bild vor mir, wie die großen sozialen Probleme gelöst werden, indem die Stadtmenschen nackt aufs Land ausschwärmen, begleitet von Gewehrschüssen, Hofhundgebell und zahllosen Angriffen mit Mistgabeln, geschwungen von wütenden Bauern.

Die Jahre vergingen, und eines sonnigen Morgens stieß die *Snark* ihre Nase in die schmale Durchfahrt eines Riffs, das vom Einschlag der Passatwindbrandung dampfte, und lief langsam in den Hafen von Papeete ein. Ein Boot mit gelber Flagge kam uns entgegen. Wir wussten, es brachte den Hafenarzt. Doch ein gutes

Stück entfernt, in seinem Kielwasser, sah man ein Auslegerkanu, das uns stutzig machte. Es zeigte eine rote Flagge. Ich musterte es durch das Fernglas und fürchtete, dass es irgendeine verborgene Gefahr für die Seefahrt markierte, ein kürzlich gesunkenes Schiff, eine Boje oder eine Bake, die fortgeschwemmt worden waren. Dann kam der Arzt an Bord. Nachdem er unseren Gesundheitszustand geprüft und sich vergewissert hatte, dass sich auf der *Snark* keine lebenden Ratten verbargen, fragte ich ihn, was die rote Flagge bedeute.

»Ach, das ist Darling«, lautete die Antwort.

Und dann begrüßte uns Darling, Ernest Darling, der die rote Fahne, das Zeichen der Brüderschaft der Menschen, gehisst hatte. »Hallo, Jack!«, rief er. »Hallo, Charmian!« Er paddelte rasch näher, und ich erkannte, dass er der gebräunte Prophet von den Hügeln Piedmonts war. Er stieg über die Reling, ein Sonnengott, der ein scharlachrotes Lendentuch trug und in beiden Händen Willkommensgeschenke Arkadiens hielt – eine Flasche goldenen Honigs und einen aus Blättern geflochtenen Korb mit großen goldenen Mangos, goldenen Bananen, mit dunkleren Goldflecken gesprenkelt, goldenen Ananas und goldenen Zitronen und saftigen Orangen, geprägt von demselben kostbaren Erz aus Sonne und Scholle. Und so traf ich unter dem Himmel des Südens erneut Darling, den Nature Man.

Tahiti ist einer der schönsten Flecken auf Erden, bewohnt von Dieben, Räubern und Lügnern, aber auch von ein paar ehrlichen und aufrichtigen Männern und Frauen. Weswegen, wegen des Brandmals, das Tahitis Schönheit von jenem giftspinnenhaften menschlichen Geschmeiß zugefügt wurde, das Tahiti verseucht, ich lieber über den Nature Man schreiben möchte statt über Tahiti. Er zumindest ist erfrischend und verträglich. Der Geist, den er verströmt, ist so sanft und lieblich, dass er keinen Schaden anrichten und niemandes Gefühle verletzen kann, außer jenen der räuberischen und plutokratischen Kapitalisten.

»Was soll die rote Flagge bedeuten?«, fragte ich.

»Natürlich Sozialismus.«

»Ja, ja, das ist mir klar«, fuhr ich fort, »aber was bedeutet es für dich persönlich?«

»Na, dass ich jetzt weiß, was meine Botschaft ist.«

»Und du willst sie auf Tahiti verbreiten?«, fragte ich ungläubig.

»Klar«, lautete die schlichte Antwort, und später fand ich heraus, dass er damit Ernst gemacht hatte.

Als wir vor Anker gingen, ein kleines Boot zu Wasser ließen und zum Ufer aufbrachen, folgte uns der Nature Man. Jetzt wird mich dieser Spinner zu Tode nerven, dachte ich. Ob ich wachte oder schlief, er würde nicht von meiner Seite weichen, bis ich wieder absegelte.

Doch nie zuvor in meinem Leben hatte ich mich so getäuscht. Ich mietete ein Haus, um dort zu wohnen und zu arbeiten, und der Nature Man kam nie in meine Nähe. Er wartete auf die Einladung. In der Zwischenzeit ging er an Bord der *Snark* und bediente sich ihrer Bibliothek, hocherfreut über die Vielzahl wissenschaftlicher Bücher und, wie ich später erfuhr, schockiert über die viel zu große Menge literarischer Werke. Der Nature Man verschwendete seine Zeit niemals mit Fiktion.

Nach einer guten Woche hatte ich Gewissensbisse, und so lud ich ihn zum Abendessen in ein Hotel im Stadtzentrum ein. Als er hinkam, wirkte er ungewöhnlich steif und unentspannt in seinem Baumwolljackett. Meinem Vorschlag, es abzulegen, folgte er mit einem dankbaren und glücklichen Lächeln, wobei er von der Hüfte bis zu den Schultern seine sonnengoldene Haut entblößte, über der er nur ein grobes und großmaschiges Fischernetz trug. Ein scharlachroter Lendenschurz vervollständigte seine Garderobe. In jener

Nacht lernte ich ihn kennen, und während meines langen Aufenthalts auf Tahiti reifte die Bekanntschaft zu einer Freundschaft.

»Du schreibst also Bücher«, sagte er eines Tages, als ich müde und verschwitzt mein Vormittagspensum erledigt hatte.

»Ich schreibe auch Bücher«, behauptete er.

Aha, dachte ich, jetzt wird er mich doch noch mit seinen literarischen Bemühungen quälen. Meine Seele war in Aufruhr. Ich war nicht den ganzen Weg bis in die Südsee gereist, um als Literaturagent zu fungieren.

»Das ist das Buch, das ich schreibe«, erklärte er und schlug sich mit geballter Faust dröhnend auf die Brust. »Der Gorilla im afrikanischen Dschungel trommelt sich auf die Brust, bis der Ton eine halbe Meile weit zu hören ist.«

»Eine ziemlich breite Brust«, meinte ich anerkennend. »Sogar ein Gorilla würde dich darum beneiden.«

Und dann erfuhr ich nach und nach die Einzelheiten über das wunderbare Buch, das Ernest Darling geschrieben hatte. Zwölf Jahre zuvor wäre er beinahe gestorben. Er wog nur neunzig Pfund und war zu schwach, um zu sprechen. Die Ärzte hatten ihn aufgegeben. Sein Vater, ein praktizierender Arzt, hatte ihn aufgegeben. Man hatte mit anderen Ärzten über seinen Fall gesprochen. Es gab keine Hoffnung für ihn. Lernstress (als Schullehrer und Student an der Universität) und zwei aufeinanderfolgende Lungenentzündungen hatten seinen Zusammenbruch verursacht. Tag für Tag wurde er schwächer. Den schweren Mahlzeiten, die man ihm gab, konnte er keine Nährstoffe entziehen; auch konnten weder Pillen noch Pulver seinem Magen beim Verdauungsprozess helfen. Er war nicht nur körperlich, sondern auch psychisch am Ende. Sein Geist litt an Überanstrengung. Er wollte von der Medizin nichts mehr wissen und niemanden mehr sehen. Menschliche Sprache war ihm unerträglich. Menschliche Zuwendung machte ihn rasend. Da kam ihm der Gedanke, dass er, wenn er sowieso sterben würde, dies ebenso gut in freier Natur tun könnte, weit weg von all dem Ärger und der Plage. Und hinter diesem Einfall lag insgeheim die Vorstellung, dass er vielleicht doch nicht sterben müsste, wenn er nur den schweren Mahlzeiten, den Medikamenten und den wohlmeinenden Menschen, die ihn in den Wahnsinn trieben, entkommen könnte.

So kehrte Ernest Darling, nur noch Haut und Knochen und ein Totenschädel, als wandelnder Leichnam, der nur das allerschwächste Lebensfünkchen in sich trug, das ihn unermüdlich machte, den Menschen und den menschlichen Behausungen den Rücken, schleppte sich fünf Meilen weit durch das Buschland und ließ Portland, Oregon, hinter sich. Natürlich war er verrückt. Nur ein Geisteskranker würde sich aus seinem Totenbett fortschleppen.

Doch im Busch fand Darling das, was er gesucht hatte – Ruhe. Niemand peinigte ihn mit Beefsteaks und Schweinebraten. Keine Ärzte kratzten an seinen müden Nerven, indem sie seinen Puls fühlten oder seinen erschöpften Magen mit Pillen und Pulvern quälten. Er begann Linderung zu spüren. Die Sonne wärmte ihn, und er aalte sich in dieser Wärme. Er hatte das Gefühl, dass das Sonnenlicht ein Heilmittel war. Dann schien es ihm, als würde sein ganzer kranker und zugrunde gerichteter Körper nach der Sonne gieren. Er zog seine Kleider aus und nahm ein Sonnenbad. Er fühlte sich besser. Es hatte ihm gutgetan – die erste Erleichterung nach beschwerlichen Monaten voller Schmerzen.

Als es ihm allmählich besser ging, setzte er sich auf und nahm seine Umgebung wahr. Ringsum flatterten und zwitscherten die Vögel, die Eichhörnchen schnatterten und spielten. Er beneidete sie um ihre Gesundheit und ihre Energie, um ihr glückliches, sorgloses Leben. Dass er seinen Zustand als dem ihren völlig entgegengesetzt empfand, war unvermeidlich, und dass er sich fragte, warum sie so überschäumende Lebenslust zeigten, während er selbst dem schwachen, sterbenden Schatten eines Menschen glich, war ebenso unvermeidlich. Seine Schlussfolgerung war die naheliegendste, nämlich, dass sie auf natürliche Weise lebten, während seine Lebensart völlig unnatürlich war. Deshalb musste er, wollte er leben, zurück zur Natur.

Mutterseelenallein dort im Busch, fand er heraus, wie er sein Problem lösen könnte, und begann sogleich mit der Umsetzung. Er zog sich aus, hüpfte und tollte herum, lief auf allen vieren, kletterte auf Bäume; kurzum: Er machte Leibesübungen und ließ sich die ganze Zeit von Sonnenlicht durchdringen. Er imitierte die Tiere. Er baute ein Nest aus trockenen Blättern und Gräsern, in dem er nachts schlief, und bedeckte es mit Rinde, um es vor den frühherbstlichen Regenfällen zu schützen. »Das ist eine gute Übung«, verriet er mir einmal und schlug seine Arme kräftig gegen seine Flanken. »Ich habe sie gelernt, als ich Hähne beim Krähen beobachtete.« Ein andermal fragte ich nach dem lauten Sauggeräusch, das er machte, wenn er Kokosmilch trank. Er erklärte mir, er habe bemerkt, dass Kühe auf diese Weise tränken, und gefolgert, dass es einen bestimmten Zweck haben müsse. Er tat es ihnen nach, fand es gut und trank fortan nur noch auf diese Art.

Er stellte fest, dass Eichhörnchen sich nur von Früchten und Nüssen ernähren. Er begann eine Obst-und-Nuss-Diät, lediglich mit Brot ergänzt, und er wurde stärker und legte an Gewicht zu. Drei weitere Monate lang lebte er auf diese urtümliche Weise im Busch, dann trieben ihn die starken Niederschläge Oregons zurück zu den menschlichen Behausungen. Ein neunzig Pfund wiegender Überlebender zweier Lungenentzündungen konnte sich in drei Monaten nicht genügend abhärten, um einen Winter in Oregon in freier Natur zu überstehen.

Er hatte viel erreicht, war aber zurückgetrieben worden. Es blieb ihm keine andere Wahl, als zurück zum Haus seines Vaters zu gehen, und dort, in den engen Räumen, mit Lungen, die nach der reinen Luft des unbegrenzten Himmels lechzten, bekam er eine dritte Lungenentzündung. Er wurde sogar noch schwächer als zuvor. In diesem wackligen Tabernakel des Fleisches verlor er seinen Verstand. Er lag da wie eine Leiche, zu schwach, um das ermüdende Sprechen zu bewerkstelligen, zu wütend und erschöpft in seinem elenden Hirn, um darauf zu achten, den anderen zuzuhören. Der einzige Willensakt, zu dem er noch fähig war, bestand darin, die Finger in die Ohren zu stecken und sich beharrlich zu weigern, auch nur ein einziges Wort anzuhören, das man ihm sagen wollte. Man ließ Spezialisten für Geisteskrankheiten kommen. Man erklärte ihn für geisteskrank und sprach zudem das Urteil, er werde nicht länger als einen Monat leben.

Von einem dieser Experten wurde er in ein Sanatorium auf Mount Tabor verfrachtet. Dort ließ man ihm seinen Willen, nachdem man sich von seiner Harmlosigkeit überzeugt hatte. Man schrieb ihm nicht länger vor, was er essen musste, so kehrte er zurück zu seinen Früchten und Nüssen – seine Diät bestand hauptsächlich aus Olivenöl, Erdnussbutter und Bananen. Als er wieder zu Kräften gekommen war, beschloss er, von nun an sein Leben selbst in die Hand zu nehmen. Wenn er, den gesellschaftlichen Gepflogenheiten gemäß, wie alle anderen lebte, würde er gewiss sterben. Und er wollte nicht sterben. Die Angst vor dem Tod war einer der stärksten Faktoren in der Genese des Nature Man. Zum Leben brauchte er natürliche Kost, frische Luft und den gesegneten Sonnenschein.

Nun bietet der Winter in Oregon für jene, die zur Natur zurückkehren möchten, recht wenig Anreiz, weswegen Darling aufbrach, ein passendes Klima zu suchen. Er stieg auf ein Fahrrad und fuhr nach Süden in die Sonnenländer. Er verbrachte ein Jahr an der Universität Stanford. Hier studierte er und arbeitete nebenbei für seinen Unterhalt, besuchte die Vorlesungen so spärlich bekleidet, wie die Autoritäten es zuließen, und widmete sich so oft wie möglich den Lebensprinzipien, die er sich im Eichhörnchenland angeeignet hatte. Seine liebste Lernmethode bestand darin, in die Berge hinter der Universität zu ziehen, sich dort seiner Kleidung zu entledigen und ins Gras zu legen, um das Wissen gleichzeitig mit Sonnenschein und Gesundheit aufzusaugen.

Doch auch in Zentralkalifornien herrscht gelegentlich Winter, und die Suche des Nature Man nach einem zu ihm passenden Klima ließ ihn weiterziehen. Er versuchte es mit Los Angeles und Südkalifornien, wo er einige Male verhaftet und auf Geisteskrankheit untersucht wurde, da seine Lebensweise wahrlich nicht derjenigen seiner Mitmenschen entsprach. Er versuchte es mit Hawaii, von wo die Autoritäten, die nicht beweisen konnten, dass er geisteskrank war, ihn abschoben. Es war eigentlich keine richtige Abschiebung. Er hätte bleiben können, wenn er ein Jahr im Gefängnis abgesessen hätte. Man ließ ihm die Wahl. Doch Gefängnis bedeutet den Tod für den Nature Man, der nur in frischer Luft und im Licht der göttlichen Sonne gedeihen kann. Man kann den Autoritäten Hawaiis keine Vorwürfe machen. Darling war eine unerwünschte Person. Jeder, der eine eigene Meinung hat, ist unerwünscht. Und wenn jemand eine derart eigene Meinung vertritt wie Darling in seiner Philosophie des einfachen Lebens, so kann dies den hawaiianischen Beamten als ausreichende Rechtfertigung dienen, ihn als unerwünscht abzustempeln.

So zog Darling weiter auf der Suche nach einem Klima, das nicht nur angenehm war, sondern in dem er auch nicht unerwünscht wäre. Und er fand es auf Tahiti, der Mutter aller Paradiesgärten. Und so geschah es, seinen Worten zufolge, dass er sein Buch schrieb. Er trägt nichts als einen Lendenschurz und ein ärmelloses Fischernetzhemd. Nackt wiegt er hundertfünfundsechzig Pfund.

Er ist vollkommen gesund. Seine Sehkraft, die einst als ruiniert galt, ist hervorragend. Die Lungen, die infolge der drei Lungenentzündungen praktisch zerstört waren, haben sich nicht nur erholt, sondern sind stärker denn je.

Ich werde nie vergessen, wie er das erste Mal, während er mit mir sprach, einen Moskito zerquetschte. Das stechende Ungeziefer hatte sich mitten auf seinem Rücken, zwischen den Schultern, niedergelassen. Ohne den Gesprächsfluss zu unterbrechen, ohne auch nur eine einzige Silbe zu verschlucken, holte er mit geballter Faust weit aus, ließ sie nach hinten schnellen und schlug sich zwischen seinen Schulterblättern auf den Rücken, um so den Moskito zu töten, wobei sein Leib wie eine Basstrommel hallte. Ich musste an Pferde denken, die gegen die Holzwand ihres Stalls treten.

»Der Gorilla im afrikanischen Dschungel trommelt sich auf die Brust, bis der Ton eine halbe Meile weit zu hören ist«, behauptete er unvermittelt und trommelte dabei so wild auf seiner eigenen Brust herum, dass mir die Haare zu Berge standen.

Eines Tages sah er ein Paar Boxhandschuhe an der Wand hängen, und sofort leuchteten seine Augen auf.

»Boxt du?«, fragte ich.

»Ich habe Boxunterricht gegeben, als ich in Stanford studierte«, lautete die Antwort.

Und wir zogen uns an Ort und Stelle aus und streiften die Boxhandschuhe über. Zack! Ein langer Gorillaarm stieß blitzartig nach vorne und knallte die behandschuhte Faust auf meine Nase. Bumm! Er erwischte mich in geduckter Haltung an der Schläfe und hätte mich beinah seitwärts umgeworfen. Die Beule, die ich von diesem Schlag davontrug, blieb mir eine Woche erhalten. Ich duckte mich unter einer geraden Linken und landete eine gerade Rechte auf seinem Bauch. Es war ein furchtbarer Treffer. Mein ganzes Körpergewicht lag darin, und der Schlag traf seinen Körper, als er einen

Satz nach vorne machte. Ich wartete darauf, dass er sich zusammenkrümmte und umkippte. Stattdessen strahlte sein Gesicht anerkennend, und er sagte: »Das war schön.« Im nächsten Augenblick ging ich in Deckung und versuchte mich vor einem Wirbelsturm aus Körperhaken, harten Schlägen und Kinnhaken zu schützen. Dann suchte ich eine Gelegenheit und schlug nach seinem Solarplexus. Ich traf ins Schwarze. Der Nature Man ließ die Arme sinken, keuchte und setzte sich plötzlich hin.

»Es geht gleich wieder«, sagte er. »Warte nur einen Moment.«

Und in weniger als dreißig Sekunden war er wieder auf den Beinen – ja, und er gab das Kompliment zurück, denn er landete einen Haken in meinem Solarplexus, und ich keuchte, ließ die Hände fallen und setzte mich nur ein klein wenig schneller hin, als er es getan hatte.

All dies führe ich als Beweis an, dass der Mann, mit dem ich boxte, ein ganz anderer war als der arme, neunzig Pfund wiegende von vor acht Jahren, der, aufgegeben von Ärzten und Psychiatern, in einem geschlossenen Raum in Portland, Oregon, in den letzten Atemzügen gelegen hatte. Das Buch, das Ernest Darling geschrieben hat, ist ein gutes, und gut gebunden ist es auch.

Hawaii klagt seit Jahren über seinen Bedarf an wünschenswerten Einwanderern. Das Land hat viel Zeit, Hirnschmalz und Geld dafür eingesetzt, um erwünschte Bürger ins Land zu holen, hat aber bislang nicht viel vorzuweisen. Trotzdem hat Hawaii den Nature Man abgeschoben. Es wollte ihm keine Chance geben. Deshalb, um Hawaii für seinen Stolz zu geißeln, nutze ich diese Gelegenheit, um zu zeigen, was es an dem Nature Man verloren hat. Als er nach Tahiti kam, suchte er sich ein Stück Land, auf dem er anbauen konnte, was er zum Leben brauchte. Doch Land war schwer zu finden – das heißt günstiges Land. Der Nature Man schwamm ja nicht gerade in Geld. Er verbrachte Wochen damit, über die steilen Hügel zu klettern, bis er, hoch oben auf dem Berg, wo sich einige schmale Canyons bündelten, achtzig Morgen Buschland entdeckte, das offensichtlich von niemandem als Grundbesitz beansprucht wurde. Die Regierungsbeamten erklärten ihm, dass das Grundstück ihm zugesprochen werde, wenn er das Land rodete und dreißig Jahre lang bestellte.

Er machte sich sogleich ans Werk. Und seine Arbeit war wirklich unvergleichbar. Niemand bestellte das Land in dieser Höhe. Es war von undurchdringlichem Dschungel überwuchert und wurde von Wildschweinen und zahllosen Ratten überrannt. Man hatte eine herrliche Aussicht auf Papeete und das Meer, doch die Aussichten waren nicht ermutigend. Er brauchte Wochen, um eine Straße zu bauen und die Plantage zugänglich zu machen. Die Schweine und Ratten fraßen alles auf, was er anpflanzte, sobald es nur aus der Erde lugte. Er schoss die Schweine und stellte Rattenfallen auf. Damit fing er tausendfünfhundert Ratten in zwei Wochen. Er musste alles eigenhändig auf seinem Rücken hinauftragen. Die Packeselarbeit erledigte er für gewöhnlich nachts.

Allmählich gewann er so die Oberhand. Ein Haus mit Strohwänden wurde gebaut. Auf dem fruchtbaren Boden, den er dem Dschungel und den Dschungeltieren abtrotzte, wuchsen fünfhundert Kokospalmen, fünfhundert Papayabäume, dreihundert Mangobäume, viele Brotfruchtbäume und Alligatorbirnbäume, ganz zu schweigen von den Reben, Büschen und Gemüsesorten. Er sorgte für den Ablauf der Berge in die Canyons und ersann einen effizienten Bewässerungsplan, indem er das Wasser von einem Canyon zum nächsten leitete und die Wassergräben auf verschiedenen Höhen parallel setzte. Seine schmalen Canyons wurden zu botanischen Gärten. Die trockenen Vorsprünge der Berge, wo zuvor die brennende Sonne den Dschungel ausgedörrt und bis auf die blanke Erde zurückgedrängt hatte, blühten nun vor lauter Bäumen, Sträuchern und Blumen. Der Nature Man war nicht nur ein Selbstversorger geworden, sondern ein erfolgreicher Landwirt, der seine Erträge an die Stadtbewohner von Papeete verkaufte.

Dann fand man heraus, dass sein Land, von dem die Regierungsbeamten behauptet hatten, es habe keinen Besitzer, doch einen Besitzer hatte, dessen Urkunden, Bezeichnungen etc. archiviert worden waren. All seine Arbeit schien umsonst. Das Land war wertlos gewesen, als er es übernommen hatte, und der Eigentümer, ein Großgrundbesitzer, ahnte nicht, wie weit es der Nature Man kultiviert hatte. Man einigte sich auf einen gerechten Preis, und Darlings Urkunde wurde amtlich registriert.

Als Nächstes folgte ein noch schlimmerer Tiefschlag. Darlings Zugang zum Markt wurde blockiert. Die Straße, die er gebaut hatte, wurde mit dreifachem Stacheldraht versperrt. Es war eine jener Verirrungen in zwischenmenschlichen Beziehungen, die in diesem absurdesten aller Gesellschaftssysteme so alltäglich sind. Dahinter steckte die saubere Hand derselben konservativen Elemente, die den Nature Man vor die Kommission für Geisteskrankheiten in Los Angeles zerrten und ihn aus Hawaii abschoben. Es ist so schwer für selbstzufriedene Menschen, jemanden zu verstehen, den ganz andere Dinge zufriedenstellen. Es scheint offensichtlich, dass die Beamten mit den konservativen Elementen unter einer Decke steckten, denn die Straße, die der Nature Man anlegte, ist bis heute gesperrt; nichts wurde daran geändert, während man an jeder Ecke Beweise für den felsenfesten Willen findet, nichts dagegen zu unternehmen. Doch der Nature Man tanzt und singt auf seinem Weg. Er grübelt nicht die ganze Nacht über die Ungerechtigkeit, die ihm widerfahren ist; die Sorgen überlässt er denen, die ungerecht handeln. Er hat keine Zeit für Verbitterung. Für ihn bedeutet auf der Welt zu sein, glücklich zu sein, und er vergeudet keinen Augenblick mit anderen Angelegenheiten.

Die Straße zu seiner Plantage ist blockiert. Er kann keine neue Straße bauen, denn er hat keinen Grund mehr, auf dem er sie bauen könnte. Die Regierung verwies ihn auf einen Wildschweinpfad, der steil den Berg hinaufführt. Ich kletterte mit ihm den Pfad hinauf, und wir mussten auf allen vieren hinaufkriechen, um weiterzukommen. Auch kann man den Wildschweinpfad nicht in eine Straße umwandeln, ohne auf die Hilfe eines Ingenieurs, auf eine Dampfmaschine und ein Stahlseil zurückzugreifen. Doch was schert es den Nature Man? In seiner sanften Ethik vergilt er das Böse, das Menschen ihm antun, mit Gutem. Und wer könnte behaupten, er sei nicht glücklicher als sie?

»Die verflixte Straße ist mir egal«, sagte er mir, als wir uns eine Felsplatte hochschleppten und keuchend hinsetzten, um auszuruhen. »Ich besorge mir bald eine Flugmaschine und führe sie damit hinters Licht. Ich rode eine ebene Fläche als Landeplatz für Luftschiffe, und wenn du das nächste Mal nach Tahiti kommst, kannst du direkt vor meiner Haustür landen.«

Ja, der Nature Man hat ein paar kauzige Einfälle, abgesehen von dem Brusttrommelwirbel eines Gorillas im afrikanischen Dschungel. Der Nature Man macht sich auch Gedanken über Levitation. »Ja, Sir«, sagte er zu mir, »Levitation ist nicht unmöglich. Und denk nur daran, wie herrlich es ist – aus reiner Willenskraft zu schweben. Stell dir das einmal vor! Die Astronomen erzählen uns, dass unser ganzes Sonnensystem stirbt; dass, wenn nichts Unvorhergesehenes dazwischenkommt, alles dermaßen kalt wird, dass kein Leben mehr möglich ist. Schön und gut. In jenen Tagen werden alle Menschen die Kunst der Levitation beherrschen, und sie werden den untergehenden Planeten verlassen, um gastfreundlichere Welten zu finden. Wie kann man diese Kunst erlangen? Durch fortschrittliche Fastenkuren. Ja, ich habe sie ausprobiert, und gegen Ende fühlte ich mich tatsächlich leichter.«

Der Mann ist verrückt, dachte ich.

»Das sind natürlich nur meine Theorien«, fügte er hinzu. »Ich spekuliere gern über die glorreiche Zukunft der Menschheit. Vielleicht ist Levitation gar nicht möglich, aber ich stelle mir gern vor, dass sie es wäre.«

Eines Abends, als er gähnte, fragte ich ihn, wie viel Schlaf er sich gönne.

»Sieben Stunden«, lautete die Antwort. »Doch in zehn Jahren werde ich nur noch sechs Stunden schlafen, und in zwanzig nur noch fünf. Ich kürze den Schlaf alle zehn Jahre um eine Stunde.«

»Dann würdest du gar nicht mehr schlafen, wenn du hundert bist«, warf ich ein.

»Genau. Ganz genau. Wenn ich hundert bin, brauche ich keinen Schlaf mehr. Außerdem ernähre ich mich dann nur noch von Luft. Es gibt Pflanzen, die sich ausschließlich von Luft ernähren, nicht wahr?«

»Aber ist es je einem Menschen gelungen?«

Er schüttelte den Kopf.

»Falls ja, habe ich nie von ihm gehört. Aber das ist nur eine meiner Theorien, dieses Von-Luft-Leben. Es wäre doch wunderbar, nicht? Natürlich könnte es sich als unmöglich erweisen – höchstwahrscheinlich ist es das auch. Ich bin ja nicht weltfremd. Ich vergesse die Gegenwart nie. Wenn ich mich in die Höhen der Zukunft schwinge, lasse ich immer einen Faden zurück, um meinen Weg nach Hause zu finden.«

Ich fürchte, mein Nature Man ist ein Witzbold. Jedenfalls führt er ein einfaches Leben. Seine Wäschereirechnung kann nicht besonders hoch sein. Auf seiner Plantage lebt er von Obst, dessen Marktwert in barer Münze er auf fünf Cent täglich schätzt. Derzeit wohnt er wegen seiner unpassierbaren Straße, und weil er sich mit Leib und Seele der sozialistischen Propaganda verschrieben hat, in der Stadt, wo seine Ausgaben, einschließlich Miete, sich auf fünf-undzwanzig Cent pro Tag belaufen. Um diese Kosten zu decken, unterhält er eine Abendschule für Chinesen.

Der Nature Man ist kein Fanatiker. Gibt es nichts Besseres zu essen als Fleisch, isst er Fleisch, zum Beispiel im Gefängnis oder an Bord eines Schiffes, wenn die Nüsse und Früchte ausgehen. Auch scheint das einzig Beständige an ihm der Sonnenbrand zu sein.

»Lässt du den Anker irgendwo fallen, wirst du vor Anker trei-ben – das heißt, so deine Seele ein grenzenloses, unergründliches Meer ist und keine Pfütze«, brachte er vor und fügte dann hinzu: »Wie du siehst, schleift mein Anker beständig nach. Ich lebe für die Gesundheit und den Fortschritt der Menschheit und versuche meinen Anker immer in diese Richtung zu ziehen. Für mich ist es im Grunde dasselbe. Den Anker nachzuziehen, hat mich geret-tet. Mein Anker hat mich nicht an mein Sterbebett gefesselt. Ich schleppte ihn in den Busch und hielt damit die Ärzte zum Besten. Als ich mich wieder erholte und stärker wurde, begann ich die Menschen zu lehren, wie man ein Naturmann, eine Naturfrau wird, indem ich predigte und ihnen ein Vorbild war. Doch sie wollten nicht auf mich hören. Dann, auf dem Dampfer nach Tahiti, setz-te mir ein Quartiermeister den Sozialismus auseinander. Er zeigte mir, dass erst eine gerechte Wirtschaftsordnung eingeführt werden muss, bevor Männer und Frauen ihrer Natur gemäß leben konn-ten. So schleppte ich den Anker wieder weiter, und jetzt arbeite ich für den Genossenschaftsstaat. Ist dieser verwirklicht, wird es ein Leichtes sein, eine natürliche Lebensweise einzuführen.«

»Letzte Nacht hatte ich einen Traum«, fuhr er nachdenklich fort, wobei sein Gesicht langsam aufzuleuchten begann. »Mir schien, als wären fünfundzwanzig Naturmänner und Naturfrauen eben mit dem Dampfer aus Kalifornien eingetroffen und als wür-de ich mit ihnen auf dem Wildschweinpfad zur Plantage gehen.«

Ach, Ernest Darling, Sonnenanbeter und Nature Man[56], manchmal muss ich dich und dein sorgloses Dasein einfach beneiden. Ich sehe dich jetzt vor mir, wie du die Stufen hinauftanzt und auf der Veranda deine Scherze treibst; dein Haar tropfnass vom Sprung ins salzige Meer, deine Augen funkeln, dein sonnenvergoldeter Körper glitzert, deine Brust dröhnt zum Trommelschlag, wenn du singst: »Der Gorilla im afrikanischen Dschungel trommelt sich auf die Brust, bis der Ton eine halbe Meile weit zu hören ist.« Und ich werde dich mein Leben lang so vor Augen haben, wie ich dich zum letzten Mal an jenem Tag sah, als die *Snark* wiederum ihren Bug auf dem Weg ins offene Meer durch die Passage in dem dampfenden Riff stieß und ich den Leuten am Ufer zum Abschied zuwinkte. Nicht zuletzt ihm, dem goldenen Sonnengott im Lendenschurz, der aufrecht in seinem winzigen Auslegerkanu stand, galt mein herzliches und freundschaftliches Winken.

---

56 Ernest Wilfred Darling, der sich selbst »Nature Man« nannte, lebte weiter
   auf Tahiti, heiratete eine Eingeborene, schlug die beträchtliche Erbschaft eines
   amerikanischen Onkels aus und starb am 18. Dezember 1918 an Grippe.

12. Kapitel

Der Thron des Überflusses

»Bei der Ankunft von Fremden versucht jeder, einen zum
Freund zu gewinnen und in sein Haus zu führen, wo er
äußerst liebenswürdig von den Einheimischen bewirtet wird;
sie setzen ihn auf einen Thron und reichen ihm die besten
Speisen in Hülle und Fülle dar.«

Polynesian Researches[57]

Die *Snark* lag in Raiatea vor Anker, direkt vor dem Dorf
Uturoa. Sie war am Vorabend nach Einbruch der Dunkel-
heit eingetroffen, und wir bereiteten uns auf den ersten
Landgang vor. Frühmorgens hatte ich ein winziges Auslegerkanu mit
einem unmöglichen Sprietsegel bemerkt, das über das Wasser der
Lagune glitt. Das eigentliche Kanu war sargförmig, ein simpler
Einbaum, vier Meter lang, zwölf Zoll breit und rund vierundzwanzig Zoll tief. Es hatte keine Konturen, abgesehen von seinen spitzen
Enden. Seine Seiten waren senkrecht. Ohne Ausleger wäre es innerhalb einer Zehntelsekunde gekentert. Der rechts angebrachte Ausleger hielt es über Wasser.

Ich sagte, das Segel sei ein Witz. Das war es wirklich. Es war
nicht bloß eine Sache, die man gesehen haben muss, um sie zu glau-

---

57 *Polynesian Researches* (1829), ein einflussreiches ethnografisches Werk des
englischen Missionars William Ellis (1794–1872).

ben, sondern gehörte zu jenen Dingen, die unglaublich bleiben, auch nachdem man sie gesehen hat. Aufhängung und Länge der Spiere waren gleichermaßen himmelschreiend, doch um dem Ganzen noch eins draufzusetzen, hatte der Baumeister ihr noch eine gewaltige Spitze verpasst. Die Spitze war so lang, dass kein herkömmliches Sprietsegel den Druck einer gewöhnlichen Brise ausgehalten hätte. So hatte man eine Spiere an dem Kanu befestigt, die achtern über dem Wasser aufragte. Daran hatte man ein Spriettau gebunden; also wurde der Fuß des Segels von der Großschot gehalten und die Spitze vom Spriettau.

Es war nicht bloß ein Boot, nicht bloß ein Kanu, es war eine Segelmaschine. Und der Mann darin segelte es mit seinem Körpergewicht und seinen Nerven – hauptsächlich mit Letzteren. Ich beobachtete, wie das Kanu von Lee heranlavierte und auf das Dorf zusteuerte, wobei sein einziger Insasse sich weit auf den Ausleger hinauslehnte und anluvte und in den Böen den Wind aus den Segeln nahm.

»Also eines weiß ich gewiss«, verkündete ich. »Ich verlasse Raiatea nicht, bevor ich in diesem Kanu gesegelt bin.«

Ein paar Minuten später rief Warren die Kajütstreppe hinunter: »Hier ist das Kanu, von dem du gesprochen hast.«

Ich eilte sofort an Deck und begrüßte seinen Besitzer, einen großen, schlanken Polynesier, mit offenem Gesicht und klaren, funkelnden, intelligenten Augen. Er trug einen roten Lendenschurz und einen Strohhut. In seinen Händen hielt er Geschenke – einen Fisch, ein Bündel Gemüse und ein paar riesengroße Yamswurzeln. Alles wurde lächelnd in Empfang genommen (in den abgelegenen Gegenden Polynesiens dient das Lächeln immer noch als Währung), und nach häufigen Wiederholungen des Wortes *mauruuru* (des tahitianischen »Danke«) brachte ich mithilfe von Zeichen meinen Wunsch zum Ausdruck, in seinem Kanu zu segeln.

Sein Gesicht strahlte vor Freude, und er sprach ein einziges Wort, »Tahaa«, drehte sich dabei um und deutete auf die hoch aufragenden, wolkenverhangenen Gipfel einer drei Meilen entfernten Insel – die Insel Tahaa. Der Wind war mehr als günstig, doch auf dem Rückweg müsste man gegen den Wind ankreuzen. Nun wollte ich eigentlich nicht nach Tahaa. Ich musste in Raiatea Briefe abgeben und Ämter aufsuchen, und Charmian machte sich unter Deck für den Landgang bereit. Beharrlich deutete ich an, nur kurz in der Lagune segeln zu wollen. Sofort zeichnete sich Enttäuschung in seinen Zügen ab, doch lächelnd gab er sein Einverständnis.

»Komm mit zum Segeln«, rief ich hinunter zu Charmian. »Aber zieh deinen Badeanzug an. Es wird nass.«

Es war unwirklich. Ein Traum. Das Kanu flitzte wie ein Silberstreifen übers Wasser. Ich kletterte auf den Ausleger und drückte ihn mit meinem Gewicht nach unten, während Tehei (gesprochen: Tai-hai-ie) die Nerven beisteuerte. Auch er kletterte in den Böen halb auf den Ausleger, lenkte gleichzeitig beidhändig mit einem großen Paddel und hielt die Großschot mit dem Fuß fest.

»Klar zur Wende!«, rief er.

Ich verlagerte vorsichtig mein Gewicht zurück ins Kanu, um das Gleichgewicht zu halten, als das Segel erschlaffte.

»Hart in Lee«, rief er und riss es in den Wind.

Ich rutschte auf der anderen Seite an einer Spiere, die quer über das Kanu festgebunden war, über das Wasser, und wir lagen mit vollem Segel über dem anderen Bug.

»Alles klar«, sagte Tehei.

Diese drei Sätze, »Klar zur Wende«, »Hart in Lee« und »Alles klar«, bildeten Teheis englisches Vokabular und legten die Vermutung nahe, dass er wohl einmal als Mitglied einer Kanaka-Crew unter einem amerikanischen Kapitän gesegelt war. Zwischen den Böen gab ich ihm Zeichen und wiederholte fragend das Wort

Matrose. Dann versuchte ich es in miserablem Französisch. *Marin* war ihm unverständlich, ebenso *matelot.* Entweder war mein Französisch so schlecht, oder er verstand es einfach nicht. Inzwischen bin ich zu dem Schluss gekommen, dass beide Annahmen zutreffen. Schließlich begann ich die Namen der nächstgelegenen Inseln aufzuzählen. Er bestätigte mit einem Nicken, dass er sie besucht habe. Als ich mit der Fragerei bei Tahiti angelangt war, hatte er begriffen, worauf ich hinauswollte. Sein Gedankengang war deutlich zu erkennen, und es machte Spaß, ihm beim Denken zuzusehen. Er nickte eifrig. Ja, er sei auf Tahiti gewesen, und er fügte selbst Inselnamen wie Tikehau, Rangiroa und Fakarava hinzu, was bewies, dass er bis zu den Paumotu-Inseln gesegelt war – zweifellos als Crewmitglied eines Handelsschoners.

Nachdem wir von unserem kurzen Segeltörn an Bord zurückgekehrt waren, fragte er in Zeichensprache nach dem Ziel der *Snark,* und als ich in geografischer Reihenfolge Samoa, Fidschi, Neuguinea, Frankreich, England und Kalifornien nannte, sagte er »Samoa« und machte mit Gesten deutlich, dass er mitkommen wolle. Daraufhin hatte ich Schwierigkeiten, ihm zu erklären, dass wir keinen Platz für ihn hatten. »*Petit bateau*«[58] machte es ihm schließlich verständlich, und wieder wurde die Enttäuschung in seinem Gesicht von einem Lächeln der Zustimmung begleitet, und gleich darauf lud er uns noch einmal ein, ihn nach Tahaa zu begleiten.

Charmian und ich wechselten einen Blick. Wir waren immer noch aufgeheitert von unserem Törn. Die Briefe, die wir in Raiatea abgeben, die Ämter, die wir dort aufsuchen mussten, waren vergessen. Rasch stopften wir Schuhe, ein Hemd, eine Hose, Zigaretten, Streichhölzer und ein Buch zum Lesen in eine Blechkiste, wickel-

58 Kleines Boot.

ten alles in eine Gummimatte, und schon kletterten wir über die Reling ins Kanu.

»Wann sollen wir nach euch Ausschau halten?«, rief Warren, als der Wind das Segel füllte und Tehei und mich auf den Ausleger hasten ließ.

»Keine Ahnung«, erwiderte ich. »Wenn wir zurückkommen, schätze ich mal.«

Und fort waren wir. Der Wind hatte zugenommen, und wir segelten vor ihm mit lockeren Leinen. Der Freibord des Kanus lag nicht höher als zweieinhalb Zoll, und die kleinen Wellen schwappten ständig über den Rand. Also mussten wir ausschöpfen. Nun ist Ausschöpfen eine der wichtigsten Aufgaben der *vahine*. *Vahine* heißt auf Tahitianisch Frau, und da Charmian die einzige Frau an Bord war, musste sie selbstverständlich das Ausschöpfen übernehmen. Tehei und ich konnten es schlecht tun, da wir beide halb auf dem Ausleger hockten und damit beschäftigt waren, das Kanu am Kentern zu hindern. Also schöpfte Charmian mit einer primitiven Holzkelle, und sie tat es so gründlich, dass sie streckenweise die Hälfte der Zeit ausruhen konnte.

Raiatea und Tahaa sind einzigartig, da sie innerhalb desselben Riffs liegen. Beide sind Vulkaninseln, zeigen eine zerklüftete Küstenlinie mit himmelwärts strebenden Gipfeln und Minaretten. Da Raiatea einen Umfang von dreißig Meilen und Tahaa von fünfzehn Meilen aufweist, kann man sich vorstellen, wie riesig das Riff sein muss, das beide umschließt. Zwischen ihnen und dem Riff erstrecken sich ein bis zwei Meilen Wasser und bilden eine schönen Lagune. Die gewaltigen Wellen des Pazifiks, deren Linien sich manchmal, ohne auszusetzen, bis zu einer Meile oder einer halben Meile weit hinziehen, stürzen sich auf das Riff, indem sie es haushoch überragen und mit ungeheurem Getöse darauf herabfallen, und doch hält das zerbrechliche Gebilde aus Korallen dem Aufprall stand und schützt so das Land. Dort draußen würde selbst das mächtigste Schiff zerschmettert werden. Innerhalb der Lagune herrscht wellenlos ruhiges Wasser, auf dem ein Kanu wie das unsrige mit einem nur wenige Zoll hohen Freibord segeln kann.

Wir flogen über das Wasser. Und welch ein Wasser das war! – Klar wie das klarste Quellwasser, geradezu kristallklar, unterbrochen nur von einem irrwitzigen Farbenspiel und Regenbogenbändern, farbenprächtiger als jeder Regenbogen. Jadegrün wechselte mit Türkis, Pfauenblau mit Smaragd, während das Kanu mal über purpurrote und mal über blendende, weiß schimmernde Teiche flitzte, unter denen zerstampfter Korallensand lag, auf dem monströse Meeresschnecken schleimten. In einem Moment fuhren wir über Wundergärten aus Korallen, in denen bunte Fische sich tummelten und flatterten wie Meeresschmetterlinge; im nächsten Augenblick sausten wir über die dunkle Oberfläche tiefer Kanäle, aus denen Scharen Fliegender Fische sich zu ihrem silbrigen Flug erhoben; dann wieder befanden wir uns über anderen Gärten aus lebenden Korallen, einer herrlicher als der andere. Und über allem wölbte sich der tropische Passatwindhimmel mit seinen flauschigen Wolken, die über den Zenit rasten und den Horizont mit ihren weichen Bäuschen überluden.

Bevor wir wussten, wie uns geschah, befanden wir uns nahe an Tahaa (gesprochen: Tah-hah-ah, gleichmäßig betont), und Tehei grinste anerkennend angesichts der Tüchtigkeit, mit der sich die *vahine* dem Ausschöpfen widmete. Das Kanu strandete an einem seichten Ufer, sechs Meter vom Land entfernt, und wir wateten über einen weichen Grund, wo große Schnecken sich unter unseren Füßen ringelten und wanden und wo kleine Tintenfische ihr Dasein kundtaten, indem sie sich als äußerst weich erwiesen, wenn man auf sie trat. In der Nähe des Strandes, inmitten von Kokospalmen und Bananenstauden, lag, auf Stelzen errichtet, Teheis Haus, aus

Bambus gebaut und mit einem Grasdach. Und aus dem Haus kam Teheis *vahine*, ein schlankes Frauchen mit freundlichen Augen und mongolischen oder vielleicht eher nordamerikanisch-indianischen Zügen. Tehei nannte sie »Bihaura«, betonte den Namen aber nicht entsprechend englischen Gewohnheiten. Zwar wurde er »Bihaura« geschrieben, aber gesprochen klang er wie Bie-ah-uh-rah, wobei jede Silbe stark betont wurde.

Sie ergriff Charmians Hand und führte sie in das Haus, auf dass Tehei und ich ihnen folgten. Hier wurde uns mittels Zeichensprache unmissverständlich verdeutlicht, dass ihr ganzes Hab und Gut uns gehörte. Kein *hidalgo*[59] hatte je eine größere Freigebigkeit zum Ausdruck gebracht, wobei ich sicher bin, dass nur wenige *hidalgos* derartige Gesten auch in die Tat umsetzten. Rasch wurde uns klar, dass wir ihre Besitztümer nur ja nicht bewundern durften, denn wann immer wir irgendetwas bewunderten, wurde es uns sofort geschenkt. Die beiden *vahines* steckten nach Art der *vahines* die Köpfe zusammen und diskutierten und untersuchten frauenhaften Nippes, während Tehei und ich wie echte Männer über Angelausrüstung und Wildschweinjagd fachsimpelten, natürlich auch über die Leinen und Haken, mit denen man Bonitos an zwölf Meter langen Stangen von Doppelkanus aus fängt. Charmian bewunderte einen Nähkorb, das beste Beispiel polynesischer Flechtkunst, das sie je gesehen hatte; schon gehörte er ihr. Ich bewunderte einen Bonitohaken, in einem Stück aus einer Perlmuschel geschnitzt; schon gehörte er mir. Charmian gefiel ein hübsches Strohgeflecht, eine Rolle von neun Metern, ausreichend, um einen Hut in jeglicher Ausführung wunschgemäß zu fertigen; und die Rolle Strohgeflecht gehörte ihr. Mein Blick verweilte auf einem *poi*-Stößel, der aus der Steinzeit stammte; da war er schon mein. Charmian betrachtete

59 Spanischer Edelmann.

einen Moment zu lang eine hölzerne *poi*-Schale in Form eines Kanus, auf vier Beinen und aus einem Stück geschnitzt; schon gehörte sie ihr. Ich sah ein zweites Mal auf eine riesige Kokoskalebasse; und sie war mein. Dann besprach ich mich mit Charmian, und wir beschlossen, von nun an nichts mehr zu bewundern – nicht, weil es sich nicht lohnte, sondern weil es sich zu sehr lohnte. Außerdem zerbrachen wir uns schon den Kopf, was wir ihnen von der *Snark* als passende Gegengeschenke bringen könnten. Weihnachten ist weit weniger problematisch als ein polynesisches Schenkfest.

Wir saßen auf der kühlen Veranda, auf Bihauras besten Matten, während sie das Essen zubereitete, und trafen auch gleich die Dorfbewohner. Zu zweit, zu dritt und in Gruppen schlenderten sie herbei, gaben uns die Hand und sprachen die tahitianische Begrüßungsformel: *Iaorana*, gesprochen: yo-rah-nah. Die großen, kräftigen Burschen trugen Lendenschurze, teilweise ohne Hemd, während die Frauen in die übliche *ahu* gehüllt waren, eine Art Latzschürze für Erwachsene, die in anmutigen Linien von den Schultern bis zum Boden reicht. Die Elefantiasis, die einige befallen hatte, war ein trauriger Anblick. Man konnte einer hübschen Frau mit herrlichem Körperbau und der Haltung einer Königin begegnen, die dadurch entstellt war, dass ihr Arm viermal – oder ein Dutzend Mal – größer war als der andere. Neben ihr stand vielleicht ein Mann, ein Meter achtzig groß, aufrecht, kraftstrotzend, braun gebrannt, mit dem Körper eines Gottes, aber mit derart geschwollenen Füßen und Unterschenkeln, dass sie zusammenliefen und formlose, monströse Beine bildeten, die genau wie Elefantenbeine aussahen.

Niemand scheint die Ursache der Elefantiasis[60] in der Südsee wirklich zu kennen. Eine Theorie besagt, dass die Krankheit durch Trinken von verseuchtem Wasser hervorgerufen wird. Gemäß ei-

---

60 Die Krankheit wird durch einen Parasiten, einen Fadenwurm, verursacht.

ner anderen geht sie auf Moskitostiche zurück. Laut einer dritten ist eine gewisse Anfälligkeit in Zusammenhang mit der Akklimatisierung dafür verantwortlich. So gesehen kann niemand, der davor und vor ähnlichen Krankheiten panische Angst hat, in die Südsee reisen. Der Reisende kommt nicht darum herum, Wasser zu trinken. Auch Moskitostiche lassen sich nicht gänzlich vermeiden. Doch jede Vorkehrung des Überängstlichen wird sich als nutzlos erweisen. Läuft er barfüßig über den Strand, um schwimmen zu gehen, tritt er unweigerlich auf Stellen, die einige Minuten zuvor ein von Elefantiasis befallener Fuß betreten hat. Schließt er sich in seinem Haus ein, wird trotzdem jedes Stück Nahrung auf seinem Tisch, gleich ob Fleisch, Fisch, Geflügel oder Gemüse, die Krankheitserreger übertragen. Auf dem öffentlichen Markt von Papeete werden zwei Buden von bekannten Leprakranken geführt, und nur der Himmel weiß, auf welchen Wegen die täglichen Lieferungen von Fisch, Obst, Fleisch und Gemüse auf den Markt gelangen. Die einzige Art, um glücklich durch die Südsee zu reisen, besteht in einer sorglosen Gleichmut, ohne Furcht und mit einem Glauben wie jenem der Anhänger von Christian Science[61] an den immerwährenden Schutz ihres ganz persönlichen Glückssterns. Sieht man eine Frau mit Elefantiasis, die mit bloßen Händen Milch aus dem Fruchtfleisch einer Kokosnuss presst, dann trinke man und denke daran, wie gut die Milch schmeckt, ohne weiter auf die Hände zu achten, die sie auspressten. Man sollte auch bedenken, dass Krankheiten wie Elefantiasis und Lepra anscheinend nicht durch Körperkontakt übertragen werden.

Wir sahen einer Frau aus Rarotonga mit geschwollenen und unförmigen Gliedern dabei zu, wie sie unsere Kokosmilch zube-

---

61 Anhänger der 1879 von Mary Baker Eddy gegründeten protestantischen Sekte glauben an und praktizieren spirituelle Heilung, etwa durch intensives Studium der Heiligen Schrift.

reitete, und gingen dann hinaus zu der Kochhütte, wo Tehei und Bihaura die Mahlzeit zubereiteten. Dann wurde diese uns im Haus auf einer Textilienkiste serviert. Unsere Gastgeber warteten, bis wir gegessen hatten, und breiteten dann ihr Geschirr auf dem Boden aus. Was uns alles aufgetischt wurde! Es war gewiss der Thron des Überflusses, auf dem wir saßen. Zunächst gab es herrlichen rohen Fisch, ein paar Stunden zuvor aus dem Meer gefangen und in der Zwischenzeit in verdünntem Zitronensaft eingelegt. Dann gab es gebratenes Hähnchen. Zwei Kokosnüsse, stark süß schmeckend, standen zum Trinken bereit. Es gab Bananen, die wie Erdbeeren schmeckten und auf der Zunge zergingen, und Bananen-*poi*, der einen bedauern ließ, dass unsere Yankee-Vorfahren sich je an der Zubereitung von Pudding versucht hatten. Dann wurden gekochte Yams- und Tarowurzeln und gebratene *feis* serviert, wobei Letztgenannte nichts anderes sind als große, mehlige, saftige rote Kochbananen. Wir staunten über die Fülle an Speisen, und während wir noch staunten, wurde ein Schwein hereingebracht, ein ganzes Schwein, ein Ferkel, in grüne Blätter gehüllt und auf den heißen Steinen eines hiesigen Ofens gebraten, das rühmlichste und glorreichste Gericht der polynesischen Küche. Und dann gab es Kaffee, schwarzen Kaffee, köstlichen Kaffee, heimischen Kaffee, der an den Berghängen Tahaas angebaut wurde.

Teheis Angelausrüstung faszinierte mich, und nachdem wir verabredet hatten, fischen zu gehen, entschieden Charmian und ich, über Nacht zu bleiben. Erneut brachte Tehei Samoa ins Gespräch, und erneut erzeugte mein *petit bateau* einen enttäuschten Blick und ein Lächeln der Zustimmung. Mein nächster Zielhafen war Bora Bora. Er lag nicht so weit entfernt, doch die Kutter pendelten zwischen jener Insel und Raiatea. Also lud ich Tehei ein, uns auf der *Snark* bis dorthin zu begleiten. Dann erfuhr ich, dass seine Frau auf Bora Bora geboren wurde und dort immer noch ein Haus besaß. Sie wurde ebenfalls eingeladen, und sogleich luden wiederum die beiden uns ein, sie in ihrem Haus auf Bora Bora zu besuchen. Es war Montag. Dienstag wollten wir fischen gehen und nach Raiatea zurückkehren. Mittwoch würden wir nach Tahaa segeln und an einem vereinbarten Punkt, eine Meile von der Insel entfernt, Tehei und Bihaura an Bord holen und Kurs auf Bora Bora nehmen. All das wurde detailliert geplant und durchgesprochen, auch etliche andere Angelegenheiten, und dabei kannte Tehei nur drei Sätze auf Englisch, Charmian und ich kannten vielleicht ein Dutzend tahitianische Worte, und insgesamt hatten wir vier noch ein gutes Dutzend französische Vokabeln auf Lager, die wir alle verstanden. Natürlich ging eine derart vielsprachige Konversation nur langsam vonstatten, doch mithilfe eines Schreibblocks, eines Bleistifts und eines Ziffernblatts, das Charmian auf die Rückseite des Blocks zeichnete, und mit zehntausendundeiner Geste kamen wir sehr gut zurecht.

Beim ersten Anzeichen, dass wir gern zu Bett gehen würden, entschwanden die einheimischen Besucher mit leisen *Iaoranas*, und Tehei und Bihaura zogen sich ebenfalls zurück. Das Haus bestand aus einem großen Raum, der uns überlassen wurde, während unsere Gastgeber anderswo schliefen. Ihr Schloss gehörte wahrhaftig uns. Und an dieser Stelle möchte ich feststellen, dass bei all der Gastfreundschaft, die ich auf dieser Welt von allen möglichen Völkern an allen möglichen Orten erfahren habe, nichts der Gastfreundschaft gleichkam, die mir von dem braunhäutigen Paar auf Tahaa gewährt wurde. Ich spreche nicht von den Geschenken, der freigebigen Großzügigkeit, dem enormen Überfluss, sondern von der ausgesuchten Höflichkeit, der Rücksicht, dem Takt und von der Sympathie, die wirkliche Sympathie war, da von gegenseitigem Verständnis getragen. Sie unternahmen nichts aus dem Gefühl einer Notwendigkeit heraus, um ihren eigenen Normen Genüge zu tun, sondern taten das, was ihrer Vorstellung nach unseren Wünschen entsprach, und hatten damit großen Erfolg. Es wäre unmöglich, die Aberhundert kleinen Gefälligkeiten aufzuzählen, die sie uns in den wenigen gemeinsam verbrachten Tagen erwiesen. Lassen wir es also bei der Feststellung bewenden, dass bei aller Gastfreundschaft und Bewirtung, die mir zuteilwurde, die ihre nicht nur unübertroffen blieb, sondern auch nie mehr ihresgleichen fand. Das vielleicht Wundervollste daran war, es war keine Pflichtübung, war nicht komplexen Gesellschaftsidealen unterworfen, sondern es handelte sich um natürliche und spontane Herzensgaben.

Am nächsten Morgen gingen wir fischen, das heißt, Tehei, Charmian und ich zogen los in dem sargförmigen Kanu; doch diesmal wurde das gewaltige Segel zurückgelassen. In dem winzigen Boot konnte man nicht gleichzeitig segeln und Fische fangen. Einige Meilen vor der Insel, in der Lagune, in einem zwanzig Faden tiefen Kanal, warf Tehei seine Haken mit Köder und Senkgewichten aus. Die Köder bestanden aus Tintenfischstücken, die er aus einem lebenden Tintenfisch, der sich am Boden des Kanus ringelte, herausbiss. Er warf neun dieser Angelleinen aus, eine jede am Ende einer kurzen Bambusstange befestigt, die auf der Oberfläche trieb. Biss ein Fisch an, wurde ein Ende der Bambusstange unter Wasser gezogen. Entsprechend schnellte das andere Ende hoch, zuckte und wackelte wie verrückt, damit wir uns beeilten. Und wir eilten mit Jauchzern und Freudenschreien und fliegenden Paddeln von einem zuckenden Bambus zum nächsten und holten dreißig bis neunzig Zentimeter lange glitzernde Schönheiten aus der Tiefe.

Im Osten hatte sich unterdessen eine bedrohliche Sturmwolke zusammengebraut und den hellen Passatwindhimmel zunehmend verdeckt. Und wir befanden uns drei Meilen leewärts von zu Hause. Wir brachen auf, als die ersten Windstöße das Wasser aufschäumten. Dann kam der Regen, ein Regen, wie er nur in den Tropen vorkommt, wo sich alle Schleusen und Tore des Himmels weit öffnen, bis letztendlich das ganze Wasser sintflutartig über einen hinwegrauscht. Nun, Charmian trug ihren Badeanzug, ich Baumwollhosen und Tehei nur einen Lendenschurz. Bihaura wartete am Strand auf uns, und sie führte Charmian fast auf dieselbe Weise ins Haus wie eine Mutter ihre unartige kleine Tochter, die in Schlammpfützen gespielt hat.

Es hieß Kleider wechseln und schweigend ein trockenes Pfeifchen rauchen, während *kai-kai* zubereitet wurde. *Kai-kai* ist übrigens das polynesische Wort für »Nahrung« oder »essen«; oder eher eine Form der ursprünglichen Wurzel, wie immer sie gelautet haben mag, die sich weithin über die riesige Fläche des Pazifiks verbreitete. Auf den Marquesas, auf Rarotonga, Manihiki, Niue, Fakaofo, Tonga, Neuseeland und Vaté heißt es *kai*. Auf Tahiti wandelt sich »essen« zu *amu*, auf Samoa und Hawaii zu *ai*, auf Bau zu *kana*, auf den Niuas zu *kaina*, auf Nongone zu *kaka* und auf Neukaledonien zu *ki*. Doch wie auch immer man es aussprechen oder schreiben mag, wir hörten das Wort nach dem langen Paddeln im Regen allzu gern. Wieder einmal thronten wir schwelgend im Überfluss, bis wir bedauerten, keinen Giraffenhals und keine Kamelhöcker zu besitzen.

Als wir dann wieder auf die *Snark* zurückkehren wollten, wurde windwärts der Himmel schwarz, und eine zweite Sturmböe fegte herab. Doch diesmal gab es wenig Regen, nur Wind. Er blies Stunde um Stunde, heulend und fauchend zwischen den Palmen; er riss und zerrte und rüttelte an dem wackligen Bambusgebäude, während das äußere Riff einen mächtigen Donner vernehmen ließ, als es die Kraft der wogenden Fluten brach. Innerhalb des Riffs lag die Lagune zwar geschützt, war aber trotzdem weiß vor schäumender Wut, und nicht einmal Teheis Seemannskunst hätte sein schlankes Kanu lebendig durch eine solche Sturmflut bringen können.

Bei Sonnenuntergang war zwar das Rückgrat des Sturms gebrochen, doch herrschte immer noch zu raue See für das Kanu. So bat ich Tehei, einen Eingeborenen aufzutreiben, der bereit war, für die gewaltige Summe von zwei chilenischen Pesos, was in unserer Währung neunzig Cent entspricht, in seinem Kutter eine Überfahrt nach Raiatea zu wagen. Das halbe Dorf wurde herbeigerufen, um die Geschenke zu tragen, mit denen Tehei und Bihaura ihre Gäste verabschiedeten: Käfighühner, in grüne Blätter gehüllte Fische, große goldene Bananenbüschel, Flechtkörbe aus Blättern, randvoll mit Orangen und Zitronen, Alligatorbirnen (Butterfrucht, die man auch *avoca,* Avocado, nennt), große Körbe voll Yamswurzeln, büschelweise Taro und Kokosnüsse und zu guter Letzt große Äste und Baumstämme als Feuerholz für die *Snark.*

Auf dem Weg zum Kutter trafen wir den einzigen anderen Weißen auf Tahaa, von den Männern war er überhaupt der einzige, nämlich George Lufkin, der aus Neuengland stammte! Er war sechsundachtzig Jahre alt, von denen er, wie er sagte, rund sechzig auf den Gesellschaftsinseln verbracht hatte, mit gelegentlichen Unterbrechungen, wie etwa während des Eldorado-Goldrausches von 1849 und weil er für eine kurze Zeit als Viehzüchter in Kalifornien, in der Nähe von Tulare, tätig war. Als die Ärzte ihm mitteilten, er habe nur noch drei Monate zu leben, war er in die Südsee zurückgekehrt, wo er, mittlerweile sechsundachtzig geworden, über die erwähnten Ärzte lachte, die inzwischen allesamt in ihren Gräbern lagen. Er hatte *fee-fee*, so die Bezeichnung der Eingeborenen für Elefantiasis, die man wie fei-fei ausspricht. Er hatte sich die Krankheit vor einem Vierteljahrhundert zugezogen, und sie würde ihn bis zu seinem Tod auch nicht mehr verlassen. Wir fragten ihn, ob er Familie habe. Neben ihm saß eine putzmuntere Dame von sechzig Jahren, seine Tochter. »Ich habe nur sie, sonst niemanden«, murmelte er traurig, »und keines ihrer Kinder ist noch am Leben.«

Der Kutter war klein, wie eine Schaluppe getakelt, doch neben Teheis Kanu wirkte er groß. Als wir allerdings in der Lagune von einer weiteren Sturmböe getroffen wurden, kam er uns mit einem Mal winzig klein vor, während die *Snark* die ganze Stabilität und Beständigkeit eines Kontinents zu versprechen schien. Die Männer waren gute Seefahrer. Tehei und Bihaura waren mitgekommen, um uns heimwärts zu begleiten, und Letztgenannte bewies ihrerseits gute Seetüchtigkeit. Der Kutter hatte ausreichend Ballast, und wir trafen unter vollen Segeln auf den Sturm. Es wurde langsam dunkel, die Lagune war voller Korallenbänke, und wir gaben nicht auf. Als der Sturm seinen Höhepunkt erreichte, mussten wir wenden, um eine kurze Strecke windwärts zu segeln und eine Korallenbank zu umrunden, die nicht mehr als dreißig Zentimeter unter der Wasseroberfläche lag. Als die Segel des Kutters sich nach der nächsten Wende füllten, während er sich in jener »toten« Position befand, bevor er wieder Fahrt aufnehmen konnte, wurde er auf die Seite gedrückt. Klüverschot und Großschot wurden gekappt, und er richtete sich im Wind auf. Dreimal kippte er auf die Seite, und dreimal wurden die Schote gelöst, ehe er auf jenem Kurs weitersegeln konnte.

Bis wir erneut wendeten, war es dunkel geworden. Wir lagen nun windwärts der *Snark*, und der Sturmwind heulte. Der Klüver wurde eingeholt, das Großsegel heruntergelassen, bis nur noch ein Stück von der Größe eines Kissenbezugs gesetzt war. Durch ein Missgeschick verpassten wir die *Snark*, die den Sturm an zwei Ankern abwetterte, und liefen auf einer Korallenbank vor der Küste auf Grund. Indem wir das längste Tau mit der Barkasse von der *Snark* zu dem Kutter brachten und nach einer Stunde harter Arbeit bekamen wir den Kutter frei und ankerten ihn sicher achteraus.

An dem Tag, da wir nach Bora Bora aufbrachen, war der Wind schwach, und wir überquerten die Lagune mit Maschinenkraft bis zu der Stelle, wo Tehei und Bihaura uns treffen sollten. Als wir uns zwischen den Korallenbänken dem Ufer näherten, hielten wir vergeblich Ausschau nach unseren Freunden. Es gab nicht die geringste Spur von ihnen.

»Wir können nicht warten«, sagte ich. »Diese Brise bringt uns nicht bis zum Einbruch der Dunkelheit nach Bora Bora, und ich möchte nicht mehr Benzin verbrauchen als unbedingt notwendig.«

Benzin ist in der Südsee ein Problem. Man weiß nie, wann man seinen Vorrat auffüllen kann.

Doch in diesem Moment trat Tehei zwischen den Bäumen hervor und kam zum Wasser hinunter. Er hatte sein Hemd ausgezogen und schwenkte es heftig. Offensichtlich war Bihaura noch nicht so weit. Als Tehei dann an Bord war, informierte er uns in Zeichensprache, dass wir am Ufer entlangfahren müssten, bis wir sein Haus erreichen würden. Er übernahm das Ruder und steuerte die *Snark* durch die Korallenbänke, um eine Landspitze nach der anderen, bis wir die letzte erreichten. Willkommensrufe ertönten am Strand, und Bihaura brachte mithilfe einiger Dörfler zwei Kanuladungen reichster Fülle. Es gab Yamswurzeln, Taro, *feis*, Brotfrucht, Kokosnüsse, Orangen, Zitronen, Ananas, Wassermelonen, Alligatorbirnen, Granatäpfel, Fisch, unzählige Hühner, die krähten, gackerten und auf unseren Decks Eier legten, sowie ein lebendiges Schwein, das unablässig höllisch quiekte aus Furcht, dass ihm die Schlachtung bevorstünde.

Unter dem aufgehenden Mond kamen wir durch die gefährliche Passage des Riffs von Bora Bora und ankerten vor dem Dorf Vaitapé. Bihaura, getrieben von hausfräulicher Sorge um unser Wohlergehen, konnte nicht schnell genug an Land kommen, um uns noch üppiger zu verwöhnen. Während die Barkasse sie und Tehei zu dem kleinen Landungssteg brachte, hallten Musik und Gesang aus der Ferne über die stille Lagune. Überall auf den Gesellschaftsinseln hatte man uns immer wieder erzählt, wie fröhlich die Menschen auf Bora Bora seien. Charmian und ich gingen an Land, um es mit eigenen Augen zu sehen, und auf der Dorfwiese, neben vergessenen Gräbern am Strand, stießen wir auf tanzende Jungen und Mädchen mit Blumengirlanden und Blumenkränzen, mit seltsamen phosphoreszierenden Blumen im Haar, die wie pulsierend im Mondlicht mal dunkler, mal heller strahlten. Ein Stück weit den Strand entlanggehend, erreichten wir ein riesiges Strohhaus, oval, zwanzig Meter lang, in dem die Dorfältesten *himines* sangen. Auch sie trugen Blumengirlanden und waren fröhlich, und sie hießen uns in der Gemeinde willkommen wie verlorene Schäfchen, die aus der Dunkelheit hereinschneiten.

Früh am nächsten Morgen kam Tehei mit einem Bund frisch gefangener Fische und einer Einladung zum Abendessen an Bord. Auf dem Weg zum Essen schauten wir im *himine*-Haus vorbei. Wieder sangen die Ältesten, diesmal zusammen mit ein paar jungen Männern und Frauen, die wir in der vorigen Nacht nicht gesehen hatten. Allem Anschein nach bereitete man ein Fest vor. Auf dem Boden türmte sich ein Berg aus Obst und Gemüse, der beiderseits von zahlreichen, mit Kokosfaserseilen festgebundenen Hühnchen flankiert wurde. Nachdem man mehrere *himines* gesungen hatte, stand einer der Männer auf und hielt eine Rede. Er hielt sie für uns, und obwohl wir kein Wort verstanden, wussten wir, dass er uns darin irgendwie mit dem Fressalienberg in Verbindung brachte.

»Kann es sein, dass sie uns all das zum Geschenk machen wollen?«, flüsterte Charmian.

»Unmöglich«, murmelte ich zurück. »Warum sollte es für uns bestimmt sein? Auf der *Snark* ist außerdem kein Platz dafür. Wir könnten davon nur einen Bruchteil essen. Der Rest würde verderben. Vielleicht laden sie uns einfach zum Fest ein. Jedenfalls können sie uns das alles unmöglich schenken.«

Nichtsdestotrotz fanden wir uns erneut auf dem Thron des Überflusses wieder. Mit unmissverständlichen Gesten bot uns der Redner jede einzelne Gabe und schließlich den ganzen Berg dar. Es war ein peinlicher Moment. Was würden Sie tun, wenn Sie in einem Schlafsaal wohnten und von einem Freund einen weißen Elefanten geschenkt bekämen? Unsere *Snark* war nicht viel mehr als ein Schlafsaal und bereits überfrachtet mit den Reichtümern Tahaas. Dieser neue Vorrat war zu viel des Guten. Wir erröteten und stotterten und *mauruuruten*. Wir *mauruuruten* mit wiederholten *nuis*, um unseren übergroßen, ja überwältigten Dank zum Ausdruck zu bringen. Gleichzeitig begingen wir die schreckliche Unhöflichkeit, die Geschenke abzulehnen. Die Enttäuschung der *himine*-Sänger war ihnen deutlich anzusehen, und mit Teheis Hilfe einigten wir uns an jenem Abend darauf, zumindest ein Huhn, ein Büschel Bananen, ein Büschel Taro und so die gesamte Liste hinunter anzunehmen.

Doch dem Überfluss entkamen wir nicht. Ich kaufte ein Dutzend Hühner von einem Eingeborenen aus dem Landesinneren, und tags darauf lieferte er dreißig Hühner mitsamt einer Kanuladung Obst. Der französische Ladenbesitzer schenkte uns Granatäpfel und lieh uns sein bestes Pferd. Der Gendarm tat es ihm nach und überließ uns sein Lieblingspferd. Und ein jeder schickte uns Blumen. Die *Snark* war ein Obststand und ein Gemüseladen, getarnt als Treibhaus. Wir liefen die ganze Zeit mit Blumengirlanden herum. Als die *himine*-Sänger zum Singen an Bord kamen, küssten uns die Mädchen zur Begrüßung, und die Crew, vom Kapitän bis zum Kajütenjungen, verlor ihr Herz an die Jungfrauen von Bora Bora. Tehei organisierte uns zu Ehren eine große Fischfangexpedition[62], zu der wir in einem Doppelkanu aufbrachen, das von einem

---

62 Siehe Kapitel 13.

Dutzend draller Amazonen gerudert wurde. Zum Glück fingen wir nichts, sonst wäre die *Snark* an ihrem Liegeplatz untergegangen.

Die Tage vergingen, doch der Überfluss wurde nicht weniger. Am Tag unserer Abreise fuhr ein Kanu nach dem anderen zu uns hinaus. Tehei brachte Gurken und einen jungen Papayabaum, mit herrlichen Früchten behangen. Dazu schenkte er mir das kleine Modell eines Doppelkanus komplett mit Angelausrüstung. Des Weiteren brachte er noch Obst und Gemüse in ebenso großzügigen Mengen wie auf Tahaa. Bihaura brachte einige besondere Geschenke für Charmian, wie Seiden-Baumwoll-Kissen, Fächer und Ziermatten. Die ganze Bevölkerung brachte Früchte, Blumen und Hühner. Und Bihaura gab noch ein lebendiges Ferkel obendrein. Eingeborene, die ich, soweit ich mich erinnern konnte, nie zuvor gesehen hatte, kletterten über die Reling und reichten mir Geschenke wie Angelruten, Angelschnüre und aus Perlmuschel geschnitzte Angelhaken.

Als die *Snark* durch die Passage im Riff aufs Meer hinausfuhr, hatte sie einen Kutter im Schlepptau. Dies war das Schiff, das Bihaura zurück nach Tahaa bringen sollte; nicht aber Tehei. Ich hatte schließlich doch nachgegeben und ihn zu einem Crewmitglied der *Snark* ernannt. Als der Kutter abfiel und nach Osten steuerte, während der Bug der *Snark* sich nach Westen wandte, kniete Tehei neben dem Cockpit nieder und flüsterte mit Tränen auf den Wangen ein stilles Gebet. Eine Woche später, als Martin dazu kam, seine Fotos zu entwickeln und zu drucken, zeigte er Tehei einige der Aufnahmen. Und jener braunhäutige Sohn Polynesiens starrte auf die darauf abgelichteten Gesichtszüge seiner geliebten Bihaura und brach in Tränen aus.

Doch all der Überfluss! Es war einfach zu viel. Wir konnten die *Snark* nicht segeln, weil überall Früchte im Weg lagen. Sie war mit Früchten behangen. Rettungsboot und Barkasse waren vollgepackt. Die Spannseile des Sonnensegels ächzten unter ihrer Last. Doch als wir ins Reich der Passatwinde gelangten, begannen wir Fracht zu verlieren. Jedes Rollen der *Snark* ließ mindestens ein Büschel Bananen oder Kokosnüsse oder einen Korb Zitronen über Bord gehen. Eine goldene Flut aus Zitronen schwappte im Lee-Speigatt umher. Die großen Körbe voll Yamswurzeln brachen entzwei, Ananas und Granatäpfel kullerten hin und her. Die Hühner waren entkommen und hatten sich überall breitgemacht; sie hockten auf dem Sonnensegel, flatterten und gackerten vorne am Klüverbaum und übten das gefährliche Kunststück, auf der Spinnakerspiere zu balancieren. Es waren wilde Hühner, ans Fliegen gewöhnt. Versuchte man sie zu fangen, flogen sie hinaus aufs Meer, zogen ihre Kreise und kehrten zurück. Manchmal kehrten sie nicht zurück. Und mitten in diesem Durcheinander kam das kleine Ferkel unbemerkt frei und rutschte über Bord.

»Bei der Ankunft von Fremden versucht jeder, einen zum Freund zu gewinnen und in sein Haus zu führen, wo er äußerst liebenswürdig von den Einheimischen bewirtet wird; sie setzen ihn auf einen Thron und reichen ihm die besten Speisen in Hülle und Fülle dar.«

13. Kapitel

Steinfischen auf
Bora Bora

Um fünf Uhr früh begannen die Muschelhörner zu blasen. Den ganzen Strand entlang ertönten unheimliche Klänge, wie in alten Zeiten, als das Hornsignal zum Krieg rief, und forderten die Fischer auf, aufzustehen und sich auf ihr Tagwerk vorzubereiten. Wir auf der *Snark* standen ebenfalls auf, denn in dem irren Getöse der Muschelhörner war an Schlaf nicht zu denken. Auch würden wir mit zum Steinfischen gehen, aber unsere Vorkehrungen hielten sich in Grenzen.

Tautai-taora ist die Bezeichnung für Steinfischen, *tautai* bedeutet »Gerät zum Fischen«. Und *taora* heißt »geworfen«. Doch in der Kombination bedeutet *tautai-taora* »Steinfischen«, denn ein Stein dient als Gerät, das geworfen wird. Steinfischen ist im Grunde eine Fischtreibjagd, prinzipiell der Hasentreibjagd oder dem Viehtreiben ähnlich, obwohl in letzteren Fällen Treiber und Getriebene im selben Element agieren, während beim Steinfischen die Menschen zum Atmen an der Luft bleiben müssen und die Fische durch das Wasser getrieben werden. Auch wenn das Wasser dreißig Meter tief ist, die Menschen, die an der Oberfläche hantieren, treiben die Fische dennoch.

So wird es gemacht. Die Kanus bilden eine dreißig bis sechzig Meter lange Linie. Am Bug eines jeden Kanus schwingt ein Mann einen mehrere Pfund schweren Stein, der an einem kurzen Seil befestig ist. Er schlägt bloß mit dem Stein auf das Wasser, zieht ihn wieder heraus und schleudert ihn erneut. Das macht er immer wieder. Im Heck eines jeden Kanus rudert ein anderer Mann, treibt das Kanu voran und hält es gleichzeitig im Verbund. Die Reihe von Kanus paddelt auf eine zweite Reihe zu, die ein, zwei Meilen entfernt ist, wobei die Spitzen der beiden Reihen sich rasch aufeinander zubewegen, um schließlich einen Halbkreis zu bilden, dessen Enden am Ufer liegen. Der Halbkreis beginnt sich in Richtung Ufer zusammenzuziehen, wo die Frauen in einer langen Reihe im Wasser stehen und mit ihren Beinen einen Zaun bilden, der verhindern soll, dass in Panik geratene Fische ausbrechen. Im richtigen Moment, wenn der Halbkreis klein genug ist, saust ein Kanu vom Ufer heran und wirft eine lange Schutzwand aus Kokospalmenblättern über Bord, umkreist dabei den Kreis und verstärkt so die Palisade aus Beinen. Natürlich wird immer innerhalb des Riffs in der Lagune gefischt.

»Très joli«[63], meinte der Gendarm, nachdem er mit Zeichen und Gesten erklärt hatte, dass man Tausende Fische jeder Größe, von Elritzen bis zu Haien, fangen werde und dass die Fische dann gleich an Ort und Stelle am Strand gekocht würden.

Es ist eine äußerst erfolgreiche Fangmethode, obwohl es dem Wesen nach eher einer feierlichen Spritztour gleicht und weniger einem nüchternen Verfahren zur Nahrungsbeschaffung. Solche Fischfangfeste finden auf Bora Bora ungefähr einmal im Monat statt, und sie sind ein Brauch, der aus alter Zeit überliefert wurde. Man weiß nicht mehr, wer ihn erfand. Man hat es seit jeher so gemacht. Doch man kann nicht umhin, sich zu fragen, wer jener vergessene Wilde aus längst vergangenen Tagen gewesen sein mochte, in dessen grauen Zellen erstmalig der Plan aufblitzte, mit ganz ein-

63 Sehr hübsch.

fachen Mitteln zu fischen und dabei riesige Mengen Fisch ohne Haken, Netz oder Speer einzusacken. Eine Sache können wir mit Sicherheit annehmen: Er war ein Radikaler. Ebenso, dass seine konservativen Stammesmitglieder ihn für schwachsinnig und anarchistisch hielten. Seine Lage war viel schwieriger als jene des modernen Erfinders, der vorab nur ein oder zwei Geldgeber überzeugen muss. Der Erfinder der Vorzeit musste zunächst einmal seinen ganzen Stamm überzeugen, denn ohne dessen Mitarbeit konnte die neue Methode nicht getestet werden. Man kann sich gut die nächtlichen Powwows in jener primitiven Inselwelt vorstellen, als der Erfinder seine Kameraden rückständige Hinterwäldler nannte und sie ihn einen Narren, Spinner und Trottel schimpften und ihn verdächtigten, aus Kansas zu stammen. Gott weiß, wie viele graue Haare und Flüche es ihn kostete, bis es ihm schließlich gelang, eine hinreichend große Menge zu überzeugen, seine Idee auszuprobieren. Auf jeden Fall war das Experiment ein Erfolg. Es bestand den Eignungstest – es funktionierte! Und man kann davon ausgehen, dass im Nachhinein ein jeder schon vorher gewusst hatte, dass es funktionieren würde.

Unsere lieben Freunde, Tehei und Bihaura, die uns zu Ehren den Fischfang organisiert hatten, hatten versprochen, uns abzuholen. Wir befanden uns in der Kajüte, als sie von Deck aus lauthals ihr Kommen ankündigten. Wir flitzten die Kajüttreppe hoch, um vom Anblick der polynesischen Barke überwältigt zu werden, die uns mitnehmen würde. Es war ein langes Doppelkanu, die beiden Kanus waren mittels Holzstangen so miteinander verbunden, dass sich zwischen ihnen eine Lücke auftat, und komplett mit Blumen und goldenen Gräsern verziert. Ein Dutzend blumenbekränzte Amazonen bedienten die Ruder, während im Heck jedes Kanus ein strammer Steuermann saß. Allesamt trugen Girlanden aus goldenen und tiefroten und orangen Blumen und scharlachrote *pareus*[64] um die Hüften. Überall waren Blumen, Blumen, Blumen, Blumen ohne Ende. Das Ganze war eine Orgie der Farben. Auf der vorne an den Bugen der Kanus aufliegenden Plattform tanzten Tehei und Bihaura. Alle Stimmen erhoben sich zu einem wilden Begrüßungslied.

Sie umkreisten dreimal die *Snark*, ehe sie längsseits kamen und Charmian und mich an Bord nahmen. Dann machten wir uns auf zu den Fischgründen, das bedeutete fünf Meilen Rudern gegen den Wind. »Auf Bora Bora ist jeder fröhlich«, erzählt man sich überall auf den Gesellschaftsinseln, und das können wir nur bestätigen. Zum Eintauchen der Paddel wurden Kanulieder, Haifischlieder und Fischerlieder gesungen, bei denen alle in den mitreißenden Chor einstimmten. Ab und zu erschallte der Ruf »Mao!«, woraufhin alle wie verrückt an den Paddeln rissen. *Mao* bedeutet Hai, und wenn die Tiefseetiger erscheinen, rudern die Eingeborenen um ihr liebes Leben auf die Küste zu, denn nur zu gut kennen sie die Gefahr, dass ihre zerbrechlichen Kanus umgeworfen und sie selbst verschlungen werden könnten. In unserem Fall gab es freilich keine Haie, sondern der *Mao*-Ruf wurde lediglich dazu benutzt, die Ruderer zu Höchstleistungen anzutreiben, als wäre ihnen wirklich ein Hai auf den Fersen. »*Hoé! Hoé!*« war ein weiterer Ruf, der uns durchs Wasser pflügen und die Gischt spritzen ließ.

Auf der Plattform tanzten Tehei und Bihaura, begleitet von Liedern und Chorgesängen oder rhythmischem Händeklatschen. Dann wiederum gaben Paddelschläge gegen die Seite des Kanus der Musik eine neue Klangfarbe. Ein junges Mädchen ließ sein Paddel fallen, sprang auf die Plattform und tanzte einen Hula, bei dem es sich mittendrin wiegte und vorbeugte und, ohne den Tanz zu unterbrechen, uns den Willkommenskuss auf die Wangen drückte.

64 Polynesischer Wickelrock.

Einige der Lieder oder *himines* waren religiös, und diese waren besonders schön; die tiefen Bässe der Männer mischten sich mit den Alt- und dünnen Sopranstimmen der Frauen und erzeugten gemeinsam einen Klang, der unweigerlich an eine Orgel erinnerte. Tatsächlich nennen Spötter die *himine* »Kanaka-Orgel«. Andere Lieder und Balladen klangen aber auch recht barbarisch, denn sie stammten aus vorchristlicher Zeit.

Und so brachten uns die fröhlichen Polynesier singend, tanzend und paddelnd zum Fischfang. Der Gendarm, der französische Machthaber auf Bora Bora, begleitete uns mit seiner Familie in einem eigenen Doppelkanu, das von seinen Gefangenen gerudert wurde. Denn er ist nicht nur Gendarm und Machthaber, sondern auch noch Gefängniswärter, und in diesem fröhlichen Land gehen alle fischen, wenn einer fischen geht. Unzählige Einbäume mit Auslegern paddelten neben uns her. Hinter einer Landspitze tauchte ein großes Segelkanu auf und lief herrlich vor dem Wind, als es auf uns zusteuerte, um uns zu begrüßen. Drei junge Männer, die riskant auf dem Ausleger balancierten, salutierten uns mit einem wilden Trommelwirbel.

Die nächste Landspitze, eine halbe Meile weiter, brachte uns zum Treffpunkt. Hier erregte die Barkasse, in der Warren und Martin uns nachgefahren waren, große Aufmerksamkeit. Die Einheimischen von Bora Bora verstanden nicht, wie sie angetrieben wurde. Die Kanus wurden auf den Sand gezogen, und alle versammelten sich am Strand, um Kokosmilch zu trinken, zu singen und zu tanzen. Hier wuchs unsere Zahl noch weiter durch etliche Eingeborene, die zu Fuß aus nahe gelegenen Häusern gekommen waren, und es war ein hübscher Anblick, die blumenbekränzten Mädchen paarweise Hand in Hand über den Strand heranschlendern zu sehen.

»Für gewöhnlich machen sie einen großen Fang«, erzählte

uns Allicot, ein halb weißer Händler. »Zum Schluss wimmelt das Wasser von lauter Fischen. Es ist ein Riesenspaß. Es ist Ihnen aber schon klar, dass alle Fische Ihnen gehören werden.«

»Alle?«, stöhnte ich, denn die *Snark* war bereits randvoll mit üppigen Gaben, mit Kanuladungen voll Obst, Gemüse, Schweinen und Hühnern.

»Ja, jeder einzelne Fisch«, erwiderte Allicot. »Sobald der Kreis geschlossen ist, müssen Sie als Ehrengast eine Harpune nehmen und den ersten aufspießen. So ist es Brauch. Dann gehen alle hinein und werfen die Fische mit den Händen auf den Sand. Das ergibt einen regelrechten Berg. Dann hält einer der Häuptlinge eine Rede, in der er Ihnen die ganze Ausbeute zum Geschenk macht. Doch Sie müssen nicht alles nehmen. Sie stehen auf, halten eine Rede, wählen den Fisch, den Sie haben möchten, und schenken den Rest zurück. Dann werden Sie als sehr großzügig gelten.«

»Aber was wäre, wenn ich das ganze Geschenk annehme?«, fragte ich.

»Das ist noch nie vorgekommen. Es ist Brauch, zu schenken und zurückzuschenken.«

Zunächst sprach der Eingeborenenpriester ein Gebet für einen erfolgreichen Fischfang, und alle nahmen ihre Kopfbedeckungen ab. Als Nächstes wies der oberste Fischer die Kanus ein und wies ihnen einen Platz zu. Dann hieß es, rein in die Kanus und los. Allerdings kamen bis auf Charmian und Bihaura keine Frauen mit. In alten Zeiten hätte man sie für *tabu* erklärt. Die Frauen blieben zurück, um durch das Wasser hinauszuwaten und mit ihren Beinen eine Palisade zu bilden.

Das große Doppelkanu wurde am Strand zurückgelassen, und wir zogen in der Barkasse los. Die eine Hälfte der Kanus paddelte leewärts, während wir mit der anderen eineinhalb Meilen luvwärts fuhren, bis das Ende der Reihe an das Riff stieß. Der Anführer der Treibjagd befand sich in einem Kanu in der Mitte unserer Reihe. Er, ein gut aussehender alter Mann, stand aufrecht und hielt eine Flagge in der Hand. Er leitete das Einnehmen der Positionen und das Bilden der Reihen, indem er in ein Muschelhorn blies. Als alle bereit waren, winkte er mit der Flagge nach rechts. Die Werfer auf jener Seite schlugen alle gleichzeitig mit ihren Steinen auf das Wasser. Als sie diese wieder heraufzogen – was nur einen Augenblick dauerte, da die Steine kaum unter die Oberfläche sanken –, schwenkte die Flagge nach links, und jeder Stein auch auf jener Seite traf mit bewundernswerter Präzision auf das Wasser. So ging es weiter, hin und her, rechts und links; bei jedem Schwenken der Flagge wurde die Lagune von einer langen Reihe Erschütterungen getroffen. Gleichzeitig trieben die Paddel die Kanus voran; und genau das, was in unserer Reihe vor sich ging, wiederholte sich in der mehr als eine Meile entfernten Kanureihe gegenüber.

Am Bug der Barkasse warf Tehei, der den Anführer stets im Auge behielt, seinen Stein im Einklang mit den anderen. Einmal rutschte der Stein aus der Schlinge, und sogleich sprang Tehei über Bord hinterher. Ich weiß nicht, ob der Stein bis zum Grund sank oder nicht, aber ich weiß, dass Tehei im nächsten Moment längsseits auftauchte, den Stein in der Hand. Ich bemerkte, dass dieses Missgeschick auf den nahe gelegenen Kanus immer wieder vorkam, doch jedes Mal sprang der Werfer dem Stein hinterher und brachte ihn zurück.

Die am Riff liegenden Enden der Reihen beschleunigten, die am Ufer liegenden blieben zurück, alles unter der wachsamen Aufsicht des Anführers, bis die beiden Reihen am Riff zusammenkamen und den Halbkreis bildeten. Dann wurde damit begonnen, den Kreis enger zu ziehen, die verängstigten Fische eilten, getrieben von den Schlägen, die das Wasser reihenweise erschütterten, aufs Ufer zu. Auf dieselbe Weise werden Elefanten von kleinen Menschen, die sich im Gras oder hinter Bäumen verstecken und seltsame Geräusche machen, durch den Dschungel getrieben. Die Palisade aus Beinen stand schon bereit. Wir konnten die Köpfe der Frauen erkennen, die in einer langen Reihe die ruhige Oberfläche der Lagune sprenkelten. Die größte Frau ging am weitesten hinaus, sodass fast alle, außer jene in Ufernähe, bis zum Hals im Wasser standen.

Der Kreis wurde immer enger, bis die Kanus einander fast berührten. Dann gab es eine Unterbrechung. Ein langes Kanu sauste vom Ufer heran und folgte der Linie des Kreises. Es fuhr so schnell, wie dies mit Paddeln nur möglich war. Vom Heck aus warf ein Mann eine lange, lückenlose Schutzwand aus Kokospalmenblättern über Bord. Die Kanus wurden nicht länger gebraucht, und die Männer sprangen ins Wasser, um die Palisade mit ihren Beinen zu verstärken. Denn die Schutzwand war lediglich eine Abschirmung, aber kein Netz, und die Fische konnten sie durchaus überwinden, wenn sie es versuchten. Daher war es notwendig, mit den Beinen die Schutzwand unablässig zu bewegen, mit den Händen zu klatschen und lauthals zu schreien. Es herrschte ein Höllenspektakel, als die Falle zuschnappte.

Doch kein Fisch kam an die Oberfläche oder stieß gegen die unter Wasser verborgenen Beine. Schließlich betrat der oberste Fischer die Falle. Er watete vorsichtig ringsumher. Doch kein Fisch sprang hoch, um auf dem Sand zu landen. Keine Sardine, keine Elritze, keine Kaulquappe. Bei dem Gebet musste irgendetwas schiefgegangen sein; oder es lag vielmehr daran, wie ein grauhaariger Gefährte erläuterte, dass der Wind nicht aus der üblichen Richtung wehte und die Fische sich andernorts in der Lagune aufhielten. Tatsächlich gab es keine Fische, die man hätte treiben können.

»Ungefähr eine von fünf solchen Treibjagden scheitert«, tröstete uns Allicot.

Nun waren wir extra wegen des Steinfischens nach Bora Bora gekommen und hatten bei einer Wahrscheinlichkeit von eins zu fünf einen Glückstreffer gelandet. Hätte es sich um eine Tombola gehandelt, wäre es wohl umgekehrt gewesen. Dies ist kein Pessimismus. Auch nicht ein Hinweis auf einen festgelegten Plan im Universum. Es ist nur jenes Gefühl, das die meisten Fischer, die mit leeren Körben am Ende eines harten Arbeitstages heimkehren, allzu gut kennen.

14. Kapitel

Der Amateurseefahrer

Ich weiß, es gibt Kapitäne und Kapitäne und ein paar ganz großartige Kapitäne; doch die Kapitäne auf der *Snark* waren von einem bemerkenswert anderen Schlag. Ich habe mit ihnen die Erfahrung gemacht, dass es schwieriger ist, sich um einen Kapitän auf einem kleinen Boot zu kümmern als um zwei kleine Babys. Freilich, es war auch nicht anders zu erwarten. Die guten Männer haben Rang und Namen und würden wohl kaum ihre Verantwortung über 1000 bis 15 000 Tonnen gegen die *Snark* mit ihren schlappen zehn Tonnen tauschen wollen. Die *Snark* muss ihre Seefahrer am Strand auflesen, und der Seefahrer am Strand ist für gewöhnlich von Natur aus unfähig – er gehört zu jener Sorte Mann, die vierzehn Tage umherirrt und vergeblich versucht, eine Insel im Ozean ausfindig zu machen, um schließlich mit ihrem Schoner zurückzukehren und die Insel als mit Mann und Maus versunken zu melden; jene Sorte, die aus Laune oder Durst nach hochprozentigen Getränken ihren Job verliert, ehe sie die Zeit findet, sich einzuarbeiten.

Die *Snark* hatte drei Kapitäne[65], und Gott bewahre, dass sie einen weiteren bekommt. Der erste Kapitän war derart senil, dass er dem Zimmermann nicht einmal die Maße für eine Gaffelklaue

---

65 Roscoe Eames, Andrew Rosehill, James Warren.

nennen konnte. Durch seine überaus greisenhafte Hilflosigkeit war es ihm unmöglich, einem Matrosen zu befehlen, ein paar Eimer Salzwasser auf das Deck der *Snark* zu schütten. So blieb das Deck, zwölf Tage lang unter einer senkrecht stehenden Tropensonne vor Anker, völlig trocken. Es war ein neues Deck. Es kostete mich 135 Dollar, es neu zu kalfatern. Der zweite Kapitän war jähzornig. Er war von Geburt an zornig. »Papa ist immer zornig«, lautete die Beschreibung, die sein halb weißer Sohn von ihm gab. Der dritte Kapitän war so krumm, dass er sich nicht hinter einem Korkenzieher verstecken konnte. Mit der Wahrheit nahm er es nicht so genau, einfache Ehrlichkeit war ihm fremd, und von Fairness und Aufrichtigkeit war er so weit entfernt wie vom richtigen Kurs, als er die *Snark* bei den Ringgold-Inseln beinahe versenkt hätte.

In Suva auf den Fidschis feuerte ich meinen dritten und letzten Kapitän und übernahm erneut die Rolle des Amateurnavigators. Schon einmal, unter meinem ersten Kapitän, hatte ich es versucht, nachdem dieser die *Snark* von San Francisco weg in so erstaunlichen Sprüngen über die Seekarte navigierte, dass ich wirklich herausfinden musste, was er eigentlich tat. Es herauszufinden war nicht schwer, denn wir hatten eine Fahrt von 2100 Meilen vor uns. Ich hatte keine Ahnung von Navigation, doch nach ein paar Stunden Lektüre und einer halben Stunde Übung mit dem Sextanten konnte ich den Breitengrad der *Snark* mittels Meridianmessung bestimmen und ihren Längengrad durch die einfache Methode, die als »Höhengleiche« bekannt ist. Es handelt sich um keine korrekte Methode. Es ist nicht einmal eine sichere Methode, doch mein Kapitän versuchte damit zu navigieren, und er war auch der Einzige an Bord, der mir hätte sagen können, dass man besser darauf verzichtete. Ich brachte die *Snark* nach Hawaii, doch ich fand günstige Bedingungen vor. Die Sonne stand in der nördlichen Deklination und fast direkt über uns. Von der bewährten Methode, den Längengrad mithilfe des Chronometers zu bestimmen, hatte ich nie gehört – oder doch, ich hatte davon gehört. Mein erster Kapitän hatte sie beiläufig erwähnt, doch nachdem er ein-, zweimal versucht hatte, sie anzuwenden, kam sie nie wieder zur Sprache.

Auf den Fidschis hatte ich Zeit, mein Chronometer mit zwei anderen zu vergleichen. Zwei Wochen zuvor, in Pago Pago auf Samoa, hatte ich meinen Kapitän gebeten, unser Chronometer mit denen auf dem amerikanischen Kreuzer *Annapolis* zu vergleichen. Er versicherte mir, er habe es erledigt – natürlich hatte er nichts dergleichen getan –, und die Abweichung, die er festgestellt habe, betrage nur den Bruchteil einer Sekunde. Er erzählte es mir mit gut gespielter Freude und mit Lobesworten für meinen herrlichen Zeitmesser. Hiermit wiederhole ich seine Worte als Lob für seine herrliche und schamlose Unaufrichtigkeit. Denn siehe da, vierzehn Tage später, in Suva, verglich ich das Chronometer mit dem auf der *Atua*, einem australischen Dampfer, und stellte fest, dass meiner einunddreißig Sekunden vorging. Nun sind einunddreißig Sekunden Zeit umgerechnet in Meridian- oder Bogensekunden gleichbedeutend mit siebeneinviertel Meilen. Das heißt, wenn ich nachts nach Westen segeln würde und meine Position wäre gemäß meiner nachmittäglichen Gissung mithilfe des Chronometers sieben Meilen vom Land entfernt, dann würde ich jeden Moment auf das Riff stoßen. Als Nächstes verglich ich mein Chronometer mit Kapitän Wooleys. Kapitän Wooley, der Hafenmeister, legt in Suva die Uhrzeit fest, indem er dreimal die Woche um zwölf Uhr mittags einen Signalschuss abgibt. Laut seinem Chronometer ging meines neunundfünfzig Sekunden vor, was bedeutet, dass ich auf Westkurs gegen das Riff krachen würde, wenn ich glaubte, fünfzehn Meilen weit davon entfernt zu sein.

Als Kompromiss zog ich einunddreißig Sekunden von der Gesamtzahl des Messfehlers meines Chronometers ab und segelte nach Tanna auf den Neuen Hebriden, in der festen Absicht, wenn ich in dunklen Nächten blindlings um Land herumgondeln würde, die anderen sieben Meilen nicht zu vergessen, um die ich laut Kapitän Wooleys Instrumenten falschlag. Tanna lag ungefähr 600 Meilen westsüdwestlich von den Fidschis, und ich war davon überzeugt, dass ich auf dieser Strecke mir mühelos zumindest so viel über Navigation einbläuen könnte, um mich dorthin zu bringen. Nun, das habe ich dann auch geschafft, aber hören Sie zunächst von meinen Schwierigkeiten. Navigation *ist* leicht, das werde ich immer behaupten; doch wenn ein Mann mit drei Benzinmotoren und einer Frau die Welt umrundet und dabei täglich hart an seiner Schreibmaschine ackert, um die Motoren mit Benzin und die Frau mit Perlen und Vulkanen versorgen zu können, hat er nicht viel Zeit übrig, um Navigation zu studieren. Außerdem ist es garantiert einfacher, besagte Wissenschaft an Land zu lernen, wo Längen- und Breitengrad stets dieselben bleiben, in einem Haus, dessen Position sich niemals ändert, als auf einem Boot, das Tag und Nacht auf ein Land zusteuert, das man zu finden versucht und wahrscheinlich auf katastrophale Weise findet, wenn man es am wenigsten erwartet.

Zunächst sind da der Kompass und das Setzen des Kurses. Wir segelten Samstagnachmittag, am 6. Juni 1908, in Suva ab und benötigten bis nach Einbruch der Dunkelheit, um die schmale, riffreiche Passage zwischen den Inseln Viti Levu und Mbengha zu durchqueren. Das offene Meer lag vor mir. Nichts lag mehr im Weg, außer Vatulele, eine elende kleine Insel, die rund zwanzig Meilen in Richtung Westsüdwest unbedingt ihre Nase aus den Fluten strecken musste – genau dort, wo ich hinwollte. Es schien freilich recht einfach, sie zu umschiffen, indem man einen Kurs einschlug, der acht bis zehn Meilen nördlich an ihr vorbeiführte. Es war eine stockfinstere Nacht und wir segelten vor dem Wind. Der Mann am

Ruder muss wissen, in welche Richtung er steuern soll, um an Vatulele vorbeizukommen. Aber welche Richtung? Ich wälzte meine Navigationsbücher. Ich stieß auf »rechtweisender Kurs«. Genau! Was mir fehlte, war der rechtweisende Kurs. Ich las eifrig weiter:

»Der rechtweisende Kurs ist der Winkel zwischen dem Meridian und einer geraden Linie auf der Karte, die die Position des Schiffs mit dem Zielort verbindet.«

Genau danach hatte ich gesucht. Die Position der *Snark* lag an der westlichen Einfahrt zur Passage zwischen Viti Levu und Mbengha. Das unmittelbare Ziel, auf das sie zusteuerte, war ein Punkt auf der Karte, zehn Meilen nördlich von Vatulele. Ich stach meinen Zirkel in den Punkt auf der Seekarte und fand mit meinem Lineal heraus, dass West-bis-Süd der rechtweisende Kurs war. Ich musste diesen nur noch dem Mann am Ruder weitergeben, und die *Snark* würde sicher ihren Weg aufs offene Meer finden.

Doch ach und weh und zu meinem Glück las ich weiter. Ich entdeckte, dass der Kompass, jener vertrauenswürdige, immerwährende Freund des Seemanns, nicht unbedingt nach Norden zeigte. Er schwankte. Manchmal zeigte er in die nordöstliche, manchmal in die nordwestliche Richtung, und manchmal wandte er sich sogar völlig vom Norden ab und wies nach Süden. Die Abweichung an jenem speziellen, von der *Snark* besetzten Punkt auf dem Globus lag bei 9° 40′ ostwärts. Nun, das war noch zu berücksichtigen, ehe ich dem Mann am Ruder die Kursanweisung gab. Ich las:

»Der korrekte magnetische Kurs wird abgeleitet aus dem rechtweisenden Kurs unter Berücksichtigung der Missweisung.«

Wenn der Kompass also 9° 40′ ostwärts vom Nordpol zeigt, überlegte ich, und ich genau nach Norden segeln möchte, dann müsste ich 9° 40′ westwärts von dem auf dem Kompass angezeigten Nordpol steuern, der eigentlich nicht genau im Norden liegt. Ich fügte meinem West-bis-Süd-Kurs also 9° 40′ nach links hinzu, bekam so meinen korrekten magnetischen Kurs und war erneut bereit, aufs offene Meer hinauszusegeln.

Und wieder ach und weh! Der korrekte magnetische Kurs war nicht der Kompasskurs. Schon wieder lauerte ein raffinierter kleiner Teufel darauf, mich hereinzulegen und an den Riffen von Vatulele zu zerschmettern. Dieser kleine Teufel hieß Deviation. Ich las:

»Der Kompasskurs ist der zu steuernde Kurs und wird abgeleitet aus dem korrekten magnetischen Kurs plus Deviation.«

Deviation ist die Ablenkung der Nadel, verursacht durch das auf dem Schiff eingebaute Eisen. Diese rein ortsabhängige Abweichung konnte ich auf der Deviationskarte meines Standardkompasses ablesen und dann dem korrekten magnetischen Kurs anrechnen. Das Ergebnis war der Kompasskurs. Und dann auch wieder nicht. Mein Standardkompass befand sich mittschiffs auf der Kajütstreppe. Mein Steuerkompass befand sich achtern im Cockpit, in der Nähe des Steuerrads. Wenn der Steuerkompass West-bis-Süd-drei-Viertel-Süd anzeigte (den gesteuerten Kurs), zeigte der Standardkompass West-halb-Nord, was gewiss nicht dem gesteuerten Kurs entsprach. Ich änderte den Kurs der *Snark*, bis der Standardkompass West-bis-Süd-drei-Viertel-Süd anzeigte, was auf dem Steuerkompass Südwest-bis-West ergab.

Die oben geschilderten Tätigkeiten bestimmen das einfache, geringfügige Problem des Kurssetzens. Und das Schlimmste daran ist, dass man jeden Schritt korrekt durchführen muss, sonst heißt es an einem gemütlichen Abend plötzlich »Brecher voraus!«, man bekommt ein hübsches Bad im Meer serviert und darf erfreulicherweise zur Abwechslung durch eine Schar menschenfressender Haie hin zur Küste strampeln.

Ebenso trickreich wie der Kompass, der den Seemann zu täuschen versucht, indem er in alle möglichen Richtungen, nur nicht nach Norden zeigt, beharrt jener himmlische Wegweiser, die Sonne, darauf, zu einer bestimmten Zeit nie dort zu sein, wo sie eigentlich sein sollte. Diese Sorglosigkeit der Sonne verursacht weiteren Verdruss – zumindest mir. Um herauszufinden, wo auf der Erdoberfläche man sich befindet, muss man wissen, wo die Sonne zu einem ganz bestimmten Zeitpunkt am Himmel steht. Das heißt, dass die Sonne, jener Zeitmesser der Menschen, sich ihrerseits nicht nach der Uhr richtet. Als ich dies entdeckte, befiel mich eine dunkle Schwermut, und der ganze Kosmos wurde von Zweifeln erfüllt. Unveränderliche Naturgesetze wie Gravitation und Erhaltung der Energie wurden schwammig, und ich war gefasst darauf, in jedem Moment mitzuerleben, wie sie gebrochen würden, ohne dass mich dies in Erstaunen versetzte. Denn wenn der Kompass log und die Sonne nicht pünktlich am Himmel erschien, warum sollten dann Objekte nicht ihre gegenseitige Anziehungskraft verlieren und ein paar Scheffel Energie sich in nichts auflösen? Sogar das Perpetuum mobile war möglich geworden, und ich bekam große Lust, vom ersten Handelsvertreter, der das Deck der *Snark* betreten sollte, Keely-Motor-Aktien[66] zu kaufen. Und als ich erfuhr, dass die Erde sich auf ihrer Achse tatsächlich 366-mal im Jahr dreht, während es nur 365 Sonnenaufgänge und -untergänge gibt, da war ich bereit, meine eigene Identität anzuzweifeln.

So ist der Lauf der Sonne. Er ist derart unregelmäßig, dass es für Menschen unmöglich ist, eine Uhr zu ersinnen, die sich genau nach der Sonne richtet. Die Sonne beschleunigt und verringert ihre Geschwindigkeit, wie dies keine Uhr bewerkstelligen könnte. Die Sonne ist manchmal ihrer Zeit voraus, manchmal hinkt sie ihr hinterher; und dann wieder bricht sie jeden Geschwindigkeits-

---

66 Der Betrüger John E. W. Keely (1827–1898) behauptete, eine neue unbekannte Antriebskraft gefunden zu haben, und verkaufte nach einer spektakulären Demonstration 3000 Aktien seiner Keely Motor Company, die sich später als wertlos erwiesen.

rekord, um sich selbst zu überholen oder vielmehr um rasch noch jenen Punkt am Firmament zu erreichen, an dem sie eigentlich stehen sollte. In dem letztgenannten Fall bremst sie nicht schnell genug ab und schießt deshalb über ihr Ziel hinaus. Tatsächlich gibt es nur vier Tage im Jahr, an denen die Sonne zufällig dort steht, wo sie stehen sollte. An den verbleibenden 361 Tagen treibt sie sich ruhelos in der Gegend herum. Da der Mensch perfektionistischer ist als die Sonne, baut er eine Uhr mit gleichmäßiger Zeitmessung. Zudem berechnet er, wie weit die Sonne dem Zeitplan voraus ist oder ihm hinterherhinkt. Die Differenz zwischen der tatsächlichen Position der Sonne und jener Position, wo die Sonne sein müsste, wenn sie sich angemessen verhalten würde, wird von den Menschen Zeitgleichung genannt. Der Navigator, der die Position seines Schiffs auf hoher See bestimmen will, wirft also einen Blick auf sein Chronometer, um zu prüfen, wo die Sonne gemäß Greenwicher Zeit stehen sollte. Dann rechnet er zu jener Position die Zeitgleichung hinzu und findet heraus, wo die Sonne stehen sollte, aber nicht steht. Diese letztgenannte Position, zusammen mit einigen anderen Positionen, ermöglicht ihm letztlich die Beantwortung jener Frage, die der Mann aus Kansas ein paar Jahre zuvor stellte.

Die *Snark* verließ Fidschi am Samstag, den 6. Juni, und tags darauf, am Sonntag, auf dem weiten Ozean und außer Sichtweite von Land, fuhr ich mit meinen Versuchen fort, meine Position mithilfe einer Chronometermessung für den Längengrad und einer Meridianpeilung für den Breitengrad festzustellen. Die Chronometermessung machte ich morgens, als die Sonne ungefähr 21° über dem Horizont stand. Ich schlug im Nautischen Jahrbuch nach und stellte fest, dass die Sonne an jenem Tag, dem 7. Juni, 1 Minute und 26 Sekunden hinterherhinkte und diese Verspätung mit 14,67 Sekunden pro Stunde aufholte. Das Chronometer besagte, dass in genau dem Moment, als der Sonnenstand gemessen wurde, Greenwich acht Uhr und fünfundzwanzig Minuten anzeigte. Es schien leicht wie eine Schulaufgabe, diese Zeitangabe mit der Zeitgleichung zu korrigieren. Leider war ich kein Schüler. Offensichtlich lag die Sonne zu Mittag in Greenwich 1 Minute und 26 Sekunden zurück. Ebenso offensichtlich läge die Sonne 1 Minute und 26 Sekunden plus 14,67 Sekunden zurück, wenn es elf Uhr wäre. Wäre es zehn Uhr vormittags, müsste man zweimal 14,67 Sekunden addieren. Und wäre es 8:25 Uhr morgens, müsste man dreieinhalbmal 14,67 Sekunden addieren. Also müsste man logischerweise, wenn es 8:25 Uhr abends statt morgens wäre, achteinhalbmal 14,67 Sekunden subtrahieren statt addieren; denn wenn die Sonne mittags 1 Minute und 26 Sekunden zurücklag und mit 14,67 Sekunden pro Stunde aufholte, dann wäre sie um 8:25 Uhr abends näher an dem Punkt, an dem sie sein sollte, als zu Mittag.

So weit, so gut. Doch meinte 8:25 Uhr des Chronometers nun morgens oder abends? Ich warf einen Blick auf die Uhr der *Snark*. Es war 8:09 Uhr und sicherlich morgens, da ich gerade gefrühstückt hatte. War es also acht Uhr früh an Bord der *Snark*, musste acht Uhr des Chronometers (das die Greenwicher Zeit angab) ein anderes acht Uhr sein als das der *Snark*. Nur welches acht Uhr? Es konnte nicht acht Uhr dieses Morgens sein, überlegte ich, weswegen es entweder acht Uhr dieses oder des gestrigen Abends sein musste.

An dieser Stelle fiel ich in die bodenlose Grube geistiger Zerrüttung. Wir befinden uns in östlichen Längengraden, grübelte ich, also mussten wir Greenwich voraus sein. Lägen wir hinter Greenwich zurück, wäre heute gestern; wären wir Greenwich voraus, wäre gestern heute, aber wenn gestern heute ist, was um Himmels willen ist dann heute? – Morgen? Absurd! Dennoch muss es korrekt sein. Als ich die Sonne heute um 8:25 Uhr schoss, erhoben sich die Hüter der Greenwicher Zeit gerade vom gestrigen Abendessen.

»Korrigiere also mit der Zeitgleichung von gestern«, sagt mir mein logischer Verstand.

»Aber heute ist heute«, beharrt mein pedantisches Hirn. »Ich muss den heutigen Sonnenstand korrigieren, nicht den von gestern.«

»Trotzdem ist heute gestern«, behauptet meine Logik mit Nachdruck.

»Schön und gut«, fährt mein pedantisches Hirn fort, »wäre ich in Greenwich, könnte vielleicht gestern sein. In Greenwich passieren seltsame Dinge. Aber ich weiß, so wahr ich hier stehe, dass wir heute hier den 7. Juni haben und dass ich die Sonne hier und heute am 7. Juni geschossen habe. Deshalb muss ich den Sonnenstand von hier und heute, dem 7. Juni, korrigieren.«

»Quatsch!«, bellt mein logischer Verstand. »Lecky meint …«

»Ganz egal, was Lecky meint«, ruft mein pedantisches Hirn dazwischen. »Ich will dir sagen, was im Nautischen Jahrbuch steht. Im Nautischen Jahrbuch steht, dass die Sonne heute, am 7. Juni, um 1 Minute und 26 Sekunden hinter der gemessenen Zeit zurückliegt und mit 14,67 Sekunden pro Stunde aufholt. Darin steht, dass die Sonne gestern, am 6. Juni, 1 Minute und 36 Sekunden zurücklag und mit 15,66 Sekunden pro Stunde aufholte. Du siehst also, es ist absurd zu glauben, man müsse den heutigen Sonnenstand mit der gestrigen Zeittafel korrigieren.«

»Trottel!«

»Idiot!«

Hin und her geht das Gezänk, bis mir der Kopf schwirrt und ich bereit bin zu glauben, dass heute der Tag nach letzter Woche und vor der nächsten ist.

Ich erinnerte mich, dass der Hafenmeister von Suva mir eine Warnung mit auf den Weg gab: »In den östlichen Längengraden benutze man die Daten vom Vortag aus dem Nautischen Jahrbuch.«

Dann hatte ich eine neue Idee. Ich korrigierte die Zeitgleichung für Sonntag und Samstag, machte damit zwei getrennte Rechnungen, und siehe da, als ich die Ergebnisse verglich, unterschieden sich die Ergebnisse nur um vier Zehntel einer Sekunde. Ich fühlte mich wie neu geboren. Ich hatte meinen Weg aus dem unterirdischen Labyrinth gefunden. Die *Snark* war kaum groß genug, um mich und meine Erkenntnis zu fassen. Vier Zehntel einer Sekunde würden nur den Unterschied von einer Zehntelmeile ausmachen – eine Kabellänge!

Zehn Minuten lang lief alles ganz wunderbar, doch dann stieß ich zufällig auf die folgende Eselsbrücke für Navigatoren:

>*Greenwich time least*
>*Longitude east;*
>*Greenwich time best*
>*Longitude west*«

[Greenwicher Zeit früher,
Längengrad Ost
Greenwicher Zeit später,
Längengrad West]

Himmel! Die Zeit auf der *Snark* war nicht so exakt wie die Greenwicher Zeit. War es in Greenwich 8:25 Uhr, war es an Bord der Snark erst 8:09 Uhr. »Greenwicher Zeit später, Längengrad West.« Da war ich also. Zweifellos in den westlichen Längengraden.

»Unsinn!«, ruft da mein pedantisches Hirn. »Du hast 8:09 Uhr morgens und Greenwich 8:25 abends.«

»Na schön«, antwortet mein logischer Verstand. »Die korrekte Angabe für 8:25 Uhr wäre 20:25 Uhr, und das ist gewiss später als 8:25 Uhr. Nein, keine Frage, du bist in den westlichen Längengraden.«

Da triumphiert mein pedantisches Hirn.

»Wir sind doch von Suva auf den Fidschis losgesegelt, oder etwa nicht?«, fragt er, und mein logischer Verstand stimmt zu. »Und Suva liegt in östlicher Länge?« Der logische Verstand nickt erneut. »Und wir segelten nach Westen (was uns weiter in die östlichen Längengrade bringen würde), nicht wahr? Deshalb befinden wir uns, ohne Wenn und Aber, in östlicher Länge.«

»Greenwicher Zeit später, Längengrad West«, leiert mein logischer Verstand, »und du musst zugeben, dass 20:25 Uhr später ist als 8:25 Uhr.«

»Schon gut«, unterbreche ich die Kabbelei, »wir machen eine Beobachtung und werden es herausfinden.«

Ich machte also die Beobachtung, nur um festzustellen, dass mein Längengrad 184° West war.

»Wie ich gesagt habe«, schnaubt mein logischer Verstand.

Ich bin sprachlos. Einige Minuten lang schweigt auch mein pedantisches Hirn. Dann verkündet es: »Aber es gibt keine 184° westlicher Länge, auch nicht östlicher Länge und auch sonst keiner Länge. Der größte Meridian ist 180°, wie du eigentlich wissen solltest.«

An diesem Punkt bricht das pedantische Hirn wegen Überanstrengung zusammen, der logische Verstand schweigt verblüfft, und was mich angeht, meine Augen bekommen einen düsteren und frostigen Ausdruck, als ich mich auf und ab gehend frage, ob ich nun auf die chinesische Küste oder den Golf von Darién zusteuere.

Dann meldet sich eine dünne, leise Stimme, die ich nicht zuordnen kann und die aus unbestimmten Regionen meines Bewusstseins kommt: »Die Gesamtzahl der Grade ist 360. Ziehe 184° westlicher Länge von 360° ab, und du hast 176° östlicher Länge.«

»Das ist reine Spekulation«, widerspricht das pedantische Hirn, und der logische Verstand behauptet: »Dafür gibt es keine Regel.«

»Vergiss die Regeln!«, rufe ich. »Bin ich nicht hier?«

»Das liegt doch auf der Hand«, fahre ich fort. »184° westlicher Länge bedeutet einen Übergang in die östliche Länge von 4°. Außerdem befinde ich mich doch schon die ganze Zeit in östlicher Länge. Ich bin von Fidschi losgesegelt, und Fidschi liegt in östlicher Länge. Ich werde nun meine Position in die Karte eintragen und es mit gegisstem Besteck beweisen.«

Doch auf mich warteten andere Sorgen und Zweifel. Hier eine Kostprobe: In südlichen Breitengraden, wenn die Sonne in der nördlichen Deklination steht, kann man früh am Morgen Chronometermessungen durchführen. Ich machte meine um acht Uhr. Nun, einer der notwendigen Faktoren einer solchen Berechnung ist der Breitengrad. Den Breitengrad misst man jedoch um zwölf Uhr mittags mit einer Meridianbeobachtung. Um meine Chronometermessung von acht Uhr durchzuführen, brauche ich also logischerweise meinen Breitengrad von acht Uhr. Natürlich würde der Breitengrad sich nicht ändern, wenn die *Snark* in den vier dazwischenliegenden Stunden mit sechs Knoten pro Stunde geradewegs nach Westen segelte. Segelte sie aber direkt nach Süden, würde sich ihr Breitengrad alle 24 Meilen ändern. In diesem Fall würde eine einfache Addition oder Subtraktion den Breitengrad von zwölf Uhr in den von acht Uhr umwandeln. Aber angenommen, die *Snark* segelte nach Südwest. Dann müsste man die Koppeltabellen konsultieren.

So viel zur Veranschaulichung. Um acht Uhr früh machte ich meine Chronometermessung. Gleichzeitig wurde die mit dem Log gemessene zurückgelegte Strecke notiert. Um zwölf Uhr mittags, als ich den Breitengrad bestimmte, loggte ich erneut und kam zu dem Ergebnis, dass die *Snark* seit acht Uhr 24 Meilen zurückgelegt hatte. Ihr rechtweisender Kurs lag bei West 0.75 Süd. Ich suchte in Tabelle I, in der Spalte mit den Entfernungen, auf der Seite für

Kurse von 0.75 die Stelle und verharrte bei 24, der Anzahl der zurückgelegten Meilen. Aus den nächsten beiden gegenüberliegenden Spalten fand ich heraus, dass die *Snark* 3,5 Meilen südwärts und 23,7 Meilen westwärts vorangekommen war. Es war leicht, meinen Breitengrad von acht Uhr zu finden. Ich musste nur 3,5 Meilen von meinem mittägigen Breitengrad subtrahieren. Nachdem ich alle Faktoren beisammenhatte, berechnete ich meinen Längengrad.

Dies war jedoch mein Längengrad von acht Uhr. Seither und bis Mittag hatte ich 23,7 Meilen westwärts zurückgelegt. Was war mein mittägiger Längengrad? Ordnungsgemäß schlug ich in der Koppeltabelle Nr. II nach. Nachdem ich ordnungsgemäß in der Tabelle nachgesehen und ordnungsgemäß alle Einzelheiten überprüft hatte, ermittelte ich, dass mein Längenunterschied nach vier Stunden 25 Meilen betrug. Ich war völlig baff. Ich schaute noch einmal ordnungsgemäß auf die Tabelle, schaute ein halbes Dutzend Mal ordnungsgemäß auf die Tabelle und stellte jedes Mal fest, dass mein Längenunterschied 25 Meilen betrug. Ich überlasse es Ihnen, geneigter Leser. Angenommen, Sie wären 24 Meilen gesegelt und hätten 3,5 Meilen geografische Länge zurückgelegt, wie hätten Sie dann 25 Meilen geografische Breite zurücklegen können? Sogar wenn Sie 24 Meilen geradewegs nach Westen gesegelt und nicht von Ihrem Breitengrad abgewichen wären, wie hätte sich Ihre geografische Länge um 25 Meilen ändern können? Im Namen der menschlichen Vernunft, wie hätten Sie eine Meile mehr Länge zurücklegen können als die Gesamtzahl der gesegelten Meilen?

Es war eine seriöse Koppeltabelle, sie stand sogar im Bowditch[67]. Die Regel war einfach (im Rahmen der Navigationsregeln);

---

67 *The New American Practical Navigator* (1802) von Nathaniel Bowditch, ein Standardwerk der Navigation, das etliche überarbeitete Neuauflagen erlebte.

ich hatte keinen Fehler gemacht. Ich hatte mich eine Stunde lang damit beschäftigt und wurde am Ende mit der eklatanten Unmöglichkeit konfrontiert, 24 Meilen gesegelt zu sein und dabei 3,5 Meilen Breite und 25 Meilen Länge zurückgelegt zu haben. Das Schlimmste daran war, dass niemand mir auf die Sprünge helfen konnte. Weder Charmian noch Martin wussten so viel über Navigation wie ich. Und in der Zwischenzeit jagte die *Snark* in einem Höllentempo in Richtung Tanna auf den Neuen Hebriden. Irgendetwas musste getan werden.

Ich weiß nicht, wie ich darauf kam – nennen Sie es meinetwegen Inspiration, doch die Lösung fiel mir unvermittelt ein: Wenn der Südkurs den Breitengraden entspricht, warum entspricht der Westkurs nicht den Längengraden? Warum sollte ich den Westkurs überhaupt in Längengrade umrechnen? Und dann wurde mir der ganze Schlamassel mit einem Mal klar. Die Längenmeridiane sind am Äquator 60 (See-)Meilen voneinander entfernt. An den Polen laufen sie aufeinander zu. Wenn ich also am 180°-Längenmeridian entlangfahren würde, bis ich den Nordpol erreichte, und wenn der Astronom in Greenwich dem 0°-Längenmeridian bis zum Nordpol folgen würde, dann könnten wir uns am Pol die Hand geben, obwohl wir vor dem Aufbruch ein paar Tausend Meilen voneinander entfernt waren. Noch einmal: Wenn 1° Länge am Äquator sechzig Meilen breit war und derselbe Grad am Endpunkt der Erdachse keine Breite besaß, müsste der Grad zwischen Äquator und Pol an einer Stelle eine halbe Meile, anderswo eine Meile, zwei Meilen, zehn Meilen, dreißig und natürlich sechzig Meilen breit sein.

Jetzt war wieder alles klar. Die *Snark* lag auf 19° südlicher Breite. Der Erdumfang war an dieser Stelle geringer als am Äquator. Deshalb war jede Meile nach Westen auf 19° Süd mehr als eine Minute Länge; denn sechzig Meilen sind sechzig Meilen, aber sechzig Minuten sind nur am Äquator sechzig Meilen. George Francis

Train brach Jules Vernes Rekord der Weltumrundung.[68] Doch ein jeder kann George Francis Trains Rekord brechen. Man müsste nur in einem schnellen Dampfer zum Breitengrad von Kap Hoorn und immer geradewegs nach Osten fahren, bis man wieder am Ausgangspunkt anlangt. Auf diesem Breitengrad ist die Welt sehr klein, und es gibt kein Land, das man umschiffen müsste. Legt dieser Dampfer sechzehn Knoten die Stunde zurück, könnte man die Erde in nur ungefähr vierzig Tagen umrunden.

Doch ich wurde entschädigt. Am Mittwochabend des 10. Juni ermittelte ich meine Mittagsposition mit gegisstem Besteck um acht Uhr abends. Dann errechnete ich planerisch den weiteren Kurs der *Snark* und sah, dass diese eine der östlichsten Inseln der Neuen Hebriden, Futuna, anpeilte, ein 600 Meter hoher Vulkankegel, der aus dem tiefen Ozean emporragte. Ich änderte den Kurs so, dass die *Snark* zehn Meilen nördlich vorbeisegeln würde. Dann sprach ich mit Wada, dem Koch, der jeden Morgen von vier bis sechs am Steuerruder Dienst hatte.

»Wada San, wenn du in deiner Wache morgen früh luvwärts voraus scharf Ausschau hältst, wirst du Land sehen.«

Und dann ging ich zu Bett. Die Würfel waren gefallen. Ich hatte meinen Ruf als Navigator aufs Spiel gesetzt. Angenommen, nur einmal angenommen, bei Tagesanbruch wäre kein Land in Sicht. Was würde das über meine Navigation sagen? Und was würde das über unsere Position sagen? Und wie würden wir uns je wieder zurechtfinden? Geschweige denn Land finden? Vor meinem inneren Auge stieg eine gespenstische Vision der *Snark* auf, wie sie monatelang durch Meereseinsamkeiten segelte auf der vergeblichen

---

68 Anspielung auf Jules Vernes Roman *In achtzig Tagen um die Welt* (*Le tour du monde en quatre-vingts jours*, 1873) und George Francis Train (1829–1904), dessen Weltreise von 1870 Verne inspirierte. Train wiederholte die Reise 1890 und 1892, sein Rekord lag bei sechzig Tagen.

Suche nach Land, während wir unseren Proviant langsam aufgebraucht hatten und mit ausgezehrten Gesichtern dasaßen und über Kannibalismus nachdachten.

Ich gebe zu, ich schlief nicht

»… wie ein Sommerhimmel,
Erfüllt vom Gesang der Lerche.«

Vielmehr »erwachte ich in stummer Finsternis«[69] und lauschte dem Knirschen der Schotten und dem Wellenschlag des Meeres längsseits der *Snark*, die gleichmäßig sechs Knoten die Stunde loggte. Ich ging meine Berechnungen immer wieder durch, bemühte mich, einen Fehler zu finden, bis mein Gehirn dermaßen heiß gelaufen war, dass ich Dutzende Fehler entdeckte. Angenommen, meine Navigation wäre völlig falsch, und wir befanden uns nur sechs statt 60 Meilen vor Futuna? In diesem Fall wäre auch mein Kurs falsch, und die *Snark* würde, soweit ich sehe, direkt auf Futuna auflaufen. Soviel ich wusste, könnte die *Snark* jeden Moment Futuna rammen. Bei diesem Gedanken sprang ich fast aus der Koje, und obwohl ich mich wieder beruhigte, lag ich bestimmt einen Moment lang nervös und angespannt da in der Erwartung des kommenden Aufpralls.

Mein Schlaf wurde von entsetzlichen Albträumen unterbrochen. Am häufigsten suchten mich Erdbeben heim, aber ich träumte auch von einem Mann, der mich mit seiner Rechnung die ganze Nacht hindurch beharrlich verfolgte. Er war sogar drauf und dran, mich anzugreifen. Und Charmian redete unermüdlich auf ihn ein, mich doch in Frieden zu lassen. Schließlich wagte der unablässig Geld fordernde Mann sich jedoch in einen Traum, in dem

---

69 »My sleep was like a summer sky / That held the music of a lark /
I waken to the voiceless dark / And life's more silent mystery.«
Aus dem Gedicht »The Testimony of the Suns« (1901/2) von George Sterling.

Charmian nicht vorkam. Ich packte die Gelegenheit beim Schopf, und wir prügelten uns ruhmreich auf Bürgersteig und Straße, bis er aufgab. Dann sagte ich: »Was ist jetzt mit dieser Rechnung?« Da ich gewonnen hatte, war ich auch bereit zu zahlen. Doch der Mann sah mich an und stöhnte. »Es war alles ein Missverständnis«, sagte er, »die Rechnung ist für Ihren Nachbarn.«

Damit war er beschwichtigt, denn er peinigte mich nicht weiter in meinen Träumen; und auch ich war beruhigt, denn ich erwachte und kicherte über diese Episode. Es war drei Uhr früh. Ich ging an Deck. Henry[70], der von der Insel Rapa stammte, war am Steuer. Ich warf einen Blick aufs Log. Es zeigte 42 Meilen an. Die *Snark* hatte ihre Fahrt von sechs Knoten pro Stunde nicht verringert und Futuna noch nicht gerammt. Um halb sechs erschien ich wieder an Deck. Wada am Steuerrad hatte kein Land gesehen. Ich saß auf der Cockpitreling und gab mich eine Viertelstunde lang nagenden Zweifeln hin. Dann sah ich Land, ein schmales, hoch aufragendes Stück Land, genau dort, wo es sein sollte, luvwärts voraus aus dem Meer aufsteigen. Um sechs Uhr konnte ich es deutlich als den schönen Vulkankegel von Futuna erkennen. Um acht Uhr, als er neben uns lag, maß ich mit dem Sextanten die Entfernung, und er lag 9,3 Meilen weit weg. Und ich hatte festgesetzt, in einem Abstand von 10 Meilen daran vorbeizufahren!

Dann ragte im Süden Aneityum aus der See, im Norden Aniwa und direkt voraus Tanna. Man konnte Tanna nicht verwechseln, denn der Rauch ihres Vulkans stieg hoch in den Himmel auf. Sie lag vierzig Meilen entfernt, und als wir gegen Nachmittag näher kamen, dabei nie langsamer als sechs Knoten loggten, sahen wir ein gebirgiges, nebelverhangenes Land, ohne erkennbare Öffnun-

---

70 Henry (Nachname unbekannt) war Kapitän eines kleinen Handelsschoners auf Samoa. Der mehrsprachige Insulaner diente als Ersatz für einen französischen Matrosen namens Ernest, der in Kapitel 17 erwähnt wird.

gen an der Küstenlinie. Ich suchte nach Port Resolution, rechnete aber fast damit, dass dieser Ankerplatz zerstört worden war. In den letzten vierzig Jahren hatten vulkanische Erdbeben den Grund angehoben, sodass dort, wo einst die größten Schiffe vor Anker lagen, letzten Meldungen zufolge heute kaum noch genug Platz und Tiefe für ein Schiff wie die *Snark* war. Und warum sollte seit dem letzten Bericht nicht ein erneutes Beben den Hafen womöglich vollständig geschlossen haben?

Ich lief die ungebrochene Küste an, deren massive Felsen die Fluten umspülten, an denen die donnernde Passatwindbrandung hoch und weiß aufspritzte. Ich suchte meilenweit mit meinem Fernglas nach einer Einfahrt, konnte aber keine entdecken. Ich machte eine Kompasspeilung von Futuna, eine weitere von Aniwa und trug beide in die Karte ein. Dort, wo sich die beiden Peilungen kreuzten, musste die Position der *Snark* sein. Dann wählte ich mit meinem Lineal einen Kurs von der Position der *Snark* nach Port Resolution. Nachdem ich meinen Kurs mit Missweisung und Abweichung korrigiert hatte, ging ich an Deck, und siehe, der Kurs führte mich auf die ungebrochene Küstenlinie mit der tobenden Brandung zu. Mein Osterinsulaner machte sich große Sorgen, als ich den Kurs hielt, bis die überfluteten Felsen nur noch eine Meile entfernt lagen.

»Dieser Ort kein Hafen«, behauptete er und schüttelte unheilvoll den Kopf.

Doch ich änderte meinen Kurs und lief parallel entlang der Küste. Charmian stand am Steuerrad. Martin war beim Motor, bereit, die Schiffsschraube anzuwerfen. Plötzlich zeigte sich eine schmale Öffnung, fast nur ein Spalt. Durch das Fernglas konnte ich deutlich die durchgehende Brandung davor sehen. Henry, der Rapa-Mann, blickte sorgenvoll drein; ebenso Tehei, der Tahaa-Mann.

»Keine Passage dort«, sagte Henry. »Wir gehen dort, dann wir schnell Ende, bestimmt.«

Ich bekenne, dass ich ebenso dachte, lief aber weiter parallel zur Küste und hielt Ausschau, ob die Reihe der Brecher von einer Seite der Einfahrt nicht die Reihe von der anderen Seite überschnitt. Tatsächlich, genau so war es. Ein schmaler Abschnitt, wo das Meer ruhig war, zeigte sich. Charmian legte das Ruder in Lee und hielt auf die Einfahrt zu. Martin warf den Motor an, während alle Mann und der Koch eilends die Segel einholten.

In der Biegung der Bucht tauchte ein Händlerhaus auf. In rund hundert Meter Entfernung sprühte ein Geysir am Ufer eine Dampfsäule in die Luft. Als wir eine winzige Landspitze in Richtung Hafen umschifften, erschien die Missionsstation.

»Drei Faden«, rief Wada am Senkblei. »Drei Faden, zwei Faden«, ließ er rasch hintereinander verlauten.

Charmian legte das Ruder in Lee. Martin schaltete den Motor aus, die *Snark* drehte bei, und der Anker fiel rumpelnd bei drei Faden Tiefe. Bevor wir Luft holen konnten, kam ein Schwarm schwarzer Tanneser längsseits des Schiffes und an Bord – grinsende, affenartige Kreaturen mit krausem Haar und unruhigen Blicken, die Sicherheitsnadeln und Tonpfeifen in ihren geschlitzten Ohren trugen: Ansonsten trugen sie hinten nichts und vorne noch weniger. Und ich scheue mich nicht zu erzählen, dass ich in jener Nacht, während alle schliefen, hinauf aufs Deck schlich, meinen Blick über die stille Landschaft schweifen ließ und mich diebisch – ja, diebisch – über meine Navigation freute.

15. Kapitel

Kreuzfahrt in der Salomonensee

Warum kommen Sie nicht gleich mit?«, fragte uns Kapitän Jansen in Penduffryn auf der Insel Guadalcanal. Charmian und ich sahen einander an und besprachen uns eine halbe Minute lang stillschweigend. Dann nickten wir gleichzeitig mit dem Kopf. Auf diese Art treffen wir Entscheidungen, und es funktioniert ausgezeichnet, solange man wegen der letzten Dose Kondensmilch, die verschüttet wurde, nicht gleich an die Decke geht. (Derzeit ernähren wir uns von Dosenfutter, und da der Geist angeblich eine Emanation der Materie ist, sind auch unsere Metaphern zumeist Blech.)

»Bringen Sie lieber Ihre Pistolen und ein paar Gewehre mit«, sagte Kapitän Jansen. »Ich habe fünf Gewehre an Bord, obwohl die eine Mauser keine Munition hat. Haben Sie ein paar Patronen übrig?«

Wir brachten unsere Gewehre an Bord, einige Handvoll Mauserpatronen, und Wada und Nakata, der Koch und der Kajütenjunge der *Snark*, begleiteten uns. Wada und Nakata hatten ein bisschen Schiss. Zumindest waren sie nicht hellauf begeistert, obwohl Nakata sich im Angesicht der Gefahr niemals drückte. Die Salomoninseln waren ihnen nicht gerade ein Hort der Freundlichkeit. Zunächst hatten beide unter Salomonen-Ekzemen gelitten. Wir anderen erkrankten ebenso (zu der Zeit versuchte ich gerade, zwei neue mit einer Kur aus ätzendem Sublimat[71] zu behandeln); doch die beiden Japaner hatten mehr als nur ihren Teil abgekriegt. Und die Ekzeme sind nicht angenehm. Man könnte sie als übermäßig wuchernde Geschwüre beschreiben. Ein Moskitostich, ein Schnitt oder die geringste Abschürfung reicht aus, um das Gift, von dem die Luft erfüllt zu sein scheint, in die Wunde einzulagern. Sogleich beginnt das Ekzem zu wuchern. Es wuchert in jede Richtung, verschlingt dabei mit erstaunlicher Geschwindigkeit Haut und Muskelfleisch. Anfangs ist das Ulkus so groß wie ein Nadelkopf, am zweiten Tag so groß wie eine Zehncentmünze, und am Ende der Woche ist es größer als ein Silberdollar.

Schlimmer noch als die Ekzeme war das Salomonen-Fieber, das die beiden Japaner sich zugezogen hatten. Beide hatten wiederholt darunter gelitten, und in ihren schwachen Momenten auf dem Weg der Besserung hatten sie sich in jenem Teil der *Snark* zusammengekauert, der zufällig dem fernen Japan am nächsten lag, und blickten sehnsuchtsvoll in diese Richtung.

Was das Bitterste für sie war, sie wurden nun auch noch an Bord der *Minota* gebracht, um eine Anwerbungsfahrt entlang der wilden Küste von Malaita mitzumachen. Wada, der den größten Bammel davor hatte, war sich sicher, dass sie Japan nie wiedersehen würden, und verfolgte mit düsterem, glanzlosem Blick, wie unsere Gewehre und Munition zur *Minota* gebracht wurden. Er kannte die *Minota* und ihre Malaita-Kreuzfahrten. Er wusste, dass sie vor sechs Monaten an der Küste von Malaita gekapert worden war und dass man ihren Kapitän mit Tomahawks in Stücke gehackt hatte und dass das Schiff den Eingeborenen, dem barbarischen Gerechtigkeitssinn auf dieser lieblichen Insel gemäß, noch zwei weitere Köpfe schuldete. Außerdem war ein Arbeiter auf der Penduffryn-

71 Quecksilberchlorid.

Plantage, ein Junge aus Malaita, gerade an der Ruhr gestorben, und Wada wusste, dass Penduffryn Malaita deswegen noch einen Kopf schuldete. Des Weiteren sah er beim Verstauen des Gepäcks in der winzigen Kaptänskajüte die Axtkerben an der Tür, wohinein sich die siegreichen Buschmänner ihren Weg gebahnt hatten. Und zu guter Letzt fehlte am Kombüsenherd ein Ofenrohr – besagtes Rohr war Teil der Beute gewesen.

Die *Minota* war aus Teakholz gefertigt, eine australische Jacht mit Ketschtakelung, lang und schmal, mit Finnkiel und eher für Hafenregatten gebaut als zum Anwerben schwarzer Insulaner. Als Charmian und ich an Deck kamen, herrschte großes Gedränge. Ihre doppelte Bootscrew, einschließlich Ersatzmännern, bestand aus fünfzehn Matrosen, und dazu kamen noch mehr als zwanzig Rückkehrer, Boys, die ihren Dienst auf den Plantagen geleistet hatten und nun in ihre Dschungeldörfer heimkehrten. Rein äußerlich sahen sie wirklich wie echte Kopfjäger und Kannibalen aus. Sie trugen quer durch ihre Nasenlöcher gestoßene Knochen und Holznadeln, groß wie Bleistifte. Etliche hatten die sehr dicke Nasenspitze durchstoßen, von der Zacken eines Schildkrötenpanzers oder auf steifen Draht aufgereihte Perlen abstanden. Ein paar hatten ihre Nasen noch zusätzlich durchbohrt, mit einer Reihe von Löchern, die der Biegung der Nasenlöcher von der Lippe bis zur Nasenspitze folgten. Jedes Ohr eines jeden Mannes wies zwei bis zwölf Löcher auf – Löcher, groß genug, um Holzpflöcke von drei Zoll Durchmesser darin zu tragen, bis hin zu winzigen Löchern, in denen Tonpfeifen und ähnlicher Kleinkram steckten. Tatsächlich hatten sie so viele Löcher, dass es ihnen an Schmuck mangelte, den sie darin hätten tragen können; und nachdem wir tags darauf, als wir uns Malaita näherten, unsere Gewehre ausprobiert hatten, um zu überprüfen, ob sie funktionstüchtig waren, balgten sie sich um leere Patronenhülsen, die sogleich in die vielen, zu ihrem Bedauern noch ungeschmückten Ohrlöcher unserer Passagiere gestoßen wurden.

Zur gleichen Zeit, als wir unsere Gewehre prüften, montierten wir auch unsere Stacheldrahtreling. Die *Minota*, mit Kronendeck, ohne Deckhaus und mit einer nur sechs Zoll hohen Reling, konnte allzu leicht geentert werden. So wurden also Messingstützen an der Reling festgeschraubt und eine Doppelreihe Stacheldraht von Heck zu Heck und wieder zurück gespannt. Diese bot zwar guten Schutz vor Wilden, war aber äußerst unbequem für die Leute an Bord, als die *Minota* im Seegang zu hüpfen und zu stampfen begann. Wenn man nur ungern an einer mit Stacheldraht umwickelten Leereling entlangrutscht und es nicht wagt, sich am Stacheldraht der Luvreling festzuhalten, um ein Abrutschen zu verhindern, und man sich mit diesen unterschiedlichen Abgeneigtheiten auf einem glatten, überschwemmten Deck wiederfindet, das um 45° kippt, dann begreift man schnell, welche Freuden eine Kreuzfahrt in der Salomonensee bereithält. Man darf dabei auch nicht vergessen, dass ein Sturz in den Stacheldraht einem nicht nur Kratzer beschert, sondern jeder Kratzer sich unweigerlich zu einem giftigen Ekzem entwickeln wird. Dass reine Vorsicht einen nicht vor dem Stacheldraht bewahrt, wurde eines schönen Morgens bewiesen, als wir mit dem Wind im Rücken die Küste von Malaita entlangliefen. Der Wind blies kräftig, und der Seegang war ziemlich stark. Ein schwarzer Boy stand am Steuerrad. Kapitän Jansen, Mr. Jacobsen (der Maat), Charmian und ich hatten uns eben erst an Deck zum Frühstück niedergelassen. Drei ungewöhnlich hohe Wellen trafen uns. Der Boy am Steuerrad verlor die Nerven. Die *Minota* wurde dreimal überspült. Das Frühstück wurde über die Leereling geschwemmt. Die Messer und Gabeln verschwanden durch das Speigatt; ein Boy wurde achtern glatt ins Meer gespült und wieder an Bord gezogen; und unser tapferer Skipper lag halb binnenbords, halb außenbords und steckte im Stacheldraht fest. Danach, während der übrigen Kreuzfahrt, diente unsere gemeinschaftliche Verwendung des verbliebenen Essbestecks als prächtiges Beispiel für urtümlichen Kommunismus. Auf der *Eugenie* war es sogar noch schlimmer, denn wir hatten nur einen Teelöffel für vier Personen – doch die *Eugenie* ist eine andere Geschichte.

Unser erster Hafen war Su'u an der Westküste von Malaita. Die Salomonen befinden sich am Rand der Zivilisation. Es ist schwierig genug, in dunklen Nächten durch Kanäle voller Riffe und durch unberechenbare Strömungen zu segeln, wenn man sich nicht an Signallichtern orientieren kann (die Salomonen erstrecken sich von Nordwest nach Südost über 1000 Seemeilen, und entlang von Abertausenden Meilen Küste gibt es keinen einzigen Leuchtturm); doch der Schwierigkeitsgrad wird noch erheblich durch die Tatsache erhöht, dass das Land selbst nicht korrekt kartografiert ist. Zum Beispiel Su'u. Auf der Admiralitätskarte von Malaita verläuft die Küste dort als gerade, ungebrochene Linie. Doch die *Minota* segelte in zwanzig Faden Tiefe einfach über diese gerade, ungebrochene Linie hinweg. Wo angeblich Land sein sollte, befand sich eine tiefe Bucht. In diese liefen wir ein, die Mangroven umschlossen uns, bis wir in einem spiegelglatten Teich vor Anker gingen. Kapitän Jansen gefiel der Ankerplatz nicht. Er war zum ersten Mal dort, und Su'u hatte einen schlechten Ruf. Es gab keinen Wind, mit dessen Hilfe man im Falle eines Angriffs hätte fliehen können, während die Crew bis zum letzten Mann niedergemetzelt werden könnte, wenn sie versuchte, in einem Walboot zu entkommen. Es war eine hübsche Falle, wenn es Ärger gab.

»Was, wenn die *Minota* auf Grund laufen würde – was würden Sie tun?«, fragte ich.

»Sie wird nicht auf Grund laufen«, sagte Kapitän Jansen.

»Aber was, wenn doch?«, bohrte ich weiter.

Er überlegte einen Moment und ließ seinen Blick vom Maat, der einen Pistolengurt umschnallte, zur Bootscrew schweifen, die ins Walboot kletterte, wobei jeder ein Gewehr mit sich führte.

»Wir würden ins Walboot steigen und so schnell abhauen, wie Gott es zulässt«, lautete die zögerliche Antwort des Skippers.

Er erklärte ausführlich, dass kein Weißer sich auf seine Malaita-Crew verlassen könne, wenn es eng werde; dass die Buschmänner jedes Wrack als ihr persönliches Eigentum betrachteten; dass die Buschmänner jede Menge Snider-Gewehre besäßen; und dass er ein Dutzend Boys an Bord habe, die nach Su'u zurückkehrten und sich gewiss ihren Freunden und Verwandten an Land anschließen würden, wenn es darum gehe, die *Minota* zu plündern.

Die erste Aufgabe des Walbootes bestand darin, die Rückkehrer und ihre Transportkisten an Land zu bringen. Damit wurde eine Gefahr beseitigt. Während dies erledigt wurde, kam ein Kanu mit drei nackten Wilden längsseits an Bord. Und wenn ich nackt sage, meine ich nackt. Sie trugen nicht den kleinsten Fetzen Kleidung am Leib, es sei denn, man sieht Nasenringe, Ohrpflöcke und Muschelarmbänder als Kleidung an. Der Mann am Bug des Kanus war ein alter Häuptling, einäugig, angeblich freundlich gesinnt und so schmutzig, dass ein Bootschaber an ihm stumpf geworden wäre. Seine Mission bestand darin, den Skipper davor zu warnen, jemanden von seinen Leuten an Land gehen zu lassen. Der alte Bursche wiederholte seine Warnung am selben Abend.

Das Walboot fuhr vergeblich am Ufer der Bucht entlang, um nach Rekruten zu suchen. Der Dschungel steckte voller bewaffneter Eingeborener, die gern bereit waren, mit dem Anwerber zu sprechen, doch kein einziger wollte einen Dreijahresvertrag über Plantagenarbeit für sechs Pfund im Jahr unterzeichnen. Dennoch waren sie regelrecht erpicht darauf, unsere Leute an Land zu locken. Am zweiten Tag gaben sie am Strand am Rand der Bucht ein

Rauchsignal. Da dies das übliche Zeichen war, wenn Männer anheuern wollten, wurde das Boot ausgeschickt. Doch es kam nichts dabei heraus. Niemand ließ sich anwerben, keiner unserer Männer wurde an Land gelockt. Kurz darauf sahen wir flüchtig einige bewaffnete Eingeborene am Strand umherstreifen.

Abgesehen von diesen seltenen Einblicken konnte man nicht wissen, wie viele von ihnen noch im Dschungel lauerten. Kein noch so scharfes Auge konnte den dichten Urwald durchdringen. Am Nachmittag gingen Kapitän Jansen, Charmian und ich dynamitfischen. Jeder Einzelne der Bootscrew trug ein Lee-Enfield. »Johnny«, der eingeborene Anwerber, hatte neben sich am Steuerruder eine Winchester liegen. Wir ruderten in die Nähe einer Stelle am Ufer, die verlassen aussah. Hier wurde das Boot gewendet und mit dem Heck zur Küste gestellt; im Falle eines Angriffs wäre es bereit, davonzujagen. Während meiner ganzen Zeit auf Malaita habe ich nie jemanden ein Boot mit dem Bug voran anlanden gesehen. Tatsächlich benutzen die Anwerberschiffe zwei Boote: eines, das sich – natürlich bewaffnet – dem Strand nähert, und ein zweites, das ein paar Dutzend Meter entfernt liegt und dem anderen »Deckung« gibt. Die *Minota* war jedoch nur ein kleines Schiff, das kein Deckungsboot mitführte.

Wir befanden uns in Ufernähe und arbeiteten uns im Rückwärtsgang voran, als wir einen Fischschwarm sichteten. Die Zündschnur wurde angezündet und die Dynamitstange geworfen. Mit der Explosion wurde die Wasseroberfläche vom Aufblitzen springender Fische durchbrochen. Im selben Augenblick wurde der Urwald lebendig. Unzählige nackte Wilde, bewaffnet mit Pfeil und Bogen, Speeren und Snider-Gewehren, stürmten auf das Ufer. Gleichzeitig hob unsere Bootscrew ihre Gewehre. Und so starrten die Gegner einander an, während unsere Ersatzboys den betäubten Fischen hinterhertauchten.

Wir blieben drei fruchtlose Tage lang in Su'u. Die *Minota* konnte niemanden aus dem Dschungel anwerben, und die Buschmänner bekamen keine Köpfe von der *Minota*. Eigentlich war Wada der Einzige, der irgendetwas bekam, und dies war ein zünftiger Schub Fieber. Wir schleppten das Schiff mit dem Walboot aufs Meer hinaus und liefen die Küste entlang nach Langa Langa, ein großes Fischerdorf, das unter erstaunlichen Mühen auf einer Lagunensandbank errichtet war – buchstäblich *errichtet* –, eine künstliche Insel, die als Bollwerk gegen blutrünstige Buschmänner diente. Ebenfalls hier, an der Küstenseite der Lagune, lag Binu, der Ort, an dem die *Minota* vor einem halben Jahr gekapert und ihr Kapitän von den Buschmännern ermordet worden war. Als wir durch die schmale Einfahrt segelten, kam ein Kanu längsseits mit der Nachricht, dass an jenem Morgen gerade ein Kriegsschiff ausgelaufen sei, nachdem es drei Dörfer niedergebrannt, dreißig Schweine getötet und ein Baby ertränkt habe. Es war die *Cambrian* unter Kapitän Lewes. Wir waren uns erstmals in Korea begegnet, während des Russisch-Japanischen Kriegs[72], und unsere Wege hatten sich seither immer wieder gekreuzt, ohne dass wir uns je wiedergesehen hätten. An dem Tag, als die *Snark* Suva auf den Fidschis erreichte, sichteten wir die *Cambrian*, die gerade in See stach. In Vila, auf den Neuen Hebriden, verpassten wir einander um einen Tag. Vor der Insel Santo liefen wir nachts aneinander vorbei. Als die *Cambrian* in Tulagi eintraf, segelten wir von Penduffryn ab, das nur ein Dutzend Meilen entfernt liegt. Und hier in Langa Langa hatten wir uns gerade um einige Stunden verpasst.

Die *Cambrian* war gekommen, um die Mörder des Kapitäns der *Minota* zu bestrafen, doch ob ihr das auch gelungen war, erfuhren wir erst später am Tag, als ein Mr. Abbot, ein Missionar, in

---

72 Jack London reiste 1904 als Kriegsberichterstatter nach Japan und Korea.

seinem Walboot längsseits erschien. Man hatte die Dörfer niedergebrannt und die Schweine getötet. Doch die Eingeborenen konnten unverletzt entkommen. Man hatte die Mörder nicht gefasst, aber
die Flagge der *Minota* und einige ihrer Ausrüstungsgegenstände
wiedergefunden. Das Baby war aufgrund eines Missverständnisses
ertrunken. Johnny, der Häuptling von Binu, hatte sich geweigert,
die Landungstruppen in den Dschungel zu führen, und keiner seiner Männer konnte dazu veranlasst werden, die Aufgabe zu übernehmen. Daraufhin hatte der zu Recht erboste Kapitän Lewes
Häuptling Johnny verkündet, er verdiene es, dass man sein Dorf
niederbrenne. In Johnnys Bêche-de-Mer-Vokabular⁷³ existierte das
Wort »verdienen« nicht. Er verstand also, dass man sein Dorf auf
jeden Fall niederbrennen würde. Als die Dorfbewohner plötzlich
in panischer Flucht davonrannten, fiel ein Baby ins Wasser. In der
Zwischenzeit eilte Häuptling Johnny zu Mr. Abbot. Er drückte ihm
vierzehn Sovereigns in die Hand und bat ihn, an Bord der *Cambrian* zu gehen und sein Dorf bei Kapitän Lewes freizukaufen. Johnnys Dorf wurde nicht niedergebrannt. Auch hatte Kapitän Lewes
nicht die vierzehn Sovereigns erhalten, denn ich sah sie später in
Johnnys Besitz, als er an Bord der *Minota* kam. Gefragt, warum er
die Landungstruppe nicht hatte führen wollen, wies er als Entschuldigung stolz auf einen großen Furunkel. Sein wahrer Grund, und
ein völlig triftiger, war, obwohl er nichts davon erwähnte, Furcht
vor der Rache der Buschmänner. Hätte er oder einer seiner Männer
die Marinesoldaten geführt, hätte er mit blutiger Vergeltung rechnen müssen, sobald die *Cambrian* die Anker lichtete.

Um ein Beispiel für die Zustände auf den Salomonen zu
nennen: Johnnys geschäftliches Anliegen an Bord bestand darin,
Spriet-, Großsegel und Klüver eines Walboots gegen Tabak zu tau-

73 Vgl. Kapitel 16.

schen. So erschien am späteren Nachmittag ein Häuptling Billy an Bord und übergab gegen eine bestimmte Menge Tabak Mast und Spieren. Diese Ausrüstung war Teil jenes Walbootes, das sich Kapitän Jansen auf der letzten Fahrt der *Minota* zurückgeholt hatte. Das Boot gehörte der Plantage Meringe auf der Insel Ysabel. Elf Vertragsarbeiter, Malaita-Männer und Buschmänner hatten beschlossen abzuhauen. Da sie Buschmänner waren, wussten sie nichts über das Salzwasser oder wie man ein Boot auf dem Meer steuert. Also überredeten sie zwei eingeborene Fischer aus San Cristoval, mit ihnen zu fliehen. Den Männern aus San Cristoval kam das ganz gelegen. Sie hätten es besser wissen müssen. Nachdem sie das gestohlene Boot sicher nach Malaita gesteuert hatten, hackte man ihnen zum Dank die Köpfe ab. Dieses Boot mitsamt seiner Ausrüstung hatte Kapitän Jansen wiedergefunden.

Ich bin nicht umsonst den ganzen weiten Weg bis zu den Salomonen gereist. Endlich habe ich einmal erlebt, wie Charmians stolzer Geist gedemütigt und ihre hochherrliche, königliche Weiblichkeit in den Schmutz gezogen wurde. Es geschah in Langa Langa, an Land, auf der künstlichen Insel, die man vor lauter Häusern nicht sehen kann. Hier wanderten wir umher, umringt von Hunderten schamlosen nackten Männern, Frauen und Kindern, und bewunderten die Sehenswürdigkeiten. Wir trugen Pistolengurte, und die bis auf die Zähne bewaffnete Bootscrew wartete an den Rudern, mit dem Heck zum Ufer; doch die Lektion des Kriegsschiffs war noch nicht so lange her, dass wir mit Ärger hätten rechnen müssen. Wir gingen überall hin und besichtigten alles, bis wir schließlich auf einen großen Baumstamm stießen, der als Brücke über eine seichte Flussmündung diente. Die Schwarzen bildeten eine Mauer vor uns und wollten uns nicht hinübergehen lassen. Wir fragten, warum sie uns aufhielten. Die Schwarzen sagten, wir könnten weitergehen. Wir verstanden das falsch und gingen los. Die Erklärungen wurden klarer. Kapitän Jansen und ich durften, da wir Männer waren, weitergehen. Doch keine Mary durfte um diese Brücke herumwaten und sie erst recht nicht überqueren. »Mary« bedeutet »Frau« in Bêche-de-Mer. Charmian war eine Mary. Für sie war die Brücke *tambo*, was in der Sprache der Eingeborenen tabu bedeutet. Ach, wie da meine Brust schwoll! Endlich konnte ich einmal meine Männlichkeit geltend machen. Und es kam ans Licht, wer nun das Königsgeschlecht der Schöpfung war. Charmian konnte uns hinterherlatschen, doch wir waren MÄNNER und durften direkt über jene Brücke gehen, während sie im Walboot übersetzen musste.

Eigentlich sollte es mir nichts ausmachen, bei dem Folgenden missverstanden zu werden; doch auf den Salomonen gehört es zum Allgemeinwissen, dass Fieberanfälle oft durch einen Schock ausgelöst werden. Weniger als eine halbe Stunde nachdem man Charmian das Wegerecht verweigert hatte, wurde sie eilends auf die *Minota* gebracht, in Decken eingewickelt und mit Chinin versorgt. Ich weiß nicht, welcher Schock Wada und Nakata widerfahren war, aber sie bekamen ebenfalls Fieber. Die Salomonen könnten der Gesundheit zuträglicher sein.

Während des Fieberanfalls bekam Charmian auch noch ein Salomonen-Ekzem. Das hatte gerade noch gefehlt. Jeder auf der *Snark* hatte Ekzeme bekommen, nur sie nicht. Ich dachte, ich würde meinen Fuß ab dem Knöchel verlieren wegen einer außerordentlich bösartigen und bohrenden Entzündung. Henry und Tehei, die tahitianischen Matrosen, hatten Dutzende Geschwüre. Wada hatte das Zählen aufgegeben. Nakata hatte einzelne gehabt, die drei Zoll lang waren. Martin war sich ziemlich sicher gewesen, dass von den Wurzeln einer erstaunlichen Kolonie von Ekzemen, die sich auf seinem Schienbein angesiedelt hatte, eine Nekrose ausgegangen war. Doch Charmian war entkommen. Ihrer anhaltenden Immunität entsprang eine Verachtung für uns Übrige. Es schmeichelte ihrem Ego dermaßen, dass sie mir eines Tages schüchtern kundtat, die Ansteckung hänge von der Reinheit des Blutes ab. Da wir Übrigen allesamt Ekzeme heranzüchteten und sie nicht … na ja, wie auch immer, jedenfalls war ihres so groß wie ein Silberdollar und heilte aufgrund der Reinheit ihres Blutes nach mehreren Wochen intensiver Pflege. Sie setzte ihr Vertrauen auf ätzendes Sublimat. Martin schwört auf Jodsalbe. Henry verwendet unverdünnten Zitronensaft. Und ich glaube, da Sublimat dem Wachstum nur langsam Einhalt gebietet, dass alternativ eine Oxyhydrogen-Mischung das beste Mittel ist. Auf den Salomonen gibt es Weiße, die alles auf Borsäure setzen, und wieder andere, die Lysol bevorzugen. Ich habe außerdem eine Schwäche für ein Wundermittel. Kalifornien. Den möchte ich sehen, der sich ein Salomonen-Ekzem in Kalifornien einfängt.

Wir liefen von Langa Langa aus die Lagune entlang, zwischen Mangrovensümpfen, durch Passagen, die kaum breiter als die *Minota* waren, und vorbei an den Riffdörfern Kaloka und Auki. Wie die Gründer von Venedig waren diese Fischer ursprünglich Flüchtlinge von der Hauptinsel. Als Überlebende von Dorfmassakern zu schwach, um im Dschungel die Stellung zu halten, flüchteten sie auf die Sandbänke der Lagune. Diese Sandbänke bauten sie zu Inseln aus. Sie waren gezwungen, sich aus dem Meer zu ernähren, und so wurden sie nach einiger Zeit Fischer. Sie lernten alles über Fische und Schalentiere und erfanden Haken und Leinen, Netze und Fischfallen. Ihre Körper passten sich den Kanus an. Da sie nicht weit gehen konnten und ihre ganze Zeit in Kanus verbrachten, entwickelten sie muskulöse Arme und breite Schultern, schmale Taillen und schwache, spindeldürre Beine. Da sie die Kontrolle über die Küste hatten, wurden sie wohlhabend, denn der Handel mit dem Landesinneren lag größtenteils in ihren Händen. Doch herrscht zwischen ihnen und den Buschmännern ewige

Feindschaft. Waffenstillstand gibt es praktisch nur an Markttagen, die in festgelegten Abständen, meist zweimal die Woche, stattfinden. Die Buschfrauen und Fischerfrauen kümmern sich um den Tauschhandel. Hinter ihnen, im Dschungel, hundert Meter entfernt, lauern die bis an die Zähne bewaffneten Buschmänner, während seewärts die Fischer in ihren Kanus warten. Der Marktfrieden wird nur sehr selten gebrochen. Die Buschmänner essen zu gerne Fisch, und die Fischer brauchen für ihr Wohlbefinden das Gemüse, das sie nicht auf ihren überfüllten Inseln anbauen können.

Dreißig Meilen entfernt von Langa Langa stießen wir auf die Durchfahrt zwischen der Insel Bassakanna und der Hauptinsel. Hier ließ uns bei Einbruch der Dunkelheit der Wind im Stich, und wir bemühten uns die ganze Nacht lang, im Schlepptau des Walboots und mit der schwitzenden Crew an den Rudern durchzukommen. Doch die Gezeiten waren gegen uns. Um Mitternacht trafen wir auf halbem Weg durch die Passage auf die *Eugenie*, einen großen Anwerbeschoner, der von zwei Walbooten geschleppt wurde. Ihr Skipper, Kapitän Keller[74], ein stämmiger, junger Deutscher von zweiundzwanzig Jahren, kam an Bord, um zu plaudern, und die neuesten Nachrichten von Malaita wurden ausgetauscht. Er hatte Glück gehabt und zwanzig Rekruten im Dorf Fiu angeworben. Während sie dort ankerten, war es zu einer der üblichen mutigen Bluttaten gekommen. Der ermordete Boy war das, was man einen Salzwasserbuschmann nennt, also ein Fischer, der zur Hälfte von den Buschmännern abstammt und am Meer, aber nicht auf einer kleinen Insel lebt. Drei Buschmänner besuchten diesen Mann, als er gerade in seinem Garten arbeitete. Sie benahmen sich freundlich und schlugen nach einiger Zeit *kai-kai* vor. *Kai-kai* heißt Essen.

---

74 Keller wurde einige Zeit nach den hier geschilderten Ereignissen von Eingeborenen ermordet.

Er machte ein Feuer und begann, etwas Taro zu kochen. Während er sich über den Kochtopf beugte, schoss ihm einer der Buschmänner in den Kopf. Er fiel in die Flammen, woraufhin sie ihm einen Speer in den Bauch rammten, diesen drehten und abbrachen.

»Das kann ich euch sagen«, meinte Kapitän Keller, »ich würde nur äußerst ungern von einem Snider-Gewehr erschossen werden. Das spritzt! Man konnte mit Pferd und Wagen durch das Loch in seinem Kopf fahren.«

Eine weitere kürzlich begangene mutige Bluttat, von der ich auf Malaita erfuhr, betraf einen alten Mann. Ein Dschungelhäuptling war eines natürlichen Todes gestorben. Die Buschmänner glauben allerdings nicht an natürliche Tode. Soweit man wusste, war niemand je eines natürlichen Todes gestorben. Man stirbt nur durch eine Kugel, einen Tomahawk oder einen Speerstoß. Stirbt jemand auf andere Art, muss sein Tod zwangsläufig mittels Hexerei herbeigeführt worden sein. Als der Dschungelhäuptling eines natürlichen Todes starb, gab sein Stamm einer bestimmten Familie die Schuld. Da es unwichtig war, welches Familienmitglied getötet werden würde, wählte man jenen alten Mann, der allein lebte. Das würde die Sache vereinfachen. Außerdem besaß er kein Snider-Gewehr. Obendrein war er blind. Der alte Knabe ahnte, was auf ihn zukam, und legte sich einen großen Vorrat an Pfeilen an. Drei tapfere Krieger, ein jeder mit einem Snider bewaffnet, überfielen ihn nachts. Sie kämpften die ganze Nacht lang heldenhaft gegen ihn. Wann immer sie sich im Dschungel bewegten und ein Geräusch machten oder raschelten, schoss er einen Pfeil in diese Richtung. Morgens, als er seinen letzten Pfeil verschossen hatte, schlichen die drei Helden sich an ihn heran und schossen ihm ein Loch durch den Kopf.

Am nächsten Morgen quälten wir uns immer noch vergeblich durch die Passage. Schließlich machten wir verzweifelt kehrt, liefen hinaus aufs Meer und umsegelten Bassakanna bis zu unserem Zielort, Malu. Der Ankerplatz vor Malu war sehr gut, doch er lag zwischen der Küste und einem hässlichen Riff, und man konnte zwar leicht hinein-, aber nur schwer wieder hinausfahren. Wegen der Richtung des Südostpassats musste man gegen den Wind kreuzen; die Spitze des Riffs war weitläufig und das Wasser dort seicht, während gleichzeitig eine Strömung unablässig auf die Spitze zulief.

Mr. Caulfeild, der Missionar auf Malu, kehrte in seinem Walboot zurück von einem Ausflug entlang der Küste. Er war ein schlanker, feingliedriger Mann, von seiner Sache begeistert, nüchtern und praktisch veranlagt, ein echter Soldat des Herrn im 20. Jahrhundert. Als er zu dieser Station auf Malaita gekommen sei, erzählte er, habe er eingewilligt, sechs Monate hierzubleiben. Dazu vereinbarte er, länger zu bleiben, falls er die Probezeit überleben würde. Seither waren sechs Jahre vergangen, und er machte immer noch weiter. Trotzdem hatte er zu Recht daran gezweifelt, ob er länger als sechs Monate überleben würde. Drei Missionare hatten vor ihm auf Malaita gedient, und zwei von ihnen waren vor dieser Zeit an Fieber gestorben, während der dritte völlig zerrüttet heimgekehrt war.

»Von welchem Mord sprechen Sie?«, fragte er unvermittelt inmitten einer wirren Unterhaltung mit Kapitän Jansen.

Kapitän Jansen erklärte es ihm.

»Ach, das ist gar nicht der, den ich gemeint habe«, sagte Mr. Caulfeild. »Der ist schon lange her. Der geschah vor zwei Wochen.«

Hier in Malu büßte ich für all den Hohn und die diebische Freude, deren ich mich wegen des Salomonen-Ekzems, das Charmian sich in Langa Langa geholt hatte, schuldig gemacht hatte. Mr. Caulfeild war indirekt für meine Sühne verantwortlich. Er schenkte uns ein Huhn, welches ich mit einem Gewehr bis in den Dschungel verfolgte. Ich wollte ihm den Kopf abschlagen. Dies ist mir auch gelungen, doch stolperte ich über einen Baumstamm und schürfte mir dabei mein Schienbein ab. Ergebnis: drei Salomonen-Ekzeme. Das machte nun insgesamt fünf Geschwüre aus, die meinen Leib zierten. Kapitän Jansen und Nakata hatten sich zudem *gari-gari* eingefangen. Die wörtliche Übersetzung von *gari-gari* lautet kratz-kratz. Doch hatten wir Übrigen keinerlei Übersetzung nötig. Die Turnübungen des Skippers und Nakatas waren gleichsam eine Übersetzung ohne Worte.

(Nein, die Salomonen bekommen einem nicht so gut, wie sie sollten. Ich schreibe diesen Artikel auf der Insel Ysabel[75], die wir angesteuert haben, um die *Snark* kielzuholen und ihre Kupferbeschläge zu reinigen. Heute Morgen habe ich meinen letzten Fieberanfall überstanden, zwischen den Anfällen hatte ich nur einen fieberfreien Tag gehabt. Charmians Fieberanfälle lagen zwei Wochen auseinander. Wada ist vom Fieber völlig erschöpft. Gestern Abend zeigte er alle Symptome einer Lungenentzündung. Henry, ein strammer Riese aus Tahiti, der gerade seinen letzten Fieberschub überstanden hat, kriecht auf dem Deck herum wie ein schrumpeliger Holzapfel aus dem Vorjahr. Sowohl er als auch Tehei stellen eine herausragende Sammlung von Salomonen-Exzemen zur Schau. Sie haben außerdem eine neue Form von *gari-gari* bekommen, eine Art Pflanzenvergiftung wie durch Gifteiche oder Giftefeu. Doch damit stehen sie nicht allein. Vor ein paar Tagen gingen Charmian, Martin und ich auf einer kleinen Insel Tauben schießen und haben davon einen Vorgeschmack auf ewige Höllenqualen bekommen. Auf derselben kleinen Insel zerschnitt sich Martin die Fußsohlen an den Korallen, als er einen Hai jagte – so lautet zumindest seine Version, aber als ich ihn flüchtig dabei beobachtete, hatte ich eher den Eindruck, der Hai würde ihn jagen. Alle Korallenschnittwunden

75 Jack London erzählt mehr über den Aufenthalt auf Ysabel in seinem Essay »Freude am Sportsegeln« (siehe Anhang).

sind zu Salomonen-Ekzemen geworden. Vor meinem letzten Fieber riss ich mir beim Einholen eines Taus an den Knöcheln die Haut auf, und jetzt habe ich drei frische Ekzeme. Und der arme Nakata! Seit drei Wochen kann er sich nicht mehr hinsetzen. Gestern setzte er sich zum ersten Mal und schaffte es, fünfzehn Minuten an Ort und Stelle zu bleiben. Frohgemut verkündete er, er werde gewiss nach einem weiteren Monat von diesem *gari-gari* geheilt sein. Sein *gari-gari* bewirkte allerdings aufgrund allzu leidenschaftlichen Kratz-Kratzens, dass zudem zahllose Salomonen-Ekzeme Fuß fassen konnten. Des Weiteren hat er gerade seinen siebten Fieberanfall bekommen. Wäre ich König, dann wäre die schlimmste Strafe, zu der ich meine Feinde verurteilen könnte, sie auf die Salomonen zu verbannen. Wenn ich es mir noch einmal überlege, würde ich das wohl doch nicht übers Herz bringen, König oder nicht.)

Plantagenarbeiter anzuwerben, auf einer kleinen, schmalen Jacht, die für Hafenregatten gebaut wurde, ist nicht wirklich schön. Die Decks wimmeln von Rekruten und ihren Familien. Die Hauptkajüte ist voll besetzt. Nachts schlafen sie dort. Der einzige Zugang zu unserer winzigen Kabine ist durch die Hauptkajüte, und wir zwängen uns an ihnen vorbei oder schreiten über sie hinweg. Auch das ist nicht schön. Alle miteinander leiden unter jeder nur denkbaren Form von bösartigen Hautkrankheiten. Einige haben Ringelflechte, andere *bukua*. Letzteres wird von einem Pflanzenparasiten verursacht, der in die Haut eindringt und sie zerfrisst. Der Juckreiz ist unerträglich. Die Befallenen kratzen sich, bis die Luft erfüllt ist von dünnen, trockenen Hautschuppen. Dann gibt es Frambösie und viele andere Hautekzeme. Männer kommen mit derart großen Salomonen-Ekzemen an ihren Füßen an Bord, dass sie nur auf Zehenspitzen gehen können, oder mit so entsetzlichen Löchern in ihren Beinen, dass man mit der Faust bis zum Knochen vorstoßen könnte. Blutvergiftung ist sehr häufig, und Kapitän Jansen bearbeitet allesamt aufwendig mit Jagdmesser und Segelnadel. Wie aussichtslos die Lage auch sein mag, er klatscht nach jeder Operation und Reinigung einen Breiumschlag aus aufgeweichtem Schiffszwieback auf die Wunde. Immer, wenn wir einen besonders schrecklichen Fall sehen, ziehen wir uns in eine Ecke zurück und überschwemmen unsere Ekzeme mit ätzendem Sublimat. Und so leben und essen und schlafen wir auf der *Minota*, gehen unser Risiko ein und »tun so, als ob alles gut wäre«[76].

Auf Suava, einer weiteren künstlichen Insel, konnte ich zum zweiten Mal über Charmian triumphieren. Ein »big fella marster belong Suava« (das heißt der Oberhäuptling von Suava) kam an Bord. Doch zunächst schickte er einen Abgesandten zu Kapitän Jansen, mit der Bitte um ein Klafter Kaliko, um seine königliche Blöße zu bedecken. Er verblieb derweil in seinem längsseits liegenden Kanu. Ich schwöre, dass der königliche Dreck auf seiner Brust einen halben Zoll dick war, während die darunterliegenden Schichten grob geschätzt etwa zwischen zehn und zwanzig Jahre alt sein mussten. Er schickte seinen Gesandten ein zweites Mal an Bord, um zu erklären, dass der »big fella marster belong Suava« sich eventuell dazu herablassen werde, Kapitän Jansen und mir die Hand zu schütteln und vielleicht auch einen Priem Markentabak zu schnorren, dass jedoch nichtsdestotrotz die Höhe, in der seine hochwohlgeborene Seele schwebe, es ihm unmöglich mache, zu einer so erniedrigenden Tiefe herabzusinken, um einer Weibsperson die Hand zu geben. Arme Charmian! Seit ihren Erfahrungen auf Malaita ist sie eine andere Frau geworden. Ihre Demut und Bescheidenheit stehen ihr erschreckend gut, und es würde mich nicht wundern, wenn sie sich nach unserer Rückkehr in die Zivilisation beim

---

76 »pretending it is good«: möglicherweise ein Zitat, Quelle unbekannt.

Spazierengehen auf dem Bürgersteig gebeugten Hauptes einen Meter hinter mir positionieren würde.

Auf Suava geschah nicht viel. Bichu, der Eingeborenenkoch, desertierte. Die *Minota* dreggte den Anker. Es gab starke Windböen und Regen. Der Maat, Mr. Jacobsen, und Wada lagen mit Fieber im Bett. Unsere Salomonen-Ekzeme wurden größer und vervielfachten sich. Und die Kakerlaken an Bord hielten gleichzeitig Paraden zum 4. Juli und zur Krönungsfeier ab. Der von ihnen gewählte Termin war Mitternacht und der Ort unsere winzige Kabine. Sie maßen zwei bis drei Zoll; es waren Hunderte von ihnen, und sie marschierten überall auf uns herum. Versuchten wir, sie zu jagen, verließen sie den festen Boden, erhoben sich in die Lüfte und flatterten wie Kolibris umher. Sie waren viel größer als unsere auf der *Snark*. Aber unsere sind noch jung und hatten noch keine Gelegenheit zum Wachsen. Auf der *Snark* gab es außerdem Tausendfüßer, große, sechs Zoll lange Exemplare. Gelegentlich töteten wir sie, meist in Charmians Koje. Ich wurde zweimal von ihnen gebissen, hinterhältigerweise beide Male im Schlaf. Doch Martin hatte noch mehr Pech. Nachdem er drei Wochen krank im Bett gelegen war, setzte er sich an dem ersten Tag, wo er sich wieder aufsetzen konnte, prompt auf dieses Ungetier. Manchmal halte ich jene für die Klügsten, die nie nach Carcassonne[77] reisen.

Später kehrten wir zurück nach Malu, nahmen sieben Rekruten auf, lichteten den Anker und begannen, aus der trügerischen Einfahrt zu lavieren. Die Windrichtung wechselte ständig, und die auf die hässliche Spitze des Riffs zulaufende Strömung wurde stärker. Gerade als wir kurz davor waren, das Riff zu verlassen und auf das offene Meer hinauszusegeln, ließ die Windstärke um vier

---

77 Anspielung auf das Chanson »Carcassonne« (1887) von Gustave Nadaud (1820–1893), das auch in einer englischen Version populär wurde.

Grade nach. Die *Minota* versuchte zu wenden, doch es gelang ihr nicht. Sie hatte zwei ihrer Anker vor Tulagi verloren. Der einzige ihr verbliebene Anker wurde fallen gelassen. Man ließ die Ankerkette ablaufen, um einen Halt auf den Korallen zu finden. Ihr Finnkiel lief auf Grund, und ihr Großmars taumelte und bebte, als würde er uns jeden Moment auf den Kopf fallen. Die Kette war gerade ganz abgelaufen, da wurde das Schiff von einer mächtigen Sturzwelle erfasst und in Richtung Küste geworfen. Die Kette riss. Das war unser einziger Anker. Die *Minota* schwang herum und lief Bug voran in die Brecher.

Auf dem Schiff ging es zu wie im Irrenhaus. Alle Rekruten in der Kajüte, Buschmänner, die Angst vor dem Meer haben, rasten in Panik an Deck und kamen jedermann in die Quere. Gleichzeitig rannte die Bootscrew los, um die Gewehre zu holen. Sie wussten, was es heißt, auf Malaita zu stranden: Man benötigt eine Hand, um das Schiff zu steuern, und die andere, um die Eingeborenen abzuwehren. Ich weiß nicht, woran sie sich festhielten, und sie mussten sich festhalten, denn die *Minota* hob sich, rollte und stampfte auf der Korallenbank. Die Buschmänner klammerten sich an die Takelage und waren zu aufgeregt, um auf den Großmast zu achten. Das Walboot wurde mit einem Schlepptau zu Wasser gelassen – ein kümmerlicher Versuch, die *Minota* davor zu bewahren, weiter in Richtung des Riffs geschleudert zu werden –, während Kapitän Jansen und der Maat, Letzterer bleich und vom Fieber geschwächt, einen ausgemusterten Anker aus dem Ballast zurückholten und einen Ankerstock dafür auftakelten. Mr. Caulfeild eilte mit seinen Missionsboys in einem Walboot herbei, um zu helfen.

Als die *Minota* das erste Mal auf Grund lief, war kein einziges Kanu in Sicht; doch wie Geier, die am Himmel kreisen und plötzlich herabstoßen, begannen nun Kanus aus allen Himmelsrichtungen einzutreffen. Die Bootscrew, die Gewehre im Anschlag, hielt sie dreißig Meter auf Abstand, indem sie jedem, der näher kam, mit dem Tod drohte. Und so verharrten sie dort wie aufgefädelt, schwarz und unheilvoll, überfüllt mit Männern, die ihre Kanus mit den Paddeln am gefährlichen Rand der brechenden Brandung hielten. In der Zwischenzeit strömten die Buschmänner, bewaffnet mit Speeren, Snider-Gewehren, Pfeilen und Keulen, die Hügel herab, bis der Strand übervölkert war. Um die Lage noch brenzliger zu gestalten, gehörten mindestens zehn unserer Rekruten zu denselben Buschmännern, die an Land gierig auf die Beute aus Tabak, Handelsgütern und allem, was sonst noch an Bord war, lauerten.

Die *Minota* war solide gebaut, was die wichtigste Eigenschaft eines Schiffes ist, das auf ein Riff aufläuft. Man bekommt vielleicht eine Vorstellung von dem, was sie durchmachte, wenn man sich vor Augen führt, dass sie in den ersten vierundzwanzig Stunden zwei Ankerketten und acht Trossen zerriss. Unsere Bootscrew war ständig damit beschäftigt, nach dem Anker zu tauchen und ein neues Tau daran festzumachen. Manchmal riss sie die mit Trossen verstärkten Ketten entzwei. Und dennoch hielt sie stand. Man holte Baumstämme vom Ufer und trieb sie unter das Schiff, um Kiel und Bilge zu schützen, doch die Stämme wurden zermürbt und splitterten, und die Taue, die sie festhielten, rissen in Stücke, und die *Minota* stampfte weiter, ohne auseinanderzubrechen. Doch wir hatten mehr Glück als die *Ivanhoe*, ein großer Anwerbeschoner, der einige Monate zuvor auf Malaita strandete und sofort von den Eingeborenen überrannt wurde. Kapitän und Crew konnten in den Walbooten entkommen, und die Buschmänner und Fischer plünderten alles, was nicht niet- und nagelfest war.

Eine Böe nach der anderen, Sturmwind und peitschender Regen schlugen gegen die *Minota*, während der Seegang heftiger wurde. Die *Eugenie* lag fünf Meilen windwärts vor Anker, allerdings verborgen hinter einer Landspitze, sodass sie von unserem Unglück nichts mitbekam. Auf Kapitän Jansens Vorschlag hin schrieb ich eine Nachricht für Kapitän Keller, mit der Bitte, uns mit Ersatzankern und -ausrüstung zu helfen. Doch konnte keiner der Kanufahrer dazu überredet werden, die Nachricht zu überbringen. Ich bot eine halbe Kiste Tabak, doch die Schwarzen grinsten nur und hielten ihre Kanus mit dem Bug in Richtung der brechenden Wogen. Eine halbe Kiste Tabak war drei Pfund wert. Sogar gegen den starken Wind und die Strömung hätte ein Mann den Brief in zwei Stunden ausliefern können, und seine Bezahlung hätte einem halben Jahr Arbeit auf der Plantage entsprochen. Es gelang mir, selbst in ein Kanu zu steigen und zu der Stelle hinauszurudern, wo Mr. Caulfeild mit seinem Walboot einen Anker ausbrachte. Ich dachte, möglicherweise hätte er größeren Einfluss auf die Eingeborenen. Er winkte die Kanus zu sich, und eine gewisse Anzahl scharte sich um ihn und lauschte dem Angebot einer halben Kiste Tabak. Niemand sprach.

»Ich weiß, was ihr denkt«, rief der Missionar ihnen zu. »Ihr denkt, auf dem Schoner gibt's reichlich Tabak und den wollt ihr euch holen. Ich sage euch, auf dem Schoner gibt's reichlich Gewehre. Ihr nicht bekommen Tabak, ihr bekommen Kugel.«

Schließlich nahm ein Mann, allein in einem kleinen Kanu, den Brief und brach auf. Während wir auf Hilfe warteten, ging die Arbeit auf der *Minota* stetig voran. Ihre Wassertanks wurden geleert, Spieren, Segel und Ballast ans Ufer gebracht. An Bord ging es heftig zu, als die *Minota* mal auf die eine, mal auf die andere Seite rollte, unzählige Männer versuchten, Leib und Leben zu retten, als Transportkisten, Spieren und achtzig Pfund schwere Ballasteisen von einer Reling zur anderen und wieder zurück polterten. Arme hübsche Hafenjacht! Ihre Decks und ihre laufende Takelage waren ein einziges Durcheinander. Unter Deck lag alles in Trümmern. Der Kajütenboden war aufgerissen worden, um an den Ballast heranzukommen, und rostiges Bilgenwasser schwappte und spritzte. Ein Scheffel Zitronen trudelte wie klebrige Knödel, die einem halb fertigen Eintopf entkommen waren, in einer Suppe aus Mehl und Wasser. In der hinteren Kabine wachte Nakata über unsere Gewehre und die Munition.

Drei Stunden nachdem unser Bote aufgebrochen war, stieß ein Walboot, das sich unter vollen Segeln vorankämpfte, mitten durch eine fauchende Sturmböe windwärts. Es war Kapitän Keller, von Regen und Gischt durchnässt, eine Pistole am Gürtel, seine Crew vollständig bewaffnet, Anker und Trossen mittschiffs hoch aufgestapelt, der, so schnell wie der Wind ihn antreiben konnte, heraneilte, um als unentbehrlicher Weißer weiße Männer in Not zu retten.

Die Aasgeierreihe von gierig ausharrenden Kanus löste sich auf und verschwand so rasch, wie sie sich gebildet hatte. Das Aas war letztlich doch lebendiger als gedacht. Nun besaßen wir drei Walboote, zwei pendelten stetig zwischen dem Schiff und dem Ufer, das dritte brachte eifrig Anker aus, befestigte abgerissene Trossen neu und barg die verloren gegangenen Anker. Am späteren Nachmittag, nachdem wir uns darüber geeinigt hatten, zu berücksichtigen, dass ein Teil der Bootscrew sowie zehn der Rekruten hier ihr Zuhause hatten, nahmen wir der Crew die Waffen ab. So hatten nunmehr alle zwei Hände frei, um für das Schiff zu arbeiten. Die Gewehre wurden in die Obhut von fünf der Missionsboys von Mr. Caulfeild gegeben. Und unter Deck, in der zerstörten Kajüte, beteten der Missionar und seine Konvertiten zu Gott, dass er die *Minota* retten möge. Es war ein eindrucksvolles Bild: die unbewaffneten Gottesmänner, die mit ungetrübtem Glauben beteten, während seine wilden Gefolgsleute sich auf ihre Gewehre stützten und Amen murmelten. Die Kajütenwände schwankten ringsum. Das Schiff hob sich mit jeder Welle und stürzte wieder auf das Riff. An Deck ertönten die Schreie der rackernden und schuftenden Männer, die mit Entschlossenheit und Muskelkraft, eben auf andere Art, beteten.

Am selben Abend gab Mr. Caulfeild eine Warnung aus. Auf einen unserer Rekruten war ein Kopfgeld von fünfzig Klaftern Muschelgeld und vierzig Schweinen ausgesetzt. Da ihr Plan, das Schiff zu erobern, gescheitert war, beschlossen die Buschmänner, sich den Kopf des Mannes zu holen. Wenn das Morden beginnt, weiß niemand, worauf es hinauslaufen wird, deswegen bewaffnete Kapitän Jansen ein Walboot und ruderte an den Rand des Strandes. Ugi, einer aus seiner Bootscrew, stand auf und sprach an seiner Stelle. Ugi war aufgeregt. Kapitän Jansens Warnung, dass jedes Kanu, das man in dieser Nacht sichten würde, mit Blei vollgepumpt werde, übersetzte Ugi als eine blutrünstige Kriegserklärung, die schließlich völlig ausuferte und mit etwa den Worten endete: »Ihr tötet meinen Kapitän, ich trinke sein Blut und sterbe mit ihm!«

Die Buschmänner gaben sich damit zufrieden, ein leer stehendes Missionshaus niederzubrennen, und schlichen zurück in den Dschungel. Tags darauf lief die *Eugenie* ein und ging vor Anker. Drei Tage und zwei Nächte lang hämmerte die *Minota* auf das Riff; doch sie brach nicht auseinander, und schließlich wurde ihr Rumpf fortgezogen und in ruhigem Wasser verankert. Dort sagten wir ihr und allen an Bord Auf Wiedersehen und segelten auf der *Eugenie* nach Florida Island.

Als Beweis dafür, dass wir von der *Snark* keine Bande von Schwächlingen sind, was man vielleicht aus unseren diversen Krankheitsgeschichten schließen könnte, zitiere ich das Folgende, das ich wörtlich dem Logbuch der *Eugenie* entnommen habe und das als Beispiel für eine Salomonen-Kreuzfahrt dienen kann[78]:

---

78 Dieser Abschnitt ist im Original eine Fußnote des Autors.

Ulava, Donnerstag, 12. März 1908
Boot morgens gelandet. Holten zwei Ladungen Steinnüsse, 4000 Kopra. Skipper an Fieber erkrankt.

Ulava, Freitag, 13. März 1908
Kaufen Nüsse von Buschmännern, 1,5 Tonnen. Maat und Skipper haben Fieber.

Ulava, Samstag, 14. März 1908
Mittags Anker gelichtet und mit sehr schwachem Wind aus ONO weiter nach Ngora-Ngora. Ankerten bei 8 Faden Tiefe an Muschel- und Korallenbank. Maat an Fieber erkrankt.

Ngora-Ngora, Sonntag, 15. März 1908
Bei Tagesanbruch mussten wir feststellen, dass der Schiffsjunge Bagua nachts an der Ruhr gestorben ist. Er war ungefähr 14 Tage krank gewesen. Bei Sonnenuntergang starke Sturmböe aus NW. (Zweiter Anker bereit) Hielt 1 Stunde, 30 Minuten lang an.

Auf See, Montag, 16. März 1908
Um 4 Uhr nachmittags Kurs auf Sikiana gesetzt. Wind flaute ab. Nachts starke Böen. Skipper leidet an Ruhr, einer der Männer ebenso.

Auf See, Dienstag, 17. März 1908
Skipper und 2 Mann der Crew leiden an Ruhr. Maat hat Fieber.

Auf See, Mittwoch, 18. März 1908
Schwere See. Leereling die ganze Zeit unter Wasser. Schiff
unter gerefftem Großsegel, Stagsegel und Innenklüver.
Skipper und 3 Mann der Crew leiden an Ruhr. Maat hat
Fieber.

Auf See, Donnerstag, 19. März 1908
Zu dichter Nebel, um irgendetwas zu sehen. Die ganze Zeit
Sturm. Pumpe installiert und mit Eimern geschöpft. Skipper
und 5 Boys leiden an Ruhr.

Auf See, Freitag, 20. März 1908
Nachts orkanartige Sturmböen. Skipper und 6 Mann leiden
an Ruhr.

Auf See, Samstag, 21. März 1908
Zurück von Sikiana. Den ganzen Tag Sturmböen mit
starkem Regen und schwerer See. Skipper und Großteil der
Crew leiden an der Ruhr. Maat hat Fieber.

Und so geht es weiter im Logbuch der *Eugenie*, Tag für Tag, mit der
Mehrheit der Besatzung daniederliegend. Zur einzigen Abwechslung kam es am 31. März, als der Maat an der Ruhr litt und der Skipper niedergeschlagen wurde.

16. Kapitel

Nachhilfe in Bêche-de-Mer

T reffen ein paar weiße Händler, ein weites Land und Dutzende Eingeborenensprachen aufeinander, werden die Händler
zwangsläufig eine ganz neue, unsystematische, aber durchaus brauchbare Sprache entwickeln. So war es auch gewesen, als die
Händler den Chinook-Jargon erfanden, der in British Columbia,
Alaska und im Nordwestlichen Territorium gebräuchlich ist. Ebenso der Jargon der Kroo-Boys aus Afrika, das Pidginenglisch des
Fernen Ostens und das Bêche-de-Mer[79] des Westpazifiks. Letzteres
wird oft ebenfalls Pidginenglisch genannt, doch ist es mit Sicherheit
kein Pidginenglisch. Um zu zeigen, wie vollkommen verschieden
die beiden Jargons sind, genügt es zu erwähnen, dass das klassische
piecee der Chinesen darin überhaupt nicht vorkommt.

Es gab einmal einen englischen Kapitän, der einen dunkelhäutigen Herrscher in seine Kajüte bitten wollte. Jener Herrscher
befand sich oben an Deck. Das Kommando an den chinesischen
Steward lautete folgendermaßen: »Hey, boy, you go top-side catchee
one piecee king.« Wäre der Steward von den Neuen Hebriden oder
den Salomonen, würde der Befehl so klingen: »Hey, you fella boy,

---

79 Auch *Beach-la-Mar*, *Bichelamar*, *Bislama* oder *biche de mer* (französisch für
Seegurke, nach den essbaren Seegurken, die auf den Inseln getrocknet und
verarbeitet wurden).

go look'm eye belong you along deck, bring'm me fella one big fella marster belong black man.«

Es waren jene ersten Weißen, die sich nach den frühen Entdeckern bis nach Melanesien vorwagten, die das Bêche-de-Mer-Englisch erfanden – Männer wie die Bêche-de-Mer-Fischer, die Sandelholzhändler, die Perlensucher und die Arbeiteranwerber. Auf den Salomonen spricht man zum Beispiel unzählige Sprachen und Dialekte. Der Händler, der sie alle zu lernen versucht, hätte damit kein Glück; denn auf der nächsten Inselgruppe, die er vielleicht besucht, würde er unzählige weitere Sprachen vorfinden. Eine gemeinsame Sprache war notwendig, eine Sprache, die so simpel war, dass jedes Kind sie lernen konnte, mit einem reduzierten, der Intelligenz der Eingeborenen entsprechenden Wortschatz, damit diese ihn auch gebrauchen konnten. Die Händler machten sich keine großen Gedanken darüber. Bêche-de-Mer-Englisch war das Produkt gewisser Bedingungen und Umstände. Die Funktion bestimmt das Werkzeug: Und das Bedürfnis nach einem allgemeinverständlichen Jargon bildete die Vorraussetzung für Bêche-de-Mer-Englisch. Bêche-de-Mer entstand rein zufällig, doch der Zufall war vorgezeichnet. Da aus der Notwendigkeit eine Sprache entstand, ist Bêche-de-Mer-Englisch auch ein vorzügliches Argument für die Esperanto-Beigeisterten.

Ein begrenztes Vokabular bedeutet, dass jedes Wort überstrapaziert wird. So meint *fella* in Bêche-de-Mer dasselbe wie *piecee* und noch ein bisschen mehr, und es wird ständig in jedem denkbaren Zusammenhang verwendet. Ein weiteres überstrapaziertes Wort ist *belong*. Nichts steht für sich allein. Alles steht in Zusammenhang. Das Gewünschte wird angezeigt durch Bezugnahme auf andere Dinge. Ein primitiver Wortschatz führt zu primitiver Ausdrucksweise, sodass fortwährender Regen *(rain)* mit den Worten *rain he stop* (Regen er aufhören) ausgedrückt werden kann. *Sun he come up*

(Sonne er aufgehen) kann man wohl nicht missverstehen, während der Satzbau auf tausenderlei Arten verwendet werden kann, ohne sich geistig anzustrengen, wie zum Beispiel von einem Eingeborenen, der einem mitteilen will, dass Fische im Wasser sind, und sagt: *fish he stop* (Fisch er bleiben). Als ich auf der Insel Ysabel Tauschgeschäfte machte, wurde mir klar, wie praktisch dieser Sprachgebrauch war. Ich wollte zwei oder drei große Venusmuscheln (mit fast einem Meter Durchmesser, englisch: *giant clam*), aber ohne das Muschelfleisch. Zudem brauchte ich das Fleisch von ein paar kleinen Venusmuscheln (englisch: *small clam*), um eine Suppe zu kochen. Ich brachte meine Anweisung an die Eingeborenen schließlich zu folgender Perfektion: »You fella bring me fella big fella clam – *kai-kai* he no stop, he walk about. You fella bring me fella small fella clam – *kai-kai* he stop.«

Kai-kai ist das polynesische Wort für Nahrung, Fleisch, das Essen und zu essen: Doch es ist schwer zu sagen, ob es durch die Sandelholzhändler oder die Völkerwanderung der Polynesier nach Westen in Melanesien verbreitet wurde. *Walk about* (umhergehen) ist ein malerischer Ausdruck. Wenn jemand einem Matrosen von den Salomonen befiehlt, ein Tau an einer Spiere *(boom)* festzumachen, sagt er: »That fella boom he walk about too much.« (Die Spiere zu sehr umhergehen.) Und bittet besagter Matrose um Landurlaub, dann drückt er seinen Wunsch mit *to walk about* (umhergehen) aus. Oder wenn der genannte Matrose seekrank ist, erläutert er seinen Zustand mit den Worten: »Belly belong me walk about too much.« (Mein Bauch zu sehr umhergehen.)

Too much (zu sehr) meint übrigens nichts Übermäßiges. Es ist nur der einfache Superlativ. Fragt man also einen Eingeborenen nach der Entfernung zum nächsten Dorf, wird er eine dieser vier Antworten geben: »close up« (nah dran), »long way little bit« (kleines bisschen weiter Weg), »long way big bit« (großes bisschen weiter

Weg) oder »long way too much« (zu viel weiter Weg). *Long way too much* bedeutet nicht, dass das Dorf zu weit weg ist, um dorthin zu gehen, sondern dass es weiter entfernt ist als *long way big bit.*

Gammon heißt lügen, übertreiben, scherzen. *Mary* ist eine Frau. Jede Frau ist eine *Mary*. Alle Frauen sind *Marys*. Vermutlich hat der erste halbwegs weiße Abenteurer eine Eingeborenenfrau aus einer Laune heraus Mary genannt, und einen ähnlichen Ursprung haben wohl auch viele andere Wörter des Bêche-de-Mer. Die Weißen waren allesamt Seeleute, deshalb wurden *capsize* (kentern) und *sing out* (aussingen) in den Jargon aufgenommen. Einem melanesischen Koch sagt man nicht, er soll das Spülwasser ausschütten, sondern er soll es kentern. *To sing out* (aussingen) bedeutet, laut rufen, rufen oder einfach sprechen. *Sing-sing* ist ein Lied. Der eingeborene Christ denkt nicht, dass Gott Adam im Garten Eden zu sich ruft; seiner Vorstellung nach singt Gott aus nach Adam.

Savvee (kennen, wissen) oder *catchee* (holen, bringen) sind praktisch die einzigen Wörter, die direkt aus dem Pidginenglisch entlehnt wurden. Natürlich ist *pickaninny* (winzig) zufällig dazugekommen, doch sind einige Verwendungen einfach köstlich. Nachdem ich einem Eingeborenen in einem Kanu Geflügel abgekauft hatte, fragte er mich, ob ich »Pickaninny stop along him fella« (winzig Ding herauskommen) haben wolle. Erst als er mir eine Handvoll Hühnereier zeigte, verstand ich, was er meinte. *My word* (Ehrenwort), als Ausruf mit tausend Ausrufezeichen, kann nur aus dem alten England stammen. Ein Paddel, ein langes oder normales Ruder werden *washee* genannt, und *washee* ist auch das zugehörige Verb.

Hier ein Brief, diktiert von einem gewissen Peter, einem eingeborenen Händler aus Santa Ana, an seinen Arbeitgeber. Harry, der Schonerkapitän, begann zu schreiben, wurde aber am Ende des zweiten Satzes von Peter unterbrochen. Danach wird der Brief in Peters eigenen Worten fortgesetzt, da Peter befürchtete, dass Henry zu sehr *gammoned* (übertrieb), während er dem Hauptquartier seine Bedürfnisse in schlichten, einfachen Worten mitteilen wollte.

»SANTA ANA

Der Händler Peter arbeitet seit 12 Monaten für Ihre Firma und hat bislang noch keinen Lohn erhalten. Hiermit verlangt er 12 £.« (Ab da beginnt Peters Ausdrucksweise.) »Harry he gammon along him all the time too much. I like him 6 tin biscuit, 4 bag rice, 24 tin *bullamacow*. Me like him 2 rifle, me savee look out along boat. Some place me go man he no good, he *kai-kai* along me.

PETER.«

[Harry übertreibt immer zu sehr. Ich wollen 6 Dosen Zwieback, 4 Säcke Reis, 24 Dosen *bullamacow*. Ich wollen 2 Gewehre, um auf Boot Wache halten. Manche Orte Männer nicht gut, sie mich *kai-kai* (essen).]

Bullamacow heißt Büchsenfleisch. Dieses Wort wurde von den Samoanern aus dem Englischen verballhornt, die es von den Händlern übernommen hatten, welche die Büchsen nach Melanesien brachten. Kapitän Cook und die anderen alten Seefahrer boten den Eingeborenen für gewöhnlich Samen, Pflanzen und Haustiere an. Auf Samoa brachte einer jener Seefahrer einmal einen Stier und eine Kuh an Land. »This is a bull and a cow«, erklärte er den Samoanern auf Englisch. Sie dachten, er spreche von der Tierart, und von jenem Tag an bis heute heißen lebende Rinder und Rindfleisch in der Dose *bullamacow*.

Ein Eingeborener der Salomonen kann *fence* (Zaun) nicht aussprechen, so wird in Bêche-de-Mer daraus *fennis*, *store* (Laden, Lager) wird zu *sittore* und *box* (Kiste) zu *bokkis*. Gerade ist es in Mode gekommen, Truhen oder Kisten mit einer Glocke am Schloss auszustatten, sodass sie nicht geöffnet werden können, ohne einen

Alarm auszulösen. Eine solche Kiste *(box)* mit einer Glocke *(bell)* nennt man nicht nur *box*, sondern *bokkis belong bell.*

Fright (Schrecken) bedeutet in Bêche-de-Mer Angst. Erscheint ein Eingeborener sehr zurückhaltend, und man fragt ihn nach dem Grund, wird man wahrscheinlich folgende Antwort zu hören bekommen: »Me *fright* along you too much.« Oder der Eingeborene hat vielleicht »fright along« vor Sturm oder wildem Dschungel oder Orten, an denen es spukt. *Cross* (wütend, böse) kann jede Form von Wut bedeuten. Jemand kann einem anderen *cross* sein, wenn er lediglich gereizt ist; oder er ist vielleicht *cross*, wenn er einem den Kopf abschlagen und zu Eintopf verarbeiten will. Ein Rekrut wurde, nachdem er drei Jahre auf einer Plantage geschuftet hatte, in sein eigenes Dorf auf Malaita zurückgebracht. Er war in allerlei farbenfrohe und verspielte Gewänder gekleidet. Auf dem Kopf trug er einen Zylinder. Er besaß eine Handelskiste voller Kaliko, Glasperlen, Delfinzähne und Tabak. Kaum war der Anker gefallen, da kamen die Dorfleute auch schon an Bord. Der Rekrut sah sich besorgt nach seinen Angehörigen um, konnte aber niemanden entdecken. Einer der Eingeborenen nahm ihm die Pfeife aus dem Mund. Ein anderer knöpfte ihm die Glasperlenketten ab, die er um den Hals trug. Ein Dritter befreite ihn von seinem bunten Lendenschurz, und ein Vierter probierte den Zylinder auf und dachte nicht daran, ihn zurückzugeben. Schließlich nahm jemand ihm seine Handelskiste weg, die er sich in drei Jahren harter Arbeit verdient hatte, und warf sie in ein längsseits liegendes Kanu. »That fella belong you?«, fragte der Kapitän den Rekruten, um zu erfahren, ob der Dieb zu ihm gehörte. »No belong me«, verneinte der Mann. »Warum zum Henker hast du ihm dann deine Kiste überlassen?«, fragte der Kapitän entrüstet. Da sprach der Rekrut: »Me speak along him, say *bokkis* he stop, that fella he cross along me«, womit er zum Ausdruck bringen wollte, dass er zwar den Dieb aufgefordert habe, die Kiste stehen zu lassen, dieser aber damit gedroht habe, ihn zu ermorden. Gottes Zorn, als Er die Sintflut schickte, bedeutete demnach nur, dass Er *cross along* mit der Menschheit war.

»What name« (welcher Name) ist in Bêche-de-Mer die große Frageformel. Ihr Sinn hängt ganz davon ab, wie man sie ausspricht. Sie könnte bedeuten: Was bist du von Beruf? Was soll dieses unerhörte Benehmen? Was willst du? Was hast du im Sinn? Pass lieber auf; ich verlange eine Erklärung; und ein paar Hundert andere Dinge. Ruft man einen Eingeborenen mitten in der Nacht aus dem Haus, wird er wahrscheinlich fragen: »What name you sing out along me?«

Stellen Sie sich vor, in welch misslicher Lage sich die Deutschen auf den Plantagen der Insel Bougainville befinden, die erst Bêche-de-Mer lernen müssen, um mit den eingeborenen Arbeitern umgehen zu können. Für sie ist es ein unsystematisches Sprachgemisch, zu dem es keinerlei Lehrbücher gibt. Die anderen weißen Plantagenbesitzer und Händler haben stets einen Heidenspaß daran, einem Deutschen dabei zuzuhören, wie er beharrlich mit den Umschreibungen und Abkürzungen einer Sprache ringt, die weder Grammatik noch Wörterbuch kennt.

Vor einigen Jahren wurden zahlreiche Eingeborene von den Salomonen angeworben, um auf den Zuckerrohrplantagen von Queensland zu arbeiten. Ein Missionar drängte einen der Arbeiter, einen Konvertiten, dazu, aufzustehen und einer Schiffsladung frisch eingetroffener Männer von den Salomonen eine Predigt zu halten. Als Thema wählte er die Vertreibung aus dem Paradies, und der Vortrag wurde in ganz Australasien ein Klassiker. Er lautete ungefähr folgendermaßen:

»Altogether you boy belong Solomons you no savvee white man. Me fella me savvee him. Me fella me savvee talk along white man.

Before long time altogether no place he stop. God big fella marster belong white man, him fella He make'm altogether. God big fella marster belong white man, He make'm big fella garden. He good fella too much. Along garden plenty yam he stop, plenty cocoanut, plenty taro, plenty *kumara* (sweet potatoes), altogether good fella *kai-kai* too much.

Bimeby God big fella marster belong white man He make'm one fella man and put'm along garden belong him. He call'm this fella man Adam. He name belong him. He put him this fella man Adam along garden, and He speak, ›This fella garden he belong you‹. And He look'm this fella Adam he walk about too much. Him fella Adam all the same sick; he no savvee *kai-kai*; he walk about all the time. And God He no savvee. God big fella marster belong white man, He scratch'm head belong Him. God say: ›What name? Me no savvee what name this fella Adam he want.‹

Bimeby God He scratch'm head belong Him too much, and speak: ›Me fella me savvee, him fella Adam him want'm Mary.‹ So He make Adam he go asleep, He take one fella bone belong him, and He make'm one fella Mary along bone. He call him this fella Mary, Eve. He give'm this fella Eve along Adam, and he speak along him fella Adam: ›Close up altogether along this fella garden belong you two fella. One fella tree he *tambo* along you altogether. This fella tree belong apple.‹

So Adam Eve two fella stop along garden, and they two fella have'm good time too much. Bimeby, one day, Eve she come along Adam, and she speak, ›More good you me two fella we eat'm this fella apple‹. Adam he speak, ›No‹, and Eve she speak, ›What name you no like'm me?‹. And Adam he speak, ›Me like'm you too much, but me fright along God‹. And Eve she speak, ›Gammon! What name? God he no savvee look along us two fella all'm time. God big fella marster, He gammon along you‹. But Adam he speak, ›No‹. But

Eve she talk, talk, talk allee time – allee same Mary she talk along boy along Queensland and make'm trouble along boy. And bimeby Adam he tired too much, and he speak, ›All right‹. So these two fella they go eat'm. When they finish eat'm, my word, they fright like hell, and they go hide along scrub.

And God He come walk about along garden, and he sing out, ›Adam!‹. Adam he no speak. He too much fright. My word! And God He sing out, ›Adam!‹. And Adam he speak, ›You call'm me?‹. God He speak, ›Me call'm you too much‹. Adam he speak, ›Me sleep strong fella too much‹. And God He speak, ›You been eat'm this fella apple‹. Adam he speak, ›No, me no been eat'm‹. God He speak, ›What name you gammon along me? You been eat'm‹. And Adam he speak, ›Yes, me been eat'm‹.

And God big fella marster He cross along Adam Eve two fella too much, and He speak, ›You two fella finish along me altogether. You go catch'm *bokkis* belong you, and get to hell along scrub‹.

So Adam Eve these two fella go along scrub. And God He make'm one big *fennis* (fence) all around garden and He put'm one fella marster belong God along fennis. And He give this fella marster belong God one big fella musket, and He speak, ›S'pose you look'm these two fella Adam Eve, you shoot'm plenty too much‹.«

[»Ihr Jungs von Salomonen kennt weiße Mann nicht. Ich ihn kennen. Ich kennen Sprache von weiße Mann.

Vor lang Zeit es geben kein Ort. Gott große Meister von weiße Mann Er alles gemacht. Gott große Meister von weiße Mann Er machen groß Garten. Er sehr gute Gott. In Garten viel Yams Er machen, viel Kokosnuss, viel Taro, viel *kumara* (Süßkartoffel), alles sehr viel gutes *kai-kai* (Essen).

Dann Gott große Meister von weiße Mann machen ein Mann und ihn stellen in seine Garten. Er nennen Mann Adam. Das sein

Name. Er stellen diese Mann Adam in Garten und sagen: ›Diese Garten dir gehören.‹ Und Er sehen Adam lang gehen in Garten herum. Adam er trotzdem krank, er nicht wollen *kai-kai*, er nur immer gehen herum. Und Gott Er nicht verstehen. Gott große Meister von weiße Mann kratzen Sein Kopf. Gott sagen: ›Was los? Ich nicht wissen, was Adam wollen.‹

Dann Gott kratzen Sein Kopf sehr viel und sagen: ›Ich wissen, Adam wollen *Mary* (Frau).‹ So Er machen Adam schlafen. Er nehmen sein Knochen und machen Mary aus Knochen. Er nennen dies Mary Eva. Er geben Eva Adam und sagen zu Adam: ›Ihr zusammengehören und Garten hier euch gehören. Ein groß Baum er euch ist *tambo* (tabu). Dies Baum hat Apfel.‹

So Adam und Eva gehen in Garten und haben sehr schön zusammen. Dann, eines Tages, Eva gehen zu Adam, und sie sagen: ›Noch schöner sein, wenn wir essen Apfel.‹ Adam sagen: ›Nein.‹ Und Eva sagen: ›Warum du mich nicht lieben?‹ Und Adam sagen: ›Ich dich lieben sehr, aber haben Angst vor Gott.‹ Und Eva sie sagen: ›Du übertreiben! Warum? Gott nicht können sehen uns immerzu. Gott große Meister, Er dir machen Scherz.‹ Doch Adam sagen: ›Nein.‹ Doch Eva sie reden, reden, reden immerzu – so wie Mary reden zu euch Jungs in Queensland und machen euch Ärger. Und dann Adam sehr müde, und er sagen: ›Na gut.‹ So dies beiden gehen und essen. Als sie fertig essen, Ehrenwort, sie Angst wie Hölle und sich verstecken in Busch.

Und Gott Er kommen in Garten und Er aussingen: ›Adam!‹ Adam nicht sprechen. Er zu viel Angst. Ehrenwort! Und Gott Er aussingen: ›Adam!‹ Und Adam sagen: ›Du mich rufen?‹ Gott Er sagen: ›Ich dich rufen lange.‹ Adam er sagen: ›Ich sehr viel lange schlafen.‹ Und Gott Er sagen: ›Du essen Apfel.‹ Adam er sagen: ›Nein, ich nicht essen.‹ Gott Er sagen: ›Warum du lügen? Du essen.‹ Und Adam er sagen: ›Ja, ich essen.‹

Und Gott große Meister Er sehr böse mit Adam und Eva und Er sagen: ›Ich ganz fertig mit euch. Ihr nehmen *bokkis* (Kiste) von euch und gehen Hölle in Busch.‹

So Adam und Eva gehen in Busch. Und Gott Er machen große *fennis* (Zaun) um Garten und stellen Meister von Gott an *fennis*. Und Er geben diese Meister von Gott groß Muskete und Er sagen: ›Wenn du sehen Adam und Eva, du sie schießen viel zu sehr.‹«]

17. Kapitel

Der Amateurarzt

Als wir mit der *Snark* in San Francisco ausliefen, wusste ich so viel über Krankheit wie ein Admiral der Schweizer Marine über Salzwasser. Und hier möchte ich zunächst einmal jedem, der sich überlegt, abgelegene Orte in den Tropen zu bereisen, einen Rat geben. Gehen Sie zu einem erstklassigen Apotheker, einem von jenen, die allwissende Spezialisten auf ihrer Gehaltsliste haben. Besprechen Sie mit einem solchen Ihr Vorhaben. Notieren Sie sorgfältig alles, was er sagt. Führen Sie eine Liste mit sämtlichen Empfehlungen. Stellen Sie einen Scheck über die Gesamtkosten aus und zerreißen Sie ihn.

Ich wünschte, ich hätte dasselbe getan. Ich weiß jetzt, dass es viel klüger gewesen wäre, wenn ich einen dieser narrensicheren Medizinkoffer gekauft hätte, wie sie von viertklassigen Schiffskapitänen bevorzugt werden. In einem solchen Koffer hat jede Flasche eine Nummer. Innen am Deckel findet man eine schlichte Tabelle mit Anweisungen: Nr. 1, Zahnschmerz; Nr. 2, Pocken; Nr. 3, Bauchschmerzen; Nr. 4, Cholera; Nr. 5, Rheuma; und so weiter, die ganze Liste menschlicher Beschwerden. Und ich hätte ihn ebenso verwenden sollen wie ein gewisser altehrwürdiger Skipper, der, als Nr. 3 aufgebraucht war, sich eine Dosis aus Nr. 1 und Nr. 2 mischte oder seiner Crew eine Mischung aus 4 und 3 verpasste, als Nr. 7 ausging, bis von der 3 nichts übrig blieb, wonach er 5 und 2 benutzte.

Bislang hat sich mein Medizinkoffer als unbrauchbar erwiesen, bis auf das ätzende Sublimat (das als Antiseptikum bei chirurgischen Eingriffen empfohlen wurde und das ich bisher noch nicht zu diesem Zweck verwendet habe). Er war noch weniger als unbrauchbar, denn er hat viel Platz beansprucht, den man besser hätte nutzen können.

Ganz anders meine chirurgischen Instrumente. Zwar haben sie noch keine ernsthafte Verwendung gefunden, doch bedaure ich nicht, dass sie Platz wegnehmen. Beim Gedanken daran fühle ich mich besser. Sie sind wie eine Lebensversicherung, doch muss man, im Unterschied zu diesem letzten makaberen Glücksspiel, nicht erst sterben, um zu gewinnen. Ich weiß freilich nicht, wie man mit ihnen umgeht, und all das, was ich nicht über Chirurgie weiß, würde bei einem Dutzend Quacksalbern für volle Wartezimmer sorgen. Doch in der Not frisst der Teufel Fliegen, und wir auf der *Snark* bekommen keine Vorwarnung, wenn es dem Teufel in den Sinn kommt, Fliegen zu fressen, auch dann nicht, wenn wir tausend Meilen vom Land und zwanzig Tagesreisen vom nächsten Hafen entfernt sind.

Ich wusste rein gar nichts über Zahnmedizin, doch ein Freund stattete mich mit Zangen und ähnlichem Werkzeug aus, und in Honolulu fiel mir ein Buch über Zähne in die Hände. In jener subtropischen Stadt gelang es mir zudem, einen Schädel aufzutreiben, dem ich rasch und schmerzlos die Zähne zog. Derart gerüstet, war ich bereit, wenn auch nicht sonderlich erpicht darauf, es mit jedem Zahn aufzunehmen, der mir in die Quere kam. Auf Nuku Hiva in den Marquesas offenbarte sich mir mein erster Fall in Gestalt eines kleinen, alten Chinesen. Zur Vorbereitung holte ich mir einen Schüttelfrost, und ich überlasse es meinen vernunftbegabten Mitmenschen, zu entscheiden, ob Schüttelfrost mitsamt Herzrasen und zitternden Armen ein geeigneter Zustand für denjenigen ist, der versucht, in diesem Metier als alter Hase aufzutreten. Ich konnte den alten Chinesen nicht täuschen. Er fürchtete sich ebenso sehr wie ich, und sein Zittern war noch stärker. Beinahe hätte ich meine Angst vergessen, aus Furcht, er könnte ausreißen. Ich schwöre, wenn er das versucht hätte, dann hätte ich ihm ein Bein gestellt und mich auf ihn gesetzt, bis wieder Ruhe und Vernunft eingekehrt wären.

Ich wollte diesen Zahn. Außerdem wollte Martin einen Schnappschuss von mir machen, wenn ich ihn zog. Auch Charmian hatte ihre Kamera gezückt. Dann zogen wir los. Wir blieben vor einem Gebäude stehen, das einst das Clubhaus gewesen war, als Stevenson[80] auf der *Casco* die Marquesas besuchte. Auf der Veranda, wo er so viele schöne Stunden verbracht hatte, war das Licht nicht gut … für Schnappschüsse, meine ich. Ich ging voran in den Garten, in einer Hand einen Stuhl, in der anderen verschiedene Zangen, wobei meine Knie kläglich schlotterten. Der arme alte Chinese folgte mir, und auch er zitterte. Charmian und Martin bildeten die Nachhut, bewaffnet mit Kodakkameras. Wir duckten uns unter Avocadobäumen, bahnten uns einen Weg zwischen Kokospalmen und erreichten einen Ort, der Martins fotografischen Blick zufriedenstellte.

Ich sah mir den Zahn an und musste gleich darauf feststellen, dass ich mich nicht mehr an die Zähne erinnern konnte, die ich fünf Monate zuvor dem Schädel gezogen hatte. Hatten sie eine Wurzel? Zwei Wurzeln? Gar drei Wurzeln? Das, was nach dem Ziehen davon übrig war, wirkte reichlich zerbröselt, und ich wusste, dass ich den Zahn möglichst tief unten am Zahnfleisch packen musste. Es war unbedingt erforderlich, in Erfahrung zu bringen, wie viele Wurzeln der Zahn besaß. Ich ging zurück ins Haus, um

---

80 Robert Louis Stevenson (1850–1894) brach im Juni 1888 in dem gecharterten Zweimastschoner *Casco* von San Francisco zu einer großen Südseereise auf, deren erste Station die Marquesas waren.

das Buch über Zähne zu holen. Das arme Opfer sah aus wie einige seiner Landsleute auf mir bekannten Fotografien: Verbrecher, die kniend auf den Schlag des Henkerbeils warteten.

»Lass ihn bloß nicht abhauen«, warnte ich Martin. »Ich will diesen Zahn.«

»Bestimmt nicht«, antwortete er begeistert von hinter seiner Kamera. »Ich will dieses Foto.«

Zum ersten Mal tat mir der Chinese leid. Obwohl das Buch keine Informationen über das Zähneziehen enthielt, war es in Ordnung, denn ich fand auf einer Seite Zeichnungen von allen Zähnen, einschließlich ihrer Wurzeln und wie diese im Kiefer steckten. Dann suchte ich nach der richtigen Zange. Ich hatte sieben, wusste aber nicht, welche ich verwenden sollte. Ich wollte nichts falsch machen. Als ich mit lautem Klappern und Klirren in meinen Werkzeugen herumwühlte, begann das arme Opfer die Fassung zu verlieren und wurde grünlich gelb im Gesicht. Die Sonne war ihm zu grell, doch wir brauchten das Licht für die Fotografie, also musste der Patient es aushalten. Ich legte die Zange am Zahnhals an, er zitterte und machte langsam schlapp.

»Fertig?«, rief ich Martin zu.

»Alles bereit«, kam die Antwort.

Ich zog. Ihr Götter! Der Zahn saß locker! Er kam sofort heraus. Triumphierend hielt ich ihn mit meiner Zange hoch.

»Bitte mach ihn wieder rein, mach ihn doch wieder rein«, flehte Martin. »Du warst zu schnell für mich.«

Und der arme alte Chinese saß weiter da, während ich den Zahn wieder einsetzte und anschließend nochmals zog. Martin drückte den Auslöser. Es war vollbracht. Hochstimmung? Stolz? Kein Jäger war je stolzer auf seinen ersten Hirsch mit Geweih als ich auf meinen Zahn mit drei Wurzeln. Ich hab's geschafft! Ich hab's geschafft! Ich habe es mit meinen eigenen Händen und mithilfe einer Zange geschafft, ganz zu schweigen von den vergessenen Erinnerungen des Totenschädels.

Mein nächster Patient war ein tahitianischer Seemann. Er war klein und halb tot, aufgrund der tage- und nächtelangen hämmernden Zahnschmerzen. Als Erstes schnitt ich das Zahnfleisch auf. Ich wusste nicht, wie man das anstellte, tat es aber trotzdem. Ich musste lange und kräftig ziehen. Der Mann war ein Held. Er ächzte und stöhnte, und ich fürchtete, er würde gleich ohnmächtig werden. Doch er hielt seinen Mund offen und ließ mich machen. Und dann kam er.

Von da an war ich bereit für alles, was da noch kommen sollte – genau die richtige Einstellung für ein Waterloo. Zu welchem es dann auch kam. Sein Name: Tomi. Ein strammer Riese von einem Heiden mit schlechtem Ruf und einem Hang zur Gewalt. Unter anderem hatte er zwei seiner Frauen mit den Fäusten zu Tode geprügelt. Sein Vater und seine Mutter hatten als nackte Kannibalen gelebt. Als er sich setzte und ich ihm die Zange in den Mund steckte, war er fast so groß wie ich im Stehen. Große Männer, die zu Gewalt neigen, tragen oft ein bisschen dick auf, also nahm ich ihn nicht allzu ernst. Charmian packte einen Arm, Warren den anderen. Dann begann das Tauziehen. Sobald die Zange sich um den Zahn schloss, klappte sein Kiefer zusammen. Gleichzeitig riss er die Hände hoch und ergriff meine Zughand. Ich ließ nicht locker, er ebenso wenig. Wir kämpften durch den ganzen Laden.

Es hieß drei gegen einen, und mein Griff an den schmerzenden Zahn war gewiss nicht fair; doch obwohl er im Nachteil war, wurde er leicht mit uns fertig. Die Zange rutschte ab, ratterte und schleifte mit einem nervenzerreißenden Geräusch seine obere Zahnreihe entlang. Die Zange flog ihm aus dem Mund, und er bäumte sich mit einem markerschütternden Schrei auf. Wir drei stolperten rückwärts. Wir rechneten damit, massakriert zu werden. Doch der heulende Wilde mit dem Ruf eines Schlächters sank zurück auf seinen Stuhl. Er hielt seinen Kopf mit beiden Händen und stöhnte, stöhnte, stöhnte. Er wollte auch nicht auf die Stimme der Vernunft hören. Ich war ein Quacksalber. Meine schmerzlose Zahnentfernung war eine Täuschung und ein Trick und eine billige Werbemasche. Ich gierte so sehr nach dem Zahn, dass ich schon fast gewillt war, Tomi zu bestechen. Doch dies widersprach meinem Berufsstolz, und so ließ ich ihn mitsamt seinem ungezogenen Zahn gehen, als bislang einzigen überlieferten Fall, an dem ich scheiterte, obwohl ich die Zange schon angesetzt hatte. Seither ist mir kein einziger Zahn mehr entwischt. Schon am nächsten Tag meldete ich mich freiwillig, drei Tage gegen den Wind zu kreuzen, nur um einer Missionarin den Zahn zu ziehen. Vor dem Ende der Reise der *Snark* werde ich gewiss schon Brücken und Goldkronen einsetzen.

Ich weiß nicht, ob es sich um Frambösie handelt oder nicht – ein Arzt auf den Fidschis sagte mir, es sei diese Krankheit, und ein Missionar auf den Salomonen behauptete, sie sei es nicht. In jedem Fall kann ich die Tatsache bestätigen, dass ihr Verlauf äußerst unangenehm ist. Ich hatte das Glück, auf Tahiti einen französischen Seemann anzuheuern, der von einer schlimmen Hautkrankheit befallen war, wie sich nach dem Auslaufen herausstellte. Die *Snark* war zu klein und der Umgang zu familiär, um ihm zu gestatten, an Bord zu bleiben. Doch bis wir erneut Land erreichten und ihn entlassen konnten, musste ich ihn notgedrungen behandeln. Ich schlug in den Büchern nach und begann mit der Behandlung, achtete aber darauf, mich danach gründlich mit einer antiseptischen Lösung zu waschen. Als wir Tutuila erreichten, immer noch weit entfernt, ihn loszuwerden, stellte der Hafenarzt ihn unter Quarantäne und verbot ihm, an Land zu gehen. Doch in Apia, Samoa, gelang es mir, ihn auf einen Dampfer nach Neuseeland zu verfrachten. In Apia

wurden meine Knöchel von Moskitos übel zerstochen, und zugegebenermaßen habe ich mich dort gekratzt – wie schon tausendmal zuvor. Bis ich dann die Insel Savaii erreichte, hatte sich bereits
ein kleines Ekzem an der Mulde meines Rists gebildet. Ich dachte,
es stammte von Abschürfungen und ätzenden Dämpfen der heißen Lava, über die ich gewandert war. Es würde abheilen, wenn ich
es mit Salbe einrieb – das glaubte ich zumindest. Die Salbe heilte es
oberflächlich, woraufhin eine erstaunliche Entzündung einsetzte,
die neu gebildete Haut sich löste und ein noch größeres Ekzem zum
Vorschein kam. Dies wiederholte sich mehrmals. Jedes Mal, wenn
sich neue Haut gebildet hatte, folgte eine Entzündung, und der Umfang des Ekzems nahm zu. Ich war gleichzeitig verblüfft und ver-
ängstigt. Mein Leben lang waren die Selbstheilungskräfte meiner
Haut berühmt gewesen, doch hier gab es etwas, das nicht heilen
wollte. Stattdessen fraß es sich täglich tiefer in die Haut hinein und
arbeitete sich geradewegs durch die Haut vor bis in das Muskelfleisch.

Inzwischen befand sich die *Snark* auf hoher See mit Kurs auf
die Fidschis. Ich erinnerte mich an den französischen Seemann,
und zum ersten Mal war ich ernsthaft beunruhigt. Denn andere,
ähnliche Ekzeme, oder eher Geschwüre, hatten sich gebildet, und
sie schmerzten derart, dass ich nachts nicht schlafen konnte. Meine
Pläne liefen darauf hinaus, die *Snark* auf den Fidschis außer Dienst
zu stellen und mit dem ersten Dampfer nach Australien zu fahren, um einen Facharzt aufzusuchen. In der Zwischenzeit schlug
ich mich, so gut es ging, mit meinen amateurhaften Medizinkennt-
nissen durch. Ich las die gesamte medizinische Literatur an Bord.
Keine Zeile, kein Wort entsprach meinem Leiden. Ich ging das Problem mit gesundem Menschenverstand an. Da waren bösartige und
stetig wachsende Geschwüre, die mich auffraßen. Da war ein organisches und ätzendes Gift am Werk. Daraus schloss ich, dass zwei-

erlei zu tun war. Erstens, man musste ein Mittel finden, das das Gift neutralisierte. Zweitens, die Geschwüre konnten wahrscheinlich nicht von außen nach innen heilen; sie mussten von innen nach außen verheilen. Ich beschloss, das Gift mit ätzendem Sublimat zu bekämpfen. Schon der Name klang für mich heftig. Feuer bekämpft man mit Feuer! Ich wurde von einem ätzenden Gift zerfressen, und mir gefiel die Vorstellung, es mit einem anderen ätzenden Gift zu bekämpfen. Nach ein paar Tagen wechselte ich das ätzende Sublimat, mit dem ich meinen Verband tränkte, gegen Wasserstoffsuperoxid. Und siehe da, als wir Fidschi erreichten, waren vier der fünf Geschwüre abgeheilt, während das verbliebene nicht größer war als eine Erbse.

Nun fühlte ich mich dazu in der Lage, Frambösie zu behandeln. Ich hatte aber auch großen Respekt vor der Krankheit. Anders als der Rest der *Snark*-Crew. Für sie war sehen nicht gleich glauben. Sie hatten allesamt meine schreckliche Lage mit angesehen, und alle, dessen bin ich mir sicher, waren insgeheim davon überzeugt, dass ihre eigene glänzende Verfassung und ihre herausragende Persönlichkeit es einem so gemeinen Gift nie gestatten würden, sich in ihren Leibern breitzumachen, wie es das aufgrund meiner anämischen Konstitution und meines mittelmäßigen Charakters getan hatte. In Port Resolution, auf den Neuen Hebriden, beschloss Martin, barfüßig in den Dschungel zu gehen, und kehrte zurück an Bord mit zahlreichen Schnitten und Abschürfungen, insbesondere an seinen Schienbeinen.

»Sei lieber vorsichtig«, warnte ich ihn. »Ich mische dir ein wenig ätzendes Sublimat, damit du diese Schnittwunden auswaschen kannst. Vorsicht ist besser als Nachsicht, nicht wahr.«

Doch Martin zeigte ein hochmütiges Lächeln. Obwohl er es nicht aussprach, gab er mir klar zu verstehen, dass er nicht zum Durchschnitt gehörte (ich war der Einzige, den er damit meinen konnte) und seine Schnittwunden in ein paar Tagen verheilt wären. Dann hielt er mir auch noch einen Vortrag über die besondere Reinheit seines Blutes und seine bemerkenswerten Heilkräfte. Ich fühlte mich ziemlich erbärmlich, als er mit mir fertig war. Was die Reinheit des Blutes anging, so unterschied ich mich offensichtlich von anderen Männern.

Nakata, der Kajütenjunge, verwechselte beim Bügeln seine Wade mit dem Bügelbrett und zog sich eine drei Zoll lange und einen halben Zoll breite Verbrennung zu. Auch er lächelte mit einem hochmütigen Lächeln über mich hinweg, als ich ihm das ätzende Sublimat anbot und ihn an meine eigenen schlimmen Erfahrungen gemahnte. Mit aller gebührenden Nachsicht und Höflichkeit wurde mir zu verstehen gegeben, dass – ganz abgesehen von meinem Blut – sein erstklassiges japanisches Port-Arthur-Blut völlig in Ordnung sei und für die geselligen Mikroben nur Hohn übrighabe.

Wada, der Koch, half bei einer fürchterlich misslungenen Landung der Barkasse mit; er musste über Bord springen, um die Barkasse bei tosender Brandung vom Strand wegzuschieben. Seine Beine und Füße wurden von den Muscheln und Korallen prächtig zerschnitten. Ich bot ihm die Flasche mit ätzendem Sublimat an. Erneut wurde dies mit hochmütigem Lächeln quittiert, und mir wurde eingetrichtert, dass sein Blut eben jenes sei, das bereits Russland besiegt und auch die Vereinigten Staaten eines Tages besiegen werde, und wenn dieses Blut nicht ein paar kümmerliche Schnitte heilen könne, müsse er aus reiner Schande Harakiri begehen.

Aus alldem schloss ich, dass ein Amateurarzt auf seinem eigenen Schiff nicht geachtet wird, nicht einmal dann, wenn er sich selbst geheilt hat. Der Rest der Crew betrachtete mich als einen harmlosen Irren, der von Ekzemen und Sublimaten besessen war. Nur weil ich unreines Blut hatte, musste ich mir deshalb nicht einbilden, das aller anderen sei ebenfalls unrein. Ich bot keine Hilfe mehr an. Zeit und Mikroben waren auf meiner Seite, und ich musste nur abwarten.

»Ich glaube, da ist Schmutz in die Wunden gekommen«, sagte Martin nach ein paar Tagen versuchsweise. »Ich werde sie waschen, und dann ist alles wieder in Ordnung«, fügte er hinzu, als ich nicht darauf einging.

Zwei Tage später waren die Schnitte immer noch nicht verheilt, und ich ertappte Martin dabei, wie er seine Füße und Beine in einem Eimer mit heißem Wasser wusch.

»Es geht nichts über heißes Wasser«, behauptete er frohgemut. »Besser als all die Mittel, die die Ärzte verschreiben. Diese Ekzeme sind morgen wieder weg.«

Doch am nächsten Morgen blickte er sorgenvoll drein, und ich wusste, die Stunde meines Triumphes nahte.

»Vielleicht probiere ich *doch* ein bisschen von dieser Medizin«, bemerkte er später am Tag. »Ich glaube zwar nicht, dass sie viel nützt«, relativierte er, »aber ein Versuch kann nicht schaden.«

Als Nächstes erschien das stolze Blut Japans und flehte um Medizin für seine erlauchten Ekzeme, während ich feurige Asche auf ihre Häupter streute, indem ich in allen Einzelheiten einfühlsam erklärte, welche Behandlung nötig sei. Nakata folgte den Anweisungen ohne Weiteres, und seine Ekzeme wurden tagtäglich kleiner. Wada machte nicht so eifrig mit und wurde etwas langsamer wieder gesund. Martin hingegen hegte immer noch Zweifel, und weil er nicht sofort genas, entwickelte er die Theorie, der zufolge Arzneien zwar prinzipiell gut waren, deswegen aber noch lange nicht bei jedermann gleich wirkten. Bei ihm wirkte das ätzende Sublimat nicht. Woher wusste ich übrigens, dass dies das richtige Zeug sei? Ich hätte keine Erfahrung. Nur weil ich zufällig gesund geworden sei, als ich es benutzte, sei dies noch lange kein Beweis dafür, dass es effektiv zur Heilung beigetragen habe. Möglicherweise sei das reiner Zufall. Zweifellos gebe es ein Arzneimittel, das die Ekzeme heilen könne, und sobald er einem richtigen Arzt begegnen würde, werde er herausfinden, welches das sei, und etwas davon besorgen.

Ungefähr zu dieser Zeit erreichten wir die Salomonen. Kein Arzt hätte jemals diese Inselgruppe als Heilstätte für Kranke empfohlen. Schon nach wenigen Tagen Aufenthalt dort, und zum ersten Mal in meinem Leben, wurde mir klar, wie angreifbar und vergänglich das menschliche Gewebe ist. Unser erster Ankerplatz lag in Port Mary auf der Insel Santa Ana. Der einzig Weiße weit und breit, ein Händler, kam längsseits heran. Er hieß Tom Butler und war ein anschauliches Beispiel dafür, was die Salomonen aus einem starken Mann machen können. Hilflos wie ein Sterbender lag er in seinem Walboot. Kein Lächeln und nur ein müder Hauch von Intelligenz blitzten in seinem Antlitz auf. Er glich einem düsteren Totenschädel, schon zu weit zerfallen, um noch zu grinsen. Auch er litt unter Frambösie und hatte große Ekzeme. Wir mussten ihn über die Reling der *Snark* hochziehen. Er meinte, er sei bei guter Gesundheit, habe seit einer Weile kein Fieber gehabt und es gehe ihm ganz gut, abgesehen von seinem Arm. Sein Arm schien gelähmt zu sein. Doch eine Lähmung wies er entschieden zurück. Er habe das schon früher gehabt, sich aber wieder erholt. Es handle sich um eine verbreitete Eingeborenenkrankheit auf Santa Ana, sagte er, als man ihm half, die Kajüttreppe hinunterzusteigen, während sein abgestorbener Arm bei jeder Stufe hin und her baumelte. Er war gewiss der grässlichste Gast, den wir je empfingen, und wir hatten einige Opfer der Lepra und Elefantiasis an Bord.

Martin erkundigte sich nach der Frambösie, denn hier war ein Mann, der es wissen musste. Er wusste es mit Sicherheit, nach seinen narbigen Armen und Beinen und den entzündeten Geschwüren, die sich in den Narben eingenistet hatten, zu urteilen.

Ach, man gewöhne sich an Frambösie, sprach Tom Butler. Das sei nicht so schlimm, solange die Krankheit sich noch nicht tief ins Fleisch gebohrt habe. Dann würden die Arterienwände angegriffen, die Adern platzten und es gebe eine Beerdigung. Mehrere Eingeborene seien an Land auf diese Weise gestorben. Aber was soll's? War es keine Frambösie auf den Salomonen, dann eben etwas anderes.

Ich bemerkte, dass Martin von diesem Moment an ein rasch wachsendes Interesse an seiner eigenen Frambösie zeigte. Er benutzte häufiger das ätzende Sublimat und erwähnte im Gespräch mit zunehmender Begeisterung die saubere Luft von Kansas und alle anderen Vorzüge dieses Bundesstaates. Charmian und ich hielten Kalifornien für ganz passabel. Henry schwor auf Rapa, und Tehei setzte um seines Blutes willen alles auf Bora Bora, während Wada und Nakata ein Loblied auf die Hygiene in Japan sangen.

Eines Abends, als die *Snark* die südliche Spitze der Insel Ugi umsegelte und nach einem bekannten Ankerplatz Ausschau hielt, kam ein anglikanischer Missionar, ein Mr. Drew, der die Küste von San Cristoval ansteuerte, in seinem Walboot längsseits heran und blieb zum Dinner. Martin, dessen Beine mit Rot-Kreuz-Bandagen umwickelt waren, sodass sie wie die einer Mumie aussahen, kam auf Frambösie zu sprechen. Ja, sagte Mr. Drew, diese sei auf den Salomonen weit verbreitet. Alle Weißen litten darunter.

»Und haben Sie sie auch bekommen?«, fragte Martin, seelisch erschüttert von der Vorstellung, ein anglikanischer Missionar könnte sich eine derart vulgäre Krankheit zuziehen.

Mr. Drew nickte und fügte hinzu, er habe sie nicht nur gehabt, sondern müsse derzeit einige Geschwüre behandeln.

»Wie behandeln Sie sie?«, fragte Martin blitzschnell.

In Erwartung der Antwort blieb mir fast das Herz stehen. Mein Ansehen als Fachmediziner hing ganz und gar von seiner Aussage ab. Martin, das sah ich deutlich, war sich ziemlich sicher, dass ich geschlagen sein würde. Und dann die Antwort – die gesegnete Antwort!

»Mit ätzendem Sublimat«, sagte Mr. Drew.

Martin erwies sich immerhin als guter Verlierer, und ich bin überzeugt, wenn ich ihn darum bäte, dass er es mir erlauben würde, einen seiner Zähne zu ziehen.

Alle Weißen auf den Salomonen haben Frambösie, und jeder Schnitt oder jede Abschürfung bedeutet praktisch ein neues Ekzem. Wen auch immer ich traf, er wusste, wovon ich sprach, und neun von zehn litten gerade unter entzündeten Ekzemen. Es gab nur eine Ausnahme, das war ein junger Bursche, der seit fünf Monaten auf den Inseln lebte, zehn Tage nach seiner Ankunft Fieber bekommen hatte und seither so oft krank gelegen war, dass er keine Gelegenheit hatte, sich auch noch Frambösie zu holen.

Jeder auf der *Snark* litt unter Frambösie, nur Charmian nicht. Sie zeigte denselben Hochmut wie Japan und Kansas. Sie schrieb ihre Immunität der Reinheit ihres Blutes zu, und wie die Tage so verstrichen, machte sie immer öfter und lauter ihr reines Blut dafür verantwortlich. Insgeheim schrieb ich ihre Immunität der Tatsache zu, dass sie als Frau die meisten Schnitte und Abschürfungen vermeiden konnte, denen wir hart arbeitenden Männer ausgesetzt waren, indem wir die *Snark* um die Welt steuerten. Ich sagte ihr nichts davon. Schließlich wollte ich ihr Ego nicht mit rohen Fakten verletzen. Als Arzt, wenn auch nur Amateurarzt, wusste ich mehr über die Krankheit als sie, und ich wusste, die Zeit war meine Verbündete. Doch leider verriet ich meine Verbündete, als sie ein bezauberndes kleines Ekzem am Schienbein hervorbrachte. Ich behandelte es so rasch mit antiseptischer Lösung, dass es abheilte, bevor Charmian davon überzeugt war, eines zu haben. Erneut hatte ich als Arzt keinerlei Anerkennung auf meinem Schiff; und, schlimmer noch, ich wurde beschuldigt, ihr fälschlicherweise eingeredet zu haben, von Frambösie befallen zu sein. Ihr reines Blut kam öfters aufs Tapet als je zuvor, und so steckte ich meine Nase in die Navigationsbücher und hüllte mich in Schweigen. Und dann war es so weit. Wir kreuzten gerade vor der Küste von Malaita.

»Was ist das da, hinten an deinem Knöchel?«

»Nichts«, sagte sie.

»Gut«, sagte ich, »ich trage trotzdem ein wenig ätzendes Sublimat auf. Und zwei, drei Wochen später, wenn es abgeheilt ist und du eine Narbe hast, die dich bis ins Grab ziert, dann vergiss einmal die Reinheit deines Blutes und deine Ahnengalerie und sag mir, was du über Frambösie denkst.«

Das Ekzem war so groß wie ein Silberdollar und brauchte ganze drei Wochen, um zu heilen. Manchmal konnte Charmian nicht gehen, weil es so wehtat; und sie erklärte immer wieder, dass hinter dem Fußknöchel die schmerzhafteste Stelle für ein Ekzem sei. Ich meinerseits erklärte, dass ich, da ich dort nie ein Ekzem gehabt hatte, zwangsläufig den Rist als schmerzhafteste Stelle für Frambösie bezeichnen müsse. Wir ließen Martin entscheiden, der uns beiden widersprach und leidenschaftlich proklamierte, das Schienbein sei die einzig wirklich schmerzhafte Stelle. Kein Wunder, dass Pferderennen so beliebt sind.

Doch auch Frambösie ist nach einiger Zeit ein alter Hut. Gerade eben, während ich dies schreibe, habe ich fünf Ekzeme an der Hand und drei weitere am Schienbein. Charmian hat eines an beiden Seiten ihres rechten Rists. Tehei ist wegen der seinen ganz außer sich. Martins neueste Schienbeinkulturen haben die älteren überdeckt. Und Nakata hat ein paar Dutzend, die ihn langsam auffressen. Doch die Geschichte der *Snark* auf den Salomonen ist die eines jeden anderen Schiffes seit den ersten Entdeckern. Ich zitiere das Folgende aus den »Segelanweisungen«[81]:

»Die Crews von Schiffen, die sich über einen längeren Zeitraum in den Salomonen aufhalten, werden feststellen, dass Wunden und Verletzungen sich meist zu bösartigen Geschwüren entwickeln.«

Auch zum Thema Fieber hatten die »Segelanweisungen« nichts Ermutigenderes mitzuteilen als dies:

»Neuankömmlinge leiden fast unausweichlich früher oder später unter Fieber. Die Eingeborenen leiden ebenfalls darunter. Die Todeszahlen unter den Weißen beliefen sich 1897 auf 9 bei einer Bevölkerung von 50.« Einige dieser Todesfälle sind allerdings durch Unfälle verursacht.

Nakata war der Erste, der Fieber bekam. Dies geschah in Penduffryn. Es folgten Wada und Henry. Charmian ergab sich als Nächste. Ich blieb einige Monate lang fieberfrei, doch als es mich schließlich niederwarf, schloss sich Martin mir wenige Tage später aus Mitgefühl an. Im Großen und Ganzen war Tehei der Einzige von uns sieben, der gänzlich davonkam. Doch sein Heimweh schien schlimmer als jedes Fieber. Nakata folgte wie gewöhnlich getreu den Anweisungen, sodass er am Ende seines dritten Fieberanfalls zwei Stunden schwitzen und dreißig bis vierzig Chininkörnchen einnehmen konnte, wonach er binnen vierundzwanzig Stunden schwach, aber wieder auf dem Damm war.

Wada und Henry erwiesen sich im Umgang jedoch als besonders anstrengende Patienten. Zunächst einmal bekam Wada eine Mordsangst. Er war fest davon überzeugt, dass sein Glücksstern gesunken war und seine Knochen auf den Salomonen ruhen würden. Er erkannte, dass das Leben rings um ihn keinen großen Wert besaß. In Penduffryn sah er das Wüten der Ruhr, und zu seinem Unglück beobachtete er, wie ein Opfer auf einem galvanisierten Blech-

81 *Pacific Islands, Vol I.: Sailing Directions for the South East, North East and North Coast of New Guinea.*

streifen herausgetragen und ohne Sarg oder Beerdigung in ein Loch im Boden gekippt wurde. Jeder hatte hier Fieber, jeder hatte die Ruhr, jeder hatte alles. Der Tod war alltäglich. Heute noch da, morgen schon dahin – und Wada vergaß das Heute zur Gänze und redete sich ein, das Morgen sei schon gekommen.

Er kümmerte sich nicht um seine Geschwüre, versäumte es, sie mit Sublimat zu behandeln, und förderte ihre Verbreitung, indem er sich unkontrolliert am ganzen Körper kratzte. Auch hinsichtlich des Fiebers wollte er nicht den Anweisungen folgen, und so litt er fünf Tage darunter, obwohl ein Tag genügt hätte. Henry, ein strammer Riese von einem Mann, war genauso unbelehrbar. Er weigerte sich entschieden, Chinin einzunehmen, weil ein Arzt ihm vor Jahren einmal Pillen gegen Fieber verschrieben hatte, die anders geformt und gefärbt gewesen waren als die Chinintabletten, die ich ihm anbot. Also schloss Henry sich Wada an.

Ich aber übertölpelte sie beide und gab ihnen ihre eigene Medizin: Heilung durch Glauben. Sie glaubten allein an ihre Angst, sterben zu müssen. Ich stopfte ihnen eine Menge Chinin in den Schlund und maß ihre Temperatur. Zum ersten Mal benutzte ich das Thermometer aus dem Medizinkoffer, merkte jedoch bald, dass es wertlos war, hergestellt allein, um Geld zu machen, nicht um zu funktionieren. Hätte ich meinen Patienten mitgeteilt, dass das Thermometer nicht funktionierte, dann hätte es kurz hintereinander zwei Beerdigungen gegeben. Ich schwor, ihre Temperatur sei 40,5 °C. Ich ließ feierlich erst den einen, dann den anderen am Thermometer nuckeln, gab meinem Gesicht einen zufriedenen Ausdruck und erzählte ihnen fröhlich, ihre Temperatur sei auf 34,4 °C gefallen. Dann stopfte ich ihnen noch mehr Chinin in den Rachen, erklärte ihnen, jegliche Übelkeit oder Schwäche sei Nebenwirkung der Medizin, und zog mich zurück, damit sie sich erholen konnten. Und beide erholten sich, obwohl Wada es zunächst nicht wahrhaben wollte. Wenn jemand sterben kann aufgrund einer Fehleinschätzung, ist es dann unmoralisch, ihm mithilfe einer Fehleinschätzung das Leben zu retten?

Geht es um Tapferkeit und Überleben, lobe ich mir die Weißen. Einer von unseren zwei Japanern und beide Tahitianer schwitzten Blut und Wasser und mussten aufgepäppelt und aufgeheitert und mit aller Kraft zurück ins Leben gezerrt werden. Charmian und Martin gingen gelassen mit ihren Leiden um, machten am wenigsten Wind darum und schritten mit ruhiger Gewissheit den Lebensweg entlang. Als Wada und Henry überzeugt waren, sterben zu müssen, wurde die Friedhofsatmosphäre zu viel für Tehei, der stundenlang ohne Unterbrechung untröstlich betete und weinte. Martin hingegen fluchte und wurde gesund, und Charmian stöhnte und plante, was sie alles tun würde, sobald sie wieder gesund wäre.

Charmian war zu einer Vegetarierin mit ausgeprägtem Gesundheitsbewusstsein erzogen worden. Ihre Tanta Netta, bei der sie aufwuchs und die in einem gesunden Klima lebte, glaubte nicht an Medikamente. Charmian ebenso wenig. Außerdem vertrug sie keine Medizin. Die Nebenwirkungen waren schlimmer als die Krankheiten, die sie hätte lindern sollen. Doch sie hörte sich an, welche Vorteile Chinin besaß, akzeptierte es als das kleinere Übel und hatte folglich kürzere, weniger schmerzvolle und seltenere Fieberanfälle. Wir trafen einen Missionar namens Mr. Caulfeild, dessen Vorgänger nach weniger als sechs Monaten Aufenthalt auf den Salomonen gestorben waren. Wie diese war er ein überzeugter Anhänger der Homöopathie, bis er seinen ersten Fieberanfall hatte, woraufhin er – im Unterschied zu seinen verstorbenen Kollegen – einen großen Schritt zurück zur Allopathie machte, Chinin schluckte, als er Fieber bekam, und so seine Missionsarbeit fortsetzen konnte.

Doch der arme Wada! Der Tropfen, der das Fass des Kochs zum Überlaufen brachte, fiel, als Charmian und ich ihn auf eine

Kreuzfahrt zur Kannibaleninsel Malaita mitnahmen, auf einer kleinen Jacht, deren Kapitän ein halbes Jahr zuvor an Deck ermordet worden war. *Kai-kai* bedeutet essen, und Wada war davon überzeugt, dass man ihn gleich *kai-kaien* würde. Wir gingen bis auf die Zähne bewaffnet umher, unsere Wachsamkeit ließ niemals nach, und als wir in der Mündung eines Süßwasserstromes badeten, hielten schwarze Boys mit Gewehren Wache für uns. Wir trafen auf englische Kriegsschiffe, die Dörfer niederbrannten und bombardierten, um die Morde zu sühnen. Eingeborene, auf die ein Kopfgeld ausgesetzt war, suchten auf unserem Schiff Zuflucht. Unzählige Mörder lauerten an Land. An abgelegenen Orten wurden wir von freundlich gesinnten Eingeborenen vor drohenden Angriffen gewarnt. Unser Schiff schuldete Malaita zwei Köpfe, die jederzeit geholt werden konnten. Zu allem Überfluss strandeten wir auch noch auf einem Riff und hielten mit dem Gewehr in der einen Hand die Plünderer in Schach, während wir mit der anderen Hand alle Hebel in Bewegung setzten, um das Schiff zu retten. Das alles war zu viel für Wada, der darüber den Verstand verlor, auf der Insel Ysabel die *Snark* schließlich verließ und mitten in einem heftigen Regensturm, zwischen zwei Fieberanfällen und kurz vor einer Lungenentzündung auf Nimmerwiedersehen an Land ging. Falls er dem *Kai-kait*-Werden entkommt und er Ekzeme und Fieber überlebt, die an Land ungehemmt wüten, kann er mit etwas Glück damit rechnen, binnen sechs bis acht Wochen auf der Nachbarinsel Zuflucht zu finden. Von meiner Medizin hat er nie viel gehalten, obwohl ich ihm erfolgreich gleich beim ersten Versuch zwei schmerzende Zähne gezogen habe.

Die *Snark* glich monatelang einem Krankenhaus, und zugegebenermaßen gewöhnten wir uns langsam daran. In der Lagune Meringe, wo wir die *Snark* kielholten, um ihre Kupferbeschläge zu reinigen, konnte es vorkommen, dass nur einer von uns überhaupt in der Lage war, ins Wasser zu gehen, während die drei Weißen unserer Crew an Land auf der Plantage mit Fieber im Bett lagen. Im Moment, da ich dies schreibe, haben wir uns irgendwo nordöstlich von Ysabel auf See verirrt und versuchen vergeblich, Lord Howe Island zu finden, ein Atoll, das man erst sichtet, wenn man bereits darauf gestrandet ist. Das Chronometer geht falsch. Die Sonne scheint sowieso nicht, und ich kann nachts auch keine Sternenbeobachtungen machen, und seit Tagen hatten wir nichts als Sturmböen und Regen. Der Koch ist fort. Nakata, der versucht hat, zugleich als Koch und als Kajütenjunge zu arbeiten, liegt vom Fieber geschüttelt darnieder. Martin hat sich kaum vom Fieber erholt, da bekommt er einen neuerlichen Schub. Charmian, deren Fieber in regelmäßigen Abständen wiederkehrt, wirft einen Blick in ihren Taschenkalender, um nachzusehen, wann der nächste Anfall droht. Henry schluckt mittlerweile sein Chinin in gespannter Erwartung. Und da meine Anfälle mich so plötzlich niederstrecken wie ein Schlag mit dem Knüppel, weiß ich von einem Augenblick auf den anderen nicht, wann es mich wieder erwischt hat. Wir haben unbedachterweise unser letztes Mehl an einige Weiße verschenkt, die keines mehr hatten. Wir wissen nicht, wann wir wieder auf Land stoßen. Unsere Salomonen-Ekzeme sind schlimmer und zahlreicher denn je. Das ätzende Sublimat wurde versehentlich in Penduffryn an Land zurückgelassen; das Wasserstoffsuperoxid ist aufgebraucht, und ich experimentiere mit Borsäure, Lysol und Antiphlogistikum[82]. Sollte nie ein namhafter Arzt aus mir werden, dann zumindest nicht aus Mangel an praktischer Erfahrung.

82 Entzündungshemmer.

PS   Seit ich das Obige geschrieben habe, sind zwei Wochen ver-
      gangen, und Tehei, der einzige Immune an Bord, liegt seit
      zehn Tagen im Bett, fiebert höher als jeder andere von uns und
      kann immer noch nicht aufstehen. Seine Temperatur stieg im-
      mer wieder auf 40 °C, und sein Puls ist 115.

PS   Auf See, zwischen dem Tasmanischen Atoll und der Manning-
      Straße.
      Teheis Anfall entwickelte sich zu Schwarzwasserfieber – der
      schlimmsten Form von Malaria, die laut meinem Medizin-
      handbuch auch eine Folge einer äußerlichen Infektion sein
      kann. Nachdem ich ihn durch das Fieber gebracht habe, bin
      ich nun mit meiner Weisheit am Ende, denn er hat die seine
      gänzlich verloren. Erst seit Kurzem übe ich mich darin, auch
      Geisteskrankheiten zu behandeln. Dies ist der zweite Fall von
      Irrsinn auf dieser kurzen Reise.

PS   Eines Tages schreibe ich ein Buch (für Fachleute) und nenne
      es »Um die Welt in dem Krankenhausschiff *Snark*«. Nicht ein-
      mal unsere Haustiere wurden verschont. Wir sind von der
      Lagune Meringo mit zwei Tieren abgesegelt, einem irischen
      Terrier und einem weißen Kakadu. Der Terrier purzelte die
      Kajüttreppe hinunter und lahmt seither am linken Hinterbein,
      dann wiederholte er das Manöver und lahmt nun auch am
      rechten Vorderbein. Momentan kann er nur auf zwei Beinen
      gehen. Glücklicherweise sind diese schräg gegenüber, sodass
      er die anderen beiden immer noch aufsetzen und nachschlep-
      pen kann. Der Kakadu prallte gegen das Kajütenoberlicht und
      musste getötet werden. Dies war unsere erste Beerdigung –
      abgesehen von unseren Hühnern, die für die Patienten eine
      willkommene Brühe abgegeben hätten, aber über Bord flatter-

ten und ertranken. Nur die Kakerlaken gedeihen prächtig. Sie fallen weder Krankheiten noch Katastrophen zum Opfer, sondern werden täglich größer und gefräßiger und nagen an unseren Finger- und Zehennägeln, wenn wir schlafen.

PS   Charmian hat einen neuerlichen Fieberanfall. Martin pfuscht aus Verzweiflung mit Kupfervitriol an seinen Ekzemen herum und verflucht die Salomonen. Was mich betrifft, mir geht es gar nicht gut, ich muss aber neben dem Navigieren und Doktorspielen auch noch Kurzgeschichten schreiben. Von den Wahnsinnigen einmal abgesehen, geht es mir von allen an Bord am schlechtesten. Ich nehme den nächsten Dampfer nach Australien, um mich operieren zu lassen. Neben meinen geringfügigeren Leiden möchte ich noch ein neues und geheimnisvolles erwähnen. Seit einer Woche schwellen meine Hände an, als hätte ich die Wassersucht. Ich kann die Fäuste nur unter Schmerzen zusammenballen. An einem Tau zu ziehen, bereitet mir unerträgliche Schmerzen. Es fühlt sich an, als hätte ich ernste Frostbeulen. Zudem schält die Haut sich an beiden Händen erschreckend schnell ab, wobei die darunter nachwachsende Haut hart und dick ist. Im Medizinhandbuch wird diese Krankheit nicht erwähnt. Niemand weiß, worum es sich handelt.

PS   Immerhin habe ich das Chronometer repariert. Nachdem wir acht stürmische, regnerische Tage lang auf hoher See umhergegondelt sind und meistens beigedreht lagen, gelang es mir, zu Mittag eine teilweise Beobachtung der Sonne durchzuführen. Daraus ermittelte ich meinen Breitengrad, maß mit dem Log die Entfernung bis zum Breitengrad der Insel Lord Howe und verband beide Punkte. Nun überprüfte ich das Chronometer mit Längengradmessungen und stellte fest, dass es um rund drei Minuten falsch ging. Da jede Minute fünfzehn Meilen entspricht, kann die Gesamtabweichung geschätzt werden. Durch wiederholte Beobachtungen auf Lord Howe prüfte ich das Chronometer und fand heraus, dass es täglich um sieben Zehntel einer Sekunde nachging. Nun war es so, dass dasselbe Chronometer, als wir von Hawaii absegelten, zufällig denselben Messfehler hatte. Da jener Fehler treulich jeden Tag in der Berechnung berücksichtigt wurde und er sich, wie meine Beobachtungen auf Lord Howe bewiesen, nicht geändert hatte, konnte ich mir nicht erklären, warum um Himmels willen das Chronometer plötzlich beschleunigen und drei Minuten vorgehen sollte. Konnte das sein? Professionelle Uhrmacher sagen Nein; ich aber sage, dass diese Experten ihre Uhren noch nie auf den Salomonen gefertigt und geprüft haben. Meine einzige Erklärung ist, dass es am Klima liegt. Immerhin habe ich das Chronometer korrekt behandelt, auch wenn ich an den Geisteskranken und Martins Frambösie gescheitert bin.

PS Martin hat es gerade mit Pottasche versucht und verflucht die Salomonen noch inbrünstiger als je zuvor.

PS Zwischen der Manning-Straße und den Pavuvu-Inseln. Henry hat Rückenschmerzen, die Haut an meinen Händen ist zehnmal abgepellt, und gerade schält sie sich zum elften Mal ab, während Tehei verrückter ist als je zuvor und Tag und Nacht Gott anfleht, ihn zu verschonen. Außerdem brüten Nakata und ich wieder einmal ein Fieber aus. Und zu guter Letzt hat Nakata gestern Abend noch eine Ptomainvergiftung erlitten, und wir verbrachten die halbe Nacht damit, ihn durchzubringen.

Schlusswort

D ie *Snark* maß 12,9 Meter an der Wasserlinie und 16,5 Meter in der Gesamtlänge, mit 4,5 Meter größter Schiffsbreite (nach innen geneigte Seiten) und 2,3 Meter Tiefgang. Sie hatte eine Ketschtakelung mit Außenklüver, Klüver, Stagfock, Großsegel, Besansegel und Spinnaker. Die lichte Höhe unter Deck maß 1,8 Meter, und sie hatte ein Kronen- und Glattdeck. Es gab vier angeblich *wasserdichte* Schotten. Ein Hilfsmotor mit 70 PS wurde sporadisch als Antrieb genutzt, wobei jede Meile ungefähr zwanzig Dollar kostete. Ein 5-PS-Motor trieb, wenn er funktionierte, die Pumpen an, und zweimal konnte man ihn verwenden, um den Suchscheinwerfer mit Strom zu versorgen. Die Akkumulatoren funktionierten innerhalb der zwei Jahre vier- oder fünfmal. Es gab das Gerücht, dass der Motor der 4,2 Meter langen Barkasse gelegentlich problemlos lief, jedoch brach er ausnahmslos zusammen, wann immer ich an Bord ging.

Doch die *Snark* segelte. Nur auf diese Weise konnte sie irgendwohin gelangen. Sie segelte zwei Jahre lang und rammte nie einen Felsen, ein Riff oder eine Sandbank. Sie trug keinen Ballast in der Bilge, ihr Eisenkiel wog fünf Tonnen, doch ihr großer Tiefgang und hoher Freibord machten sie nur schwer manövrierbar. Geriet sie unter vollen Segeln in Tropenstürme, wurden Reling und Deck oft überschwemmt, doch weigerte sie sich hartnäckig zu kentern. Sie ließ sich leicht steuern und konnte Tag und Nacht laufen, ohne gesteuert zu werden, ob dicht am Wind, voll und bei oder mit dem Wind querab. Bei einer Backstagsbrise und mit ordentlich gebrassten Segeln steuerte sie sich selbst innerhalb von zwei Kompassstrichen, und mit fast achterlichem Wind brauchte sie kaum drei Striche zum Selbststeuern.

Die *Snark* wurde teilweise in San Francisco gebaut. An dem Morgen, als ihr Eisenkiel gegossen wurde, kam es zum Großen Erdbeben[83]. Es folgte Chaos. Nachdem die Fertigstellung sich um sechs Monate verzögert hatte, segelte ich auf ihrem Rumpf nach Hawaii, um ihr dort den letzten Schliff zu geben: Den Motor hatten wir am Schiffsboden festgebunden, Baumaterial an Deck vertäut. Hätte ich in San Francisco auf die Fertigstellung gewartet, wäre ich wohl immer noch dort. Halb fertig, wie es war, kostete mich das Schiff bereits viermal so viel, wie es hätte kosten sollen.

Die *Snark* wurde unter keinem guten Stern geboren. Sie wurde in San Francisco gepfändet, auf Hawaii wurden die ausgestellten Schecks zu Fälschungen erklärt, und auf den Salomonen wurde sie wegen Verstoßes gegen die Quarantäneregeln zu einer Geldstrafe verurteilt. Die Zeitungen konnten nicht die Wahrheit über sie schreiben, wenn sie sich selbst vor Schaden bewahren wollten. Als ich den unfähigen Kapitän feuerte, behaupteten sie, ich hätte ihn zu Brei geschlagen. Als ein junger Mann heimkehrte, um wieder aufs College zu gehen, berichtete man, ich sei ein echter Wolf Larsen[84] und meine ganze Crew sei desertiert, weil ich sie nach Strich und Faden verprügelt hätte. In Wahrheit kam es zum einzigen Schlag auf der *Snark*, als der Koch von einem Kapitän misshandelt wurde, der unter Vorspiegelung falscher Tatsachen bei mir

83 Es war am 18. April 1906.
84 Vgl. Jack Londons Roman *The Sea-Wolf* (1904).

angeheuert hatte und den ich auf den Fidschis entließ. Außerdem übten Charmian und ich Boxen, aber keiner von uns beiden wurde dabei ernsthaft verletzt.

Die Reise entsprach unserer Vorstellung von einer schönen Zeit. Ich baute die *Snark* und kam für sie sowie für alle Nebenkosten auf. Ich hatte einen Vertrag über eine 35 000 Worte umfassende Reisebeschreibung abgeschlossen, mit einer Zeitschrift[85], die mir dasselbe Honorar dafür zahlte wie für die Kurzgeschichten, die ich zu Hause verfasste. Sogleich warb diese Zeitschrift damit, dass ich in ihrem Auftrag um die Welt reiste. Es war eine gut bemittelte Zeitschrift. Und jeder, der geschäftlich mit der *Snark* zu tun hatte, berechnete den dreifachen Preis, da die Zeitschrift es sich schließlich leisten konnte. Diese Mär hielt sich bis in den letzten Winkel der abgelegensten Südseeinsel, und ich löhnte entsprechend. Bis heute glaubt jeder, dass die Zeitschrift für alles aufgekommen wäre und ich ein Vermögen mit der Reise verdient hätte. Nach einer solchen Werbeaktion ist es schwierig, dem allgemeinen Verstand einzubläuen, dass die ganze Fahrt nur zum Spaß unternommen wurde.

Ich fuhr nach Australien[86], um ein Krankenhaus aufzusuchen, in dem ich fünf Wochen verblieb. Ich verbrachte fünf Monate jämmerlich krank in Hotels. Das geheimnisvolle Leiden, das meine Hände befallen hatte, war zu viel für die australischen Fachärzte. Man hatte noch nie von einem solchen Fall gehört. Es weitete sich von meinen Händen auf meine Füße aus, sodass ich manchmal so hilflos war wie ein Kind. Gelegentlich schwollen meine Hände an,

---

85 *Cosmopolitan* hatte einen Vorschuss von 2000 Dollar gezahlt, forderte das Geld aber zurück, als London seine Reiseessays verschiedenen Konkurrenzzeitschriften anbot.

86 Jack und Charmian London verließen am 4. November 1908 Lord Howe und fuhren auf der *Makambo* nach Sydney, wo sie zehn Tage später ankamen.

bis sie doppelt so groß waren wie sonst, wobei sieben abgestorbene und gerade absterbende Hautschichten gleichzeitig abpellten. Zuweilen wurden meine Fußnägel binnen vierundzwanzig Stunden so dick wie lang. Feilte man sie ab, waren sie nach weiteren vierundzwanzig Stunden ebenso dick wie zuvor.

Die australischen Fachärzte stimmten darin überein, dass die Krankheit nicht durch einen Parasiten verursacht wurde, folglich musste es sich um ein Nervenleiden handeln. Sie heilte nicht, und ich konnte die Reise unmöglich fortsetzen. Ich hätte nur an meine Koje gefesselt weiterreisen können, denn in meinem hilflosen Zustand, unfähig, mit den Händen zuzupacken, wäre ich außerstande gewesen, mich auf einem kleinen, schaukelnden Boot zu bewegen. Außerdem redete ich mir ein, dass es zwar viele Boote und Reisen gab, aber nur ein Paar Hände und nur einen Satz Zehennägel. Des Weiteren überlegte ich, dass in meinem heimischen Klima in Kalifornien meine Nerven immer in einem stabilen Gleichgewicht waren. Also kehrte ich heim.

Seit meiner Rückkehr habe ich mich wieder vollständig erholt. Und ich habe herausgefunden, was mit mir los war. Ich stieß auf ein Buch von Oberstleutnant Charles E. Woodruff mit dem Titel: *Effects of Tropical Light on White Men*[87]. Da wusste ich Bescheid. Später traf ich Oberst Woodruff und erfuhr, dass er ein ähnliches Leiden gehabt hatte. Er war selbst ein Militärarzt, siebzehn andere Militärärzte brüteten auf den Philippinen über seinem Fall, und alle

---

87 »Auswirkungen des tropischen Sonnenlichts auf Weiße«. Das 1905 publizierte Buch von Charles E. Woodruff (1860–1915) ist aus medizinischer Sicht eher eine Kuriosität des Kolonialzeitalters. Man versuchte zu erklären, warum Europäer und Nordamerikaner in den Tropen immer wieder unter schweren Krankheiten litten. Woodruffs Antwort basiert auf den inzwischen widerlegten Rassentheorien jener Zeit.

mussten sich, ebenso wie die australischen Spezialisten, geschlagen geben. Kurz gesagt war ich sehr anfällig für die gewebezerstörende Wirkung von tropischem Sonnenlicht. Ich wurde von der ultravioletten Strahlung ebenso in Stücke gerissen wie viele Wissenschaftler, die mit Röntgenstrahlen experimentierten.

Beiläufig wäre vielleicht noch erwähnenswert, dass es neben den anderen Leiden, die mich dazu zwangen, die Reise abzubrechen, eines gab, das entweder *healthy man's disease* (»Krankheit der Gesunden«), *Europäische* oder *Biblische Lepra* genannt wurde. Im Unterschied zur *Echten Lepra* weiß man über diese rätselhafte Krankheit nichts. Kein Arzt hat je behauptet, sie heilen zu können, obwohl von spontanen Heilungen berichtet wurde. Man weiß nicht, wie sie entsteht. Man weiß nicht, worum es sich handelt. Man weiß nicht, warum sie verschwindet. Ohne Medikamente, nur indem ich im gesunden kalifornischen Klima lebte, verschwand meine silbrige Haut. Die einzige Hoffnung, die mir die Ärzte machen konnten, war eine spontane Heilung, und diese trat ein.

Ein letztes Wort. Der Prüfstein der Reise. Es ist recht leicht für mich oder jeden anderen Mann zu sagen, sie sei schön gewesen. Doch es gibt einen besseren Zeugen, die einzige Frau, die von Anfang bis Ende mit dabei war. Im Krankenhaus, als ich Charmian mitteilte, dass ich nach Kalifornien zurückkehren müsse, brach sie in Tränen aus. Zwei Tage lang war sie am Boden zerstört und untröstlich, weil sie wusste, dass wir die glückliche, glückliche Reise nicht fortsetzen konnten.

Glen Ellen, Kalifornien
7. April 1911

Anhang

Freude am Sportsegeln

von Jack London

Als Seemann wird man geboren, nicht gemacht. Und mit »Seemann« meine ich nicht jene durchschnittliche, unfähige und hoffnungslose Kreatur, die man heutzutage in der Back der Hochseeschiffe vorfindet, sondern den Mann, der eine Konstruktion aus Holz, Eisen, Tauwerk und Leinwand auf dem Ozean seinem Willen unterwirft. Neben den Kapitänen und Offizieren großer Schiffe ist der Segler eines kleinen Boots der wahre Seemann. Er weiß – er muss es wissen –, wie man den Wind dazu bringt, sein Schiff von einem gegebenen Punkt aus zum anderen zu befördern. Er muss Bescheid wissen über Gezeiten, Kabbelung und Strudel, Hinweise auf Sandbänke und Passagen sowie über Signale bei Tag und Nacht; er muss sich auskennen mit überlieferten Wetterregeln und vertraut sein mit den besonderen Eigenschaften seines Bootes, die es von jedem anderen Boot, das je gebaut oder getakelt wurde, unterscheidet. Er muss wissen, wie man es beim Kreuzen wendet, um nur ein Beispiel von Tausenden zu nennen, und es an den Wind bringt, ohne dass es außer Fahrt kommt oder zu weit abfällt.

Der Hochseematrose unserer Zeit muss nichts von diesen Dingen wissen. Und er weiß auch nichts davon. Er pullt und holt an nach Befehl, schrubbt die Decks, trägt Farbe auf und entfernt Rost. Er weiß nichts und schert sich um noch weniger. Setzt man ihn in ein kleines Boot, ist er hilflos. Sogar auf dem Rücken eines scheuenden Pferdes würde er eine bessere Figur abgeben.

Nie werde ich mein kindliches Staunen vergessen, als ich zum ersten Mal einem dieser seltsamen Gesellen begegnete. Es war ein desertierter englischer Matrose. Ich war damals ein zwölfjähriger Bursche mit einem viereinhalb Meter langen gedeckten Kielschwertskiff, das zu segeln ich mir selbst beigebracht hatte. Ich saß zu Füßen des Matrosen wie zu Füßen eines Gottes, während er von fremden Ländern und Völkern, Gewalttaten und haarsträubenden Stürmen auf dem Meer erzählte. Dann, eines Tages, nahm ich ihn mit zum Segeln. Mit der bangen Anspannung eines ausgesprochen jungen Amateurs setzte ich das Segel und lief aus. Hier war ein Mann, der, dessen war ich mir sicher, mich kritisch beäugte und mir in einer Sekunde mehr über Boote und Wasser sagen konnte, als ich je lernen würde. Nach einer gewissen Zeit, in der ich über mich hinauswuchs, übernahm er Ruderpinne und Segel. Ich hockte mit offenem Mund mittschiffs auf der kleinen Ruderbank, bereit zu erfahren, wie man richtig segelte. Mein Mund blieb weiter offen, denn ich fand heraus, wie ein echter Matrose in einem kleinen Boot zurechtkam. Er konnte beim besten Willen das Segel nicht richtig setzen, in Sturmböen brachte er das Skiff mehrmals beinahe zum Kentern und hätte es beim fehlerhaften Umlegen fast ganz versenkt; er wusste nicht, wofür man ein Kielschwert brauchte, und auch nicht, dass man in der Mitte, nicht an der Seite sitzen muss, wenn man vor dem Wind segelt; zu guter Letzt, als wir zum Kai zurückkamen, lief er auch noch mit voller Geschwindigkeit ein, zertrümmerte dadurch den Bug und beschädigte die Mastspur. Und doch war er ein waschechter Matrose, eben erst heimgekehrt aus den unendlichen Tiefen des Ozeans.

Was meinen Standpunkt bestätigt. Ein Mann kann sein ganzes Leben in der Back großer Schiffe verbringen und nie erfahren, was Segeln bedeutet. Seit ich zwölf war, hörte ich den Lockruf des Meeres. Mit fünfzehn war ich Kapitän und Besitzer einer Austernpiratenschaluppe. Bis ich sechzehn wurde, war ich auf Seeleichtern gesegelt, hatte mit den Griechen am Sacramento River Lachs gefischt und als Seemann in der Fischereipatrouille gedient. Und ich war bei alledem auch noch ein guter Seemann, obwohl meine Kreuzfahrten sich auf die Bucht von San Francisco und die dort mündenden Flüsse beschränkte. Auf hoher See war ich noch nie gewesen.

Dann, in dem Monat, als ich siebzehn wurde, heuerte ich als Vollmatrose zum Dienst vor dem Mast auf einem Dreimastschoner an, der sieben Monate durch den Pazifik und wieder zurück segeln sollte. Wie meine Schiffskameraden mir sogleich mitteilten, war es ganz schön dreist von mir, als Vollmatrose anzuheuern. Doch siehe da, ich *war* ein Vollmatrose. Ich hatte die richtige Schule abgeschlossen. Ich benötigte nur wenige Minuten, um die Namen und die Handhabung der neuen Taue zu lernen. Es war einfach. Ich stürzte mich nicht blindlings in meine Aufgaben. Als Sportssegler hatte ich gelernt, jeden einzelnen Handgriff zu hinterfragen, das *Warum* herauszufinden. Ja, ich musste noch lernen, wie man nach dem Kompass steuert, was vielleicht eine halbe Minute beanspruchte; doch wenn es darum ging, »voll und bei« und »dicht und bei« zu steuern, lag ich über dem Durchschnitt meiner Kameraden, da ich schon immer auf diese Weise gesegelt war. In weniger als fünfzehn Minuten konnte ich die Kompasseinteilung vorwärts und rückwärts ablesen. Und ansonsten gab es auf jener siebenmonatigen Kreuzfahrt kaum etwas zu lernen, abgesehen von allerlei Seemannskniffen mit den Tauen, wie die komplizierteren Taljereepknoten oder das Flechten verschiedener Arten von Plattings und Taumatten. Folglich ist das Sportsegeln die beste Ausbildung für einen echten Seemann.

Und ist ein Mann ein geborener Seemann und hat er die Schule des Meeres besucht, so ist er sein ganzes Leben lang dem Meer verfallen. Das Meersalz steckt ihm ebenso in den Knochen wie in den Nasenlöchern, und der Ozean wird ihn rufen, bis er stirbt. In den letzten Jahren habe ich einfachere Methoden gefunden, mein Geld zu verdienen, doch kehre ich trotzdem immer wieder zurück zum Meer. In meinem Fall ist es für gewöhnlich die Bucht von San Francisco, denn es gibt kein lebhafteres, raueres Gewässer zum Sportsegeln.

In der Bucht von San Francisco bläst es ganz schön kräftig. Im Winter, der besten Jahreszeit zum Kreuzen, haben wir Südoster, Südwester und gelegentlich heulende Nordwinde. Während des ganzen Sommers haben wir das, was wir »Meeresbrise« nennen, einen nie nachlassenden Wind vom Pazifik, der an den meisten Nachmittagen mit einer Stärke bläst, die die Jachtsegler an der Atlantikküste einen Sturm nennen würden. Sie zeigen sich stets überrascht, wie wenig Leinwand unsere Jachten führen. Einige von ihnen, die auf ihren Schonern Kap Hoorn umschifften, haben stolz auf ihre hohen Masten und großen Segel und dann gönnerhaft und sogar mitleidig auf unsere geblickt. Dann haben sie zufällig an einer Regatta von San Francisco nach Mare Island teilgenommen. Die Morgendämmerung in der Bucht haben sie noch genossen. Nachmittags aber, als der wackere Westwind über die Bucht von San Pablo stürmte und sie diesem auf dem langen Kampf heimwärts ins Auge sehen mussten, sah es schon etwas anders aus. Unsere spärlich getakelten Jachten segelten wie ein Zug Schwalben an ihnen vorbei und ließen sie beiliegend wälzend und Segel reffend zurück, in einem Wind, der für sie Sturmstärke hatte, für uns aber bloß eine prächtige Segelbrise war. Als sie das nächste Mal ausliefen, bemerkten wir, dass sie ihre Masten und Rahen gekürzt hatten und ihre Achterlieken um ganze Bahnen näher an den Luvlieken lagen.

Ein Schiff, in Not auf hoher See, ist weitaus aufregender als ein kleines Boot in Not in einer Bucht. Doch wenn es um echte Aufregung und Spannung geht, ist mir das kleine Segelboot lieber. Die Dinge passieren so schnell, und es gibt immer so wenige, die die Arbeit erledigen – harte Arbeit, wie der Sportsegler weiß. Ich habe mich eine ganze Nacht lang, beide Wachen an Deck, in einem Taifun vor der Küste Japans abgerackert und war danach weniger erschöpft als nach zwei Stunden Segelreffen auf einer neun Meter großen Schaluppe und Ankerlichten an einer Leeküste in einem heulenden Südoster.

Nichts als harte Arbeit und Aufregung? Lass den Wind sich drehen und abflauen in einem starken Gezeitenstrom, wenn du deine kleine Schaluppe gerade durch eine schmale Zugbrücke segelst. Sieh, wie die Segel, auf die du vertraust, plötzlich erschlaffen, und sieh den launischen Wind, der um acht Striche umschlägt und mit einer kräftigen Böe den Klüver back trifft. Das Schiff dreht sich und saust nicht durch die offene Zugbrücke dahin, sondern fährt längs gegen die massiven Pfeiler. Höre das Getöse der Tide, die durch das Brückengerüst schlürft. Schau zu und höre, wie dein hübsches, frisch gestrichenes Boot gegen die Pfeiler prallt. Spüre, wie sein robuster kleiner Rumpf dem Aufprall nachgibt. Sieh, wie die Reling vor deinen Augen eingedrückt wird. Höre, wie deine Segel reißen, und sieh, wie die schwarzen, vierkantigen Balken sie durchlöchern. Zack! Dein Marsstengenstag ist gerissen, und die Marsstenge taumelt wie betrunken über dir. Du hörst es reißen und knirschen. Wenn es so weitergeht, werden auch noch deine Steuerbordwanten herausgefetzt. Schnapp dir ein Tau – irgendein Tau – und schlage einen Rundtörn um einen Pfeiler. Doch das freie Ende des Taus ist zu kurz. Du kannst es nicht festmachen, und so hältst du es in der Hand und schreist laut nach deinem einzigen Gefährten, um mit einem weiteren, längeren Tau eine Schlinge zu knüpfen. Bleib dran! Du hältst es fest, bis dein Gesicht dunkelrot anläuft, bis deine Arme aus den Schultergelenken zu springen drohen, bis Blut aus deinen Fingerspitzen quillt. Immer noch lässt du nicht los, und dein Gefährte kommt mit dem längeren Tau und knüpft es fest. Du richtest dich auf und betrachtest deine Hände. Sie sind ganz zerschunden. Du kannst die gekrümmten Finger nicht ausstrecken. Vor Schmerz wird dir übel. Doch du hast keine Zeit. Das Skiff, das sich immer launisch verhält, pocht gegen die Beschläge des Brückenpfeilers, die sein Dollbord abzuschleifen drohen. Nun heißt es, Piek fallen lassen! Klüver einholen! Dann verlegt man Taue und pullt und zerrt und hievt und tauscht ein paar unfreundliche Bemerkungen mit dem Brückenwart aus, der stets darauf aus ist, dich in puncto Schlagfertigkeit zu übertrumpfen. Und schließlich, nachdem eine Stunde vergangen ist, bist du durch und gondelst mit schmerzendem Rücken, schweißgetränktem Hemd und aufgeschürften Händen auf einer ruhigen, günstigen Tide zwischen eng liegenden Ufern, an denen Kühe knietief im Wasser stehen und dich verdutzt anglotzen. Aufregung! Arbeit! Lässt sich das an einem ruhigen Tag auf hoher See übertreffen?

Ich habe beides ausprobiert. Ich erinnere mich, wie ich einen vierzehn Tage anhaltenden Sturm vor Neuseeland überstanden habe. Wir waren ein Trampkohlenschiff, rostig und verbeult, mit 6000 Tonnen Kohle im Frachtraum. Am Vor- und Achterdeck waren Strecktaue angebracht; und an unserer Luvseite, an den Geitauen am Schornstein und an der Takelage waren große Netze befestigt, die dazu dienten, die Gewalt der Wellen zu brechen und so unsere Messetüren zu retten. Doch die Türen wurden trotzdem eingedrückt und die Messe überschwemmt. Und bei alledem kam dennoch nur ein Gefühl auf, nämlich Langeweile.

Im Unterschied hierzu verbrachte ich die acht aufregendsten Tage meines Lebens in einem kleinen Boot an der Westküste von

Korea. Warum ich im Februar bei Minusgraden im Chinesischen Meer unterwegs war, ist unwichtig. Es geht allein darum, dass ich mich in einem offenen Boot, einem *sampan*, vor einer Felsküste befand, an der es keine Leuchttürme gab und die Flut neun bis achtzehn Meter hoch war. Meine Crew bestand aus japanischen Fischern. Wir konnten uns nicht in der jeweils anderen Sprache verständigen. Doch jene Fahrt hatte nichts Eintöniges an sich. Nie werde ich jene besonders kalte, bittere Dämmerung vergessen, als wir im dichtesten Schneegestöber die Segel einholten und unseren kleinen Anker fallen ließen. Der Wind heulte aus Nordwest, und wir lagen an einer Leeküste. Vor und hinter uns war jeder Fluchtweg durch felsige Landspitzen versperrt, gegen deren Fuß der ungezähmte Ozean anbrandete. In kurzer Entfernung windwärts lag ein flaches Felsenriff, das man nur zwischen den Böen des Schneesturms erkennen konnte. Dies bot uns nur unzulänglich Schutz vor dem ganzen Chinesischen Meer, das uns entgegendonnerte.

Die Japaner krochen unter ihre gemeinsame Reismatte und gingen schlafen. Ich schloss mich ihnen an, und unruhig schlummerten wir ein paar Stunden lang. Dann spülte uns eine Sturzsee mit eisigem Wasser wieder hervor, und wir merkten, dass der Schnee bereits mehrere Zoll hoch auf der Matte lag. Das windwärts gelegene Riff verschwand unter der steigenden Flut, und von einem Moment auf den anderen brachen sich die Wellen immer heftiger an den Felsen. Die Fischer betrachteten besorgt die Küste. Ich ebenfalls, mit seemännischem Blick, obwohl ich nur wenig Hoffnung sah, dass ein Schwimmer die von der Brandung umtosten Felsen erreichen könnte. Ich deutete zu den Landspitzen an beiden Seiten. Die Japaner schüttelten den Kopf. Ich wies auf jene gefährliche Leeküste. Sie schüttelten weiterhin den Kopf und schwiegen. Ich schloss daraus, dass sie von der Aussichtslosigkeit der Situation wie gelähmt waren. Doch unsere Notlage wurde mit jeder Minute brenzliger, denn die steigende Flut beraubte uns des Riffs, das uns als Puffer gedient hatte. Bald schien es, als würde das Boot vor Anker volllaufen. Immer größere Wellen stürzten an Deck, und wir schöpften unentwegt aus. Und meine Fischercrew blickte immer noch auf die tosende Brandung an der Küste und tat nichts.

Endlich, nachdem wir mehrmals beinahe vollgelaufen wären, begannen sich die Fischer zu regen. Alle Mann liefen hintereinander zum Anker und lichteten ihn. Da der Bug vom Kurs abfiel, setzten wir am Vordeck ein kleines Segel, ungefähr so groß wie ein Mehlsack. Und wir hielten direkt auf die Küste zu. Ich löste meine Schnürsenkel, knöpfte Mantel und Jacke auf und war ein, zwei Minuten vor dem Aufprall bereit, mich teilweise auszuziehen. Doch wir schlugen nicht auf, und als wir so dahinsausten, erkannte ich die Schönheit der Situation. Vor uns öffnete sich ein schmaler Kanal, an dessen Mündung sich kräuselnde Wellen brachen. Doch die ganze Zeit davor, als ich die Küste sorgfältig abgesucht hatte, fand ich keine einzige Durchfahrt. *Ich hatte nicht an die neun Meter hohe Flut gedacht.* Und auf ebendiese Flut hatten die Japaner auf so riskante Weise gewartet. Wir liefen über die Linie der Brecher hinweg, bogen ein in eine winzige geschützte Bucht, wo das Wasser von dem Sturm kaum aufgewühlt war, und landeten an einem Strand, wo das Salzwasser der letzten Flut in lang gezogenen Oberflächenwellen gefroren dalag. Und das war nur einer von drei Stürmen während jener acht Tage an Bord des *sampan.* Hätte man dies auf einem Schiff überbieten können? Ich fürchte, das Schiff wäre auf dem vorgelagerten Riff auf Grund gelaufen, und seine Besatzung wäre hilflos und in monotoner Weise ertrunken.

Auf einer dreitägigen Kreuzfahrt in einem kleinen Segelboot erlebt man genügend schöne und böse Überraschungen, um ein großes Schiff auf dem Ozean ein ganzes Jahr zu versorgen. Ich erinnere mich an eine Probefahrt mit einem kleinen Neunmeterboot, das ich gerade gekauft hatte. Innerhalb von sechs Tagen hatten wir zwei steife Brisen und zusätzlich einen ordentlichen Südwester und einen überaus aufregenden Südoststurm. In den kurzen Zeitspannen zwischen diesen Stürmen herrschte völlige Windstille. Außerdem liefen wir in diesen sechs Tagen dreimal auf Grund. Dann vertäuten wir das Boot auch noch am Ufer des Sacramento River, liefen aus Versehen in der stark fallenden Ebbe auf Grund und hätten uns beinahe seitlich die Uferböschung hinunter überschlagen. Bei völliger Windstille und einer starken Tide in der Carquinez-Straße, wo die Anker am Grund der glatt geschliffenen Fahrrinne abrutschen, wurden wir gegen ein großes Dock gezogen und polterten eine Viertelmeile daran entlang, bis wir freikamen. Zwei Stunden später, in der San-Pablo-Bucht, pfiff uns der Wind um die Ohren, und wir holten die Segel ein. Es macht keinen Spaß, ein Skiff zu bergen, das bei schwerem Seegang und Sturm abdriftet. Dies war unsere nächste Aufgabe, denn als unser Skiff volllief, hatte es beide Schlepptaue zerrissen, an denen wir es festgemacht hatten. Ehe wir das Boot bargen, waren wir fast zu Tode erschöpft, und gewiss hatten wir jedes Teil der Schaluppe, vom Kielschwein bis zum Flaggenknopf, bis an die Grenzen belastet. Und um all dem noch die Krone aufzusetzen, entgingen wir nur um Haaresbreite einer Kollision mit einem großen Schiff, das von einem Schleppkahn gezogen wurde, als wir auf dem Heimweg an der schmalsten Stelle des San Antonio Estuary gegen den Wind kreuzten. Ich bin ein ganzes Jahr auf einem viel größeren Schiff gefahren, ohne dass mir in der Zeit je etwas derart Aufregendes untergekommen wäre.

Letztlich sind die Pannen fast das Beste am Sportsegeln. Rückblickend erweisen sie sich als Glücksmomente. Wenn sie geschehen, stellen sie deinen Mut und deinen Wortschatz auf die Probe und können dich in solche Verzweiflung bringen, dass du glaubst, Gott hege einen Groll gegen dich – aber danach, ach, danach, mit welch einem Vergnügen denkt man an sie zurück, und mit welch einem Hochgenuss erzählt man seinen Skipperbrüdern in der Gemeinschaft der Sportsegler davon.

Ein schmales, sich dahinschlängelndes Sumpfgewässer; eine Gezeitenmitte, die Schlamm freilegt, der von brandigem Schleim bedeckt ist; das Wasser selbst schmutzig und verfärbt vom Abfall aus den Bottichen der nah gelegenen Gerberei; das Sumpfgras an beiden Ufern gesprenkelt mit all den Farbschattierungen einer verwelkenden Orchidee; ein baufälliger, klappriger, alter Kai; und am Ende des Kais eine kleine, weiß gestrichene Schaluppe. Kein romantischer Anblick. Kein Hauch von Abenteuer. Ein prächtiges bildliches Argument gegen die angeblichen Freuden des Sportsegelns. So dachten Cloudesley[88] und ich wohl an jenem düsteren, bleigrauen Morgen, als wir aufstanden, um Frühstück zu kochen und die Decks zu schrubben. Letzteres war mein Job, doch ein Blick auf das schmutzige Wasser jenseits der Reling und ein zweiter auf das frisch gestrichene Deck schreckten mich ab. Nach dem Frühstück spielten wir eine Partie Schach. Der Wasserspiegel sank immer tiefer, und wir spürten, dass die Schaluppe allmählich Schlagseite bekam. Wir spielten weiter, bis die Schachfiguren umzukippen begannen. Die Schlagseite wurde größer, und wir gingen an Deck. Bug- und Heckleine waren gespannt. Als wir die Lage begutachteten, kippte das Boot mit einem plötzlichen Ruck noch weiter. Die Leinen waren nun sehr gespannt.

»Es hört auf, sobald der Rumpf den Grund berührt«, sagte ich.

Cloudesley prüfte mit einem Bootshaken den Wasserstand um die Schaluppe.

---

88 Cloudesley Johns, Postmeister in Harold, Kalifornien, Sozialist und Autor. London spricht von einem gemeinsamen Ausflug in der *Spray* im Herbst 1903.

»Zwei Meter Tiefe«, verkündete er. »Das Ufer verläuft fast in Wellen. Wenn wir kentern, ist das Erste, das den Grund berührt, der Mast.«

Von der Heckleine ertönte ein unheilvoller Knall. Gerade als wir hinschauten, sahen wir einen Strang ausfransen und reißen. Da schnellten wir empor. Kaum hatten wir eine neue Leine zwischen Heck und Kai gelegt, riss die erste entzwei. Als wir am Bug eine neue festmachten, riss die alte mit einem Knall. Was danach kam, war die Hölle – an Arbeit und Aufregung. Wir legten immer neue Fangleinen, die immer wieder rissen, während das hübsche Boot sich immer mehr auf die Seite legte. Wir machten alle Ersatzleinen fest; wir lösten Schote und Fallen; wir benutzten unsere zwei Zoll dicken Trossen; wir machten Leinen unten am Mast und in der Mitte des Mastes und auch sonst überall fest. Wir rackerten und schwitzten, beiderseits ernsthaft davon überzeugt, dass Gott uns immer noch zürnte. Irgendwelche Bauerntölpel kamen herunter zum Kai und machten sich über uns lustig. Als Cloudesley eine Tauschlinge entglitt und über das schräge Deck in den ekelhaften Schleim fiel und er sie mit seekranker Miene wieder herausfischte, kicherten die Tölpel noch lauter, und ich konnte ihn nur mit Müh und Not davon abhalten, auf den Kai zu klettern und einen Mord zu begehen.

Als das Deck der Schaluppe senkrecht stand, mussten wir das Toppnant von unten lösen; wir machten es am Kai fest, während das andere Ende fast auf der Höhe der Mastspitze befestigt war, und zogen es mithilfe eines Takelblocks stramm. Das Toppnant war aus Stahldraht. Wir vertrauten darauf, dass es die Spannung aushielt, zweifelten aber, ob die Stütztaue des Mastes halten würden.

Die Ebbe sollte noch zwei Stunden andauern (und sie würde den Tiefststand erreichen), was bedeutete, dass erst fünf Stunden verstreichen mussten, ehe die zurückkehrende Flut uns eine Möglichkeit bot, herauszufinden, ob die Schaluppe sich wieder aufrichten würde oder nicht. Der Uferverlauf war fast wellenförmig, und am Grund, direkt unter uns, hatte das schnell verebbende Wasser eine Grube mit dem ekelhaftesten, übelriechendsten, entsetzlichsten Dreck, den man sich vorstellen kann, hinterlassen. Wie er so darauf hinabschaute, sagte Cloudesley zu mir: »Ich liebe dich wie einen Bruder. Ich würde für dich kämpfen. Ich würde einem brüllenden Löwen ins Auge sehen und mich jeder Todesgefahr auf Land und See stellen. Aber besser, du fällst da nicht hinein.« Er schüttelte sich vor Ekel. »Wenn doch, fehlt mir der Mumm, dich wieder rauszuziehen. Ich könnte das einfach nicht bringen. Es würde dir übel ergehen. Alles, was ich für dich tun könnte, wäre, dich mit einem Bootshaken außer Sichtweite zu ziehen.«

Wir setzten uns auf die obere Seitenwand der Kajüte, ließen unsere Beine von oben herabbaumeln, lehnten unsere Rücken gegen das Deck und spielten Schach, bis die ansteigende Flut und der Takelblock am Toppnant uns halfen, das Boot wieder einigermaßen aufzurichten. Jahre später, in der Südsee, auf der Insel Ysabel, kam ich in eine ähnlich missliche Lage. Um die Kupferbeschläge der *Snark* zu reinigen, hatte ich die Jacht am Strand in Richtung Meer auf die Seite gelegt. Als die Flut kam, wollte sie sich nicht wieder aufrichten. Das Wasser drang durch das Speigatt ein, überschwemmte die Reling, und das Wasser in dem schräg liegenden Deck schwoll langsam auf Höhe des Meeresspiegels. Wir schalteten die Luke des Maschinenraums, und das Meer stieg bis dorthin, darüber und gefährlich nah an die Kajütstreppe und das Oberlicht. Wir waren krank und hatten Fieber, gingen aber hinaus in die brennende Tropensonne und schufteten stundenlang wie verrückt. Wir spannten unsere dicksten Taue von den Mastspitzen zum Land und zogen mit unseren stärksten Winden, bis alles ratterte, wir selber eingeschlossen. Wir machten eine Pause, lagen da wie tot, standen wieder auf und zogen und ratterten von Neuem. Und am Ende, als unsere untere Reling schon eineinhalb Meter unter Wasser stand und die kleinen Wellen am Lukensüll der Kajütstreppe plätscherten, erzitterte das zähe kleine Schiff, schüttelte sich und richtete seine Masten wieder gegen den Zenit.

Beim Sportsegeln kommt man nie aus der Übung, und die harte Arbeit ist dabei nicht nur ein Teil des Spaßes, sie ist auch die beste Medizin. Die Bucht von San Francisco ist kein Mühlteich. Es ist eine abwechslungsreiche und zugige Wasserfläche. Ich erinnere mich, wie ich einmal an einem Winterabend versuchte in die Mündung des Sacramento River einzulaufen. Der Fluss führte Hochwasser, die Flut in der Bucht wurde durch starke Ebbe zurückgedrängt, und der kräftige Westwind flaute ab, während die Sonne unterging. Es wehte eine gute bis mittelprächtige Brise direkt von achtern bei Sonnenuntergang, und wir lagen reglos in der starken Strömung. Wir befanden uns gerade in der Flussmündung, doch es gab keinen Ankerplatz, und wir trieben immer schneller rückwärts und ließen den Anker fallen, als der letzte Windhauch abgeflaut war. Die Nacht brach an, schön, warm und sternklar. Mein einziger Gefährte kochte das Abendessen, während ich an Deck alles auf Vordermann brachte. Als wir um neun Uhr schlafen gingen, versprach das Wetter sehr schön zu werden. (Hätte ich ein Barometer gehabt, hätte ich es besser gewusst.) Gegen zwei Uhr früh knatterten unsere Segel im pfeifenden Wind, und ich stand auf, um die Ankertrosse zu verlängern. Binnen einer Stunde gab es keinen Zweifel mehr, dass ein Südoststurm drohte.

Es ist nicht angenehm, das warme Bett zu verlassen und in schwarzer, stürmischer Nacht sich von einem schlechten Ankerplatz fortzumachen, doch wir waren Herr der Lage, kürzten die Segel um zwei Bahnen und begannen den Anker zu lichten. Die Seilwinde war schon alt, und die Belastung der wogenden Gegensee war zu viel für sie. Nachdem die Winde nicht funktionierte, konnten wir den Anker auch nicht von Hand bergen. Das wussten wir, weil wir es versucht und uns dabei die Hände völlig wund gerieben hatten. Nun ist es für einen Seemann unerträglich, einen Anker zu verlieren. Eine Sache des Stolzes. Wir hätten unseren natürlich durch eine Boje markieren und loslassen können. Stattdessen verlängerte ich die Trosse noch weiter, wendete und ließ den zweiten Anker fallen.

Danach war an Schlaf kaum zu denken, erst wurde der eine und dann der andere von uns beiden aus seiner Koje gerollt. Die immer größer werdenden Wellen waren Beweis dafür, dass wir vor Anker abdrifteten, und als wir den ausgebaggerten Kanal erreichten, konnten wir deutlich spüren, wie unsere beiden Anker nur so über den Grund rutschten. Es war ein tiefer Kanal, dessen gegenüberliegendes Ufer steil wie die Wand eines Canyons anstieg, und als unsere Anker an der Wand hochglitten, griffen sie und hielten. Doch als wir in der Dunkelheit dort anlangten, konnten wir die Brandung an der Felsküste achteraus hören, und sie war so nah, dass wir die Fangleine des Skiffs kürzten.

Das Tageslicht zeigte uns, dass zwischen dem Heck des Skiffs und der Zerstörung nur mehr wenige Meter lagen. Und wie es stürmte! Die Böen erreichten teilweise wohl Geschwindigkeiten von bis zu siebzig, achtzig Meilen die Stunde. Doch die Anker hielten, und zwar so fest, dass wir uns letztlich nur noch darum sorgten, die Beting könne geradewegs aus dem Vorschiff gerissen werden. Den ganzen Tag über tauchte die Schaluppe abwechselnd ihren Bug unter und setzte sich auf ihr Heck; und erst am späten Nachmittag erreichte der Sturm in einer letzten und schlimmsten irrwitzigen Böe seinen Höhepunkt. Ganze fünf Minuten herrschte völlige Windstille, und dann, so urplötzlich wie ein Donnerschlag, brauste der Westwind aus dem Südwesten – es folgten eine Drehung von acht Strich und ein wilder Sturm. Eine weitere stürmische Nacht war uns zu viel, und wir hievten die Anker von Hand in einer kreuzenden Gegensee. Es war nicht bloß harte Arbeit. Es blutete uns dabei das Herz. Und ich weiß, dass wir beide vor Schmerz und Erschöpfung fast geweint hätten. Und als wir endlich den ersten Anker auf und nieder geholt hatten, konnten wir uns dennoch nicht frei machen. Zwischen den Sturzwellen stießen wir mit dem Bug voran in die See, drehten uns mehrmals und verharrten ruhig, als das Schiff einen Satz machte. Fast alles riss und löste sich, nur nicht die Ankerstelle. Die Klampen wurden herausgeschleudert, die Reling abgerissen, und sogar der Schanddeckel zersplitterte, und der Anker hielt weiter stand. Schließlich, nachdem wir das gereffte Großsegel gesetzt hatten und es uns gelungen war, ein, zwei Meter der Ankerkette zu lösen, segelten wir den Anker ab. Es war jedoch ein harter Kampf, bei dem das Boot gelegentlich flach auf die Seite geschlagen wurde. Wir wiederholten das Manöver mit dem verbliebenen Anker und flohen bei zunehmender Dunkelheit in die schützende Flussmündung.

Ich wurde vor so langer Zeit geboren, dass ich noch vor dem Benzinzeitalter aufwuchs. Deshalb bin ich altmodisch. Mir ist ein Segelboot lieber als ein Motorboot, und ich glaube, dass Segeln eine schönere, schwierigere und kräftezehrendere Kunst ist, als einen Motor anzuwerfen. Benzinmotoren sind inzwischen narrensicher, und obwohl es ungerecht ist zu behaupten, dass jeder Trottel einen Motor benutzen kann, könnte man durchaus sagen, dass fast ein jeder dazu fähig ist. Geht es ums Segeln, sieht die Sache anders aus. Man benötigt mehr Geschicklichkeit, mehr Intelligenz und einiges mehr an Übung. Für Knaben und Jugendliche und Männer ist es das schönste Training auf Erden. Ist der Knabe noch sehr klein, so statte man ihn mit einem kleinen, bequemen Skiff aus. Den Rest kann er selbst bewerkstelligen. Man muss ihm nichts beibringen.

Nach kurzer Zeit setzt er ein winziges Segel und steuert mit einem Ruder. Bald wird er anfangen, von Kiel- und Mittelschwertern zu reden, möchte seine Decken mit rausnehmen und die ganze Nacht an Bord bleiben.

Doch habt keine Angst um ihn. Er wird Risiken eingehen und Unfälle haben. Denkt daran, dass Unfälle ebenso gut im Kinderzimmer wie draußen auf dem Wasser geschehen können. Es sind schon mehr Jungs an der Treibhauskultur gestorben als auf großen und kleinen Booten; und mehr von ihnen sind durch Segeln zu starken und verlässlichen Männern geworden als durch Krocket und Tanzunterricht.

Einmal ein Seemann, immer ein Seemann. Salzwasser schmeckt niemals schal. Ein Seemann ist nie zu alt, um noch einmal hinauszuziehen, um mit Wind und Wellen zu ringen. Ich weiß das aus eigener Erfahrung. Ich habe mich auf eine Ranch zurückgezogen und lebe fernab von jeder Aussicht aufs Meer. Doch lange kann ich mich ihm nicht entziehen. Nach einigen Monaten werde ich ruhelos. Ich ertappe mich dabei, wie ich Tagträumen von Ereignissen meiner letzten Kreuzfahrt nachhänge oder mich frage, ob man bei Wingo Slough schon Streifenbarsch angeln kann, oder suche in den Zeitungen eifrig nach Berichten von den ersten Enten, die nordwärts ziehen. Und dann werden schlagartig die Koffer gepackt, die Ausrüstung wird ausgebessert, und ab geht es nach Vallejo, wo die kleine *Roamer* liegt, in der Vorfreude, der ständigen Vorfreude auf das Skiff, das uns längsseits entgegenkommt, auf das Feuerentfachen im Kombüsenofen, das Abnehmen der Beschlagzeisinge, das Setzen des Großsegels, das Rattern der Reffbändsel, das Ankerlichten und Auslaufen und auf das Herumwirbeln des Steuerrads, wenn sich die Segel füllen und unser Kurs die Bucht entweder hinauf- oder hinunterführt.

»The Joy of Small Boat Sailing«, *Country Life in America*, 1. August 1912

Die Toten kehren nie zurück

von Jack London

In dem Monat, als ich siebzehn Jahre alt wurde, heuerte ich vor dem Mast auf der *Sophie Sutherland* an, einem Dreimastschoner, der zu einer siebenmonatigen Robbenjagd an der japanischen Küste aufbrach. Wir verließen San Francisco, und sogleich wurde ich mit einem Problem von beträchtlichen Ausmaßen konfrontiert. Wir waren zwölf Mann in der Back, zehn davon abgehärtete Seemänner mit Teer an den Fingern. Nicht nur war ich ein Jugendlicher auf seiner ersten Fahrt, meine Schiffskameraden waren noch dazu Männer, die eine harte Lehrzeit in der europäischen Handelsschifffahrt hinter sich hatten. Bereits als Knaben hatten sie ihre Pflichten an Bord zu erledigen und zusätzlich, einer unsterblichen Seemannstradition gemäß, den Leicht- und Vollmatrosen als Sklaven dienen müssen. Als sie dann Leichtmatrosen wurden, waren sie immer noch Sklaven der Vollmatrosen. In der Back, während der Freiwache, befiehlt also ein Vollmatrose, der in seiner Koje liegt, einem Leichtmatrosen, ihm seine Schuhe oder einen Schluck Wasser zu bringen. Nun liegt der Leichtmatrose womöglich gerade in *seiner eigenen* Koje. Er ist ebenso müde wie der Vollmatrose. Dennoch muss er aufstehen und das Gewünschte herbeiholen. Weigert er sich, wird er verprügelt. Ist er zufällig stark genug, um seinerseits den Vollmatrosen zu verhauen, so stürzen sich sämtliche Vollmatrosen oder so viele wie nötig auf den Unglücksraben.

Nun dürfte die Natur meines Problems klar sein. Diese raubeinigen skandinavischen Seeleute waren durch eine harte Schule gegangen. Als Knaben hatten sie ihren Kameraden gedient, und als Vollmatrosen erwarteten sie, von anderen Knaben bedient zu werden. Ich war ein Knabe – hatte aber den Körper eines Mannes. Ich war nie zuvor zur See gefahren – war aber ein guter Seemann und kannte meine Pflichten. Entweder es gelang mir, mich ihnen gegenüber zu behaupten, oder ich würde untergehen. Ich hatte als ihnen Ebenbürtiger angeheuert und musste mich nun als ebenbürtig erweisen oder mir von ihnen sieben Monate lang das Leben zur Hölle machen lassen. Doch genau diese Ebenbürtigkeit ärgerte sie. Welches Recht hatte ich, sie zu beanspruchen? Ich hatte mir dieses hohe Privileg nicht verdient. Ich hatte nicht das Leid erlebt, das sie als misshandelte Knaben oder schikanierte Leichtmatrosen erdulden mussten. Schlimmer noch – ich war eine Landratte auf ihrer ersten Fahrt. Und doch war ich durch eine ungerechte Fügung des Schicksals laut Musterrolle mit ihnen auf gleicher Stufe.

Meine Methode war durchdacht, einfach und drastisch. Erstens beschloss ich, meine Arbeit zu tun, ganz gleich, wie hart oder gefährlich sie sein mochte, und zwar so gut, dass man niemanden auffordern musste, sie für mich zu erledigen. Des Weiteren ließ ich meine Muskeln spielen. Ich drückte mich nie vorm Pullen und Hieven, da ich wusste, meine Backkameraden beobachteten mit Argusaugen, ob ich ihnen Beweise meiner Unterlegenheit lieferte. Ich legte Wert darauf, bei der Wache unter den Ersten zu sein, die an Deck erschienen, und unter den Letzten, die nach unten gingen, wobei ich keine einzige Schot oder Talje so zurückließ, dass sie jemand anders am Belegnagel festmachen musste. Ich war stets erpicht, aufzuentern, um die Marssegelschote und -halsen zu brassen oder die Marssegel zu setzen oder zu reffen; und in dieser Hinsicht leistete ich mehr als meinen Teil.

Außerdem gab ich mich selbst als äußerst reizbar. Ich hütete mich davor, jedwede Beleidigung oder auch nur die geringste Herablassung durchgehen zu lassen. Beim ersten Anzeichen einer solchen ging ich an die Decke – ich explodierte förmlich. Selbst wenn ich in dem folgenden Kampf besiegt wurde, ich verschaffte mir den Ruf, wie eine Wildkatze jederzeit zu neuem Kampf bereit zu sein. Ich wollte damit deutlich machen, dass ich keinerlei Zumutung tolerierte. Ich stellte klar, dass der Mann, der sich solches herausnahm, mit einem Kampf rechnen musste. Und da ich meine Arbeit gut machte, führte der angeborene Gerechtigkeitssinn der Männer zusammen mit ihrer natürlichen Abneigung gegen Wildkatzenraufereien mit Klauen und Zähnen bald dazu, dass sie ihre Einschüchterungsversuche aufgaben. Nach ein paar Auseinandersetzungen wurde meine Haltung akzeptiert, und ich war stolz darauf, dass man mich sowohl in geistiger als auch in körperlicher Hinsicht als gleichwertig anerkannte. Von da an war alles wunderbar, und die Fahrt versprach eine glückliche zu werden.

Doch gab es da noch einen anderen Mann in der Back. Neben den zehn Skandinaviern und mir als elftem war dieser Mann der zwölfte und letzte. Wir erfuhren nie seinen Namen und begnügten uns damit, ihn den »Maurer« zu nennen. Er stammte aus Missouri – zumindest verriet er uns dies in dem einzigen, kargen Gespräch, dessen er sich in den ersten Tagen der Reise schuldig machte. Bei diesem Anlass kamen uns auch noch ein paar andere Dinge zu Ohren. Er war Maurer von Beruf. Nie zuvor hatte er Salzwasser gesehen, bis zu jener Woche, als er San Francisco erreichte, auf die Bucht von San Francisco schaute und sich uns anschloss. Warum unter all den Menschen ausgerechnet er mit seinen vierzig Jahren sich dazu berufen fühlte, zur See zu fahren, konnte keiner von uns begreifen; denn wir waren der einstimmigen Überzeugung, dass noch nie ein Mann, der weniger dafür geeignet war, je an Bord eines Schiffes gelangt war. Doch er wollte in See stechen. Nach einer Woche in einer Seemannspension wurde er uns als Vollmatrose untergeschoben.

Alle Mann mussten seine Aufgaben übernehmen. Nicht nur war er vollkommen unwissend, er erwies sich auch als absolut lernunfähig. So viel Mühe man sich auch mit ihm gab, das Steuern war ihm nicht beizubringen. Der Kompass musste für ihn ein unergründlicher und unheimlicher Kreisel gewesen sein. Er begriff nie, was die vier Himmelsrichtungen bedeuteten, und noch weniger, wie man den Kurs des Schiffs prüft und es auf Kurs hält. Er fand nie heraus, ob man ein Tau von links nach rechts oder von rechts nach links aufrollt. Es war für ihn geistig unmöglich nachzuvollziehen, wie man durch Muskelarbeit sein eigenes Körpergewicht beim Ziehen oder Anholen eines Taus einsetzen könnte. Die einfachsten Knoten und Törns blieben ihm ein Rätsel, gleichzeitig hatte er eine Todesangst vor dem Aufentern. Von Kapitän und Maat schikaniert, wurde er eines Tages gezwungen, die Wanten hochzuklettern. Er schaffte es bis unter die Dwarssalinge, wo er auf den Webeleinen erstarrte. Zwei Matrosen mussten ihm folgen und ihm herunterhelfen.

All dies wäre für sich genommen schon schlimm genug. Doch er war zu allem Übel auch noch gemein, bösartig, schmutzig und besaß nicht den geringsten Anstand. Er war ein großer, starker Mann, und er legte sich mit jedem an. Und sein Kampfstil war unfair. Sein erster Kampf an Bord, es war der erste Tag auf See, war gegen mich, als er mein persönliches Tischmesser benutzen wollte, um einen Priem Kautabak abzuschneiden, woraufhin ich sofort fuchsteufelswild wurde. Danach raufte er mit fast jedem Crewmitglied. Als seine Kleidung so schmutzig geworden war, dass wir es nicht länger aushielten, verpassten wir ihr eine Dusche und achteten streng darauf, dass er sie wusch. Kurzum, der Maurer gehörte zu jenen monströsen Schreckgestalten, die man erst gesehen haben muss, um zu glauben, dass sie wirklich existieren.

Was ich damit sagen will, er war ein Rohling, und wir behandelten ihn entsprechend. Erst rückblickend, nach all den Jahren, wird mir klar, wie herzlos wir mit ihm umsprangen. Er war ein unschuldiger Mensch. Er konnte von Natur aus nicht anders sein. Er hatte sich nicht selbst so geschaffen und war für seine Veranlagung nicht verantwortlich. Wir aber behandelten ihn als freien Menschen und machten ihn persönlich dafür verantwortlich, was er war und nicht sein sollte. Dementsprechend gingen wir ebenso fürchterlich mit ihm um, wie er sich selbst für uns darstellte. Zum Schluss gingen wir ihm nur mehr aus dem Weg, und in den Wochen vor seinem Tod sprachen weder wir mit ihm noch er mit uns. Und wochenlang, ob er sich unter uns bewegte oder in unserem überfüllten Deckhaus in seiner Koje lag, grinste er uns hasserfüllt und bösartig an. Er war dem Tod geweiht, und er wusste es, und wir wussten es. Außerdem wusste er, dass wir ihm den Tod wünschten. Er belästigte uns mit seiner Gegenwart, während wir ein raues Leben führten, das uns zu rauen Kerlen machte. Und so starb er in einem kleinen, von zwölf Männern überfüllten Raum und war ebenso allein, als wäre er auf einem einsamen Berggipfel gestorben. Es kam zu keinem freundlichen Wort mehr, zu keiner letzten Aussprache. Er starb, wie er gelebt hatte, als wildes Tier, und er starb mit dem Hass auf uns und von uns gehasst.

Und nun komme ich zum erstaunlichsten Moment in meinem Leben. Kaum war er gestorben, wurde er auch schon über Bord geworfen. Er starb in einer stürmischen Nacht, tat seinen letzten Atemzug, als die Crew zum Ruf »Alle Mann an Deck!« in ihr Ölzeug stieg. Und so wurde er, ein paar Stunden später, an einem stürmischen Tag ins Meer geworfen. Man hatte seine sterbliche Hülle nicht einmal in Segeltuch gewickelt; auch hatte man ihn nicht für würdig genug erachtet, um Eisenstangen an seine Füße zu binden. Wir nähten ihn in die Decken ein, auf denen er gestorben war, und legten ihn anschließend auf einen Lukendeckel backbords vor der Hauptluke. An seine Füße banden wir einen Jutesack, halb gefüllt mit Kohlen aus dem Kombüsenherd.

Es war bitterkalt. Die Windseite jeder Leine, Spiere und jedes Stütztaus war eisbedeckt, während die ganze Takelage einer Harfe glich, die von der grimmigen Hand des Windes zum Singen und Heulen gebracht wurde. Der Schoner drehte bei, schlingerte und schaukelte übers Meer, tauchte sein Speigatt unter und überschwemmte das Deck ständig mit Eiswasser. Wir Backskameraden warteten in Seestiefeln und Ölzeug. Wir trugen Handschuhe, doch unsere Mützen hatten wir, angesichts des Todes, den wir nicht respektierten, abgenommen. Unsere Ohren brannten, wurden gefühllos und weiß, und wir sehnten das Verschwinden der Leiche herbei. Doch die Lesung der Totenmesse wollte kein Ende finden. Der Kapitän hatte die falsche Stelle aufgeschlagen, und während er ohne jeden Zweck weiterlas, froren uns die Ohren ab, und wir ärgerten uns über diese letzte Schikane, die uns die hilflose Leiche aufzwang. Von Anfang bis Ende war mit dem Maurer alles falsch gelaufen. Schließlich riss der über alle Maßen gereizte Sohn des Kapitäns das Gebetsbuch aus den steifen Fingern des Alten und fand die richtige Stelle. Erneut ertönte die zittrige Stimme des Kapitäns. Dann kam das Stichwort: »So übergeben wir denn seinen Leib der See.« Wir hoben ein Ende des Lukendeckels an, und der Maurer rutschte über Bord und verschwand.

Zurück in der Back, machten wir alles sauber, reinigten die Koje des Toten und löschten all seine Spuren aus. Gemäß Seerecht und Seemannsbrauch hätten wir sein Hab und Gut einsammeln und dem Kapitän übergeben sollen, der eine Auktion abgehalten haben würde, bei der wir für die verschiedenen Dinge hätten bieten können. Doch niemand wollte sie haben, also schafften wir sie an Deck und warfen sie über Bord, dem Verstorbenen hinterher – die letzte Übeltat, die wir an dem begehen konnten, den wir so sehr gehasst hatten. Ach, es war roh, glauben Sie mir; doch das Leben, das wir führten, war roh, und wir waren ebenso roh wie das Leben.

Die Koje des Maurers war besser als meine. Es tropfte weniger Meerwasser durch das Deck darauf, und das Licht war besser, um im Bett lesen zu können. Teilweise deswegen machte ich mich daran, in seine Koje umzuziehen. Ein weiterer Grund war Stolz. Ich merkte, dass die Matrosen abergläubisch waren, und wollte durch mein Handeln beweisen, dass ich mutiger war als sie. Ich wollte meine erwiesene Ebenbürtigkeit mit einer Tat krönen, die sie dazu zwingen würde, meine Überlegenheit anzuerkennen. Ach, die Arroganz der Jugend! Aber reden wir nicht mehr davon. Die Matrosen waren über meine Absicht entsetzt. Einstimmig warnten sie mich, dass in der ganzen Geschichte der Seefahrt niemand das Ende der Reise erlebt habe, der die Koje eines Toten übernahm. Sie nannten ein Beispiel nach dem anderen aus ihren persönlichen Erfahrungen. Ich blieb stur. Da bettelten sie und flehten mich an, und es schmeichelte meinem Stolz, dass ich ihnen wirklich am Herzen lag und sie sich Sorgen um mich machten. Dies alles festigte nur meinen wahnsinnigen Beschluss. Ich zog um, lag den ganzen Nachmittag und Abend in der Koje des Toten und lauschte den düsteren Prophezeiungen über meine Zukunft. Dazu wurden Geschichten über schreckliche Todesfälle und grauenvolle Gespenster erzählt, die uns insgeheim bis ins Mark erschaudern ließen. Den Kopf voll von dem Zeug, über das ich trotzdem spottete, rollte ich mich am Ende der zweiten Hundswache zusammen und schlief ein.

Zehn vor zwölf wurde ich gerufen, und um zwölf stand ich angezogen an Deck und löste den Mann ab, der mich gerufen hatte. In den Robbenfanggebieten, wenn das Schiff beigedreht liegt, hat nachts nur ein einziger Mann Wache und bleibt bis zur Ablösung eine Stunde an Deck. Die Nacht war finster, aber nicht pechschwarz. Der Sturm flaute ab, und die Wolken zerstreuten sich. Man hätte den Mond sehen müssen, und obwohl er noch verborgen war, strahlte er ein gedämpftes, gleichmäßiges Licht aus. Ich schritt mittschiffs an Deck auf und ab. Ich dachte unentwegt an die Ereignisse des Tages und die schrecklichen Geschichten, die meine Schiffskameraden erzählt hatten, und doch wage ich hier und jetzt zu behaupten, dass ich keine Angst verspürte. Ich war ein gesunder Kerl, und zudem stimmte ich verstandesmäßig mit Swinburnes Meinung überein, dass Tote nie zurückkehren.[89] Der Maurer war tot, und damit hatte es sich. Er würde nicht zurückkehren – zumindest nicht an Deck der *Sophie Sutherland*. Selbst wenn, befand er sich in den Meerestiefen meilenweit windwärts unserer leewärtigen Abdrift und war höchstwahrscheinlich bereits auf zahlreiche Haifischmäuler verteilt. Trotzdem grübelte ich über die zuvor gehörten Gruselgeschichten und spekulierte über das Jenseits. Ich kam zu dem Schluss, dass die Geister der Toten, falls sie weiterhin auf Erden umherstreiften, das Gute oder das Böse ihrer diesseitigen Existenz in sich trugen. Deshalb war der Geist des Maurers, angenommen, die Hypothese war richtig (was ich keineswegs glaubte), ebenso hasserfüllt und bösartig wie zu Lebzeiten. Doch da war kein Geist des Maurers – dessen war ich mir sicher.

Ein paar Minuten lang ging ich gedankenversunken auf und ab. Dann, als ich flüchtig in Richtung Vorschiff die Backbordseite entlangblickte, sprang ich hoch wie ein aufgeschrecktes Reh und rannte in einem Anfall panischer Angst nach achtern, an der Kampanje entlang, um in die Kajüte zu gelangen. Die Arroganz der Ju-

---

89 Anspielung auf das Gedicht »The Garden of Proserpine« (1866) von Algernon Swinburne, dem der Originaltitel von Londons Erzählung »That Dead Men Rise up Never« entlehnt ist.

gend und meine intellektuelle Gelassenheit waren dahin. Ich hatte einen Geist gesehen. Dort, im Dämmerlicht, wo wir den Toten über Bord geworfen hatten, hatte ich eine undeutliche, flackernde Gestalt erblickt. Sie war etwa einen Meter achtzig groß, schlank und derart durchsichtig, dass ich hinter ihr deutlich das Gewebe der Fockmasttakelage erkennen konnte.

Ich meinerseits wurde von Panik erfasst wie ein scheuendes Pferd. Ich hörte auf zu sein, der ich war. Durch mich pulsierten die angeborenen Instinkte von zehntausend Generationen abergläubischer Vorfahren, die Angst vor der Dunkelheit und den dort lauernden Gefahren hatten. Ich war nicht mehr ich selbst. Ich war in Wahrheit jene zehntausend Vorfahren. Ich war die Menschheit, die ganze Menschheit in ihrer von Aberglauben geprägten Kindheit. Erst als ich ein Stück weit die Kajütsleiter hinuntergehastet war, kehrte meine Identität zu mir zurück. Ich hielt in meiner Flucht inne und klammerte mich an die steile Leiter, atemlos, zitternd und verwirrt. Weder zuvor noch danach habe ich je einen solchen Schock erlebt. Ich klammerte mich an die Leiter und überlegte. An meinen Sinnen war nicht zu zweifeln. Dass ich irgendetwas gesehen hatte, stand außer Frage. Aber was? Entweder einen Geist oder einen Scherz. Es konnte keine andere Möglichkeit geben. Falls es ein Geist war, war die Frage: Würde er erneut erscheinen? Tat er es nicht, und ich hatte die Schiffsoffiziere geweckt, so würde ich mich zum Gespött der ganzen Mannschaft machen. Und falls es doch ein Scherz war, würde ich eine noch lächerlichere Figur abgeben. Wollte ich meinen hart erkämpften Rang eines Ebenbürtigen behalten, durfte ich keinesfalls irgendjemanden wecken, ehe ich der wahren Natur der Erscheinung auf den Grund gegangen war.

Ich bin ein tapferer Mann. Das wage ich zu behaupten, denn ich kroch angsterfüllt und zitternd die Kajütsleiter hinauf und kehrte zurück zu der Stelle, von der aus ich das Ding zuerst gesehen hatte. Es war verschwunden. Meine Tapferkeit hatte allerdings Grenzen. Obwohl ich nichts erkennen konnte, fürchtete ich mich, zum Vorschiff zu gehen, wo das Ding aufgetaucht war. Ich fing wieder an, auf und ab zu schreiten, und obwohl ich von Zeit zu Zeit furchtsam zu der Stelle des Grauens blickte, zeigte sich dort nichts. Wieder etwas gleichmütiger geworden, kam ich zu dem Schluss, dass alles nur ein Streich meiner Fantasie gewesen war, und hielt es für eine gerechte Strafe dafür, dass ich mich solchen Grübeleien hingegeben hatte.

Nun blickte ich wieder beiläufig, nicht furchtsam, in Richtung Vorschiff; doch dann war ich plötzlich wie von Sinnen und raste blindlings nach achtern. Ich hatte das Ding wieder gesehen, die lange, flackernde, durchscheinende Substanz, durch die man die Focktakelung erkennen konnte. Diesmal hatte ich bereits das Vorderschott der Kampanje erreicht, als ich innehielt. Erneut dachte ich über meine Lage nach, und mein Stolz gab den Ausschlag. Ich konnte es mir nicht leisten, zum Gespött zu werden. Diesem Ding, was immer es war, musste ich mich allein stellen. Ich musste das Rätsel selbst lösen. Ich blickte zurück zu der Stelle, wo wir den Maurer ins Meer gekippt hatten. Sie war leer. Nichts regte sich. Und ich begann zum dritten Mal, mittschiffs auf und ab zu wandeln.

In Abwesenheit des Dings erstarb meine Furcht, und mein klarer Verstand kehrte wieder. Natürlich war es kein Geist. Tote kehren nicht zurück. Es war ein Scherz, ein böser Scherz. Meine Backskameraden wollten mir mit irgendeinem Trick Angst einjagen. Nun hatten sie mich bestimmt schon zweimal nach achtern rennen sehen. Meine Wangen brannten vor Scham. Ich bildete mir ein, aus der Back ein gedämpftes Kichern und Lachen zu hören. Allmählich wurde ich wütend. Scherze sind schön und gut, aber das hier ging entschieden zu weit. Ich war der Jüngste an Bord, nur ein Jugendlicher, und sie hatten kein Recht, mir Streiche von der Art zu spielen, die, wie ich nur allzu gut wusste, Männer wie Frauen in den Wahnsinn treiben konnten. So wurde ich immer wütender und beschloss, ihnen zu zeigen, dass ich aus härterem Holz geschnitzt war, und gleichzeitig meinen Ärger an ihnen auszulassen. Sollte das Ding noch einmal erscheinen, würde ich zu ihm hingehen – und zwar mit einem Messer in der Hand. Sobald ich in Reichweite wäre, würde ich zustoßen. War es ein Mensch, würde er den Stahl spüren, wie er es verdiente. War es ein Geist, dann würde es ihm jedenfalls nicht schaden, und ich hätte damit die Sicherheit, dass Tote doch zurückkehrten.

Nun war ich sehr zornig und glaubte fest, dass es sich um einen Trick handelte; doch als das Ding zum dritten Mal an derselben Stelle erschien, lang, durchscheinend und flackernd, stieg die Angst in mir hoch und vertrieb den Großteil meines Zorns. Doch ich rannte nicht fort. Ich wandte auch meinen Blick nicht ab. Beide Male vorher war es verschwunden, während ich weggelaufen war, so hatte ich nicht sehen können, auf welche Art es verschwand. Ich zog mein Jagdmesser aus meinem Gürtel und begann darauf zuzugehen. Schritt für Schritt, näher und näher, dabei fiel es mir immer schwerer, mich unter Kontrolle zu halten. Der Kampf wurde ausgefochten zwischen meinem Willen, meiner Identität, meinem Ich auf der einen Seite und den zehntausend Vorfahren auf der anderen, die mir im Blut steckten und deren gespenstische Stimmen von der Dunkelheit und der Angst vor der Dunkelheit flüsterten, die sie verspürten, als die Welt noch dunkel und voller Schrecken war.

Ich ging langsamer vorwärts, und das Ding flackerte und flatterte mit unheimlichen, schwankenden Bewegungen. Und dann verschwand es direkt vor meinen Augen. Ich sah es verschwinden. Es verschwand weder nach rechts noch nach links noch nach hinten. Direkt vor mir, während ich es anstarrte, verblasste es, hörte auf zu existieren. Ich starb nicht, aber ich schwöre, dass ich aufgrund dessen, was ich in diesen wenigen Augenblicken erlebte, ganz genau weiß, dass Menschen vor Angst sterben können. Ich stand da, das Messer in der Hand, unwillkürlich mit dem Rollen des Schiffes schwankend, starr vor Angst. Hätte der Maurer mich plötzlich mit seinen Leichenhänden an der Kehle gepackt, um mich zu erwürgen, so hätte dies ganz und gar meinen Erwartungen entsprochen. Die Toten kehren wieder, und dies war das Wahrscheinlichste, was der bösartige Maurer tun würde.

Doch er packte mich nicht an der Kehle. Nichts geschah. Und da die Natur Reglosigkeit verabscheut, konnte ich nicht ewig wie gelähmt an derselben Stelle verharren. Ich drehte mich um und ging nach achtern. Ich rannte nicht. Welchen Sinn hätte das gehabt? Welche Chance hatte ich schon gegen die feindselige Geisterwelt? Ich konnte nur so schnell fliehen, wie meine Beine es zuließen. Ein Geist hingegen konnte mich in Gedankenschnelle verfolgen. Und es gab Geister. Ich hatte einen gesehen.

Und wie ich so langsam nach achtern stolperte, fand ich die Erklärung für jene Sinnestäuschung. Ich sah den Besanmars vor einer schwach leuchtenden Wolke schaukeln, hinter der sich der Mond verbarg. Mir ging ein Licht auf. Ich verlängerte die Linie zwischen dem trüben Schimmer und dem Besanmars und stellte fest, dass sie irgendwo in der Nähe der Focktakelage an der Backbordseite auftreffen musste. Gerade als ich dies dachte, verschwand der Schimmer. Die vorbeiziehenden Wolken des abflauenden Sturms wurden vor der Scheibe des Mondes abwechselnd dicker und dünner, enthüllten sie aber nie. Und wo die Wolken am dünnsten waren, drang nur ein sehr mattes Leuchten des Mondes durch. Ich behielt ihn im Auge und wartete. Als die Wolken wieder dünner wurden, sah ich zum Vorschiff, und dort war der Schatten der Marsstenge, lang und durchscheinend, flackernd und schwankend am Deck vor der Takelage.

Dies war mein erster Geist. Später habe ich noch einen gesehen. Es stellte sich heraus, dass es sich um einen Hund, einen Neufundländer, handelte, und ich weiß nicht, wer von uns beiden den größeren Schrecken davontrug, denn ich verpasste ihm einen rechten Kinnhaken. Was den Geist des Maurers angeht, ich habe ihn nie einer einzigen Menschenseele gegenüber an Bord erwähnt. Außerdem sei gesagt, dass ich in meinem ganzen Leben nie größere Qualen und Seelenpein zu erdulden hatte als während jener einsamen Nachtwache an Bord der *Sophie Sutherland*.

(*An den Redakteur:* Dies ist keine literarische Erfindung. Es ist eine wahre Geschichte aus meinem Leben.)

»That Dead Men Rise up Never«, *The Human Drift*, New York 1917

Das Logbuch der *Snark*

Nachwort

J ack Londons Traum, die Welt zu umsegeln, sollte sich nicht er-
füllen. Doch obwohl er in diesem Punkt scheiterte und die für
sieben Jahre geplante Reise aus gesundheitlichen Gründen nach
rund zwei Jahren abbrechen musste, kann man keineswegs von einem Misserfolg sprechen. Die Zeit, die er mit seiner Frau Charmian,
dem jungen Abenteurer Martin Johnson und wechselnden Crew-
mitgliedern an Bord der *Snark* verbrachte, war nicht verschwendet:
Es war, trotz aller Ärgernisse und Nöte, die vielleicht glücklichste
und produktivste seines Lebens.

Als die Jacht am 23. April 1907 die Anker lichtete, hatte Jack
London den Gipfel des Ruhmes bereits erklommen. Seine Kurzgeschichten fanden ein Millionenpublikum, seine Abenteuerromane
The Call of the Wild (dt. *Der Ruf der Wildnis*, 1903) und *The Sea-Wolf*
(dt. *Der Seewolf*, 1904) waren ungemein erfolgreich, und seine so-
zialkritischen Reportagen wie *The People of the Abyss* (dt. *Die Menschen des Abgrunds*, 1903) sowie sein Engagement für die Sozialis-
tische Partei sorgten dafür, dass seine Bücher in den kommenden
Jahren sogar in der jungen Sowjetunion gedruckt wurden. Trotz
dieser beachtlichen Erfolge betrachtete London sich nicht als Lite-
raten, sondern als schlichten Arbeiter, als Zeilenschinder, der Worte
zu Geld machte, so wie er früher in Konservenfabriken, Jutemühlen
und Dampfwäschereien seine Muskelkraft zu Geld gemacht hatte.

Er schrieb beharrlich jeden Tag seine tausend Wörter und überließ die Entscheidung, ob das Ergebnis lesenswert war oder nicht, gern anderen. Auch auf der *Snark* wurde das Pensum nicht verringert, und die Geschichten, Zeitungsartikel und Romane, die er an Bord schrieb und die von Charmian sorgfältig abgetippt wurden, waren für das Vorankommen wohl ebenso wichtig wie der Wind in den Segeln. »Ich trage mein Büro in meinem Kopf herum«, sagte er zu seiner Frau, »und reise durch die Welt, während ich das Geld verdiene, das die Reise erst möglich macht.«

Die Essays und Reportagen, die schließlich in Buchform unter dem Titel *The Cruise of the Snark* gesammelt wurden, entstanden unterwegs, unter dem unmittelbaren Eindruck der Abenteuer, Begegnungen, großen und kleinen Katastrophen. Einige dieser amüsanten und lebensnahen Texte, wie »Ein königlicher Sport« und »Die Leprakolonie von Molokai«, erregten schon in ihrer ursprünglichen Fassung als Zeitschriftenartikel große Aufmerksamkeit, und die Buchversion von 1911 gilt bis heute als Meisterwerk der Abenteuer- und Reiseliteratur. Das Buch ist jedoch keine lückenlose Chronik. Der Autor konzentrierte sich stets auf die Höhepunkte und beschrieb die Tiefpunkte in einem meist heiteren, oft selbstironischen Ton, der die Strapazen der Reisenden, die Konflikte an Bord und das Ausmaß der Missgeschicke ein wenig abmilderte und übertünchte. Es existieren allerdings zwei weitere Berichte von der Reise der *Snark*, die das von Jack London vermittelte Bild zwar nicht grundsätzlich revidieren, aber durchaus sinnvoll ergänzen: Charmian Kittredge Londons *Log of the Snark* (1914), ein Buch, das auf ihren umfangreichen Tagebuchaufzeichnungen basiert und später in mehrere Bände geteilt wurde, und Martin Johnsons *Through the South Seas with Jack London* (1913). Hinzu kommt noch Jack Londons umfangreiche Korrespondenz, die etwa Roscoe Eames viel offener kritisiert als in den gedruckten Texten.

Im ersten Kapitel von *The Cruise of the Snark* tritt Roscoe Eames noch als einer der Initiatoren der Weltumseglung in Erscheinung, später wird er nur noch am Rande als erster von drei weitgehend unfähigen Kapitänen der *Snark* erwähnt. Eames war mit Charmians Tante Ninetta (»Netta«) verheiratet, in deren Haus Charmian nach dem frühen Tod ihrer Eltern aufgewachsen war; man kann also gut verstehen, warum London sich mit öffentlicher Kritik zurückhielt. In einem Brief an Netta fand er allerdings sehr deutliche Worte: »Zum ersten Mal kann ich wirklich ermessen, was Sie durchgemacht haben. Und ich kann Sie nur eine dumme, sentimentale Närrin nennen, dass Sie es so lange mit ihm ausgehalten haben.«

Roscoe Eames war einer der Gründe, warum sich das Auslaufen der *Snark* immer weiter verzögerte. Er hatte den Auftrag, den Bau der Jacht zu überwachen, während London mit allen Mitteln versuchte, das nötige Geld aufzutreiben. Doch anstatt die Handwerker im Auge zu behalten, trieb er sich lieber in den Hafenspelunken herum, betrank sich und prahlte mit seinem Kapitänsposten und der geplanten Weltumseglung. Während der sechswöchigen Überfahrt nach Hawaii erwies er sich endgültig als Maulheld, der fehlerhafte Kursberechnungen anstellte und die Pflege der Segelausrüstung und der Decks den Mitreisenden überließ. Kein Wunder also, dass er auf Hawaii gefeuert wurde, und kurz darauf gab auch Netta ihm den Laufpass, ließ sich scheiden und heiratete Edward Biron Payne, den Manager des Magazins *Overland Monthly*, für das Eames als Chefredakteur tätig war.

Jack London verschwieg in seinem Bericht auch, dass er selbst in den ersten Wochen auf der *Snark*, als nach und nach die zahlreichen Unzulänglichkeiten der teuren Jacht ans Licht kamen, zu Wutanfällen neigte, die Crew beschimpfte und seinen Frust allzu oft in Alkohol ertränkte. Dies führte zu Schlaflosigkeit, Kopfschmerzen und Wahnvorstellungen. Charmian zeigte sich schwer enttäuscht. »Der arme Kerl ist gereizt und schnauzt uns ständig an! Es macht mich sehr traurig, dass es sich so entwickelt hat«, notierte sie in ihrem Tagebuch.

Doch die Stimmung hellte sich auf, als die *Snark* am 19. Mai Hawaii erreichte. Die Crew wurde von Clarence Macfarlane, dem Vorsitzenden des Hawaii Yacht Club, und Albert Waterhouse begrüßt. Waterhouse empfing sie im Namen seines Nachbarn Thomas W. Hobron, eines Kaufmanns und Künstlers, der Jack und Charmian London seinen Bungalow am Strand von Pearl Harbor zur Verfügung stellte, während er in San Francisco seinen Geschäften nachging.

Auf Hawaii konnte London endlich die notwendigen Reparaturen an der *Snark* in Auftrag geben. Er pendelte zwischen Pearl Harbor und Honolulu, um mit hilfsbereiten Handwerkern zu sprechen, die sich als kompetenter und ehrlicher erwiesen als ihre kalifornischen Kollegen. Abends führte er seine Frau aus und speiste mit ihr im noblen Royal Hawaiian Hotel. Am 29. Mai trat dort ein junger bärtiger Mann an das Paar heran und stellte sich als Alexander Hume Ford vor. Der Journalist und Reiseschriftsteller, der regelmäßig Artikel in *The Century* veröffentlichte, war ein begeisterter Leser von Jack Londons Erzählungen und bot dem Autor an, jede Menge spannendes Material für neue Geschichten zu liefern. Zu jener Zeit beschäftigte er sich vornehmlich mit dem hawaiianischen Nationalsport, dem Wellenreiten, und er lud Jack und Charmian ein, ihn nach Waikiki zu begleiten, wo sie auf George Freeth, einen weiteren berühmten Surfbrettpropheten, treffen sollten.

In Jack Londons Essay »Ein königlicher Sport« bleibt unerwähnt, dass Charmian sich den Surfern anschloss und sich als begabte Wellenreiterin erwies, bis sie unglücklich stürzte und von ihrem Board am Kopf getroffen wurde. Nach diesem Missgeschick blieb sie lieber am Strand und schaute den Männern bei ihren Übungen zu. »Manchmal, nur manchmal, wenn die Sache meine Kräfte übersteigt, wünsche ich mir fast, ein Junge zu sein«, schrieb sie in ihr Tagebuch. Charmian war im Unterschied zu Jack Londons erster Frau Bessie, die oft über die Eskapaden ihres Mannes geklagt hatte, überaus abenteuerlustig und beteiligte sich stets furchtlos an Jacks waghalsigen Unternehmungen. Dieser hatte sich beim Surfen nicht nur den von ihm beschriebenen Sonnenbrand geholt, sondern zeigte zu allem Übel auch noch Schwellungen am Körper und im Gesicht, die den Ärzten ein Rätsel blieben. Erst später stellte sich heraus, dass Jack London unter Lupus litt, der damals unbekannten Hauttuberkulose.

Viele Ereignisse, die sich während des fünfmonatigen Aufenthalts auf Hawaii zutrugen, bleiben in Londons Bericht unerwähnt. So besuchte er einen Empfang im Haus von Prinz Jonah Kuhio Kalanianaola, lernte hawaiianische Politiker kennen und sah die letzte, wenige Jahre zuvor entmachtete Königin Liliuokalani.

Lucius E. Pinkham, der Präsident des Hawaiian Board of Health, wusste um die Popularität Jack Londons Bescheid. Um den wilden Gerüchten entgegenzuwirken, die sich um die Leprastation auf der Insel Molokai rankten, bat er den Autor, die Kolonie aufzusuchen und einen fairen Bericht darüber zu schreiben. London kam der Bitte gern nach. Am 1. Juli brachen er und Charmian nach Molokai auf und verbrachten dort mehrere Tage, die nicht zuletzt dem Studium der medizinischen Literatur gewidmet wurden. Die ansässigen Ärzte hatten Unmengen an Material zum Thema Leprose zusammengetragen, und London, der seinen Auftrag durchaus ernst nahm, verbrachte Stunde um Stunde in der Bibliothek. Sein erstmals in *Woman's Home Companion* veröffentlichter Essay über die entsetzliche Krankheit und ihre Behandlung auf Molokai entsprach ziemlich genau Pinkhams Erwartungen. Doch ein zweiter Text, die packende Erzählung »Koolau the Leper« (dt. »Koolau, der Aussätzige«), führte zu einem heftigen Protest der Gesundheitsbehörde. Die auf wahren Begebenheiten basierende Geschichte handelt von einem erkrankten Eingeborenen, der sich dem Zugriff der Behörde entzieht und mit seiner Familie in ein abgelegenes Tal flieht. Als anstößig empfunden wurde vor allem Londons sensationslüsterne Beschreibung der Kranken als »Monster« und »groteske Zerrbilder alles Menschlichen«. »Koolau the Leper« ist nur eine von zahlreichen Erzählungen Londons, die durch auf Hawaii gewonnene Eindrücke inspiriert wurden.

Nachdem man die *Snark* endlich für seetüchtig erklärt hatte, heuerte Jack London eine neue Crew an. Bert Stolz und der Kajütenjunge Tochigi wollten die Reise nicht fortsetzen, von der ursprünglichen Besatzung hielt nur Martin Johnson am ursprünglichen Plan der Weltumseglung fest. Andrew Rosehill, ein großmäuliger Möchtegernabenteurer, sollte der neue Kapitän der Jacht werden. Doch schon bei der ersten Probefahrt kollidierte er mit zwei anderen Schiffen und ramponierte das Heck der *Snark*, die erneut überholt werden musste. An seiner Stelle trat James Warren an. Der wegen Mordes verurteilte und begnadigte Warren führte die Jacht zu den Marquesas-Inseln. Der Matrose Hermann de Visser ersetzte Bert Stolz, Tsunekichi Wada wurde zum Koch ernannt, und Yoshimatsu Nakata bekam den Posten des Kajütenjungen.

Die schwierige Überfahrt von Hilo, Hawaii, nach Nuku Hiva dauerte vom 7. Oktober bis zum 6. Dezember. London schildert die Komplikationen ausführlich in Kapitel 9, erwähnt dabei aber nicht, dass er am 15. Oktober auf dieser Strecke ein neues Buch zu schreiben begann. Der autobiografisch inspirierte Roman über einen Seemann, der um den Durchbruch als Schriftsteller kämpft, trug den Arbeitstitel *Success* und wurde als *Martin Eden* zu Londons ambitioniertestem und umfangreichstem Werk. Martin Johnson stand Pate für den Vornamen des Titelhelden.

Die Abende an Deck wurden oft damit zugebracht, aus den Büchern von Jack Londons Lieblingsautoren vorzulesen: Robert Louis Stevenson, Rudyard Kipling, Joseph Conrad und Herman Melville. Die Erlebnisse Stevensons und Melvilles in der Südsee hatten London seit frühester Jugend inspiriert. Die eher trostlosen Verhältnisse auf den Marquesas, wo die *Snark* am 6. Dezember einlief, wirkten nach der Lektüre des schwärmerischen Romans *Typee* von Herman Melville nur noch deprimierender. Nach zwölf Tagen wurde die Reise fortgesetzt. Ebenso wenig konnten die Zustände auf Tahiti mit romantischen Südseeträumereien mithalten. Der Hafen hatte jahrelang als Stützpunkt für englische und amerikanische Walfänger gedient und wimmelte von zwielichtigen Gestalten.

In Papeete warteten etliche Briefe auf die Crew, und sie enthielten keineswegs gute Nachrichten: Charmians Tante Ninetta, die bevollmächtigt war, Jack Londons Bankgeschäfte in Kalifornien zu regeln, hatte Unheil und Verwirrung gestiftet, indem sie Konten auflöste, auf die immer noch Schecks ausgestellt wurden. Zudem hatte sie sich selbst das Gehalt verdoppelt und unverhältnismäßig hohe Geldsummen für Renovierungsarbeiten auf Londons Ranch ausgegeben. Das Chaos, der akute Mangel an Mitteln für die Weiterreise, begleitet von einer allgemeinen Finanzkrise in den USA, machten eine Rückkehr der glücklosen Weltreisenden dringend erforderlich.

Jack und Charmian London nahmen den nächsten Dampfer nach San Francisco. Die übereilte Rückreise am 13. Januar und die komplizierten Finanzgeschäfte drohten den Traum vom großen Abenteuer zunichtezumachen. Jack zog sich eine Erkältung nach der anderen zu, seine Nerven lagen blank, und er litt unter Depressionen. Charmian konnte ihn weder aufmuntern noch vom Alkohol abhalten.

Erst als das Paar im Februar nach Papeete zurückkehren konnte, hellte sich die Stimmung auf, obwohl das erneute Auslaufen der *Snark* durch Jack Londons heftige Zahnschmerzen wochenlang verzögert wurde. Er nutzte den unfreiwillig verlängerten Aufenthalt, um *Martin Eden* zu Ende zu schreiben. Der großzügige Vorschuss für die Veröffentlichung des Werkes als Fortsetzungsroman löste vorläufig die finanziellen Probleme.

Am 4. April ging die Crew der *Snark* unter Kapitän James Warren wieder auf große Fahrt. Die Gesellschaftsinseln, Bora Bora und Raiatea, waren die nächsten Ziele. Die beiden Essays über die dortigen Erlebnisse (Kapitel 12 und 13) beschreiben zum ersten Mal eine Welt, die den romantischen Vorstellungen, die gerne mit dem Begriff »Südsee« assoziiert werden, weitgehend zu entsprechen scheint. Die Reisenden konnten nun, fern von den Wellblechhütten Tahitis, jenes Sammelpunkts für Gauner und Herumtreiber aus aller Welt, endlich die unverfälschte Kultur und die schier grenzenlose Gastfreundlichkeit der Polynesier kennenlernen. Sie freundeten sich mit dem Fischer Tehei an, der alles daransetzte, die *Snark*-Expedition begleiten zu dürfen. Jack London porträtierte ihn in der Erzählung »The Heathen« (dt. »Der Heide«) als edlen Wilden, der sein Leben für seinen weißen Kameraden opfert.

Die folgenden Stationen werden in *The Cruise of the Snark* nur beiläufig abgehakt. Die Jacht erreichte am 29. April Tau Island (Samoa), wo die Crew von König Tui-Manu'a und Königin Vaitupu herzlich empfangen und überschwänglich bewirtet wurde. Am 3. Mai, im Hafen Pago Pago auf der Samoa-Insel Tutuila, lernte Jack London den riesenhaften, muskelbepackten Insulaner Henry kennen und nahm ihn, auf dessen Bitte hin, als Matrose in seine Mannschaft auf.

Robert Louis Stevenson hatte seine letzten Lebensjahre in Samoa verbracht, und Jack London hielt es für seine Pflicht, Haus und Grab seines großen literarischen Vorbilds in Vailima zu besuchen. Die *Snark* ankerte vor Apia, auf Upolu. Nach einer Nacht im Luxushotel International machten sich Jack, Charmian und Martin auf den beschwerlichen, zehn Meilen langen Weg durch dichten Dschungel, bis sie den Gipfel des Berges erreichten, auf dem der berühmte Autor der *Schatzinsel* seine letzte Ruhe gefunden hatte. »Er ist der einzige Mensch auf der Welt, für den ich einen Umweg gemacht hätte, um sein Grab zu sehen«, meinte Jack London.

Am 14. Mai segelte die Jacht weiter nach Savaii, Samoa, wo die Crew vor dem Dorf Matautu Zeuge eines spektakulären Vulkanausbruchs wurde. Die Eingeborenen hatten einen Steinwall rund um ihr Dorf errichtet, um es vor dem Lavastrom zu schützen: vergeblich. Die nächste Station, Suva, auf den Fidschi-Inseln, war für Kapitän Warren die letzte. Die Reisenden hatten immer wieder unter seinen Wutausbrüchen gelitten, doch als er handgreiflich wurde, den Schiffskoch Wada verprügelte und ihm dabei die Nase brach, wurde er fristlos gefeuert. Warren meinte, man wolle ihn nur wegen seiner kriminellen Vergangenheit loswerden, was Jack London zurückwies. Er hatte ihn nur deshalb nicht früher entlassen, weil er ihn nicht wegen seiner Haftstrafe diskriminieren wollte.

Nun übernahm Jack London persönlich den Posten des Kapitäns. Von allen an Bord war er sicher am besten geeignet, hatte er doch, wie er in seinem Essay »Freude am Sportsegeln« erzählt, seit frühester Jugend Erfahrungen mit Segelbooten und als Matrose gesammelt. Unter seinem Kommando erreichte die *Snark* sicher den nächsten Zielhafen: Port Resolution auf der Insel Tanna. Auf den Neuen Hebriden begannen die gesundheitlichen Probleme, die London in den letzten Kapiteln seines Reiseberichts immer wieder schildert, überhandzunehmen. Malaria, Hautgeschwüre, heftige

Fieberanfälle machten den Reisenden schwer zu schaffen; so sehr, dass Martin kurz davor war, aufzugeben, um nach Kansas heimzukehren. Zudem erwiesen sich die Melanesier, im Gegensatz zu den gastfreundlichen und fröhlichen Polynesiern, als unnahbar und abweisend. Charmian notierte Begegnungen mit »seltsamen kleinen Menschen«, krummbeinig und bucklig, heimtückisch und feindselig.

Die offene Feindseligkeit und das Misstrauen der Eingeborenen war nicht unbegründet. Die weißen Plantagenbesitzer jener Region praktizierten das sogenannte »Blackbirding«, um an billige Arbeitskräfte zu kommen. Schiffe wurden losgeschickt, um Insulaner mit allerlei Versprechungen anzulocken, anzuheuern und unter unmenschlichen, sklavenähnlichen Bedingungen schuften zu lassen. Als die *Snark* am 28. Juni die Salomonen erreichte, ankerte sie in Port Mary auf Santa Ana, wo die Crew bereits einigen Blackbirding-Kapitänen begegnete.

Am 7. Juli folgten die Reisenden einer Einladung nach Penduffryn, der größten Plantage auf Guadalcanal, und waren einige Wochen lang Gäste der englischen Besitzer Thomas Harding und George Derbishire. Die eingeborenen Arbeiter stellten Kopra aus Kokosnüssen her, ernährten sich fast ausschließlich von Süßkartoffeln, bekamen einen Hungerlohn, der durch »Strafen« und durch Schulden für Tabak und Bedarfsartikel beim firmeneigenen Kaufladen weiter verringert wurde, und nach ein bis drei Jahren wurden sie zurück in ihre Dörfer geschickt. So herzlich und gastfreundlich Harding und Derbishire sich auch gaben, ihre Methoden waren ebenso menschenverachtend wie auf anderen Plantagen. So scheute sich Derbishire nicht davor, zwei Arbeiter, die Waffen in ihren Hütten versteckt hatten, eigenhändig auszupeitschen.

Am 8. August gingen Jack und Charmian London an Bord der *Minota*, die unter Kommando von Kapitän Jansen zu einer Blackbirding-Expedition nach Malaita aufbrach. London beschrieb die Reise ausführlich in Kapitel 15, verschwieg aber eine unheimliche Begegnung in der winzigen Kabine, in der er und seine Frau übernachten sollten: Sie entdeckten dort ein von einer entstellenden Hautkrankheit befallenes Eingeborenenmädchen, das ein Häuptling Jansen als »Geschenk« mitgegeben hatte. Der Kapitän hatte das völlig verängstigte Mädchen nur bei sich behalten, um den Häuptling nicht zu beleidigen.

Ende August versammelte die Crew sich erneut auf der *Snark*, um die Südseekreuzfahrt fortzusetzen. Es erscheint fast wie ein böses Omen, dass London zu dieser Zeit vom Schicksal der *Sophie Sutherland* erfuhr, auf der er als junger Mann bis vor die Küste Japans gesegelt war und von der er in »Die Toten kehren nie zurück« berichtet. Nun hörte er zum ersten Mal, dass die gesamte Crew des Schiffs vor wenigen Jahren in den Salomonen einer Blutvergiftung zum Opfer gefallen war.

Obwohl die Reisenden an Bord der *Snark* inzwischen fast ununterbrochen unter Fieber und Geschwüren litten und Charmian befürchtete, sich auf Molokai mit Lepra infiziert zu haben, beschloss Jack London, das Lord-Howe-Atoll (Ontong-Java-Atoll) anzusteuern. Während der letzten zwei Monate der Kreuzfahrt, September und Oktober 1908, glich das Schiff wohl tatsächlich einem schwimmenden Krankenhaus. »Zu keiner Zeit war jeder von uns gesund, und die meiste Zeit waren fast alle krank«, schrieb Jack London später in einem Brief an seinen Freund George Brett, »und ich glaube, ich war die ganze Zeit der Kränkste von uns.«

Die Schwellungen an Händen und Füßen, die er am Ende seines Berichts erwähnt, machten ihm die Arbeit in der Takelage unmöglich. Er hielt die starke UV-Strahlung der Tropen für die Ursache seiner Erkrankung, vermutlich verstärkte die Strahlung aber nur die Symptome der Hautkrankheit Lupus, die sich bereits auf

Hawaii nach dem Surfabenteuer gezeigt hatten. Die unablässige Anwendung von »ätzendem Sublimat«, einer quecksilberhaltigen Lösung, könnte ebenfalls eine Rolle gespielt und zu heftigen Nebenwirkungen geführt haben.

Die Entscheidung, die Weltumseglung aufzugeben, war für alle Beteiligten bedauerlich, doch gab es – wohl auch aus finanziellen Gründen – keine Alternative. Jack London ging am 4. November mit Charmian an Bord des Dampfers *Makambo* Richtung Sydney, Australien, wo er mehrere Wochen im Krankenhaus verbringen musste. Ende Dezember raffte er sich auf und berichtete für den *New York Herald* über einen wichtigen Boxkampf in Sydney. Im Januar reiste er mit Charmian nach Tasmanien, um sich dort in einem kühleren Klima zu erholen. Martin Johnson sollte derweil die *Snark* übernehmen und sie mithilfe des neu angeheuerten Kapitäns Charles Reed nach Australien bringen. Die Jacht erreichte Sydney am 3. März, wurde versteigert und kehrte ausgerechnet als Blackbirder zurück zu den Salomonen.

Am 22. April 1909 erreichten Jack London und seine Frau Charmian San Francisco. An Bord des Dampfers, der sie heimbrachte, hatte er seinen neuen Roman *Adventure* (dt. *Die Insel Berande*) vollendet, der die Erfahrungen auf den Salomonen aufgriff und von der fragwürdigen Methode des Blackbirding handelte. Dieses Buch war nur eines von vielen, die während der Reise entstanden. Neben diesem und *Martin Eden* hatte London noch den Alaska-Roman *Burning Daylight* (dt. *Lockruf des Goldes*) sowie drei Bände mit Erzählungen und einen mit Essays verfasst. Doch gerade jene Geschichten, die durch den Aufenthalt auf Hawaii und den Inseln Polynesiens inspiriert wurden, werden bis heute zu seinen besten gezählt, und *Die Reise mit der Snark*, geschrieben an Bord der tapferen kleinen Jacht, wurde zu einem großen Erfolg.

Mit der Versteigerung der *Snark* begann für Jack London eine

Zeit des Unglücks und der Katastrophen. Sein neues Steckenpferd, die Ranch in Glen Ellen, erwies sich als Fehlinvestition und verschlang Unsummen seines Vermögens. Das prachtvolle Haus, das er auf der Ranch bauen ließ, brannte nieder. Das Kind, das Charmian am 13. Juni 1910 zur Welt brachte, lebte nur achtunddreißig Stunden. Es folgten traurige Jahre, geprägt von Krankheit und Alkoholsucht, aufgehellt durch weitere, kürzere, weniger spektakuläre Reisen. Im Frühjahr 1912 segelte das Paar als Passagiere auf der Viermastbark *Dirigo* von Baltimore nach Seattle. Hier trafen Jack und Charmian erneut mit Martin Johnson zusammen, der am Abend ihrer Ankunft einen öffentlichen Vortrag über ihre gemeinsamen Südseeabenteuer hielt. Doch das Abenteuer war vorbei, und die »lieben *Snark*-Tage«, wie Charmian sie gern nannte, waren für immer verloren. War der Preis zu hoch? Keinesfalls! »Ich hatte ein sehr glückliches Leben«, schrieb Jack London später, wenige Monate vor seinem Tod. »Ich hatte mehr Glück als viele Hunderte Millionen Menschen meiner Generation, und obwohl ich viel gelitten habe, habe ich viel erlebt, viel gesehen und viel empfunden, was dem Durchschnittsmenschen verwehrt blieb. Ja, die Sache hat sich wirklich gelohnt.«

Alexander Pechmann

Glossar
nautischer Fachbegriffe

Achterlich von hinten auf das Schiff zukommend

Achterliek der hintere Saum eines Gaffelsegels

Achtern hinter dem Schiff befindlich

Achtersteven Abschlussbauteil des Schiffskörpers

anholen eine Leine ziehen, durchziehen

anluven den Vorderteil des Schiffs näher an den Wind bringen

aufholen einen Gegenstand, z. B. ein Segel oder eine Rah, mittels Taljen oder Takeln in die Höhe ziehen

Aufholer Tau zum Aufholen

Außenklüver das äußere Segel zwischen Klüverbaum und Fockmast

Back vorderer Teil des Schiffs, Vorschiff, Vordeck. Auch Synonym für die unter dem Vordeck liegenden Quartiere der Matrosen

Backbord links an Bord und links vom Boot mit Blick auf den vorderen Teil des Schiffs

backbrassen Segel so stellen, dass sie der Wind von vorne gegen den Mast drückt

Ballast Zuladung aus Kies o. Ä., um das Schiff stabil zu halten, insbesondere wenn es keine Fracht geladen hat und »in Ballast« segelt

Barkasse größtes und wichtigstes Beiboot

beidrehen Segelmanöver, bei dem ein oder mehrere Segel backgebrasst werden, um die Fahrt zu verlangsamen

Besanmars halbrunde Plattform, die auf der Saling des Untermasts des Besanmasts ruht

Besanmast der hintere Mast bei Schiffen mit drei oder mehr Masten

Besansegel das hintere Segel

Beschlagzeising kurze Leine zum Festmachen der Segel

Beting Holzunterbau unter einem Spill, d. h. einer Winde

Bilge Raum im Boden eines Schiffs, in dem sich das eindringende Wasser sammelt

brassen Drehen der Rah

Bugspriet vom Bug horizontal oder schräg abstehender Mast, auch Klüverbaum

Chronometer Präzisionsuhr, die die Greenwich-Zeit anzeigt

Cockpit Vertiefung im Deck von Segelbooten

dicht am Wind so weit wie möglich am Wind

dicht und bei Kommando an den Rudergänger, das Schiff so weit wie möglich am Wind zu halten

Dollbord der obere Rand eines Ruderbootes

dreggen den Anker nachziehen

Dwarssalinge rechtwinklig zur Mittschiffslinie angebrachte Salinge, die dem Ausspreizen der oberen Wanten dienen

fieren herunterlassen

Finnkiel kleine senkrechte Leitfläche unter Wasser, die das Boot besser auf Kurs hält

Flaggenknopf Knopf auf dem Topp des höchsten Mastes

Fockmast der vorderste Mast eines mehrmastigen Schiffs

Freibord der Teil der Bordwand, der in aufrechter Schwimmlage über der Wasserlinie liegt

Freiwache dienstfreie Zeit oder dienstfreier Teil der Mannschaft

Frontschott feste Holzwand

Gaffel die obere Spiere, an der das Gaffelsegel befestigt ist

Gaffelklaue Holz- oder Metallklaue, mit der die Gaffel an der Achterseite des Masts befestigt ist

Gaffelsegel trapezförmiges Längssegel, das oben an der Gaffel und unten an einem Rundholz befestigt ist

Geitau Tau zum Reffen bzw. Aufholen eines Segels

Gang Strecke zwischen zwei Wendepunkten beim Kreuzen

gegisstes Besteck durch Koppelung, das Eintragen der gefahrenen Kurse und ihrer Längen auf der Seekarte gefundener Standort des Schiffs

Gissung Berechnung mit geschätzten Werten

Glattdeck durchlaufendes Oberdeck ohne Aufbauten

Großmars Segel über dem Großsegel

Großmast der zweite Mast auf mehrmastigen Schiffen, der hinterste Mast auf Schonern

Großschot Talje zum Dichtholen des Großsegels

Großsegel am Großmast gesetztes, längsschiffs gefahrenes Segel oder das an der unteren Rah des Großmastes geführte Segel bei Rahseglern

Helling Platz zum Bau eines Schiffs auf einer Werft

Hundswache die Wache zwischen Mitternacht und vier Uhr früh

Kajüte Wohnraum im hinteren Teil des Schiffs

kalfatern Abdichten von Außenhaut- und Decksnähten

Kampanje Aufbau auf dem hinteren Mittelschiff oder Achterschiff, in dem sich die Quartiere der Offiziere befinden

Ketsch zweimastiges Segelboot, bei dem der Besanmast vor dem Rudergänger steht

Kielschwein über dem Kiel liegende Verstärkung des Kiels

Kielschwert Holz- oder Metallplatte unter dem Kiel

Klampe Festhalte- oder Führungsvorrichtung aus Metall oder Holz

Klüse runde oder ovale Öffnung im Schanzkleid oder an Deck

Klüver das innerste Segel zwischen Klüverbaum und Fockmast

Klüverbaum über den Vordersteven ragende Spiere

Klüverschot Leine an der hinteren Ecke des Segels, die es in Richtung Heck zieht

Koje kleine Schlafstelle an Bord eines Schiffs. Umgangssprachlich auch als Synonym für den Posten auf einem Schiff

Kombüse Schiffsküche

Kompasshaus Schutzgehäuse für den Kompass

krängen das seitliche Überliegen eines Schiffs

kreuzen Segeln im Zickzackkurs, um ein Ziel gegen den Wind zu erreichen

Kronendeck im Original »crown deck«, gemeint ist vermutlich eine Poop, ein Aufbau auf dem Deck der *Minota* im Unterschied zum → Glattdeck der *Snark*

Landfall das erste Insichtkommen von Land

lavieren kreuzen, hin und her segeln

Lee dem Wind abgekehrte Seite an Bord eines Schiffs

Liek Saum eines Segels

Log Gerät zum Messen der Fahrtgeschwindigkeit

loggen Messen der Fahrtgeschwindigkeit

Logleine Messschnur zum Loggen

Lot Senkblei zur Messung der Wassertiefe

Lukensüll Einfassung an Luken, um Wasser abzuweisen

Luv die dem Wind zugekehrte Seite eines Schiffs

Marsstenge der zweite Teil eines Masts, nach Untermast und unter der Bramstenge

Marsstengenstag Ende des Stütztaus an der Marsstenge

Mastspur Halterung des Mastfußes auf dem Kiel

Meridian Mittagslinie, Hälfte des Großkreises, die den geografischen Nord- und Südpol verbindet

Musterrolle Verzeichnis der Seeleute, die auf einem Schiff anheuern

Nachthaus vor dem Ruder stehender Schrankaufbau, in dem sich die Kompasse befinden

Piek das äußere Ende einer Gaffel

Platting breites, flaches Flechtwerk aus drei oder mehr Kabelgarnen, zum Schutz von Segeln und Tauwerk

Querab dwars, rechtwinklig zur Mittschiffslinie

Rah waagerechte Spiere zur Befestigung der Segel

Reffbändsel (oder Reffkauschen) dienen dem Aufbinden des Reffs, d. h. des parallel zur Rah liegenden Teils des Segels

reffen das Reff aufbinden oder einstecken, um das Segel zu verkleinern

Reling Schutzgeländer um das Oberdeck

rollen seitliche und längs gerichtete Bewegung eines Schiffs bei Seegang

Ruderpinne mit dem Ruderkopf verbundener Hebel

Rundtörn Grundlage eines Seemannsknotens

Sampan chinesisches Flussboot mit bis zu zwei Masten ohne Stütztaue *schalken* Luken abdichten und verschließen

Schaluppe Beiboot, einmastiges Segelschiff mit Groß- und Vorsegel

Schanddeckel die äußere, an die Bordwand anschließende Decksplanke

Schoner schnelles und wendiges amerikanisches Segelschiff mit Gaffelsegeln und Rahsegeln

Schot Leine zum Bedienen eines Segels

Schott feste Wand, die das Innere des Schiffs in Abteilungen trennt

Schwanenhals das am Besanmast anliegende Ende der unteren Spiere des Gaffelsegels (des Besanbaums)

Seeleichter flachbodiges, offenes Lastschiff

Skiff Boot für eine Person

Speigatt Öffnung im Schanzkleid, durch die das Wasser ablaufen kann

Spinnaker leichtes Vorwindsegel

Sprietsegel rechteckiges Segel an diagonal stehender Spiere (Sprietbaum)

Spriettau Tau zur Bedienung des Sprietbaums

Stagfock Segel, das am Stag (Stütztau) des Fockmasts längsschiff gefahren wird

Stagsegel Segel, das am Stag (Stütztau) eines Masts längsschiff gefahren wird

Steuerbord rechts an Bord und rechts vom Boot mit Blick auf den vorderen Teil des Schiffs

Strecktau längs des Decks gespannte Sicherungsleine

Sturmgaffelsegel Segel, das bei Sturm gefahren wird, um das Schiff manövrierfähig zu halten

Stütztau Stage und Wanten, die zum Stabilisieren der Masten dienen

Takelage das gesamte Tauwerk des Schiffs aus stehendem Gut (Stütztaue) und laufendem Gut (Brassen, Fallen, Schoten)

Takelblock Gehäuse mit Rollen, durch das Taue geführt und umgeleitet werden

Talje Anordnung von Blöcken und Tauen nach Prinzip des Flaschenzugs

Taljereep Befestigung einer Leine mit Schlinge an einem Ring

Toppnant Tau vom Mast zum Ende der Spiere oder Rah

Treibanker aus Segeltuch hergestellter Sack, der bei schwerer See die Abdrift mindern soll

umlegen beim Wenden die Segel in eine neue Stellung bringen

voll und bei Kommando an den Rudergänger, das Schiff so hoch am Wind zu halten, dass die Segel gerade noch voll stehen, aber nicht killen (flattern)

Vorschot Tau zum Bedienen des Vorsegels bzw. Vorstagsegels

Vorstagsegel Stagsegel, das vor dem Großmast oder Fockmast gefahren wird.

Wanten seitliche Stütztaue der Masten

Webeleinen Leinen zwischen den Wanten, die eine Strickleiter bilden

Jacht Bezeichnung für Wasserfahrzeug, das nicht wirtschaftlichen oder militärischen Zwecken dient

Yawl anderthalbmastiges Segelschiff, bei dem der Besanmast hinter dem Rudergänger steht

Editorische Notiz

Vorliegende Übersetzung basiert auf der Buchausgabe *The Cruise of the Snark* (New York 1911), die Jack Londons ursprünglich 1908 und 1909 in den Zeitschriften *Woman's Home Companion, Contemporary Review, Pacific Monthly, Harper's Weekly* und *Cosmopolitan* publizierte Reisereportagen umfasst. Als Vorlage diente die Neuausgabe der National Geographic Society, Washington, von 2003.

Der Essay »Freude am Sportsegeln« von Jack London erschien erstmals am 1. August 1912 unter dem Titel »The Joy of Small Boat Sailing« in der Zeitschrift *Country Life in America*.

»Die Toten kehren nie zurück« ist eine Übersetzung des biografischen Essays »That Dead Men Rise up Never« aus dem posthum veröffentlichten Erzählband *The Human Drift*, New York 1917.

Für Nachwort und Anmerkungen waren Earle Labors Biografie *Jack London: An American Life* (New York 2013) sowie Charmian Kittredge Londons *Jack London in Aloha Land* (London 2002) eine große Hilfe. Die Übersetzung nautischer Fachbegriffe richtet sich nach: John Barten, *Vollständiges nautisches Wörterbuch* (Berlin 1911) sowie Erhard Jung, *Das große Maritim-Lexikon* (Königswinter 2004).

Inhalt

Vorbemerkung: Jack und Charmian   7

Die Reise mit der *Snark*

 1. *Kapitel* Der Plan   13
 2. *Kapitel* Das Unvorstellbare und Monströse   27
 3. *Kapitel* Abenteuer   45
 4. *Kapitel* Wie man seinen Kurs findet   55
 5. *Kapitel* Der erste Landfall   69
 6. *Kapitel* Ein königlicher Sport   78
 7. *Kapitel* Die Leprakolonie von Molokai   92
 8. *Kapitel* Das Haus der Sonne   109
 9. *Kapitel* Eine Pazifik-Kreuzfahrt   126
10. *Kapitel* Typee   146
11. *Kapitel* Der Nature Man   165
12. *Kapitel* Der Thron des Überflusses   182
13. *Kapitel* Steinfischen auf Bora Bora   202
14. *Kapitel* Der Amateurseefahrer   211
15. *Kapitel* Kreuzfahrt in der Salomonensee   231
16. *Kapitel* Nachhilfe in Bêche-de-Mer   257
17. *Kapitel* Der Amateurarzt   268
          Schlusswort   290

Anhang

Jack London: Freude am Sportsegeln   297
Jack London: Die Toten kehren nie zurück   313

Nachwort: Das Logbuch der *Snark*   327

Glossar nautischer Fachbegriffe   341
Editorische Notiz   345

KLASSISCH UNTERWEGS
mit **mare**

James Fenimore Cooper
Ned Myers
oder Ein Leben vor dem Mast
Roman
Aus dem amerikanischen Englisch
übersetzt und herausgegeben
von Alexander Pechmann
392 Seiten,
Klappenbroschur
€ 20,– [D] / € 20,60 [A]
ISBN 978-3-86648-723-9

Daniel Defoe
Robinson Crusoe
Roman
Aus dem Englischen übersetzt
von Rudolf Mast
416 Seiten, Klappenbroschur
€ 20,– [D] / € 20,60 [A]
ISBN 978-3-86648-722-2

Jules Verne
Der grüne Blitz
Roman
Aus dem Französischen übersetzt
von Cornelia Hasting
Mit einem Nachwort
von James Hamilton-Paterson
288 Seiten,
Klappenbroschur mit zahlreichen
Kupferstichen aus der Original-
ausgabe
€ 20,– [D] / € 20,60 [A]
ISBN 978-3-86648-725-3

Robert Louis Stevenson
Der Master von Ballantrae
Roman
Aus dem Englischen
übersetzt und herausgegeben
von Melanie Walz
352 Seiten,
Klappenbroschur
€ 20,– [D] / € 20,60 [A]
ISBN 978-3-86648-724-6

Informationen zu allen Klassikern bei mare finden Sie unter
www.mare.de/buecher/mare-klassiker